U0955514

SHANGYEYINHANGZIBENGUANL
YUFENGXIANKONGZHI

商业银行资本管理与风险控制

——释解《巴塞尔新资本协议》

付正辉 著

经济日报出版社

《商业银行资本管理与风险控制》编委会

主　编：付正辉

副主编：文海兴　宗　良　王新生　李宏巍

编委会：（以拼音字母为序）

程亚男　丛树春　韩铁男　郝树蕴

金永祚　李敬伟　李士凯　李　尧

林洪杰　马文丽　彭天霞　彭志刚

孙　婧　王山水　王伟臣　王越宏

王智国　文海英　武志鹏　肖佩安

谢冀川　闫　莉　赵国勇

编　务：彭天霞

图书在版编目(CIP)数据

商业银行资本管理与风险控制——释解《巴塞尔新资本协议》/付正辉著.—北京:经济日报出版社,2005
ISBN 7-80180-464-3

Ⅰ.商… Ⅱ.付… Ⅲ.①商业银行—信贷管理:—风险管理—研究②国际清算银行—协议—研究 Ⅳ.①F830.33②F831.2

中国版本图书馆 CIP 数据核字(2005)第 025173 号

商业银行资本管理与风险控制——释解《巴塞尔新资本协议》

著　者	付正辉
责任编辑	汪云凤
责任校对	周折平
出版发行	经济日报出版社
地　址	北京市宣武区白纸坊东街2号(邮政编码:100054)
电　话	010-63568136　63567690(编辑部)63567683(发行部)
网　址	www.edp.com.cn
E-mail	jjrb58@sina.com
经　销	全国新华书店
印　刷	北京鑫正大印刷有限公司
开　本	710×1000mm 1/16
印　张	31
字　数	495千字
版　次	2005年5月第一版
印　次	2005年5月第一次印刷
书　号	ISBN 7-80180-464-3/F·181
定　价	59.00元

版权所有　盗印必究　　印装有误　负责调换

序

金融是现代经济的核心，银行等金融机构的稳健运行事关国家宏观经济的健康发展和社会的稳定。作为现代社会信用网络的重要组成部分，银行如不能有效控制风险，就有可能引发整个社会信用网络的波动、振荡，从而冲击经济金融发展的正常进程。亚洲金融危机对国民经济造成严重破坏就是明证。

20 世纪 70 年代以来，国际经济金融格局发生了重大变化。布雷顿森林体系崩溃后，经济一体化、金融全球化浪潮席卷全球。现代计算机和信息技术的广泛应用，国际资本流动加剧以及金融衍生产品大量涌现等诸多因素在推动国际金融业长足发展的同时也增加了风险隐患。国际金融市场的风险具有更大的不确定性、更强的传染性和突发性。

为防范和化解金融风险，世界各国和国际组织积极投入大量人力物力，提高金融机构风险管理水平，强化银行体系化险、排险、控险能力。总的来说，全球银行业风险管理模式从粗放型走向集约型，以科学的量化分析代替主观判断，变事后处理为前期预防控制，从单纯对业务发生损失和获取收益管理逐渐过渡到对资本的有效管理。商业银行风险管理已经发展成为严肃的科学乃至先进的工程化技术，在金融风险和危机前筑起防波堤。

商业银行风险管理中最为关键的就是商业银行要以充足的资本抵御具有隐蔽性、滞后性、长期性特征的金融风险的冲击。资本是银行抵御风险的最后一道屏障。现实中一些银行为获取高额利润回报对从事高风险业务具有强烈的冲动，在不同程度上忽视自身资本充足率水平，增加了金融风险发生的概率。国际上发生过多起商业银行在经营过程中由于资本金不足而承担了过高经营风险，导致资不抵债不得不破产清算或求助于政府的案例。实践证明商业银行只有在资本约束坚实的基础上有序扩张资产规模，保持合理资产结构，走"资本、风险、收益"三者良性发展之路，才能切实提高自身抗风险能力和保证经营效益的稳定，同时也为货币政策的传导奠定有效的微观基础。资本充足率的要求已经成为衡量单个银行乃至银行体系稳健性公认的国际标准。

在渐进的强化银行资本管理、有效控制金融风险的过程中，由十国集团中央银行行长倡议建立的巴塞尔委员会发挥了巨大作用。委员会自1974年成立以来，发布了一系列文件、意见等，涉及银行经营管理多个领域。1988年巴塞尔委员会颁布的《巴塞尔资本协议》，在理论上的一个重大突破就是把资本与风险挂钩，在资本分类和风险权重的计算标准等方面有机地建立起资本与风险之间的关系，要求银行以资本抵御风险、吸收损失、保护存款人利益。1988年《巴塞尔资本协议》问世以来，被国际金融界视为"神圣条约"。可以说，巴塞尔委员会颁布的系列文件虽不具备法律效力，但得到了世界各国金融界的普遍赞同，已成为国际社会普遍认同的银行管理国际标准。我国认同《巴塞尔资本协议》的有关标准，同时结合我国实际情况，制定了相应的监管标准，基本采用了巴塞尔委员会1988年资本协议的内容，对资本的定义、风险加权资产的计算、表外风险加权资产纳入监管范畴、最低资本充足率等方面做出了相应的具体规定。我国商业银行资本管理和风险计算已纳入《巴塞尔资本协议》体系。

1988年《巴塞尔资本协议》颁布以来，国际金融环境发生了巨大变化，协议所规定的内容已无法适应变化了的市场环境。巴塞尔委员会在上个世纪90年代初开始对1988年协议不断进行相应的修改、补充、完善，先后颁布了一系列指引、意见等文件。我国及时、认真吸收了巴塞尔委员会系列文件的相关内容，与国际接轨进一步健全完善我国金融法律体系。2003年12月全国人大十次会议通过的《银行业监督管理法》，就充分借鉴了巴塞尔委员会《有效银行监管的核心原则》和其他指导性文件，以及一些主要国家和地区制定实施的银行业监管法律制度。我国《银行业监督管理法》除第五章"法律责任"、第六章"附则"外的其他大多数条款，都体现了《有效银行监管的核心原则》的精神和理念。①

1999年6月，巴塞尔委员会提出了以三大支柱——资本充足率、监管部门监督检查和市场纪律为主要特点的新资本协议草案第一稿。经过在世界范围内广泛征求意见和三次修改，2004年6月26日《巴塞尔新资本协议》最终定稿。根据巴塞尔委员会的安排，《巴塞尔新资本协议》于2006年12月底正式实施。新资本协议继承了1988年《巴塞尔资本协议》以资本充足率为核心的监管思路，发展地提出了衡量银行资本充足率的思路和方法，通过内部评级体系等将风险与资本进一步紧

---

① 文海兴．解读〈中华人民共和国银行业监督管理法〉．中国农村信用合作社．2004年第3期总第180期

密、科学地结合起来。新资本协议在1988年《巴塞尔资本协议》主要针对信用风险的基础上，将风险扩大到涵盖信用风险、市场风险和操作风险，力求使银行资本更客观、更全面地反映银行面对的各项主要风险，保证银行资本充足率能对银行业务发展和资产负债结构变化引起的风险具有足够的敏感性，形成了由单纯信用风险管理走向全面风险管理的基本框架。新资本协议在三大支柱配套协调运用、外部评级应用、信用风险缓释工具、资产证券化、操作风险处理等方面均做出了深入、重大调整。

《巴塞尔新资本协议》对银行资本管理和风险控制提出了更加严格的要求。新资本协议的实施将对国际银行监管和银行的经营方式产生广泛和深远的影响。

我国十分关注巴塞尔委员会的工作进程，中国银行业监督管理委员会适时推出了《商业银行资本充足率管理办法》。“办法”全面借鉴了《巴塞尔新资本协议》，构造了“1988年协议+监督检查+市场纪律”这一符合我国银行业实际的资本监管制度。① 为《巴塞尔新资本协议》在我国实施和提高我国商业银行整体竞争能力奠定了一定的基础。

我国“十五”纲要提出了四大国有独资商业银行要进行综合改革、强化金融监管、切实防范和化解金融风险的方针。在我国加入世界贸易组织后，建立现代金融制度，提升我国银行业风险管理水平，强化中资银行综合竞争能力，迎接更大的挑战和更激烈的竞争，显得尤为重要。我国已经启动国有商业银行股份制改革工程，中国银行、中国建设银行两家“股改”试点银行力争在三年左右时间，改造成资本充足、内控严密、运营安全、服务和效益良好、具有国际竞争力的现代化股份制商业银行。在公司治理和国际通行的财务指标方面，达到并保持国际排名前100家大银行中等以上的水准。实现这一目标，商业银行必须认真借鉴、吸收和运用国际金融界不断涌现的先进管理经验和技术，站在国际竞争、经济金融全球化的高度，比照巴塞尔委员会确定的国际银行业资本管理和风险控制标准，立足我国金融风险管理实际情况，树立科学的发展观，走“资本、风险、收益”三者良性发展之路，逐步缩小我国金融界经营管理与西方发达国家的距离，建立起我国现代金融管理制度。

---

① 刘明康．商业银行资本充足率管理办法释义．北京：经济科学出版社，2004

"他山之石,可以攻玉"。本书对《巴塞尔新资本协议》进行了相应的研究和介绍,从商业银行的角度着重分析了新资本协议三大支柱,尤其是第一支柱和第三支柱,有关银行监管方面的内容也做了一定的剖析;有选择地吸收了巴塞尔委员会已经推出的有关商业银行风险管理系列文件的主旨;借鉴了国际级大银行信用风险、市场风险、操作风险计量、建模等方面的技术与经验,针对我国商业银行风险管理现状提出了一些初步的观点和看法。期望与国内业界广大同仁共同努力,探索银行风险管理工作新路,保证银行的经营活动健康有序地发展,为建立我国现代金融体制和应对我国加入世界贸易组织以后的国际竞争做出一份贡献。

由于工学矛盾、时间仓促、水平局限等因素,本书虽几经修改校阅,但还可能存在这样那样的不当之处,在这里我们诚恳地希望专家和广大读者予以斧正。

作　者

2004 年 10 月 10 日

目　录

第一章

巴塞尔资本协议概述

20世纪70年代，在国际货币与银行市场刚刚经历了剧烈的动荡之后，经十国集团中央银行行长倡议，巴塞尔银行业务条例和监管委员会（简称巴塞尔委员会）于1974年底成立。委员会成员由比利时、加拿大、日本、法国、德国、意大利、卢森堡、荷兰、瑞典、瑞士、英国和美国银行监管当局和中央银行的高级代表组成，其常设秘书处设在国际清算银行，委员会主席由成员国代表轮流担任。委员会的主要职责是交流金融监管信息、建立各个领域能够认同的最低监管标准、加强各国监管当局的国际合作和协调、维护国际银行体系稳健运行。明确了以"堵塞监管中的漏洞，改善监管水平，提高全世界银行监管质量"为工作目标。巴塞尔委员会自成立以来，先后制定了一系列重要的银行监管规定。鉴于其合理性、科学性和可操作性，许多非十国集团监管部门承认并自愿遵守巴塞尔委员会制定的协议和协定，特别是那些国际金融参与度比较高的国家和银行组织。

所以，巴塞尔委员会虽然不是严格意义上的银行国际监管组织，没有任何凌驾于国家之上的正式监管银行权力，但事实上已成为银行监管国际标准的制定者。

随着国际经济全球化和金融一体化步伐的加快，尤其是我国加入世界贸易组织后，对外资银行市场准入的各种限制逐渐取消，我国商业银行与国际商业银行在统一的国际规则下竞争已成为必然的发展趋势。竞争的客观现实要求中资银行接受和遵守以巴塞尔协议为核心的、国际银行经营管理的统一规则，全面加强风险管理，完善内部控制机制，改进信息披露制度，提高自身竞争能力等，真正地建立起我国现代金融体制。

第一节 《巴塞尔资本协议》的演变

一、《巴塞尔资本协议》的形成与内容

（一）1988年协议产生的背景

1988年《巴塞尔资本协议》的产生是国际金融界加强风险管理、规范有序竞争的结果，具有划时代的意义。其产生的背景有以下几个

方面：

1. **金融监管理论的发展**

20世纪70年代开始，理论界将管制理论运用到银行领域并逐步取得了共识。最有影响的三种管制理论是追逐论、社会利益论和管制新论，追逐论将管制者与被管制者视为博弈中的猫和鼠，最终是管制对被管制者有利，因而主张放弃管制。这种理论显然没有考虑到社会公众能从管制中受益的因素。管制新论则将管制视为管制集团与被管制集团间锱铢必较的政治程序，是被管制集团提出要求、管制集团满足这一要求并从中获益的一种商品。由于管制这一商品供求双方的数量函数难以确定，因而降低了这一理论的实践价值。与上述两者相比，社会利益论最具理论和实践意义。该理论将管制视为消除或减少市场破产成本进而保护公众利益的手段，市场破产成本根源于自然垄断、外部效应及信息的不对称。社会利益论既找到了管制的依据，也明确了管制的意义与努力方向，为1988年协议产生奠定了基础。

2. **国际性的银行危机**

20世纪70年代后，美国、欧洲先后爆发严重的银行危机，国际上著名的前联邦德国Herstatt银行和美国富兰克林国民银行(Franklin National Bank)倒闭。美国在整个20世纪80年代大约有1100家商业银行破产，630家资不抵债的储贷协会要求政府的救助，商业银行的数目下降了14%。欧洲的丹麦、挪威、瑞典和芬兰等国都经历了严重的金融危机，几乎所有的大银行都因巨额贷款的损失而陷入困境。

美、欧银行危机的主要原因是：金融业技术进步使银行客户有了更多的投资方式，银行间的竞争更加激烈，银行纷纷降低贷款利率与放宽贷款条件，使贷款收益率和贷款质量受到直接影响，不良资产比率增高而导致倒闭；房地产价格的急剧下跌造成银行大量不良资产增加；资产和负债在期限结构上的错配和金融环境的恶化，使银行潜在的利率风险集中暴露出来；金融自由化和监管当局放松监管的客观条件下，银行为了争取市场份额，盲目冲动地扩张信贷规模，导致银行不良资产比例急剧上升等。

3. **金融创新与衍生产品带来的市场不确定性**

20世纪80年代以来，国际商业银行在新技术革命、各国资本市场及金融政策自由化等因素推动下，打破了传统业务界限，与投资银行业务互相渗透。为了扩大市场份额，各银行竞相推出新的融资工具和融资方法。在这些创新中最突出的就是资产证券化以及或有负债或资产负债表外项目，这些表外项目包括履约保函、票据发行便利、外汇服务、信用证、各种缓冲金融风险工具等。表外业务迅速扩展，使得商业银行的汇率风险、利率风险、营业风险乃至国家风险越来越大。同时，许多银行没意识到准备充足的资本能抵御来自表外业务的风险，同时对风险的衡量和测定也缺乏统一的标准。

4. 发展中国家债务危机

20 世纪 70 年代，美国与其他发达国家的商业银行迅速向东欧集团、拉丁美洲以及其他欠发达国家扩展贷款业务。20 世纪 80 年代初，波兰和其他东欧国家的债务偿还问题、墨西哥和巴西政府宣布债务延期偿还，给西方债权银行的资产负债表和利润造成极大影响，迫使像花旗集团这样的大银行提取贷款损失准备金，以应付坏帐不良的产生。1982 年，美国最大的十家货币中心银行，国家风险敞口总计已达 560 亿美元。许多大银行资本比率因而降低，影响了银行经营的信誉和稳定。

5. 对跨国银行监管的需要

金融全球化带来了银行资产负债表中的资产和负债的国际业务不断增加。到 20 世纪 80 年代早期，美国资金中心银行和跨区域银行在海外的分行超过了 800 家，银行利润中有 30% 至 60% 来自国际业务。这一趋势在一定程度上限制了国内银行监管的范围和权力。日本等国的跨国银行大量扩展金融资产业务，且普遍存在资本充足率较低的问题。一国的金融监管机构无法对这些跨国银行实施全面监管，客观上要求国际金融组织通过国际间协调完成对跨国银行的监管。

在上述国际背景下，为了以统一的标准来监管各国的商业银行，由美国、法国、英国、联邦德国、意大利、日本、荷兰、比利时、加拿大、瑞典（简称“十国集团”），以及卢森堡、瑞士等 12 国中央银行代表组成的巴塞尔委员会，于 1987 年 12 月 10 日在瑞士巴塞尔召开会议，制定并通过了《统一资本计量与资本标准的国际协议》，即《巴塞尔资本协议》。后经过 6 个月的咨询期，于 1988 年 7 月经巴塞尔委员会正式通过，并经 12 国中央银行行长签署后实施生效。协议虽然不具有法律效力，但由于参与制定的国家是当今世界上的主要工业国家，代表着世界最强大的经济集团，因此，该协议很快被接受并成为世界各国银行业管理的统一指导文件。

(二)1988年协议的内容

1988年协议的内容由四部分组成:资本的构成、风险加权资产的计算、标准化比例的目标、过渡期和实施的安排。

1988年协议将银行资本分为核心资本(也称一级资本)和附属资本(又称二级资本)。

核心资本由实收资本和公开储备组成,其中实收资本包括实收普通资本和不可赎回、不可累计收益的优先股资本;公开储备是以公开的形式,通过保留盈余或其他盈余反映的资产,包括股票发行溢价、保留利润(用当年保留利润向储备分配或储备提取)、普通准备金和法定准备金的增值而创造和增加的新增储备,但不包括重估储备和累计收益优先股。

附属资本则包括非公开储备、资产重估储备、普通准备金和普通呆账准备金,带有债务性的资本工具、次级债务等。其中非公开储备值虽未公开、但已反映在银行损益账户上,并为银行监管机构所接受的储备,此项不能超过附属资本的45%;资产重估储备必须由官方认可的专门的评估机构进行,重估后的增值部分必须反映在资产负债表上;普通准备金和呆账准备金是用于防备目前还不能确定的损失的准备金,在损失一旦出现时可随时用于弥补;带有债务性质的资本工具既有一定的股本性质又有一定的债务性质。次级债务具有两个鲜明特征:一是债务清偿时不能享有优先清偿权;二是有严格的期限规定。上述各项资产中,核心资本应占整个资本的一半,附属资本不能超过核心资本。各国金融管理当局可根据本国的会计和管理条例对附属资本中未公开储备的内容作出取舍。

1988年协议把银行资产划分为表内项目和表外项目两大类。表内项目是在资产负债表上反映的,表外项目是不在资产负债表上反映但又可能随时转换为表内项目的。评估银行资本所应具有的适当规模,要将资本与资产负债表上不同种类的资产以及表外项目的不同风险程度挂钩,并按资产权数计算银行的总资产。以风险资产为基础,计算资本与风险资产的比例。为此,1988年协议对资产负债表内及表外项目,按其风险程度不同分别进行了分级和分类,并且规定了风险权重。1988年协议要求在1992年年底之前,签约各国及经营国际业务的银行都应实现按统一标准计算的资本与加权风险资产的比例,即资本(核心资本与附属资本)应达到全部加权风险资产的8%,其中核心资本与风险资产的比例至少为4%。为平稳顺利过渡到新的监管体系,1988年协议规定了从1987年年底到1992年年底的5年为过渡期,并确定资本与风险资产的比例在1990年年底达到7.25%为中期目标,以便让各国银行调整和建立所需的资本基础。

二、1988年协议的作用与局限性

1988年协议是一个具有划时代意义的重要成果,它标志着世界金融界由资产负债向风险管理时代过渡。由于其监管观念的更新、经营理念的新颖、考虑范围的全面和制定方法的科学,协议便成为影响最大、最具代表性的监管准则。此后围绕商业银行风险管理产生的核心原则和补充规定,都是在协议总体框架下对协议的补充和完善,其对商业银行的经营管理和银行监管的影响具有世界性和历史性的。

(一)1988年协议的作用

首先,协议使各国商业银行明晰了经营管理战略思想。商业银行从自身资本值和资本金与风险资产的比率角度来评价银行抵御风险能力及经营业绩,改变了商业银行过去单纯追求资产总值增长的经营理念,使商业银行由重视增加资产总值转变为重视资本和资产的结构比率,变扩张性的经营战略为谨慎性经营战略,从而提高了自身抵御金融风险的能力。

其次,丰富了银行风险管理的范围和内容。传统的银行资产负债比例管理通常局限于对资产负债表内项目业务的控制,而不涉及表外业务的监督,这一惯性思维现象必然导致对商业银行面临的表外业务风险的忽视。1988年协议开发了能兼容表内外业务的监管系统,解决了如何统一管理表内外业务风险的课题,标志着资产负债管理理论和风险管理理论的完善统一,使商业银行风险管理走向全面。

第三,改变了金融监管当局的监管重点。1988年协议颁布之前,各国中央银行和金融监管当局对商业银行监管重点一直放在合规性监管方面。协议实施后,各发达国家银行监管的重点逐渐转向风险管理方面,通过达到资本构成和资本充足率的要求,提高银行防御风险的能力。

第四,外部监督和内部管理相统一。传统的监管方式体现着监管者和被监管者的“博弈”,部分商业银行以各种方式逃避监管者的监管,用采用金融产品创新突破金融监管当局规定的底线,金融监管当局被动地修改、补充和制定规则。1988 年协议颁布后,各国金融监管当局均以资本充足率为支点,对商业银行进行要求和考核,形成商业银行对资产负债总量进行控制和调节结构的压力,商业银行在经营中主动采取增加分子策略(增加资本金)和压缩分母策略(压缩资产总量或调整资产结构,压缩高风险资产、增加低风险资产或无风险资产),使监管当局的监管目标与商业银行的经营目标趋同,大大地提高了监管实效。

第五,确立了国际统一的银行风险管理标准。1988 年协议明确了银行资本的构成,根据资产负债表上不同种类资产和表外业务项目确立不同的风险权数,规定了资本与风险资产的目标比率,为国际金融界衡量国际银行业的风险敞口状况提供了统一的标准。

(二)1988 年协议的局限性

1988 年协议的成果与作用是有目共睹的,但同时它也存在着局限性。

第一,协议对银行业经营环境的变化适应性不强。协议中存在着过分强调资本充足的倾向,相应地忽视了银行业的盈利性及其他风险。20 世纪 80 年代,国际金融业专注于传统的银行业务,信用风险被视为最重要的风险,从资本与资产风险比率方面对商业银行进行监管,较好地保障了银行的正常运行。但 20 世纪 90 年以来,随着国际金融市场的蓬勃发展、银行业国际化和证券化及非中介化趋势的增强,金融监管失效事件频繁,其中国际商业信贷银行事件、英国巴林银行事件等说明,即使银行符合资本充足性的要求,也可能因为其他风险而陷入困境。协议对变化了的银行经营环境缺乏调整性和适应性。

第二,粗线条地处理国家信用的风险权重。在计算资本充足率时,确认资产风险权重大小主要依靠债务人所在国是否为经合组织(OECD)成员国,国家风险在确定风险资产中的影响过大,OECD 与非 OECD 国家的划分标准带有明显的国别地域歧视。同时也容易对银行产生误导,使其对 OECD 成员国商业银行的不良资产放松警惕,而对非 OECD 成员国商业银行的优质资产漠视不顾,从而减少银行的潜在收益,相应扩大银行的经营风险。在理念上,1988 年协议仍坚持因循静态管理的主张，未能以动态管理观点来看待国际金融市场的风云变幻。

第三，监管着力点较为单一。协议着重强调信用风险，对市场风险规定过于笼统，对交易风险、利率风险、汇率风险、流动性风险、法律风险和国家风险等，或语句含糊，或缺乏可操作性，或根本没有提及。事实上，由于表外业务尤其是金融衍生业务的快速增长，市场风险、操作风险等已逐渐成为与信用风险等量齐观的风险，8%乃至更高的资本充足率只能防范由于资产质量不良而造成的单一信用风险，对防范其他方面的风险来说效果甚微。

第四，风险权重的灵活度问题。这实际是一个企业风险权重歧视问题，且与国家风险权重歧视交织在一起。从具体的风险资产的计算看，协议对非 OECD 成员国银行、政府超过 1 年的债权，对非公共部门企业的债权，无论其信用如何，风险权重均为 100%。而由 OECD 成员国对金融机构担保的债权，则一律为 20%。此外是风险权重的级次过于简单且不合理，仅有 0%、20%、50%及 100%等四个档次。没有考虑同类资产不同信用等级的差异，也就无法准确地反映银行资产所面临的真实风险状况。

第五，1988 年协议难以约束资本套利现象。协议中对经济资本和监管资本界定不一致，导致银行通过资产证券化进行监管资本套利、广泛采用控股公司的形式来逃避资本金的约束等，使整个银行系统风险增大，出现银行间不公平竞争。协议原则上只适用于西方发达国家商业银行和国际性银行。

第六，全面风险管理问题。1988 年协议对信用风险、市场风险和操作风险的全面风险管理还停留在理论、方法上论证、探索的阶段，并未对其内容作详尽的阐释，更未提出切实可行的具体方法，有关信用风险、市场风险、操作风险的计量，应建立哪些模型、模型中应选择哪些参数以及相应的资本金要求又如何设计等问题，几乎都没有涉及。

三、1988 年协议的补充与发展

随着世界经济一体化、金融国际化浪潮的涌动，金融领域的竞争尤其是跨国银行间的竞争日趋激烈，金融创新使银行业务趋于多样化和复杂化，银行经营环境及经营条件发生了重大变化，银行规避监管的能力和水平也大为提高。上述诸多因素使 1988 年协议中的局限性日益明显，为此，巴塞尔委员会一直着手对协议进行长时期、大面积的修订。

（一）将普通准备金/普通贷款损失准备金计入资本的修订

1991年11月，在认识到准备金对银行经营的重要性及其在不同条件下的性质差异后，巴塞尔委员会重新详细定义了可计入银行资本充足率的普通准备金与坏账准备金，以确保用于弥补未来不确定损失的准备金计入附属资本，而将那些用于弥补已确认损失的准备金排除在外。

（二）《1988年7月的资本协议的修订》（1994年修订稿）

初步认识到经合组织（OECD）成员国与非成员国之间存在国别风险之外，经合组织（OECD）成员国之间同样也存在国别风险，巴塞尔委员会开始改变1988年协议中对所有经合组织成员国均确定零主权风险权重这一简单化的衡量方法，于1994年重新规定对经合组织（OECD）成员国的风险权重，并调低了墨西哥、土耳其、韩国等国家的信用等级。

（三）对市场风险的补充规定

20世纪90年代以来，由于金融市场自由化速度的加快和国际银行业的迅速扩张，加上新技术的广泛应用，使得国际金融市场间的联系空前紧密，世界金融形势错综复杂；随着衍生金融品种及其交易规模的迅猛增长，银行业越来越深地介入了衍生品种的交易，一些银行以资产证券化和控股公司的形式来逃避资本金管制，将信用风险转化为市场风险或操作风险，银行与金融市场的交互影响也越发显著。因此，巴塞尔委员会认识到，尽管1988年协议的执行已经在一定程度上降低了银行的信用风险，但以金融衍生工具为主的市场风险却频频发生，仅靠资本充足率已不足以充分防范金融风险。1995年4月巴塞尔委员会对银行有关表外业务的风险权重进行了调整，1996年1月推出《资本协议关于市场风险的补充规定》。该补充规定认识到，市场风险是一段时期内由汇率和利率的变化造成金融工具的市场价格下降的风险。包括交易账户中受到利率影响的各类工具及股票所涉及的风险、银行的外汇风险和商品风险，它们同样需要计提资本金进行约束。1988年协议只考虑了信用风险，忽视了市场风险，尤其是协议对许多新的和复杂的市场外衍生产品未能给予足够的重视。如果对资本要求仅适用于信用风险，银行进行交易组合时，就会用汇率和利率风险来替换信用风险，从而获得高额利润。

补充规定还改变了1988年协议中，将表外业务比照表内资产确定风险权重并相应计提资本金的简单做法，提出了两种计量风险的办法，即标准计量法和内部模型计量法。标准计量法是将风险分为利率风险、股票风险、外汇风险、商品风险和期权的价格风险，然后对各类风险分别进行计算并加总；内部模型法也就是基于银行内部风险价值(Value at Risk 简称 VaR)模型的计量方法，将借款人分为政府、银行、公司等多个类型，分别按照银行内部风险管理的计算模型来计算市场风险，然后根据风险权重的大小确定资本金的数量要求。内部模型法的推出是一大创新，引起了世界的广泛关注。但鉴于当时条件的限制，所提出的计算方法又不够具体和完善，因而并未获得广泛运用。

(四)关于《有效银行监管的核心原则》

1997年东南亚发生金融风暴以来，全球金融市场的紧密联系、不同市场之间的相互影响、银行风险和金融危机在国际间的传播问题，增加了巴塞尔委员会对金融风险的全面而深人的关注。英国巴林银行、日本大和银行的倒闭和美国长期资本管理公司损失等事件，使人们认识到许多金融机构陷入经营困境的主要原因，不再限于信用风险或市场风险等单一风险，而是由信用风险和市场风险等联合、交织混合造成的。金融危机的现实，使人们更加重视市场风险与信用风险的综合模型以及操作风险的量化问题，全面风险管理模式引起了人们的重视。1997年9月巴塞尔委员会推出的《有效银行监管的核心原则》是上述过程的必然结果。

该原则于1997年4月9日发布后，巴塞尔委员会向世界各国的中央银行和金融监管当局等监管机构征求意见修改，最终于1997年9月正式实施。其内容共25条，可归纳为：第一，银行业有效监管的前提，主要是监管机构应设定明确的责任和目标。并具有履行责任和达成目标的独立性和充足的人、财、物、信息保证和法律支持。第二，获准经营的范围和结构。主要包括明确界定银行经营行为的定义和审批银行开业的标准及监管机构对银行业务经营的监管与决策否决权。第三，审慎管理和要求。主要包括要求银行达到最低限额资本和资本充足率要求，提留充足的贷款呆账准备金，设定单一借款人、关系人贷款的上限。督促银行建立内部控制系统、风险防范系统及综合风险管理程序。第四，银行业持续监管的方法。主要是有效的银行业监管系统应由现场和非现场监督方式组成。第五，信息要求。主要是要求银行的财务处理符合会计原则和会计惯例，上报材料保证真实、准确、具体和具有可比性。第六，监管人员的正当权限。主要是除一般性的正常监管权限外，监管人员应具有在特殊情况之下干预银行业务与经营的权利。第七，跨国银行业务监管。主要是对 1975 年的巴塞尔协定的内容进一步具体化和系统化。

这个文件主要解决监管原则问题，还仅仅是纲领性的建议。对于一些重要问题，如对银行业的衍生产品交易风险、外汇风险和系统风险等领域及其监管的关键组成部分制定标准，促进各国监管机构建立长期联系和交换信息的有效方式等还有待于进一步细化；如何加强与国际货币基金组织、世界银行和地区性监管团体及大商业银行的协调与合作，以实现监管的全球统一性和作用一致性，消除彼此之间的隔阂和芥蒂等，还有很多工作要做；对于当今常常携带和鼓励巨额游资冲击一国货币或市场，危害性较大的对冲基金与银行之间的高风险借贷，这种最急需监管和治理的交易，核心原则甚至未曾提及。但它为此后推出的《巴塞尔新资本协议》提供了一个具有实质意义的监管框架。《巴塞尔新资本协议》所推出的具有开创性内容的三大支柱：资本充足率、监管部门监督检查、市场纪律，都在《核心原则》中有了雏形。

第二节 《巴塞尔新资本协议》的产生背景与三大支柱

一、1988 年以来国际金融运行与监管客观变化

巴塞尔委员会自 1988 年推出《统一资本计量与资本标准的国际协议》后，国际银行业的发展和创新与日俱进，特别是 20 世纪 90 年代以来，国际金融运行环境和监管环境发生了很大的变化，主要表现在以下方面。

（一）亚洲金融危机的影响

亚洲金融危机的爆发和蔓延，暴露了国际上相当数量国家的金融

监管体系的低效率和脆弱性，尤其是新兴市场国家。这使各国金融监管当局和国际银行业迫切感到重新修订现行的国际金融监管标准已刻不容缓。一方面，要尽快改进以往对资本金充足的要求，使之更完善更有透明度，以便能更好地反映银行的基础风险；另一方面，金融业的全球化使得国际金融市场上迅速涌现出大量的跨国金融机构，如汇丰银行和花旗银行等国际性金融机构，其海外业务收入已接近甚至超过其总收入的一半。这就要求加强金融监管的国际合作，促使不同国家的监管当局通过携手合作将一家国际性银行的境内外机构、业务进行并表监管，以维护国际金融体系的稳定。

(二)商业银行面临风险全面化

1988 年协议强调的信用风险仍然是各国商业银行面临的主要风险，而且一些信用风险权重的确定方法遇到了新的挑战；同时，市场风险、流动性风险、操作风险、法律风险等破坏力日趋显现。在银行资本与风险资产比率基本正常的情况下，以金融衍生产品交易为主的金融市场风险频频发生，诱发了国际银行业中多起违规操作的银行倒闭和巨额亏损事件。这说明仅靠资本充足率已不足以充分防范金融风险。最典型的案例是巴林银行，这家银行的资本充足率 1993 年底时远远超过 8%，1995 年 1 月还被公认为是安全的，但到 2 月末这家英国老牌银行便宣告破产。

国际监管组织和各国监管当局对金融创新产品及其风险给予了高度关注。巴塞尔委员会先后制定了《衍生产品风险管理准则》、《关于银行和证券公司衍生产品业务的监管信息框架》和针对金融衍生产品风险对资本潜在威胁的“补充规定”等原则。对新资本协议的产生起到了推动作用。

(三)金融风险定量管理技术发展带来的技术可行性

20 世纪 90 年代以来，发达国家的各大银行、证券公司和其他金融机构以及学术界先后发展了一系列新技术。如：G30 集团和 J. P. Morgan 等研究和发展的风险价值(VaR)；风险调整的资本收益法；J. P. Morgan 与其他国际银行——德意志摩根建富、美国银行、瑞士银行、瑞士联合银行、BZW 等共同研究，推出了世界上第一个评估银行信贷风险的证券组合模型 Credit Metrics；美国华盛顿国际金融研究所针对当前的主要信用风险模型以及资产组合模型提出的标准计量信用风险模型等。这些研究成果为巴塞尔委员会重新制定新的资本协议框架提供了技术上的可能。

二、《巴塞尔新资本协议》的三大支柱

1998 年,巴塞尔委员会开始彻底修改资本协议的工作。1999 年 6 月,巴塞尔委员会提出了以三大支柱——资本充足率、监管部门监督检查和市场纪律为主要特点的新资本协议草案第一稿。经过在世界范围内广泛征求意见和三次修改,2004 年 6 月 26 日,《巴塞尔新资本协议》最终定稿。根据巴塞尔委员会的安排,《巴塞尔新资本协议》于 2006 年 12 月底正式实施。

新资本协议框架继续沿用 1988 年协议中以资本充足率为核心、以信用风险控制为重点、突出强调国家风险的监管思路,合理地吸收了《有效银行监管的核心原则》中资本充足率、监督检查、市场纪律三大支柱原则,发展地提出了衡量资本充足率的新思路和方法,突出强调三个支柱必须协调配合使用才能真正满足新资本协议的要求。新协议对风险的认识更加全面,协议中有关风险的定义涵盖了现阶段银行业经营所面临的各种风险。除标准法外,新协议允许银行运用内部评级法来衡量和测算风险等。尽管在 2006 年之前的征求意见阶段,新的资本协议还会有不同程度的修改,但基本监管原则和监管框架不会有本质性变动。这将为国际金融环境下银行风险管理打造一个新的"神圣条约",也必将对全球金融业产生深远的影响。《巴塞尔新资本协议》主体框架三大支柱的内容是:

(一)第一支柱——最低资本要求

新协议仍将最低资本要求视为保证银行稳健经营的中心因素。1988 年协议基于资本比率的概念,即分子代表银行持有的资本数量,分母代表银行风险的计量指标,统称为风险加权资产。计算出的资本比率不得低于 8%。新资本协议要求,有关资本比率的分子(即监管资本构成)的各项规定保持不变,8% 的最低比率保持不变。修改的内容主要反映在对风险资产的界定方面,即修改反映计量银行各类风险的计量方法。分母由原来单纯反映信用风险的加权资产加上了反映市场风

险和操作风险的内容。

新协议提出信用风险计量采用标准法或基于内部评级法确定。

1. 标准法

标准法以1988年协议为基础，采用外部评级机构确定风险权重，适用对象是复杂程度不高的银行。采用外部评级机构，应该说比原来以经合组织国家为界限的分类办法更客观，更能反映实际风险水平。但对包括中国在内的广大发展中国家来说，在相当大的程度上使用该法的客观条件并不存在。发展中国家国内的评级公司数量较少，也难以达到国际认可的标准；已获得评级的银行和企业数量有限；评级的成本较高，评出的结果也不一定可靠。若硬套标准法的规定，绝大多数企业的评级将低于BBB，风险权重为100%，甚至是150%（BB-以下的企业）。企业不会有参加评级的积极性，因为未评级企业的风险权重也不过是100%。此外，由于风险权重的提高和引入了操作风险的资本要求，采用这种方法自然会普遍提高银行的资本水平。

2. 内部评级法（The Internal Rating - Based Approach，**简称**IRB）

内部评级法（IRB）的推出，是巴塞尔委员会经过对国际金融界几个比较典型的信贷风险估算模型的研究和比较后，根据其成熟度及可操作性进行调整后进行相应修改、确定的基础方法。在此方法中，为了区分不同类型的授信信用风险，委员会将其划分为主权、银行、公司、零售、项目及股权风险。对于公司授信风险而言，委员会将其划分为基础内部评级法和高级内部评级法。在基础评级法中，金融机构除根据内部数据对于不同级别的借款测算违约率（PD），金融监管当局则必须提供其他所需参数，如违约风险敞口（EAD）及给定违约损失率（LGD）等。而高级法中上述参数由银行自行测算决定，但必须由监管当局加以确认方可实行。除上述区别外，基础法和高级法在计算公式及授信期限等调整因子上也存在一定差异，最终导致金融机构在计算风险资产及提取相应准备上存在巨大差异。新资本协议实施后，有能力采用内部评级法（IRB）的银行可以比采用标准法的银行更有效地运用银行宝贵的资本准备，这将加强风险管理水平高的银行的竞争能力。发展中国家商业银行将面临更大的竞争压力。

（二）第二支柱——监管部门监督检查

新资本协议提出，金融监管当局要对银行的评估进行检查及采取适当的措施，确保商业银行有合理的内部评估过程，从而正确判断面临的风险并在此基础上及时评估资本的充足状况。

监管部门的监督检查不能只注重量的方面。只是对量的方面的监管可能带来虚假的安全感。比如某家银行的资本是充足的，但它仍然是脆弱的。所以要强化对质的监督检查。对质的监督检查包括：管理层的才能、系统控制的能力、经营战略的活力、潜在的获利能力等。

巴塞尔委员会要求监管评估过程要与最低资本标准保持一致。为了确保某些内部方法、降低信用风险方法和资产证券化满足监管资本量的要求，银行要确立风险管理标准和信息披露制度。监管机构对银行的评估可采用现场检查、场外评估和与管理层讨论沟通等方式。为了提高监管评估的效率，要提高银行透明度和会计标准。

监管部门的监督检查要贯彻四项原则：一是监管当局应根据银行的风险和外部经营环境，要求银行保持高于低水平的资本充足率；二是银行应参照承担风险的大小，建立起关于资本充足率整体状况的内部评价机制，并制定维持资本充足率水平的战略；三是监管当局对上述第二项原则进行检查评价；四是监管当局应对银行资本下滑的状况及早进行干预。贯彻这四项原则的总的精神是以资本去约束资产，注重资本抵御风险的能力，关注资本消长的过程，以便及时采取补救措施。

关于国际间监管当局合作的问题，巴塞尔委员会于2004年5月指出，《巴塞尔新资本协议》的有效实施有赖于各国监管当局之间的密切合作。巴塞尔委员会将积极推进以国际业务为主的银行集团的母国与东道国监管的合作，尤其是在高级法上的合作。母国与东道国监管当局在银行集团信息披露方面的合作上，应避免进行多余及无协调的审批、检查工作，以减少银行集团的执行成本并节约监管资源。对于银行集团较大的公司贷款敞口的大多数高级内部评级法（IRB），母国监管当局应发挥主要作用。

（三）第三支柱——市场纪律

第三支柱是第一、第二支柱的补充。巴塞尔委员会力求鼓励市场纪律发挥作用，其手段是制定一套信息披露规定，使市场参与者掌握有关银行的风险轮廓和资本水平等信息。巴塞尔委员会认为新资本协议中允许银行使用内部计量方法计算资本要求，公开的信息披露则十分重要，通过强化信息披露强化市场纪律。所披露的信息包括：资本构成、资本状况、盈利水平、风险估价、管理过程等。银行在一个会计年度内至少披露一次财务状况、重大业务活动及风险管理状况。金融监管机构要对银行信息披露体系进行监管(本书在第九章详细介绍市场纪律相关内容)。

三、巴塞尔委员会关于实施新资本协议的具体考虑

巴塞尔委员会认识到,虽然《巴塞尔新资本协议》为全世界的各类银行设计了各种可供选择的方法,由于全世界各个国家和地区千差万别的实际金融状况,要求所有非十国集团国家的所有监管当局,在新资本协议实施时统一执行新资本协议可能是不合适的。国际货币基金组织和世界银行也认为,今后进行金融系统评估时,如果一国不执行《巴塞尔新资本协议》框架,评估的标准就不是《巴塞尔新资本协议》,而是依据该国采用的监管标准和遵守巴塞尔委员会的《有效银行监管核心原则》有关规定的情况。

目前世界范围内许多非十国集团国家的金融监管当局已经开始评估《巴塞尔新资本协议》框架对本国银行业的适用性,并计划向《巴塞尔新资本协议》过渡。中国银行业监督管理委员会也开始筹划向《巴塞尔新资本协议》过渡的准备工作。2004 年 3 月 1 日正式实施的《商业银行资本充足率管理办法》,就全面借鉴了《巴塞尔新资本协议》,构造了“1988 年《巴塞尔资本协议》+ 监督检查 + 市场纪律”这一符合我国银行业实际情况的资本监管制度。

为推动世界各国尤其是非巴塞尔委员会成员国向《巴塞尔新资本协议》过渡,巴塞尔委员会成立了一个工作组。工作组成员来自澳大利亚、巴西、法国、香港、日本、墨西哥、俄罗斯、沙特阿拉伯、新加坡、南非、英国等国家和地区,以及世界银行和国际清算银行。工作组主要评估《巴塞尔新资本协议》实施中遇到的各种问题,以帮助非巴塞尔委员会成员国确定是否需要以及何时实施《巴塞尔新资本协议》,为这些国家监管当局向《巴塞尔新资本协议》框架过渡提供具体建议。2004 年 12 月,巴塞尔委员会发布了《实施〈巴塞尔新资本协议〉的具体考虑》文件,文件将工作组的工作成果和建议作了总结和概述,这些建议可以适用于不同的国家和地区,作为监管当局与银行业之间的交流基础。

巴塞尔委员会认为各国监管当局在采用《巴塞尔新资本协议》之

前，应该着重考虑本国是否已经建立了良好的监管制度。巴塞尔委员会指出，1997 年 9 月正式实施的《有效银行监管的核心原则》应作为各国监管当局实施《巴塞尔新资本协议》的基础，各国监管当局要评估本国或本地区成功实施《有效银行监管的核心原则》的程度。

除了努力遵守巴塞尔委员会《有效银行监管的核心原则》外，巴塞尔委员会要求各国监管当局要逐步转向以风险管理为本的监管模式，将工作重点转移到检查银行的风险管理程序的质量和正确评估风险敞口的能力上来。具体工作中各国监管当局要组合使用非现场检查和现场检查、定期报告、与高级管理层和董事会举行座谈会等监管措施。

巴塞尔委员会指出，有效实施《巴塞尔新资本协议》，各国监管当局要从本国实际情况出发，委员会并不是要求一国或一个地区的所有银行都采用《巴塞尔新资本协议》。对于非国际活跃银行，各国监管当局可以维持现行的资本评估制度或采用一种简化制度；对于相对复杂的大型国际活跃银行，委员会鼓励各国监管当局为这些银行使用《巴塞尔新资本协议》中的更加高级的方法创造机会。在决定哪些银行适用《巴塞尔新资本协议》时，委员会认为各国监管当局需要着重考虑以下几个因素：银行的规模（即银行在系统中所占的资产份额）；业务的性质和复杂程度；重大活动或业务的参与程度；国际业务（即持有海外资产/海外净收入的比例）；与国际市场的联系；银行的风险状况和风险管理能力等因素。

关于实施《巴塞尔新资本协议》三大支柱的具体步骤，巴塞尔委员会认为，希望采用《巴塞尔新资本协议》的监管当局和银行首先要认真考虑、制定实施战略，采用必要的步骤确保平稳、及时地实施。具体实施中，由于《巴塞尔新资本协议》的三大支柱对监管框架和银行风险管理是同等重要的，所以协议中的三大支柱应同时并行不能有所舍弃。

各国和地区监管当局为实施《巴塞尔新资本协议》，对本国现行制度、法律和监管的传统做法与《巴塞尔新资本协议》存在差异或相悖的地方，要进行必要的修改。由于进行修改的时间可能相当长，所以应尽快着手修改工作。在修改中各国和地区监管当局需要考虑和评估本国法律需要修改的范围、需要遵循的步骤（议会等立法机构的相应程序）以及修改所需的时间跨度。

巴塞尔委员会指出，成功实施《巴塞尔新资本协议》的关键是拥有训练有素的员工。各国和地区监管当局和银行要制定开发战略，让监管人员和银行员工熟悉在本国和本地区采用的方法。各国和地区监管当局还要改进监管当局或中央银行的报告和信息系统等非人力资源方面的要求，评估审计师、顾问等第三方介入的工作质量和介入程度。巴塞尔委员会没有规定明确的第三方介入程度，由各国监管当局根据本国情况自己决定。

第二章

商业银行风险管理与《巴塞尔新资本协议》

20世纪80年代以来,随着全球经济一体化和金融全球化浪潮的跌宕起伏,世界各国商业银行经营的不稳定性增加,金融市场的波动性增强,金融机构、工商企业,甚至主权国家面临的金融风险日趋严重。银行危机所造成的损失对一国乃至世界金融及经济的稳定构成了极大威胁。银行风险与风险管理引起了以巴塞尔委员会为代表的国际组织和世界各国金融界、企业界、政府的高度关注。

第一节　商业银行风险管理概述

随着金融自由化浪潮的高涨,国际银行业面临的风险种类和风险水平迅速增加,银行体系的稳定性受到严重的威胁。风险的发生和恶化会对商业银行的收益形成侵蚀,甚至导致商业银行出现生存危机,并引发一系列金融、经济、社会问题。因此,金融风险管理不仅是商业银行自身不可回避的永恒的管理主题,也是社会对商业银行经营管理的基本要求。商业银行管理者经营管理的核心内容就是风险管理控制。

一、商业银行风险的基础理论

(一)商业银行风险的概念和种类

1. 商业银行风险的概念

从经济学的角度讲,风险是某种不利事件发生的可能性,即发生损失的可能性,这种可能性在人们的社会经济活动、金融活动中普遍存在。《新帕尔格雷夫经济学大辞典》对风险的解释是:"如果一个经济行为者所面临的随机性能用具体的数值概率来表达,那么就可以说这种状况涉及风险。另一方面要是该行为者对不同的可能事件不能(或没有)指定具体的概率值,就是说这种情况涉及不确定性。"关于商业银行风险,目前理论界还没有达成一致的认识,并没有一个统一的界定。概括地说,商业银行风险是指商业银行在经营活动过程中,由于事前无法预料的各种不确定因素的影响,使商业银行的实际收益与预期收益产生偏差,从而有蒙受经济损失或者获取额外收益的机会和可能性。[①] 这

① 虞群娥,龚伯勇主编. 现代商业银行经营管理. 杭州:浙江大学出版社,2001

种可能性存在于商业银行的所有业务中，即商业银行的每项业务都存在着风险。

市场经济国家都将商业银行定义为“风险机器”。从经营对象看，商业银行经营的是货币资金，而不是具有各种使用价值的物质商品。因此，商业银行面临的各种风险均直接表现为货币资金损失风险。在当今发达的商品经济和现代货币化程度较高的社会中，人们离不开货币，银行业务已渗透到社会每一个角落及人们生活的方方面面。因此，商业银行出现或带来的损失远远超过一般企业的风险损失，具有涉及面广、涉及金额巨大的特点。商业银行具有信用职能。通过这一职能，信用活动风险被成倍扩大并形成连锁反应，对整个经济体系带来潜在风险。同时，社会上各种经济风险也向商业银行渗入、集中，要求商业银行具有更大的风险承受能力，以及抵御、控制、消除、转移风险的管理能力。

2. 商业银行风险的种类

根据诱发商业银行风险的具体原因，可以将商业银行风险主要分为信用风险、市场风险、操作风险、流动性风险、国家风险等。

信用风险(Credit Risks)是商业银行面临的最主要风险之一，巴塞尔委员会《有效银行监管的核心原则》定义为：是指交易对象无力履约的风险，也即债务人未能如期偿还其债务造成违约，而给经济主体经营带来的风险。随着现代风险环境的变化和风险管理技术的发展，人们认识到传统的信用风险主要来自商业银行的贷款业务。从组合投资的角度出发，信用资产组合不仅会因交易对手的直接违约而发生损失，而且交易对手履约可能性的变动也会给组合带来风险。因此，信用风险不仅包括违约风险，还应该包括由于交易对手信用状况和履约能力上的变化导致债权人资产价值发生变动遭受损失的风险。

市场风险(Market Risks)一般是指由于金融市场利率和汇率波动而引起的利差减少、证券跌价、外汇买卖亏损等风险。1996年，巴塞尔委员会颁布的《资本协议市场风险补充规定》将市场风险定义为：因市场价格波动而导致表内和表外头寸损失的风险，并根据导致市场风险因素的不同将市场风险划分为利率风险、股票风险、汇率风险和黄金等商品价格风险。我国基本上采用了巴塞尔委员会的观点，《商业银行市场风险管理指引》第三条规定：“本指引所称市场风险是指因市场价格(利率、汇率、股票价格和商品价格)的不利变动而使银行表内和表外业务发生损失的风险。市场风险存在于银行的交易和非交易业务中。"

操作风险(Operational Risks)通常被定义为由于不充分或失败的内部过程、人和系统或外部事件所造成的直接或间接的经济损失。《巴塞尔新资本协议》将操作风险纳入风险资本的计算和监管框架中,将其定义为由不完善或有问题的内部程序、人员及系统或外部事件所造成损失的风险。

流动性风险(Liquid Risks)是指无法在不增加成本或资产价值不发生损失的条件下及时满足客户流动性需求的可能性。资产方面的流动性要求金融机构能随时满足借款人融通资金和正当的贷款要求;负债方面的流动性要求银行能随时满足存款人提现或收回投资的需求。如果不能满足这两方面的需求,就会发生流动性风险。因此,保持良好的流动性是商业银行经营管理的一项基本原则。

国家风险(Country Risks)又称主权风险,是指因国家强调的因素使交易对方违约,给商业银行的资产和负债带来损失的可能性。国家风险通常是由债务人所在国家的行为所引起的,它超出了债权人的控制范围。如有些国家实行外汇管制,交易方如没有获得批准进行外汇交易,则合同到期就不能按时支付;有些国家因政府或首脑的变更,新政府拒绝履行前政府所签的债务契约,使商业银行发放的贷款收不回来;某一国家以政治为由对另一国家予以经济制裁或经济封锁,或做出不偿付任何债务的决定,都会使商业银行遭受损失。

(二)商业银行风险的成因和效应

1. 商业银行风险的成因

实践中商业银行风险的成因十分复杂,理论上有关商业银行风险成因的学说观点林林总总。每一种风险的形成原因各不相同,在以后的章节中要做具体分析,这里着重介绍风险的不确定性和信息的不对称性。

第一,经济环境中的风险不确定性

不确定性是现实生活中客观存在的事实,它反映着一个特定事件在未来有多种可能的结果。当一项经济决策产生且只能产生一种可能结果时,出现的结果是确定的。但当一项经济决策可能产生两种以上结果时,不确定性就自动地出现了。奈特在《风险、确定性和利润》一书中指出:不确定性是指市场主体面临的直接或间接影响经济活动的那些难以观察、分析和预见的各种因素。不确定性是风险产生的必要条件。在现代经济生活中，金融活动十分活跃，影响金融活动的因素十分复杂，参与金融活动的主体既不断地做出各种经济决策，又面临着各种不确定性的问题，作用与反作用交织存在。与市场相关的任何因素发生变化都可能引起市场的剧烈波动。因此，不确定性是包括商业银行风险在内的各种风险产生的根源。不确定性越大，风险越大；反之，不确定性越小，风险越小。在商业银行经营活动中，经济环境的不确定性，即外在不确定性，来自商业银行之外，是社会经济运行过程中随机性、偶然性的变化或不可预测的趋势，如国家调整宏观政策、市场供求关系变化、科学技术发展、国际金融市场不确定性冲击等等。一般说来经济环境不确定性是系统性的，对整个市场都会带来影响，因此，经济环境不确定性导致的商业银行风险，又称为系统性风险。对于系统性风险显然不能通过投资分散化等方式来解决，可通过某些措施来转嫁或规避。①

第二，信息的不对称性

自20世纪70年代信息经济学引入金融领域以来，金融界才对金融市场的微观行为基础有了深刻理解，金融体系不稳定性理论获得了重大进展。信息经济学中最核心的问题是信息不对称，以及信息不对称对个人选择和制度安排的影响。信息经济学运用博弈论方法，对信息不对称及其导致的行为后果进行理论分析。所谓信息不对称是指一些参与人拥有某些信息，但另一些人不拥有这些信息。② 商业银行经营管理中存在两种信息不对称，即外部信息不对称和内部信息不对称：外部信息不对称是指银行与外界业务相关主体之间的信息掌握的不对称，包括金融市场、中央银行、借款人和存款人等。内部信息不对称是指银行组织结构的两种信息传递途径（自上而下和自下而上）中信息无法完全、准确地进行传递。随着传递层次的增加，信息的传递容易引起失真和扭曲，进而给银行经营带来风险。

信息不对称是现实经济的客观存在。当参与人之间存在信息不对称时，任何一种有效的制度安排都必须满足"激励相容"或"自我选择"条件。信息经济学建立了委托—代理模型来分析当事人行为。在一般

---

① 施兵超，杨文泽．金融风险管理．上海：上海财经大学出版社，2002

② 姜波．商业银行资本充足率管理．北京：中国金融出版社，2004

意义上，如果契约双方所掌握的信息不对称这种关系可以被认为属于委托人—代理人关系。掌握信息多(或具有相对的信息优势)的一方称为代理人，掌握信息少(或处于信息劣势)的一方称为委托人。从外部信息不对称角度看，商业银行在贷款前后无法完全了解企业信息而成为委托人，企业则因对自身状况更加明了而成为代理人。委托人与代理人之间的信息不对称往往造成代理人的机会主义行为。机会主义行为包括事前行为和事后行为，事前机会主义行为是指达成信贷协议前，代理人利用信息优势使委托人签订不利的契约。事后机会主义行为是指双方达成信贷协议后代理人利用信息优势不履约或"偷懒"。事前机会主义又称"逆向选择"(Adverse Selection)，梅耶森(Myerson)将逆向选择定义为"由参与人错误报告信息引起的问题"。事后机会主义又称"道德风险"(Moral Hazard)。梅耶森将道德风险定义为"参与人选择错误行动引起的问题"。逆向选择和道德风险的存在，破坏市场均衡或导致市场均衡的低效率，同时也可能导致社会福利的定量配给和隐蔽行为的次优消费，以及金融资本、保险等风险市场的不完备性。产生的关键原因是代理人拥有更多的私人信息，双方签订信贷协议之后，代理人可能会利用其私人信息，采取某些损害商业银行的行为。如不按信贷协议规定用途使用贷款；利用贷款炒买炒卖有价证券、期货、房地产；套用贷款、相互借贷以谋取非法收入等。

总之，信息不对称通过逆向选择和道德风险影响金融体系，形成金融体系内在的不确定性，是构成商业银行风险的主要成因。①

2. 商业银行风险的效应

商业银行风险虽然对金融活动参与者的行为产生约束，对金融活动起到一定的调节作用，但商业银行风险带来的主要还是负面效应。它不仅影响着微观中各经济主体的决策和收益，以及宏观政策的制定与实施，而且不利于政治稳定和社会安定。历史已多次证明了这一点。

第一，商业银行风险的经济效应

在微观经济层面，商业银行风险效应，一是给经济主体造成经济损失，甚至威胁其生存与发展。商业银行风险给商业银行所造成的经济损失有时是极其惨重的。如：1991 年 5 月，日本富士银行因股票交易损

① 宋清华，李志辉主编．金融风险管理．北京：中国金融出版社，2003

失430亿日元;1991年12月,日本第一劝业银行因外汇交易损失30亿日元;1994年11月,日本东京证券因美国债权期权交易损失320亿日元;1995年2月,英国巴林银行因股指期货交易损失10亿美元;1995年9月,日本大和银行因美国债权交易损失1100亿日元等等。在国外这类案例举不胜举,在我国也先后发生了中银信托投资公司、海南发展银行、广东国际信托投资公司等金融机构因风险影响被接管、关闭甚至破产的事件。二是影响投资者或存款人的信心和预期。商业银行体系的稳定需要信心来维系维护投资者和存款人的信心至关重要。商业银行风险则是引发信心危机的基本因素。商业银行风险还会影响投资者的预期收益。因为金融风险越大,则风险溢价也相应越大,于是调整后的收益折扣率也越大。三是增大了经营管理的成本。不确定性的存在既增添了经济主体收集信息、整理信息的工作量,也增大了收集信息、整理信息的难度、预测工作成本和经济主体决策风险。四是商业银行风险降低了资金利用率。由于金融风险的广泛性及其后果的严重性,一些法人和自然人被迫持有一定的风险准备金来应付商业银行风险后果。而商业银行由于流动性变化的不确定性,难以准确安排备付金的数额,导致大量资金被闲置。此外,由于对金融风险的担忧,一些消费者和投资者往往持币观望,从而也造成社会上大量资金闲置,增大了机会成本,降低了资金的利用率。①

在宏观经济层面,商业银行风险效应,一是将引起实际收益率、产出率、消费和投资的下降,风险越大,下降的幅度越大,致使经济增长速度放慢甚至出现负增长。风险爆发还会促使商业银行倒闭、降低商业银行信贷资产质量、降低金融的中介作用等。二是会造成产业结构畸形发展,致使整个社会生产力水平下降。资源的趋利避害本质属性使其自然流向安全性较高的产业部门,导致边际生产力下降和资源配置不当,国民经济关键部门因缺少资金发展变慢形成瓶颈。三是严重的商业银行风险将冲击金融市场秩序,容易造成国家财政政策和货币政策的扭曲。国内外储蓄受阻既使经济发展动力不足,还会使商业银行空心化,给正常的社会生产和人民生活带来混乱,迅速地破坏社会生产力。当商业银行风险形势出现严峻局面时,中央银行作为最后贷款人

---

① 宋清华,李志辉主编. 金融风险管理. 北京:中国金融出版社,2003

将被迫对存在问题的商业银行实施金融救助，这可能会降低政府维护货币可信度的能力。商业银行风险的成本最终可能要转嫁给财政，这必将加大财政赤字，增加国家内外债规模，在一定程度上会造成财政政策的扭曲。

第二，商业银行风险的政治、社会效应

许多国际金融危机事件表明，一国商业银行风险发生时，政府处置风险措施不力会造成政治波动和社会动荡。如 1929 ~ 1933 年的经济危机中，美国、法国的总统下台和内阁更换；亚洲金融危机中，泰国首相、央行行长辞职，印尼总统苏哈托被迫辞职，韩国副总理兼财长姜庆植被迫辞职；1998 年俄罗斯金融危机期间，三任政府总理被解职、政府被解散重组；2001 年阿根廷金融危机中，银行储蓄和货币储备急剧下降，大批储户到银行挤兑、外资抽逃，爆发全国性的大规模示威骚乱和抢劫，总统、内阁等纷纷辞职。商业银行风险造成政治动荡的同时，还会造成社会经济秩序的混乱。存款人、投资者等因存款投资变现困难或被冻结，合法财产受到侵害，形成对社会不满和愤怒的情绪，势必引起社会骚乱。

（三）商业银行风险的传染性

商业银行风险具有传染性，如同地震引发的海啸一样，由一个经济主体、金融机构、国家传染给别的经济主体、金融机构和国家，导致系统性的金融风险甚至全球性的金融风险。风险传播路线图可描述为：风险引爆银行危机—信用危机—货币危机—金融危机—经济危机。商业银行经营中存在的信用风险、市场风险、操作风险等大多具有关联性，某一种或某几种风险累积并显性化，将使商业银行陷入头寸紧缺、财务窘困的经营泥沼中，严重情况下则导致银行倒闭破产，引发金融危机。而金融危机的直接后果，一是市场上贷款增量和存量总体的急剧收缩，相关经济主体融资难以顺畅，整个社会经济的信用规模将会骤然变小，业已形成的债权债务链条断裂，非金融经济主体的信用危机产生；二是金融危机必然使存款人产生个人理性和集体非理性的存款强行挤兑风潮。市场贷款增量、存量总体收缩和存款人挤兑风潮叠加作用，进一步造成银行业寻求授信的机会和空间减少，金融主体信用危机产生也就不可避免。金融主体和非金融主体信用危机融合，导致整个社会全面信用危机的产生。整个社会全面信用危机的爆发和加深，势必引起社会经济生活运行秩序的混乱，恐慌性的资本撤离和抽逃现象就会发生，带动资本市场价格的全面下跌，股市、汇市和债市剧烈波动，货币危机由此发生。货币危机既是银行危机、信用危机的结果，又会推动银行危机、信用危机的加深，形成越来越广泛的金融危机。金融是现代经济的核心，金融危机如得不到有效控制和及时治理，将会使经济整体运行因缺少足够的资金而难以正常运转，出现大量的企业倒闭和工人失业，社会有效总需求锐减，市场疲软、萧条，引发全民、全社会的经济危机。

二、商业银行风险管理的基础理论

（一）商业银行风险管理的概念

商业银行风险管理是指商业银行在运筹和经营资金的过程中，通过对风险识别、风险估计、风险处理等方法，预防、回避、分散或转移经营中的风险，从而减少或避免经济损失，以最低成本保证经营资金安全的行为。首先，商业银行风险管理的主题是商业银行经营行为，管理程序是由风险的识别、估计、衡量、处理等环节构成，通过计划、组织、指导和管理等过程，综合、合理地运用各种科学方法来实现其目标。其次，商业银行风险管理是以选择最佳的风险管理技术为中心，体现了成本与效益的关系。当成本与效益之间出现矛盾时，商业银行可根据自身发展的不同要求，在两者之间进行权衡，制定出与之相匹配的风险管理决策。再次，商业银行风险管理贯穿于经营的全过程，所做的每笔业务、每个项目投资均应经过风险的识别、衡量以及控制，以减少或避免风险所带来的损失。由于商业银行处于不断变化的市场环境之中，因此风险管理也是动态的，商业银行对风险管理必须进行连续的再评价，对工作成果进行不断的监督和检查。

（二）商业银行风险管理的目标

商业银行风险管理是围绕一定目标进行的。对于某一银行来讲就是熟练进行风险管理以控制收益的不稳定性，追求在风险一定的条件下收益最大或是在一定的条件下风险最小（即商业银行风险管理的微观目标）。对于社会来说，商业银行风险管理的目标是保持市场稳定和人们对金融体系的信心，保障商业银行稳健经营和保护投资者的利益，最终维持金融秩序的稳定，以利国民经济持续健康发展（即商业银行风险管理的宏观目标）。

商业银行风险管理是一个商业银行经营管理活动的核心。作为企业法人，商业银行各项经营管理措施都是围绕着如何获取最大的盈利而实施的，如果没有风险管理这道屏障，一笔贷款呆坏账损失可能需要若干笔盈利才能弥补，一笔交易的失败甚至可以使一家银行倒闭。可以说商业银行风险管理微观目标就是保障商业银行运行安全，促进其盈利目标的实现。

宏观上商业银行在一个国家或地区的国民经济中所处的地位，与其他经济主体有着直接和密切的联系，它的任何变化都将对社会经济产生一定的影响。商业银行的风险管理已经不仅仅是哪一家银行的事情，而需要政府金融监管机构来统一管理整个商业银行系统。可以说，商业银行风险管理宏观目标就是保障商业银行系统的正常运行，保护存款人和其他客户的利益，为国民经济的持续稳定发展创造良好的金融环境。

（三）商业银行风险管理的意义

微观层面商业银行风险管理的意义，一是有助于增强商业银行预期收益的可靠性。商业银行作为企业法人是商业资本的集合体，其成立就是为了获得最大的经济利益。同时商业银行又是"风险机器"，如不顾一切地追求利益最大化，往往会诱发银行风险隐患，其结果完全适得其反。只有在加强风险管理的基础上运用好资产，最大限度地减少资产和资本的风险损失，才能获得真正的收益。二是有效的商业银行风险管理可以稳定银行现金流，保证经营活动免受风险因素的干扰，提高资金使用效率。商业银行通过制定各种风险防范对策，就能够在经济、金融变量发生波动的情况下，仍然保持相对稳定的收入和支出，从而获得预期利润率。并有助于提高商业银行自身信誉，实现我国《商业银行法》第 4 条规定的"商业银行以安全性、流动性、效益性为经营原则"。修改前的《商业银行法》规定"商业银行以效益性、安全性、流动性为经营原则"，两者相比虽然只是语言顺序作了调整，但体现了国家立法机构注重商业银行经营安全性，以审慎稳健、安全经营，防范金融风险，保证我国金融市场稳定的立法思想，二者有质的区别。三是加强商业银行风险管理有助于稳定经济秩序。一方面随着金融体制改革的逐渐深入和外资金融机构的不断设立,打破了原国有商业银行的垄断局面,竞争主体的增加促进竞争力度增大,同时使各商业银行所面临的风险进一步增大;另一方面各种金融工具和金融业务不断涌现,其所具有的金融风险的特征与大小也各不相同,从而给商业银行经营带来新的不确定性,也使商业银行经营风险进一步增大。银行作为现代经济的核心之一,其经营风险的传染性与国民经济稳定可持续发展相互关联性是摆在我们面前的重大课题。加强商业银行风险管理,在客观上会促进我国经济持续、稳定、协调发展。

宏观层面商业银行风险管理的意义是:改革开放以来,我国经济发展多方面要素已越来越多地融入国际经济体系。国际金融一体化和自由化,极大地活跃和繁荣金融业、提高金融市场效率的同时,增加了国际金融市场上的不确定因素,使国际金融市场有可能进一步动荡。金融自由化的另一个标志是放松对金融业的管制,减少对金融机构的业务限制。利率市场化使各国商业银行增大融资成本、加大风险投资、提高贷款资产比例等,从而使商业银行面临更大的流动性风险和信用风险。金融自由化趋势的必然结果是各种形式的金融创新,金融创新提供了许多新的金融工具,提高了金融市场效率,增强了流动性,也引起了市场容量的扩大和市场结构的变化,增大了风险来源。与国内金融市场相比,国际金融市场竞争更加激烈;金融全球一体化带动的国际资本频繁流动,投机因素增加,进一步使国际金融市场动荡不安,风险更加严重。在这一客观现实面前,商业银行加强风险管理,提高自身市场竞争能力,即是积极参与我国社会主义市场经济建设,发展自己、保护自己的需要,也是适应国际经济形势、参与国际竞争的需要。

(四)商业银行风险管理程序

商业银行风险管理的过程一般分为五个阶段:风险的识别、风险的衡量、风险的评价、风险的控制和风险的处置。这五个阶段有着内在的逻辑关系。银行只有在对风险的类型及产生的原因有了正确认识的基础上,才能对风险的大小做出较为准确的估算;同时,银行只有在对风险有了正确的认识、估算和评价的基础上,才能有针对性地采取措施,进行风险控制和处置。

1. 风险识别

风险识别就是从商业银行外部纷杂的风险环境和内部经营环境中

识别其中可能对银行经营带来意外损失的风险因素。这是风险管理的第一步。首先，商业银行风险管理者要分析各种风险敞口（Exposure）。风险敞口是指商业银行经营中存在风险的部位以及受风险影响的程度。即哪些项目存在经营风险，受何种风险的影响；各种资产和负债受经营风险影响的程度。通过对风险敞口的分析，管理者就能决定哪些项目需要进行风险管理，哪些项目必须加强风险管理，有的放矢地制定风险管理措施。其次，商业银行风险管理者要分析风险的成因和特征。诱发商业银行经营风险的原因错综复杂，不同原因造成的风险也有不同的特征。通过对风险成因和特征的研判，客观地做出回避、分散、减小等风险处理决策。

风险识别采用的办法有：风险树搜寻法、专家预测法、流程图分析法、筛选—监测—诊断法。

第一，风险树搜寻法是以图解的形式，将商业银行风险逐层予以分解，最终找到自己所承受的风险的具体形态。因为风险分散后的图形呈树枝状，故称风险树。这种方法具有简单、明了、能比较迅速地发现存在的问题、使用广泛等的优点。第二，专家预测法是以专家为索取信息的对象，由商业银行制定出有关方案，组织不同领域专家运用专业知识，通过对过去和现在发生的问题进行综合分析，从中找出规律、对发展前景做出判断。商业银行风险管理人员汇集整理专家意见，提供给决策层做出风险管理决策。这种方法的优点是专家各自独立工作，能够从不同角度研判商业银行面临的问题，逐步、全面地得出对风险比较正确的看法。第三，流程图分析法是通过建立流程图系统分析识别风险潜在因素的方法。通过对银行一项具体交易项目操作过程的每个环节进行分析，从中发现问题，找出可能发生的风险及其根源。第四，筛选—监测—诊断法是指银行通过对各种风险因素进行筛选，观测、记录、分析筛选出的结果，据此对银行面临的风险进行正确判断的一种风险识别方法。实际工作中，这种方法经常用于贷款风险的识别。

2. 风险衡量

商业银行风险衡量是风险识别的延续，是对商业银行风险水平的分析和估量，包括衡量各种风险导致损失的可能性的大小以及损失发生的范围和程度。这是风险管理中关键的一环。许多情况下商业银行风险管理的失败，并不是由于未能正确地识别风险，也不是由于业务处理的不当，往往是由于对风险控制的方法不当和对风险衡量错误造成的。只有对风险准确的衡量，才能为正确采取风险控制和处理方法打下基础（关于风险衡量方法，本书在以后的章节专门介绍）。

3．**风险评价**

商业银行风险评价就是在风险识别、风险衡量的基础上，把风险发生的概率、损失严重程度、结合其他因素综合起来考虑，得出银行体系发生风险的可能性及其危害程度，以决定是否需要采取措施加以控制、控制措施采取到何种程度最为适宜等问题。风险评价方法在很大程度上取决于管理者的主观因素，因为相同损益对于不同地位、不同处境的企业法人具有不同的效应，所以不同管理者对相同货币金额的风险有不同的评价方法。常见的风险评价方法有：一是成本效益分析法。它研究在采取某种措施的情况下，需要付出多大代价，以及可以取得多大的效果。二是风险效益分析法。即研究在采取某种措施的情况下，需要承担多大风险，以及可以取得多大的效果。三是权衡风险方法。即将各项风险所至后果进行量化比较，从而权衡各风险存在与发生可能造成的影响。四是综合分析法。即利用统计分析的方法，将问题构成因素划分为不同范畴的要素，对各范畴内的具体项目进行专家调查统计，评出分值，然后根据分值及权数，计算要素实际评分与最大可能值之比，作为风险程度评价的依据。五是统计型评价方法。即对已知发生概率及其益损值的各种风险进行成本及效果比较分析进而进行评价的方法。银行风险评价是银行风险管理的中间环节，具有承前启后的作用。选择风险控制技术的基础是风险评价，而根据风险评价的结果才能采取恰当的措施对风险进行有效控制。

4．**风险控制**

风险控制是指风险发生之前或已经发生时采取一定的策略和措施以减少风险损失、增加风险收益所进行的经济活动，是银行风险管理的核心工作。常用的风险控制方法有以下几种：

第一，风险预防。是指商业银行通过科学的决策和规范化的管理来防范资产负债风险发生的策略。是商业银行实现安全性、提高盈利性、防范风险的常规性策略。商业银行抵御风险的最终防线是保持充足的自有资本。《巴塞尔资本协议》确定了资本风险资产的最低比例，并对资本的定义和组成、风险资产的权重等提出了比较规范的计算方法。我国商业银行要参照《巴塞尔资本协议》，根据我国《商业银行法》和银监会《资本充足率管理办法》等有关规定，保证自有资本的充足性。

商业银行在日常工作中，还应注重经营管理程序、管理方法的科学化，针对已识别和预测到的风险，尽量限制或锁定风险条件的产生，使风险发生的可能性降低并直至完全消除。

第二，风险回避。这是一种事前控制，指决策者考虑到风险的存在，主动放弃或拒绝承担风险。选择回避还是承担风险是银行决策者风险抉择的结果。当银行面临的风险较大，一旦发生损失将极为严重，银行难以承受时，选择风险回避的风险控制手段必须是有效的。但风险回避是比较保守、比较简单的风险控制方法，从经济成本的角度讲，回避了风险的损失，同时，也意味着放弃了风险收益的机会，实际上就是一种机会或者机遇损失。所以，商业银行在具体业务操作中就要认真地权衡收益和风险，当由风险所引起的损失与承担风险的收益不能抵消时，应采用风险回避的措施，反之则不能采用风险回避。风险回避常用的方式有：资产结构短期化，以降低流动性风险和利率风险；投资选择避重就轻，以避免风险过大的投资；债权互换、扬长避短，将不同期限、利率或币种的债权互换，达到彼此取长补短、各得其所地避开风险；在开展外汇业务时，对有关货币汇率走势做出明智的判断，努力保持硬通货债权、软通货债务，以避免汇率变化带来的风险。

第三，风险分散。是指商业银行通过实现资产结构多样化，尽可能选择多样的、彼此不相关的资产进行搭配，以降低整个资产组合的风险程度。风险分散的理论基础源自于马克维茨提出的现代资产组合管理理论（后面的章节会详细介绍）。该理论从风险收益组合开始，确认风险资产的最小方差边界，所有落在这个边界，从全局最小方差资产组合往上都是可能的最优风险收益组合，即最优资产组合。商业银行只有通过持有不相关或负相关的资产负债组合，并且使资产负债组合的总风险收益方差为最小，才能从总体上有效实行风险分散。

设一个由 N 种资产构成的投资组合，用方差来描述资产风险，则有：

$$\sigma^2 = \sum_{i}^{n} \sum_{j}^{n} W_i W_j \sigma_i \sigma_j \rho_{ij}$$

其中，σ^2 为投资组合的风险；σ_i 为资产 i 的风险；W_i 为资产 i 在组合中的权重；ρ_{ij} 为资产 i 和 j 的相关系数。对投资组合而言，相关系数反映了组合中每两个资产风险的同向或反向运动程度。当 $0 < \rho_{ij} \leqslant 1$ 时，一种资产风险增加或减少，另一种资产的风险也增加或减少，称为正相

关，该投资组合并未起到降低风险作用；当 $\rho_{ij}=0$ 时，表示两资产互不影响，组合风险等于每个资产的风险之和，投资组合没有降低风险；当 $-1\leqslant\rho_{ij}<0$ 时，表示两种资产做反向运动，投资组合方差小于单个资产的方差之和，投资组合降低了风险。①

分散风险的具体做法有：(1)资产种类上的风险分散，即在各种类资产或同一类资产的不同形式之间进行资产组合，以达到分散风险的目的。(2)行业和地区分散，是指银行将资产投资于若干行业和不同地区，避免某一行业或某一地区经济变量冲击银行资产安全。(3)信贷资金分量化，即对单一客户的授信额度要控制在一定范围之内，将单项资产在总资产的份额限制在极小的比例之内。若有巨额的贷款需求或证券投资，则尽量邀请其他银行组成银团共同贷款或投资。(4)资产质量分散，是指银行在放贷和投资时应将资金分散于不同质量的贷款和证券上，并尽量做到贷款和证券期限的多样化。从而获得低质量资产的高收益，又取得低收益资产的高质量，保证银行实现收益最大化和风险最小化。

第四，风险转移。也是一种事前控制，即在风险发生之前利用某些合法的交易方式和业务手段将风险全部或部分转移给他人的行为。这是一种积极的风险控制方法，既使风险转移给他人，又可能保留风险带来的部分收益。风险转移实际是一种交易，所以转让人需承担一部分交易成本。风险转移具体方法有：(1)担保。这是银行普遍采用的风险转移的办法，银行对信用程度较低的客户，应要求其寻找担保人对贷款担保，将应由银行承担的客户资信风险转嫁给担保人。(2)保险。是指商业银行要求借款人把借款的抵押品，向保险公司投保，如发生意外损失由保险公司向银行赔偿，借此商业银行将风险转嫁给保险公司。(3)押汇下的保函。银行在做押汇议付时，一般要求出口商对单据的不符点出具保函，保证由于这些不符点造成的拒付款由出口商全权负责，银行有权追回全部议付款和利息。(4)提前或推后结算结汇。即当预计本币将要贬值、外币将要升值时，国内销货商要设法提前收款、出口商要设法推迟收汇；反之，国内购货商要设法提前付款、进口商要设法推迟付汇。这种结算结汇做法应当符合交易规则，得到交易双方所承认

---

① 田玲．德国商业银行风险管理研究．北京：科学出版社，2004

或接受。(5)运用衍生交易工具转移风险。利用期货与期权交易转移风险是目前广泛使用的风险管理方式。期货交易,通过期货的套期保值,将价格波动的风险转嫁给愿意承担该风险的投机商;期权交易,卖方不必履行到期交割的责任,可根据市场趋势届时决定是否使用期权合约。期货期权虽有极大的转移风险作用,但只能转移风险而不能消除风险,因为期货期权也是普遍性的投机工具,本身包含着巨大的风险。(6)指数化。指数化主要是针对商业银行市场风险而采取的一种风险转移方式。是指利用市场中的经济变量指数来调整价格,进而调整利益分配的一种方式。(7)多头与空头。即商业银行在预计外汇将要升值时作多头,预计外汇将要贬值时作空头,把交易风险转嫁给交易对手。这种做法要求对汇率变动方向预测十分准确,否则将会遭受更大的损失。(8)利用传统业务创新来分散风险。如抵押贷款证券化、直接出售贷款、浮动利率贷款、浮动利率票据、货币互换便利或双重货币贷款等。

第五,风险抑制。是指商业银行承担风险后,在银行自身经营过程中,采取种种积极措施以减少风险发生的可能性和破坏程度。风险抑制的方法主要有:(1)向借款客户派驻财务专家,帮助借款客户摸清财务恶化原因,并提出解决问题的指导意见。在借款人财务困难没有最终解决时,立即停止对该客户发放新贷款,并尽一切努力将已发放贷款收回。(2)根据担保法有关规定追加担保人和担保金额,或追加资产抵押。(3)掉期交易。即商业银行进行外汇交易时,在买进或卖出即期外汇的同时,以卖出或买进远期外汇的方法来防范外汇风险。(4)期货期权交易。期货交易是指当前达成成交合约并事先约定结算的利率或汇率,以后的结算不受利率或汇率变动的影响;期权交易是指投资者支付一定的费用,签订期权合约,取得在合约规定的期限内按照协定价格买进或卖出一定数量证券或外汇的权利。

第六,风险补偿。是指商业银行采取各种措施,对风险所造成的损失加以弥补。商业银行常用的风险补偿方法有:(1)用资本、利润、抵押品拍卖收入等资金补偿其在某种风险上遭受的损失。(2)将风险报酬打入价格之中,即在一般的投资报酬率和货币贬值因素之外,再加进风险报酬因素。这种报价如能成交,自然冲减风险形成后带来的损失。(3)通过存款保险制度来减少银行风险。(4)运用法律手段对造成银行风险的责任者提出民事诉讼。

（五）商业银行风险管理的信息系统

20世纪60年代以来，金融信息技术迅速发展并得到广泛应用。发达国家商业银行资金转账、银行交易、数据处理、信息传递、风险管理等已基本实现全面信息电子化，带动了以美国为代表的西方国家商业银行经营管理发生了革命性变化。在商业银行风险管理上，20世纪90年代中期，美国等西方国家商业银行为满足对银行信息分析与决策的需要，积极将数据仓库技术引进银行业，建立起现代银行信息系统结构。风险管理信息系统结构基本由三部分组成：数据仓库、中间数据处理器、数据分析层。① (1)数据仓库含有两种结构：一是存放了各种风险头寸、前台交易纪录信息、交易对手信息、金融工具信息等数据存储；二是对这些大量数据进行操作管理和组织的数据库管理系统。(2)中间数据处理器分类识别和处理各种原始数据信息，根据不同数据结构和类型灌库。(3)数据分析层根据风险管理的不同需要，在数据库中抽取准确、具有潜在用途的存储信息，分析后向银行管理层提交一整套风险管理方案。西方发达国家商业银行金融信息技术的广泛使用，保证了银行基础数据的统一性和准确性，为高层次的风险衡量方法和资产组合管理模型实际应用提供了技术支持。

第二节　我国商业银行风险成因的特殊性及风险管理存在的问题

一、我国商业银行风险成因的特殊性分析

近年来，虽然中国人民银行和中国银监会采取了多项重大举措防范商业银行风险，但我国商业银行的经营安全现状不容乐观。由于我国资本账户没有放开、外汇储备充足、经常账户有盈余，因此商业银行风险因素主要来自国内。

（一）国有商业银行体制性经营风险

我国在建设具有中国特色社会主义市场经济过程中，经济领域中

① 章彰编著．商业银行信用风险管理．北京：中国人民大学出版社，2002

的计划经济体制成份逐渐退出,市场经济初步建立,成效显著,得到国际社会普遍公认。但在一些领域计划经济还不同程度发挥着作用,因此形成一个社会经济转型背景下特殊的经济运行周期和经济环境。经济转型对传统融资结构产生冲击和影响,使其稳定性与内在一致性被打破,政府主导的融资体系和结构与国有企业改制、四大国有专业银行向现代商业银行嬗变产生了矛盾和不协调,企业与金融机构处于不稳定状态。这些因素使我国商业银行风险具有鲜明的体制性特征。

在我国国民经济中占主导地位的国有大中型企业,由于企业资本金及资产属于国家所有,企业经营者和员工并不拥有国有企业的产权和资本金,因此国有企业缺乏内在动力去不断补充和增加企业资本金,企业自我积累内在机制不健全,最终形成高负债。过度负债和不良债务问题十分严重,与同行业比较国有企业资产负债水平不仅高于非国有企业,而且与行业平均水平相比也有较大距离。有关抽样调查表明资产负债率越高的企业,不良负债率越高。从国有企业自身财务状况看,国有企业总体短期偿债能力和长期偿债能力都普遍偏低,显示出过度负债的明显特征。

西方发达国家金融体制基本上是以资本市场为主导的模式,证券业与商业银行发展同步,近代工商企业发展初期主要通过证券市场筹措资金,对商业银行信贷依赖较低。我国金融市场不发达,国有企业筹资渠道单一,与欧美国家显著不同的是我国国有企业更习惯依赖银行。从负债结构看,国有大中型企业资产的85%是由国有商业银行的贷款构成,企业所有者权益很少、融资结构不合理,盈利能力与偿债能力极为低下,根本无法偿清所欠银行长期形成的巨额债务,造成我国国有商业银行大量不良资产。

国有企业过度负债和国有商业银行不良资产比例过高,将会造成融资秩序与信用关系出现失控与混乱,给信用危机爆发埋下隐患,给国家经济建设带来更大金融风险。其一,国有银企债务困境刺激了与日俱增的严重道德风险行为,使整个商业活动与市场交易陷入信用危机中;其二,信用混乱与危机直接冲击金融机构的经营活动,使银行的融资活动陷入困境,增大金融风险;其三,国有银企债务困境实质最终要由国家财政解决,"国家综合负债"的提高可能引发全面的财政、金融危机。国有商业银行大量不良资产成因除政治经济体制因素外,银行自我约束机制、信贷管理机制不健全、道德风险、职业操守等内部因素也起了不容忽视的作用。至2003年6月末,我国主要金融机构不良贷款率已达到19.6%,如果把非信贷类资产的损失计算在内,我国主要金融机构不良资产率至少已超过国际警戒线。

(二)中小金融机构风险状况

关于中小金融机构的界定,国际国内还没有一个统一标准。国务院副总理曾培炎在强调做好中小金融机构的整顿和撤并工作时指出:中小金融机构是指国家政策银行和国有商业银行之外的非证券、保险类金融机构。即股份制商业银行、城市商业银行、城乡信用社和信托投资公司等金融机构。自上个世纪80年代中期以来,我国中小金融机构得到了较快发展,已逐渐成为支持我国经济发展、完善金融服务、引领金融创新的重要力量。但由于信贷政策不谨慎、道德风险危害、外部金融监管不到位等因素,一部分中小金融机构累积了严重经营风险,甚至资不抵债濒临倒闭。

1. 我国中小商业银行资本充足率较低

资本充足率较低是我国中小商业银行普遍存在的问题。根据《巴塞尔资本协议》和《中华人民共和国商业银行法》的规定,银行的资本充足率不应低于8%。按我国现行计算标准,在不考虑拨备等相关因素下,我国中小金融机构只有光大银行、华夏银行、深圳发展银行、招商银行、上海浦发银行、民生银行等几家银行资本充足率基本达到8%,其余银行资本充足率都偏低。资本充足率偏低的直接后果就是严重地削弱了银行抵抗风险、消化贷款损失和偿付的能力。

2. 我国中小金融机构不良资产比例高

我国部分城市信用社、信托投资公司、城市商业银行和农村信用社不良资产比例高、支付风险突出,是我国中小金融机构的另一普遍存在的问题。

一是城市信用社和一些城市商业银行经营风险问题突出。自上世纪80年代中期以来,我国城市信用社形成了相当大的金融风险,一些地区还出现了挤兑风波。经过多年大规模整顿,至2002年9月底,我国通过各种方式处置城市信用社2770家,城市信用社高风险状况基本得到有效控制。但还存在着许多问题,主要是处于运营状态的城市信用社的不良贷款比例仍比较高、资本充足率比较低、被实施停业整顿的城市信用社最终退出市场困难。为化解城市信用社普遍存在的经营风险，我国采取发起方式，在合并城市信用社基础上设立城市商业银行。实践证明组建和发展城市商业银行的方向是对的，在支持地方经济发展中起到了重要作用。但部分地区在组建城市商业银行过程中，片面追求组建进度，所并入的城市信用社没有严格清产核资，成立后经营管理不规范，地方政府对其进行行政干预等，一些城市商业银行不良贷款比例较大、金融风险隐患潜伏。至 2002 年 9 月底，全国 111 家城市商业银行中，有 19 家机构的平均不良贷款比例超过 61%，26 家机构平均不良贷款比例超过 33.9%。汕头市商业银行还因严重违规经营、资不抵债被人民银行责令停业整顿。

二是 1979 年 10 月我国第一家信托投资公司成立后，至 1988 年底，全国各类投资公司多达近 800 家，几乎覆盖了全国各个地区和国民经济各个领域。由于机构盲目扩张、业务范围界定不清、缺乏必要规范化管理、过度竞争、经营混乱、违规吸收资金等因素，形成了严重的行业风险隐患。针对信托业存在的问题，国家于 1982 年、1985 年、1988 年、1993 年、1997 年、1999 年、2002 年，先后多次整顿信托投资机构，截至 2002 年底，被保留的 80 家信托投资公司合并为 62 家新的法人机构，48 家信托投资公司改制为证券公司、财务公司或一般工商企业，其余信托投资公司予以撤销，清理整顿工作基本结束。现存在的主要问题是被公告撤销机构资产清收变现难度大，法人机构债务清偿困难。

三是我国农村信用社金融风险在各类中小金融机构中尤为严重。我国农村信用社自上世纪 50 年代初建社以来，随着农村经济发展和农民收入水平的提高，得到了很大发展。截至 2003 年 6 月末，全国农村信用社共有法人机构 34909 个，各项存款余额 22330 亿元，各项贷款余额 16181 亿元。但是，由于多方面原因，我国农村信用社还存在一些突出问题需要解决。银监会主席刘明康在深化农村信用社改革试点工作会议上指出，农村信用社现存问题主要有历史包袱比较大、资产质量低、资本金严重不足、亏损普遍存在（全国农村信用社中只有 15% 盈利）、不良贷款比例高。截至 2002 年全国信用社不良贷款比例为 36.92%。农村信用社潜在风险较大。

3. 我国中小金融机构风险更为显性化

与国有四大商业银行相比，我国中小金融机构风险更为显性化。

一是中小商业银行从单个机构来说，经营规模和资产实力普遍比较小，必然存在抗风险能力弱的固有缺陷。一旦一家贷款相对集中的小型机构因企业经营不善或社会有效需求不足引起贷款周转失灵，该机构的资产流动性就会很快下降，支付缺口问题即刻暴露。随着社会公众银行风险意识的提高和金融机构外不可预测风险事件的影响与冲击，中小金融机构所面临的经营风险就容易被激化。

二是服务功能落后。中小金融机构因规模小，不具备建立全国或区域电子联行往来的基本条件，与国有金融机构相比在结算网络方面科技水平的劣势十分明显。随着其主要服务对象——中小企业的成长和业务活动地域的拓展，中小金融机构这方面的劣势已严重影响到其客户数量、资金来源的扩大、业务的发展。①

三是公众信任度低。中小金融机构成立时间短，品牌优势不明显，没有央行作为最后贷款人的国家信用支持，与国有商业银行相比公众信用低，使中小金融机构吸收存款尤其是居民储蓄存款难度较大。②

四是产权制度有缺陷。目前我国股份制商业银行中，普遍存在着产权制度不健全的问题。股份制商业银行股东基本上仍是国有企业，国企自身的所有者缺位问题一样被复制到股份制商业银行中，使这些商业银行均不同程度地带有行政色彩，并普遍存在内部人控制和道德风险问题。如一些已上市银行，或者存在国有股控股问题，普通股东无法对经理人员实行有效监督；或者在相当程度上仍受政府控制，重大事项上股东很少有发言权。近年来股份制商业银行的发展速度明显减慢，利润增长趋缓，不良资产呈直线上升趋势，表明股份制商业银行已经耗尽了设立初期的制度优势，内部机制等方面的欠缺开始累积经营风险。

五是金融监管缺位。我国金融监管重点主要放在国有金融机构，全社会金融业整体规范化监管体系建设有待完善。对中小金融机构往往是出现了严重问题后，采取简单关闭退出方式了事。在市场准入资格上就存在先天营养不足，一部分中小金融机构在成立时就存在着不合规之处，与我国法律政策体系滞后等因素相叠加，风险防范工作的任务十分艰巨。

（三）我国金融市场内生性风险

20 世纪 80 年代，我国经济增长主要是由投资与消费共同拉动的。

---

① 史晋川，黄燕君，何嗣江，严谷军等．中小金融机构与中小企业发展研究．杭州：浙江大学出版社，2003

② 史晋川，黄燕君，何嗣江，严谷军等．中小金融机构与中小企业发展研究．杭州：浙江大学出版社，2003

20世纪90年代至今,我国经济增长则带有明显的投资拉动特征,经济增长与投资增长基本呈正相关关系。20世纪80年代我国投资率为34.1%,20世纪90年代投资率平均水平已达到36.8%。近年来投资拉动型经济增长的特征更加明显,2003年已激增到42.7%。根据《中国统计年鉴》、各期《中国经济景气月报》和国家发展计划委员会《国民经济和社会发展报告》公布的数据分析,固定资产投资对经济增长的贡献也在逐年攀升,见下表:

表2-1　1980~2002年固定资产投资增长与GDP增长状况表

年份	指标	
	固定资产投资增长率(%)	GDP增长率(%)
1980	8.5	7.8
1981	2.9	5.3
1982	25.1	9
1983	13.3	9.9
1984	23.9	13.8
1985	30.1	16.5
1986	15.8	9.8
1987	14.1	14.1
1988	10	10.8
1989	-12.9	3.6
1990	-3	5
1991	15	7.7
1992	25.3	13
1993	27.8	13.5
1994	18.1	11.6
1995	10.9	9
1996	10.1	9.7
1997	7	8.8
1998	14.3	7.8
1999	15.7	7.2
2000	16.2	8
2001	12.1	7.3
2002	16.2	8

其中:1980~1987年为社会总产值数据;1988年以后为国内生产总值数据。

上述统计数据说明我国固定资产投资与经济增长率间的相关关系非常明显。我国现阶段重化工业和高科技产业发展迅速,加上对传统工业的改造因素,将继续带动投资的大量增长。根据党的十六大确定的战略目标、西方发达国家工业化所走过的道路和我国当前发展实际情况,专家估计我国投资率保持较高水平的状况将持续到2010年左右,之后投资高增长的势头将逐步回落。这种投资拉动型经济增长模式决定了经济增长率随着固定资产投资增长率的波动而波动。

与消费拉动型经济增长相比,投资拉动型经济增长往往导致经济剧烈波动。美国著名经济学家费舍在其《繁荣与萧条》中首次完整地提出了债权—通货紧缩理论;凯恩斯也着重强调通货紧缩对银行体系的不良影响。表2－1统计数据说明,20世纪80～90年代,我国先后有两次较为明显的经济扩张,即1984～1985年,固定资产投资增长率分别达到23.9%和30.1%;1992～1993年,固定资产投资增长率分别达到25.3%和27.8%。这两次经济扩张后,投资增长率下降幅度较大,经济迅速萎缩,企业资产负债状况恶化,借款能力降低,银行收紧信贷,企业状况进一步恶化,银行形成大量不良资产。投资涨跌波幅较大的背后是信贷资金和货币供给量的大起大落,给商业银行经营埋下风险隐患。近几年商业银行新增贷款增长率与GDP增长率的比率又呈逐年上升之势,2000年为0.75,2001年为1.73,2002年为2.11,2003年则上涨至2.32,显示信贷需求呈加速增长之势、固定资产投资进入新的增长周期。2004年1、2两月全国经济内生性增长动力依然强劲,城镇50万元以上的项目完成投资3287亿元,比上年增长53%。尽管此轮投资资金来源结构出现了变化,但诱因之一还是基于地方软预算约束和政绩型扩张冲动,而且贷款融资是固定资产投资的最重要渠道。不少地方城建热、开发区热、招商引资热扭曲了市场信号,刺激投资主体在汽车、钢材、有色金属等领域非理性投资。这意味着商业银行新增贷款的相当部分有可能形成新的呆坏账,从而给商业银行经营带来风险。

由于我国资本市场还不发达,企业融资活动主要靠银行贷款。北京大学金融证券研究中心主任曹凤岐教授指出:我国资本市场无论从市场规模、还是融资数量都不够。2003年银行贷款增加29000亿元,而股票融资只有1300亿元,只占银行融资的4.9%,加上其他融资也不到7%。信贷资金成为固定资产投资的一个主要来源。中国工商银行对全国1008家重点企业进行了专项调查,调查结果表明这些国家重点企业短期

借款的87.9%来自国有商业银行,67.5%的长期借款来自国有商业银行。见下表:

表2-2　国有商业银行若干比例%

项目	信贷资产占收息资产比例	企业贷款占全部贷款比例	国有企业贷款占全部贷款比例
中国工商银行	77.24	94.18	88.05
中国建设银行	74.78	87.04	76.35
中国农业银行	73.37	87.91	67.22
中国银行	77.51	88.41	71.84

资料来源:中国工商银行《调查统计资料》

表2-3　国有企业与国有商业银行资金关系分析

项目	工业生产企业	大中型企业	重点企业
调查企业数(个)	30725	8403	1008
总资产(亿元)	51745	42857	33174
所有者权益(亿元)	17899	15766	14901
资产负债率(%)	65.4	63.2	57.5
流动比率(%)	95.4	99.5	114.5
短期借款(亿元)	--	--	4606
其中国有商业银行贷款占比(%)	--	--	87.9
长期借款(亿元)	--	--	6469
其中国有商业银行贷款占比(%)	--	--	67.5

资料来源:中国工商银行《调查统计资料》

中国工商银行这一调查统计表明:国有商业银行绝大部分贷款投向了国有大中型企业;国有商业银行贷款是拉动固定资产投资增长的重要因素之一;固定资产投资增长提升了国家经济增长率。逆向分析,我国地方政府为保证较高的经济增长率,采取各种措施追求投资高增长,以行政手段过多干预企业投资和银行贷款。在投资推动型经济增长中,市场经济手段难以控制投资数量扩张和各地低水平重复建设问题,结果带来物价上涨、企业生产成本和投资成本增加,预期投资收益下降,企业减少投资，投资减少引发通货紧缩。同时，长期以来我国国有企业改革因为理论上、政策上、现实中、甚至文化沉淀上的难题困扰，国有大中型企业改革道路崎岖坎坷，多数国有大中型企业投入一产出效率低，企业经营处于困境，其占用的国有商业银行大量贷款难以归还，形成了国有商业银行巨额不良资产。国务院发展研究中心研究员吴敬琏多次提出：投资没有效率，势必引发潜在性经济风险。国有商业银行面对大量不良资产和国家金融监管机构加大监管力度的现实，审慎经营降低风险较大的国有企业贷款规模，存贷差额显著扩大，出现所谓“惜贷”现象，深深地影响了我国宏观经济发展，成为通货紧缩的又一诱因。投资涨跌波幅较大冲击我国经济秩序，给商业银行带来投资引至型经营风险；商业银行“惜贷”现象则拉低固定资产投资增长率，出现通货紧缩，企业资产价值下跌，加速金融体系的不稳定。

经济体制中这种内生性的贷款扩张收缩，叠加国有企业经营困境和国有商业银行体制性风险等因子，成为国有商业银行不良资产的基础性因素。

（四）加入世贸组织后银行面临风险分析

2001 年 12 月 11 日，中国正式加入世界贸易组织（WTO）。根据加入世贸组织协议，与证券业和保险业相比，我国银行业是金融领域中开放度最大的部门，国家将逐步取消地域、业务对象、业务范围、机构设置等方面对外资银行的限制，外资银行已成为中资银行的重要竞争对手。根据国际经验，国际活跃银行进入发展中国家之后，将以其在管理经验、服务水平、经营方式、产品结构等方面的显著优势与本地银行争夺优质客户和表外业务，实现在占有较少市场份额、消耗较少资源、承担较小风险的前提下取得较高收益。所以我国加入世贸组织后中资银行面临的竞争将由过去围绕资金实力、市场份额竞争转变为综合实力的全面竞争。习惯于政策庇护的中资商业银行将进一步面临风险。与外资银行相比中资银行尤其是国有商业银行在许多方面存在强大竞争压力，主要表现是：

1. 中资银行经营范围方面的劣势

20 世纪 70 年代末，世界主要工业国家商业银行开始向全能银行方向发展，商业银行业务、投资银行业务、证券业务、期货业务、保险业务相结合的混业经营模式，已成为国际性的趋势。这充分体现出金融发展否定之否定的一般规律。欧美商业银行长期在混业经营的环境下开展业务,在金融衍生交易业务方面有很强的优势,可同时涉足保险、证券、期货、信托等全方位的业务。国际商业银行业务经营日益表外化,中间业务的发展已成为利润增长的重要来源。其经营业务方式与业务品种及工具创新紧密跟随市场变化,而且带有超前性。金融工程已经普遍应用于金融业务创新过程之中。据不完全统计,国际银行业已经开发并经常使用的金融产品和服务品种已达1400种,而我国银行业常用的只有10余种。在外汇业务方面,中资银行和在华外资银行都受到一些业务范围限制,但中资银行所受限制更多。所以,进入中国市场的外资银行能以更为全面、优质的商业银行服务,满足客户多元化的业务需求。中资银行目前经营范围上主要是分业经营模式,业务内容限于传统的存、贷、汇款,近年来中间业务虽然得到一定的发展,但品种和功能都属于刚刚起步阶段,与外资银行相比,中资银行明显处于劣势。

我国《商业银行法》第43条规定:"商业银行在中华人民共和国境内不得从事信托投资和证券经营业务,不得向非自用不动产投资或者向非银行金融机构和企业投资,但国家另有规定的除外。"这一条款是十届人大六次会议修改《商业银行法》中争议最多的一条。根据这一规定,一般情况下商业银行不得从事信托投资和股票业务,不得投资非自用不动产。在我国境内商业银行经营范围是分业经营模式,但在国家有特殊规定情况下,商业银行还是可以从事信托投资、证券经营、非自用不动产或向非金融机构和企业投资,这样国家为商业银行实行许多国家采用的混业经营留下了空间。在具备银行风险管理水平和监管水平前提下,实行混业经营有利于商业银行增加风险控制能力,提高我国商业银行综合竞争实力。

2. 我国商业银行机构臃肿、冗员众多、效率低下

我国党政机关、事业单位、国有大中型企业中普遍存在的机构臃肿、冗员众多、效率低下的问题,在国有商业银行中表现得也十分明显。特别是四大国有商业银行承担着众多社会功能,为使国家减轻就业压力、维护社会稳定,国有商业银行机构人数已远远超出经营需要的员工数量。如中国工商银行和中国农业银行各有50多万员工,建设银行有30多万员工,中国银行有20余万员工,有些机构还不包括代办员。冗员众多致使国有商业银行经营成本支出巨大,经营效益低下。在机构设置上,我国银行业现有庞大的国内分支行网络,但其中相当一部分分支机构是依附于行政区划而存在,不是按照经济发展程度需要原则而设置的。分支行网络数量优势并不足以构成抵御外资银行竞争的壁垒,相反仅靠数量众多的分支机构却成为中国银行业的包袱,一是银行为维持这些分支机构运行所耗费的资源过多,其中很多机构并不产生效益;二是过多的分支机构会增加决策层次和信息传递成本,降低经营管理效率,加大风险控制难度。相比之下,在华外资银行人员少、效率高,员工人均资产管理规模和利润总额远远大于国有商业银行,增强了其市场竞争力。参见表2-4。

表2-4　我国国有商业银行与国际活跃银行财务状况比较(亿美元、%)

排名	行名	一级核心资本	资产	税前利润	利润增长率	员工人数	人均利润(千美元)
1/1	花旗集团(美)	584.48	10514.50	218.97	0.70	282461	77.52
2/3	美洲银行集团(美)	419.72	6217.64	101.17	-16.50	142670	70.91
3/2	瑞穗金融集团(日)	404.98	11782.85	-114.77	--	34120	-336.37
4/4	JP摩根大通公司(美)	377.13	6935.75	25.66	-71.40	95812	26.78
5/5	汇丰控股公司(英)	350.74	6963.81	80.64	-15.30	171049	47.14
6/-	三井住友银行公司(日)	299.52	8402.81	-48.67	--	24464	-198.94
7/6	农业信贷集团(法)	288.76	4964.21	22.71	-33.30	102259	22.20
8/-	东京三菱金融集团(日)	256.73	7514.80	-23.92	--	21385	-111.85
9/-	联合金融控股集团(日)	238.15	6164.85	-131.94	--	24264	-543.76
10/7	中国工商银行	231.07	5242.35	7.40	19.50	471123	1.57
11/18	中国银行	220.85	4061.50	13.19	62.60	203070	6.49
12/8	德意志银行(德)	218.59	8092.20	15.89	-73.9	94782	16.76
13/16	苏格兰皇家银行(英)	218.30	5199.91	62	24.50	105700	58.65

续表

排名	行名	一级核心资本	资产	税前利润	利润增长率	员工人数	人均利润（千美元）
23/21	中国农业银行	159.71	2625.70	0.36	－－	－－	－－
28/29	中国建设银行	145.17	3340.61	6.27	－37.70	316329	1.98

注：排名指在世界1000家大银行的排名，如2/3指在2002年排名为第二名、2001年排名为第三名。①

3. 中资商业银行人力资源方面的竞争压力

外资商业银行进入中国金融市场后，与中资商业银行最大的竞争将是对具有工作实践经验的经营管理人才的竞争。目前国有商业银行人力资源管理制度僵化落后，经营中论资排辈现象严重，现有的高素质人才得不到充分重用，优秀人才聘用受各方面力量掣肘，后期培训工作也不配套。而外资银行则以富有生机的经营管理机制、良好的培训体系、优越的工作环境、丰厚的薪金待遇等，对中资银行的专业人才具有极大的吸引力，中资银行高级专业人才的流失无疑会加速。而专业人才的流失不仅仅是一个人的问题，随之会带走原银行积累的经营经验、部分业务、客户或专项产品，尤其是优质的高端客户，树立或增加竞争对手，直接削弱中资商业银行的竞争力。

我国商业银行长期存在的巨额不良资产大大降低了与发达国家商业银行竞争的能力，是我国商业银行当前亟待解决的课题。（本书在第三章里进一步论述。）

二、我国商业银行风险管理中存在的问题

（一）产权制度缺陷决定的银行风险管理先天不足

商业银行有效的风险管理依托管理主体责、权、利的合理分配。我国国有四大商业银行现行的国有独资产权模式，名为独资，实际上所有权属法律问题并没有界定清楚，银行产权关系模糊、风险承担主体和边界不明确、所有权与经营权难以彻底分离等体制性因素，造成的直接后果就是：一是商业银行存在巨大的代理风险和普遍的“内部人控制”，高级管理层的行为取向是个人或小团体利益的最大化，建设风险约束和自律机制化为纸上谈兵；二

① 王元龙.“十五”国家重点图书出版规划项目《中国金融安全论》. 北京：中国金融出版社，2003

是责、权、利脱节使追求利润和最大资本收益率不能成为各级银行内在的动力和压力，经营者即使有良好的愿望和素质也难以创造更好绩效；三是国有商业银行难以摆脱政府作为国有资产代表人对商业银行的行政干预，商业银行高级管理层无法也不应承担全部经营风险的责任，为维护金融稳定最后只能由国家财政资本取代银行金融资本承担全部风险。国有商业银行信用转化为国家信用，社会民众和客户对国家信用坚信不移，难以形成来自银行外部的社会有效监督。

为避免国家财政负上大量不良资产、规避通货膨胀，宏观上国家金融监管部门非常重视金融机构经营风险问题，采取各种措施降低商业银行不良资产。但由于体制性问题没有得到根本解决，微观上商业银行高级经营管理层风险意识淡薄，对风险管理缺乏紧迫感和积极性。2001 年国家成立中国信达资产管理公司、中国东方资产管理公司、中国华融资产管理公司和中国长城资产管理公司剥离大量国有商业银行不良资产后，在各种利益和力量作用下近 3 年来又产生了新的不良资产。2004 年 6 月，仅中国银行和中国建设银行就第二次剥离可疑类不良资产 2787 亿元，由中国信达资产管理公司以市场价收购。

我国四大国有商业银行产权制度中存在的缺陷，实际上已经为银行风险的产生预留了制度性缺口，这是我国国有商业银行经营风险产生的源头所在。

（二）银行内部风险管理机制与组织结构不完善

我国商业银行风险管理机制上与发达国家商业银行相比差距比较明显，大部分商业银行都没有设立专门的风险监测和预警系统，在早期风险防范上存在空白，而发达国家商业银行近年来在风险管理机制上，已经形成完整的管理体系。一是风险甄别系统。即商业银行对其所面临的各种金融风险进行系统地、连续地甄别和归类，对金融风险的诱因进行分析，从而为银行风险管理和决策提供依据。二是风险报警系统。主要在风险甄别的基础上建立风险信息综合分析系统，内容包括：统一授信评估系统、财务报表分析系统、担保品评估系统、资产组合量化系统等。三是风险决策系统。确立、行使风险管理原则，制定风险指标和规避、降低风险等职能。四是风险避险系统。实施风险分散、风险规避、风险转嫁、对风险再分配等具体措施。五是全程监控系统。对银行风险管理全过程进行监督、管理和控制，做出风险管理评估报告等。发达国家商业银行成熟有效的风险管理机制，是其各项业务开展不可或缺的坚强保障,也是商业银行“三性原则”中安全性的具体化。我国商业银行风险管理机制缺失问题,各银行不同程度上普遍存在,成为不良贷款的主要诱因和制约银行各项业务发展的软肋。

在组织结构上,由银行董事会及高级经理直接领导的、以独立风险管理部门为中心、与各个业务部门紧密联系的风险内部管理系统是现代银行风险管理的组织保障。我国国有商业银行虽然一般也设立了专门的资产风险管理部门,但职能比较单一,一般只侧重风险尽职调查及事后对已形成的信贷风险进行资产清收、保全、审核,不是真正意义上的对银行各种风险进行全面、超前、适时的风险评估、测量和管理的部门。并且业务风险管理分散在不同部门,对内部风险计量所需的数据整理开发、系统设计、模型构建等技术性工作缺乏统一的协调和管理。特别是具有高素质、经过严格训练的职业风险经理和金融工程师类人才奇缺,整体风险的把握和评估能力没有竞争力。

(三)风险管理工具及技术匮乏

国际金融市场上,金融衍生工具层出不穷,金融创新业务在银行业务中占据越来越大的比重。金融衍生工具具有直接对冲风险的性质,被认为是管理市场风险的最有效的市场工具,使商业银行能在风险承担能力不同的金融主体之间配置风险。为了对金融机构衍生产品交易进行规范管理,有效控制金融机构从事衍生产品交易的风险,中国银行业监督管理委员会于2004年3月1日颁布了《金融衍生产品交易业务管理暂行办法》。具体规范衍生产品交易市场准入管理、风险管理等。但在实际运营中我国商业银行还不能向投资者提供充足的风险管理工具,明显地制约了我国金融风险管理现代化进程。

在风险评估上,与发达国家商业银行相比我国商业银行存在着较大差距。第一,风险评估手段落后。我国商业银行对风险的评估方法还停留在资产负债指标管理和头寸匹配管理水平上。而发达国家商业银行大都结合数学模型对风险进行评估和管理,针对市场风险开发了以风险价值(VaR)为代表的计量模型,对一般认为不易量化的信用风险,美国第一波士顿银行创建了 Credit Risk + 信贷风险模型、美国 J. P. Morgan 的 CreditMetrics 模型、KMV 公司的预期违约概率 EDF 模型等,得到国际金融界普遍认可并广泛采用。第二,风险评估主要局限于信用风险。我国商业银行风险评估几乎都是针对信贷业务而设计的,对市场风险、操作风险、流动性风险和国家风险的评估还处于空白状态，对同业拆借、外汇买卖业务、网络银行等业务缺乏风险监控。

（四）风险管理信息系统建设薄弱

信息系统是现代商业银行风险管理的基础。我国各商业银行管理层对银行信息科技应用都很重视，投入了大量的人力财力，据统计仅 2002 年中国银行业信息化建设规模已超过了 300 亿元，并以每年 15% 的速度增长。但成效并不显著，甚至可以说成本和收益比失调。目前我国商业银行风险管理信息系统存在的问题是：

1. 基础数据不统一、准确性差。按照国际通行的做法，对信用风险、市场风险、操作风险等的计量需要相当严格的评估机制。《巴塞尔新资本协议》建议风险管理水平高、具有高质量内部风险评级的银行采用内部评级法（IRB），这种风险测量方法的假设前提、模型参数、模型测试都要有准确、全面、统一的基础数据。风险价值（VaR）、信贷风险模型、资产组合分析等也立足于完善的信息系统建设。我国商业银行信息系统存在的问题，不仅高层次的风险分析根本无法开展，现行的简单风险分析工具也因为数据质量差致使分析结果无法让人相信。

2. 服务产品开发和管理信息应用滞后于信息基础设施建设速度。目前我国商业银行计算机应用系统偏重于柜面的负债、核算业务的处理，缺乏对大量管理信息、客户信息、产业信息的收集、储存、分析和利用，信息技术在商业银行风险管理领域应用层次较低。

3. 网上商业银行认证中心建设速度缓慢。近年来网上银行、移动银行、电子商务结算等网络金融服务出现爆发式增长，已成为增长最为迅速的银行业务品种。据统计，2002 年底我国网上银行用户已达 250 余万，2005 年左右绝大部分的 B2B、B2C 业务要通过因特网、无线网、电话网与银行相连接，届时网上用户将达到 1.5 亿左右。但我国网上认证系统不完善、不统一。中国金融认证中心（CFCA）颁发的电子证书仍然有各自为政、交叉混乱的缺陷。网上银行现在开通的服务基本上还是网上银行业务中比较初级的。由于网络的限制，网上银行的结算速度较慢。在外资金融企业纷纷抢滩中国金融市场的情况下，国际大银行先进的信息系统作为其综合实力的有机组成，势必冲击中资商业银行信息系统。

现在我国商业银行风险管理信息系统距离《巴塞尔新资本协议》的要求太远，为在若干年内尽快跟上国际先进风险管理发展，整合原有信息系统

(有条件的银行应重新建立风险管理信息系统)、加强基础数据库建设是各商业银行风险管理工作的当务之急。

第三节　三大支柱冲击我国商业银行风险管理

一、第一支柱:资本充足率

(一)最低资本金配置与我国商业银行现状

1988年《巴塞尔资本协议》首次提出商业银行资本充足率的概念。对全球100多个资本协议成员国金融监管当局来说,通过这一标准严格要求商业银行保证8%的最低资本金配置,对防范和抵御商业银行经营风险,起到了积极的作用。在新框架中,巴塞尔委员会认为“压倒一切的目标是促进国际金融系统的安全与稳定”,充足的资本水平仍被认为是服务于这一目标的核心因素,《巴塞尔新资本协议》继承了1988年协议的合理内容,将最低资本要求作为第一支柱。对1988年协议不足的地方,巴塞尔委员会进行了相当重大的变革,有关资本金要求覆盖范围和衡量方法内容成为整个新资本协议框架内最为复杂、也是最为重要的部分。

从我国商业银行情况看,存在着不同程度的资本金不足问题。1994年我国提出将四大国有专业银行改为商业银行的目标,要求各家银行必须遵守巴塞尔协议规定的资本充足率标准。次年颁布实施的《商业银行法》,以国家法律形式要求我国商业银行资本充足率不得低于8%。但除中国银行外,其余商业银行资本充足率均未达到8%的监管要求。见下表:

表2-5　1994~2001年国有商业银行资本充足率情况　　单位:%

年份	工商银行	中国银行	建设银行	农业银行
1994	6.46	---	---	---
1995	7.75	---	---	---
1996	4.35	---	4.44	---
1997	3.05	---	4.41	---
1998	4.88	9.94	4.25	4.28
1999	6.21	8.03	4.80	4.38
2000	5.52	9.81	4.40	5.09
2001	6.10	8.87	8.30	5.03

资料来源:根据商业银行年报整理

为提高国有商业银行资本充足率水平，我国先后采取了下调四大商业银行所得税率、由财政部在1998年发行长期特种国债为四大商业银行注资2700亿元、成立四家资产管理公司剥离四大商业银行不良资产等措施，使得国有商业银行资本金数额有了很大提高。但是，由于资产扩张速度快、银行资本来源渠道单一、效益欠佳甚至亏损等原因，四大商业银行几乎不能用经营利润来补充资本金，大量呆账核销更是侵蚀了银行资本金的基础。根据统计，2001年国有四大商业银行平均资本充足率只达到4~5%。而且是依照1988年巴塞尔资本协议的标准。至2002年底，四家国有商业银行中只有中国银行达到了8.73%的资本充足率，工商银行为5.8%，建设银行为7.03%。2004年国家动用450亿美元外汇储备，为中国银行和中国建设银行补充资本金，这两家银行资本充足率已满足监管部门提出的8%最低要求。其他国有商业银行、股份制商业银行、城市商业银行、城乡信用社等金融机构的资本充足率还要低。

《巴塞尔新资本协议》对资本充足率提出了更高要求，主要原因是新资本协议在1988年协议涵盖的信用风险之外，又扩展到市场风险和操作风险领域，同时对信用风险的测量及风险资产的标准计算方法、权重设计的原则作了重大修改，并提出了计算风险资产的其他替代方法。我国商业银行在计算资本充足率时，主要考虑的是信用风险，在新协议采用新的计算方法情况下，我国商业银行资本充足率不足状况将进一步加剧。

（二）国家风险与我国商业银行资本金

国家风险是指在特定环境下，产生于国际经济往来过程中，与国家主权行为相关而无法为个人或企业行为所左右，导致某种经济损失的意外变化。国家风险包括主权风险、政治风险和经济风险。国家风险要素有：存在范围、风险来源、风险程度和风险概率。1988年《巴塞尔资本协议》和《巴塞尔新资本协议》都把国家风险作为确定国际商业银行资产风险权重的内容之一。根据新协议规定国家风险由外部信用评级机构确定，国家风险共分为5级，只有评定为AAA和AA-信用等级的才能享有风险权重为零。如果信用评级在B-以下，则风险权重为150%。

国际著名信用评级机构标准普尔公司主要根据某一国家的政治风险、社会风险、经济风险来评定国家风险的级别。第一，政治风险是指债务人所在国由于政治原因造成他国债权人不能收回贷款和投资的风险。其影响因素有:国家体制,一般法律健全的民主制度国家,其政治风险较小;政党,其与国家风险的联系因党派而不同;政府,一国政府运行状况是标准普尔公司衡量国家风险的重要因素;外交政策及对外关系;内乱、革命、暴动情况;国家最高领导人更迭等。第二,社会风险是指来自社会群体的威胁和破坏。影响社会风险的因素有:社会经济收入水平差异、人口结构、民族政策、劳资关系等。第三,经济风险,是指由债务人国家的经济原因引起的风险。其影响因素有:经济体制、通货膨胀状况、宏观经济政策、自然资源、经济规模、国际收支情况、国际储备、外债负担等。

标准普尔公司基本上根据一国的政治风险、社会风险、经济风险综合状况,细化为若干指标并加以量化来评定国家风险的级别。这些指标包括经济运行状况、政治风险、债务指标、违约或重新安排债务指标、信用评估、银行融资可行性、短期融资可行性、资本市场融资可行性等。某一国家风险最终得分是加权计算后的各类指标的最终权数分值的总和。

信用评级机构在确定一国国家风险分值基础上,根据世界银行专家建立的计量经济模型计算出某一商业银行抵御国家风险的资本配置。根据现行衡量指标、计算模型等,世界银行专家乔瓦尼(Giovanni)等研究后发现发展中国家商业银行评级与国家风险评级的相关度要大于发达国家。因为《巴塞尔新资本协议》将1988年协议提出的计量风险权重的标准法作为一项重要内容并作了重大改进,要求条件不充足的发展中国家商业银行应用标准法计算资产风险权重,再逐步过渡到精致的基于内部信用评级的资本金计算方法。

这是一个必须而痛苦的过程。使用标准法作为衡量银行资本金的标准,会使发展中国家金融机构和国家在全球资本市场的处境更加不利,尤其是当金融危机发生时,会因为信用评级的全面下降而加重危机。其直接后果是发展中国家商业银行资本配置压力加大、国际金融市场融资活动将举步维艰。我国是世界上最大的发展中国家,《巴塞尔新资本协议》实施后发展中国家所面临的问题我们只能直面。根据《欧洲货币》1997年对世界100多个国家风险评级的结果,在国家风险评级中我国的名次是靠后的。排名前三位的卢森堡、美国、新加坡的国家风险分值分别是99.3、97.09、96.16,我国国家风险分值是70.5。因此,《巴塞尔新资本协议》的实施将对我国商业银行提出更高的要求,应根据《巴塞尔新资本协议》的规定,充分考量国家风险方面因素导致的资本金需求问题。

（三）我国银行实施新资本协议的最大难点

风险衡量是银行风险管理的核心，也是资本金计算的基础。目前世界范围内，信用风险依然是影响银行资本金充足水平的支配性的风险类别，而信用风险的量化也是最复杂的。《巴塞尔新资本协议》在衡量信用风险上，合理扬弃 1988 年协议衡量信用风险具体措施，推出了标准法（Standardised Approach）和内部评级法（Internal Ratings Based Approach）进行信用风险的识别和衡量，据此配置资本金。这是信用风险衡量的一大进步，国际金融学院（IIF）将内部风险评级体系界定为新资本协议的核心。① 与先进的国际性银行相比，对于信用风险的衡量，我国商业银行无论采用标准法还是采用内部评级法，都面临着重重困难。

首先，在标准法中外部评级占据核心地位。目前世界各国监管当局确认的评级机构差异较大，认可的机构数目从 3～10 家不等，而得到巴塞尔委员会所有 11 个成员国确认的外部评级机构只有标准普尔、穆迪和惠誉。② 我国资信评级工作刚进入起步阶段，国际上较有影响的资信评级公司穆迪和标准普尔公司在我国业务面还很窄。我国境内绝大多数企业都没有国际公认的评级机构的评级，可供选择的外部评级结果非常有限。③ 如果允许国外评级机构大规模进入我国，银监会必须对外部评级结果进行考核、认可，这无疑会增加银行和企业的经营成本。国内的中诚信和大公信用评级等几家资信评级机构，社会影响力不够，公信力较差，评级对象单一、规模小，主要是发行长期或短期债券的企业。短期内出现一个成熟的评级市场不太现实，银行外部评级机构缺位使我国商业银行难以实施标准法。我国金融界普遍认为，花费时间等待外部评级公司发展起来，还不如现在动手开发内部评级法，尽快缩小与发达国家商业银行的距离。

其次，如果用内部评级法较为精确地计算信用风险加权资产，则商业银行必须做好制度和技术准备，制度准备包括完备的风险管理流程、风险管理政策、授权体系、风险管理文化、风险管理架构等，技术准备包

① 巴曙松．巴塞尔新资本协议研究．北京：中国金融出版社，2004

② 刘明康主编．商业银行资本充足率管理办法释义．北京：经济科学出版社，2004

③ 刘明康主编．商业银行资本充足率管理办法释义．北京：经济科学出版社，2004

括充实基础数据库、确定科学评级方法、检验和运用评级结果等。

目前我国商业银行实施 IRB 法存在很多难题。第一,在内部评级制度方面,我国商业银行正在使用的内部评级制度有企业信用等级评定制度、贷款风险五级分类制度、贷款一逾两呆分类制度、银行分支机构评级制度等。这些评级制度与内部评级法评级体系相差甚远。第二,在基础数据方面,我国银行有效数据缺乏连续性,数据真实性和完整性不高,对债务人的内部评级结果未能与违约概率对应,贷款风险分类受人为因素影响较大,没有对债务人和债项进行压力测试的办法等。而《巴塞尔新资本协议》对信用风险、市场风险、操作风险的衡量和管理都是建立在大量数据的基础上。新协议要求使用基本 IRB 法的银行,必须具备 5 年以上的历史数据来估计并验证违约概率;使用高级 IRB 法的银行,必须有 7 年以上的历史数据来估计违约损失率 LGD;银行评级的历史数据必须加以保留,作为系统完善与检验的基础和依据。第三,在专业人才方面,IRB 体系高知识含量的特性,要求银行管理层和有关具体工作人员必须具备起码的信贷分析技术、会计原理、经济学、法律、计算机等方面专业知识,保证实施 IRB 法中不会偏离既定的目标和方向。上述制度平台和技术平台落后状况,限制了我国商业银行采用先进的 IRB 法提升风险管理水平。这是我国商业银行实施《巴塞尔新资本协议》的最大难点。

(四)第一支柱给我国商业银行带来的竞争压力

《巴塞尔新资本协议》酝酿产生过程中,主要以风险管理水平相对较高的发达国家商业银行现行做法为参照系,总结了发达国家商业银行逐渐完善的风险管理最佳实践经验,代表了金融监管发展的先进理念。由于发达国家与发展中国家之间存在着实质性差异,《巴塞尔新资本协议》实施将使新兴市场国家处于不利的竞争地位。第一,发展中国家经济基础薄弱、金融市场不成熟,作为债务主体的国家、非中央政府部门、银行、证券公司,按标准法进行外部评级,绝大多数会沦为“B + 到 B - ”和“B - 以下”等级,随之要配备更高的资本金,银行经营成本也会随之上升,发展中国家债务主体在国际金融市场上融资更加困难。第二,按标准法进行外部评级,发展中国家的国际活跃银行的资本要求将会增加,根源在于根深蒂固的经济、金融和社会因素,其债权大部分是对信用评级较低的国内债务主体的债权。第三,在发展中国家的环境中,按标准法进行的外部评级,被评级公司大多数都低于 B - 等级,其风险权重将被确定为150%，而对未评级公司风险权重定为100%。银行为降低资本要求将会更多地向未评级的公司贷款，这势必影响发展中国家商业银行改进风险管理。

为考察新协议对银行资本要求的冲击，巴塞尔委员会面向全世界的监管部门和金融机构，展开数次定量影响测算（QIS）调查。2002年25个国家137家银行参与的调查（QIS2）表明，不同的风险衡量方法对银行应提取的资本水平有很大影响，从银行为信用风险提取的资本准备看，采用标准法的银行按照新协议的规定所提取的资本准备比现行1988年协议所要求的资本准备增加6%，采用基础内部评级法的银行需要提取的资本准备比现行的增加14%，采用高级内部评级法的银行需要提取的资本准备比现行的减少5%。所需配置的资本金不同会大大影响商业银行市场竞争能力，随着我国金融市场的逐步放开，发达国家风险管理能力强、资产质量相对高、客户基础优良的先进银行，在新资本协议下能够节省相当幅度的资本金，与我国商业银行争夺风险评级较高的优质客户，在市场竞争中取得明显优势。

但发展中国家对《巴塞尔新资本协议》也做出了积极反映，大多数发展中国家表明了原则上支持新协议。考虑到自身经济、金融市场发展的层次及成熟度，发展中国家建议巴塞尔委员会在新协议制定中认真对待发展中国家的适应性和承受能力，尽可能地减少新资本协议实施对发展中国家经济、金融的负面影响，使发展中国家积极创造条件逐步从1988年协议向新协议过渡。

我国是世界上最大的发展中国家，正处于由计划经济向市场经济转轨的时期，有着世界发展中国家共同的特点，也有区别于其他发展中国家的特殊情况。我国商业银行要承担《巴塞尔新资本协议》实施给发展中国家带来的竞争压力，还要解决有别于其他发展中国家的体制性、内生性等诸多问题，加大了我国加入WTO后商业银行的竞争压力。

二、第二支柱：商业银行外部监管方面

《巴塞尔新资本协议》着重强调第二支柱——金融监管当局的检查监督在防范商业银行风险方面的重要作用。第一，明确了金融监管当局监督检查的四大原则（见第一章第二节相关内容）。第二，监管当局检查各项最低标准的遵守情况。银行要披露计算信用风险、市场风险及操作

风险最低资本的内部方法的特点。作为监管当局检查内容之一,监管当局必须确保上述条件自始至终得到满足。委员会认为,对最低标准和资格条件的检查是第二支柱下监督检查的有机组成部分。第三,监管当局监督检查的其他内容包括监督检查的透明度以及对银行账薄利率风险的处理。

新资本协议关于金融监管监督的有关规定,给发展中国家的金融监管部门带来了巨大压力。从我国实际情况看,新旧金融体制转轨引起的体制上的不协调、国家宏观经济政策起伏过大等复杂原因,形成现行金融监管体系不完备、监管效率差等问题,制约了新资本协议的实施。

(一)监管当局监管架构问题

国际金融监管架构从中央银行与金融监管的关系角度划分,可分为两类,一是中央银行与其他机构分工监管,以中央银行为主的模式;二是设立独立于中央银行的监管机构模式。20 世纪 80 年代以前,大多数国家的中央银行是银行业的监管者,自 20 世纪 80 年代后期以来,在一些发达国家出现了银行监管职能与中央银行分离的新现象。1997 年英国政府将英格兰银行的银行监管职能分离出来,与原有的 9 个金融监管机构合并成立了独立于中央银行的综合性金融监管机构——金融服务局,负责对各领域金融活动的监管。英国此项改革在国际上产生了极大影响,此后,将银行监管职能从中央银行分离并成立专门的金融监管机构,正在成为新的趋势。①

2003 年 4 月,国务院决定成立中国银行业监督管理委员会,作为国务院银行业监督管理机构,中国人民银行将银行业与金融机构监管职责划入银监会。2003 年 12 月,十届全国人大六次会议通过了《中华人民共和国银行业监督管理法》,规定了监督管理机构、监督管理职责、监督管理措施等内容,从法律上确定了我国银行业监管的架构。

与此同时,巴塞尔委员会推出了《巴塞尔新资本协议》第三讨论稿。根据新协议三大支柱的要求,中国银监会作为我国金融监管当局将来对商业银行的监管至少要履行以下职责:一是采用标准法时,银监会必将对我国信用评级市场国际、国内评级机构的评级方法、评级结果的质量进行监管;二是采用基础 IRB 法时,银监会要设立最低监管标准,商业银

① 黄毅主编. 中华人民共和国银行业监督管理法讲座. 北京:中国法制出版社,2004

行根据银监会设定的标准测算债务人违约概率等；三是银监会要及时检查和评价银行的内部评级程序、资本战略和资本充足状况；四是银监会要监督检查商业银行计算操作风险最低资本金的方法、计算账薄利率风险最低资本的方法；五是银监会要制定具体的信息披露规定，这些规定是我国商业银行将来实施内部评级法的基础。我国现行的《银行业监督管理法》在立法过程中，主要大量吸收、借鉴了巴塞尔委员会《有效银行监管的核心原则》的规定，着重考虑我国银行业的实际情况，特别是我国加入 WTO 后银行业面临的严峻挑战，总结我国金融监管改革实践经验，制定出了这部银行业监管法律。《巴塞尔新资本协议》推出后，以《有效银行监管的核心原则》为蓝本的《银行业监督管理法》无法涵盖新资本协议有关银行监管的相关新内容，我国如实施新资本协议就要对现行银行监管架构进行修改、完善，以满足新资本协议的要求。

(二)资本金不足和补充渠道问题

根据新资本协议框架进行测算，全球银行业所需资本金总体数额不会出现较大变化，但对于资产质量较差的银行以及 OECD 国家的资产评级较低的银行将被迫提高风险权重，从而要求配备更高水平的资本。我国商业银行多年沉淀大量不良资产，资本金补充渠道欠缺，资本充足率一直较低，四大国有商业银行平均资本充足率只有 4～5%。2004 年初，国家在外汇储备中拨出 450 亿美元补充到中国银行和中国建设银行，提高了这两家国有商业银行的资本金充足率。对于其他国有商业银行、股份制银行、城市商业银行等银行业金融机构，由于资本成分过于单一、自补能力较弱等因素，满足《巴塞尔新资本协议》和我国《商业银行法》的要求难度较大。

在我国目前财政紧张的状况下，银行资本主要靠利润留成基金增补。但近年来，由于银行利润留成水平下降银行资本自补能力也随之降低，资本增长缓慢。同时，我国银行资本结构也欠合理，附属资本项目太少，只有呆账准备金一项，而且核心资本的大部分都占压在变现能力弱的固定资产或亏损资产上，进一步降低了银行补资能力。

(三)我国现行法律体系滞后、监管缺乏力度

金融监管机构有效监管的前提是具备完善的公共金融基础设施，而金融基础设施的一个重要内容就是法律体系的完备、高效。巴塞尔委员

会《有效银行监管的核心原则》指出,适当的银行监管的法律框架是必要的,其各项条款应包括对银行组织的授权及持续监管、要求银行遵守法律与法规及安全稳健性规定的权利,以及对监管者的法律保护等。《巴塞尔新资本协议》在给予各国金融监管机构更大的决策自主权时,也对监管当局的监管能力提出了更高要求。

以此衡量,我国近年来制定了《中国人民银行法》、《银行业监督管理法》、《商业银行法》、《证券法》、《票据法》等一些金融法律法规,初步建立了我国金融法律体系。但这些立法中,存在着原则性规定过多、难以实际操作等缺陷,对于中国银监会来说,一些亟待解决的问题包括:及时开辟银行的资本金补充渠道、合理确定适应中国国情的不低于8%水平的最低资本要求、评估和衡量商业银行内部风险评估体系的状况、运用新的资本协议框架监管在华外资银行等,面临着法律政策规定滞后的局限。

我国的法制原则是“有法可依、有法必依、执法必严、违法必究”,我国金融监管法律体系不仅存在着上述立法缺陷,而且已颁布实施的金融法规也得不到认真的贯彻实施,存在执法不严、违法不究现象。如:银行业监督管理机构依法独立行使监管职权是现代金融监管制度的基本要求,但当监管行为触动地方利益时,地方政府往往对金融监管部门工作施加压力,增加了银行监管的难度;有的地方政府直接干预银行信贷政策,甚至借企业破产之际,命令冲减银行资金,冲销企业债务;有的地方政府热衷政绩,盲目上项目,资金缺口却强行要银行弥补;还有的金融机构超范围经营、搞账外账、高息揽储、违规拆借、“人情贷款”、违章投资等,根据《商业银行法》均应给予较重处罚,但实际执行中考虑到与政府的关系、企业财务状况、社会稳定、银行生存发展等,往往以批代罚,或给较轻行政处理,客观上使得违规行为屡禁不止,长期累积使金融机构难以形成内在自我约束机制,加大了监管难度。

有效银行监管的本质特征是依法监管,以法治代替人治,健全和完善金融监管制度,保障监管的公正性、权威性、持续性。要做到加快金融立法的步伐,使监管工作有法可依。尽快出台破产法、期货法、“三法”(人民银行法、银行业监督管理法、商业银行法)的实施细则,并修改担保法、票据法、保险法等法律法规。由于金融领域涉及社会面广,包括银行、证券、信托、保险及与此有关的各种金融市场,所以金融立法应避免部门立法的缺陷,强调系统化与统一性,尽量减少法律规范之间的冲突。

同时,还应加强执法力度,明确执法机关的权限和职责,加大对金融犯罪与违法行为的处罚力度。切实做到执法必严、违法必究。

(四)监管当局自身建设问题

新资本协议第二支柱的实施对金融监管当局提出了挑战,监管当局只有充分强化自身建设,才能满足新资本协议的实施。

1. 建设并完善基本数据库

建设并完善基本数据库是我国金融监管当局的当务之急。从国际上看,西方发达国家数据库的建立,主要有两种模式,即美国模式与欧洲模式。美国模式主要内容是:(1)以市场化手段丰富数据库。信用中介服务机构用市场手段取得大量的信用数据。美国 Equifax, Expefian/TRW 和 TransUnion 等三家信用报告服务机构,建有覆盖全国范围的数据库,包含超过 1.7 亿个人信用记录,每年能提供 5 亿份以上的信用报告。邓白氏数据库涵盖了超过全球 5700 万家企业的信息。标准普尔公司建立的 CompuStat 数据系统自 1962 年就收集美国和加拿大上市公司的有关数据,目前已建立容纳 2 万多个公司历史数据的数据库,且每天都在补充、更新。穆迪从 1989 年开始建立信贷客户数据库,并研发出 RiskCalc 信用评级系统。(2)完善的法律制度保证了数据库的真实性。通过制定法律,规范和约束商业银行、金融机构、房产、消费者资信调查、商账追收等行业收集和使用数据行为。(3)信用数据政府行业监管和行业自律管理,促进了数据库的建立。(4)信用数据主体积极参与数据库的建立,促进了数据库的建立。消费者十分注重自身的信用状况,会定期查询自己的信用报告,尽可能避免在信用局的报告中出现自己的负面信息。

欧洲各国中央银行都已建有比较完善的本国企业中央信息系统和中央财务数据系统,以及基于这些系统的信用评估系统。法国早在 1946 年就建立了中央信贷登记系统(central credit registers, CCR_S),西班牙于 1963 年建立 CCR_S,意大利于 1964 年建立 CCR_S,比利时于 1967 年建立 CCR_S。CCR_S数据库的构成(系统数据的提供者与参与者)内容十分详尽。巴塞尔委员会在《外部评级与内部信用评级体系》研究报告中,对 CCR_S作了十分细致的介绍。欧洲模式数据库除具备上述美国模式数据库的特点外,与美国模式的不同点是:(1)中央银行承担主要的监管职能;(2)信用信息服务机构是中央银行的一个部门;(3)商业银行必须向信用风险办公室或信用信息局提供所要求的信息。

新资本协议实施后，这些国家能即刻充分发挥现有优势实施标准法、内部评级法。对于我国商业银行尤其是在国外设有分支机构的商业银行来说，采用内部评级法是形势所需，否则将直接承受监管当局的巨大压力，在国际竞争中将处于绝对劣势。目前，我国还没有建立起统一的基础数据库。对于银监会来说，我国正式加入 WTO 后 5 年内将取消一切市场准入限制，外资银行将全面进入我国金融市场，抢先建立基础数据库，构筑起符合新资本协议要求的监管架构则关系到我国银行业的生死存亡。

实践中，中国人民银行、中国银监会、证监会、保监会、审计部门、财政部门之间信息沟通也存在着缺乏制约保障的问题。针对实践中各个监管机构之间的信息不对称和信息传递障碍，借鉴巴塞尔委员会《有效银行监管的核心原则》，2003 年 12 月，全国人大十届六次会议对《中国人民银行法》修订中规定："中国人民银行应当和国务院银行业监督管理机构、国务院其他金融监督管理机构建立监督管理信息共享机制。"我国《银行业监督管理法》、《商业银行法》中也有相应规定。这里所说的监督管理信息共享机制是指央行、各金融监管机构之间建立的有关对金融机构监督管理信息通报与沟通的制度、方式和程序等一系列配套做法。与欧美发达国家数据库相比虽有差距，但在法律上提出了监管信息共享机制的义务性要求，为避免出现监管真空和监管重复，维护整个金融系统的稳定、效率和竞争力奠定了法律基础。①

2. 转变监管理念，改进监管程序

长期以来，我国金融监管立足于运用法律政策的力量，通过采取直接的行政性控制手段，从外部规定整齐划一的监管措施来实施严格的风险控制，这一方法应当说在计划经济时期对我国银行业的稳定起了重要作用。但这种方法束缚了银行的自主性，损害了银行的创造性和竞争力，出现风险防范力度加大、金融效率降低的现象。所以我国金融监管机构要调整过去只注重风险防范而忽视效率的做法，使防范风险与注重效率有机结合。

过去人民银行对商业银行监管秉持防范风险、查处风险、处置风险的监管理念，这一思想与新资本协议的规定有区别，新资本协议实施后我国金融监管机构要对照国际发达国家先进做法，以风险监管为主方向，注重分析评价商业银行自身的控险能力、化险能力、排险能力，及时

① 杨华柏等. 中华人民共和国银行业监督管理法 中国人民银行法 商业银行法释义. 北京：中国长安出版社，2004

发现商业银行经营管理中存在的问题，整章建制，使商业银行风险管理纳入正常轨道。同时，金融监管当局应借鉴发达国家对监管机构工作人员的任职资格管理做法，对监管人员进行包括专业能力测评、道德素质测评和其他任职资格测评等任职资格认定，对不符合任职资格要求者进行干预和淘汰。加强工作人员岗位职能培训，以优秀的专业员工队伍来保证监管工作的落实，避免出现外行监管内行的现象。建立健全工作人员电子信息档案系统，将从业人员的相关信息特别是违法、违规、违纪等不良行为载入信息系统共享，强化从业人员的自我约束意识，消除或尽最大限度控制监管中的人为因素。

3. 加强监管机构的国际合作

我国银行业监督管理机构在我国加入 WTO、国际活跃银行进入我国金融市场的背景下，为防止国际性金融机构跨境的监管套利，促进监管信息的交流，应当积极参与国际金融界关于新资本协议实施效果的调查、磋商和反馈，积极参与国际或地区金融监管组织的各种活动，建立与主要国家监管当局的定期磋商和交流制度，有效地加强对银行跨境活动的监管。

我国《银行业监督管理法》第 7 条赋予银行业监督管理机构与境外银行业监督管理机构建立监管合作机制、共同实施跨境监管权力的规定，解决了银行双边国际合作协调问题。《银行业监督管理法》第 32 条授予银行业监督管理机构开展与银行业监督管理有关的国际合作、交流活动职责，这一职责既包括银行监管的双边和多边协调与合作，也包括银行业监管机构参加多边国际银行监管组织等内容，从而解决了银行监管的多边国际协调与合作问题。目前我国银行监管机构与其他国家监管机构合作机制不完善，跨境监管水平不高，仍然是现阶段我国银行监管的薄弱环节之一，作为母国监管当局的监管有效性，特别是跨国监管能力受到国际质疑，已使我国银行业金融机构在开展跨境业务、设立境外机构时遇到障碍，影响了我国银行业金融机构的国际化进程。中国银监会成立以来，加大与境外银行监管机构合作的力度，已先后与中国香港、澳门等地区、美国、英国等国家的银行业监管机构签订了双边协议。①

4. 适应银行全面风险管理的转变

《巴塞尔新资本协议》借鉴了国际银行业近几年混业经营、资产证券

---

① 黄毅主编. 中华人民共和国银行业监督管理法讲座. 北京：中国法制出版社，2004

化等新业务、新产品的发展结果，在第一支柱中全面考虑了银行面临的信用风险、市场风险、操作风险，确定最低资本充足比率的分母由这三部分构成，使资本水平能够更真实地反映银行风险。新协议在信用风险衡量方法上由过去的单一方法增加为标准法和 IRB 法；在市场风险衡量方法上引入标准法和内部模型法；在操作风险衡量方法上引入基础指标法、标准法、内部计量法。全面风险监管框架已形成，经过几次讨论得到国际银行业的接受。

我国过去金融监管基本上将精力集中在信用风险上，2004 年银监会颁布的《股份制商业银行风险评级体系》和《商业银行资本充足率管理办法》已将市场风险纳入其中，虽然新资本协议中计算资本充足率包括的操作风险没有列入这两个单行法规中，但全面风险管理的框架已有一个清晰的轮廓。借鉴国际先进经验，针对我国商业银行全面风险管理发展趋势，我国金融监管当局就要及早做好基础准备，开展对商业银行全面风险的监管工作，使我国商业银行在经济一体化、金融全球化过程中避免遭受市场风险、操作风险等冲击，保障我国商业银行经营能安全、稳健、高效运行。

三、商业银行市场纪律方面

巴塞尔委员会关于信息披露的要求主要体现在 4 份文件当中，即 1998 年 9 月的《衍生产品和交易业务监管信息框架》和《增强银行透明度》、1999 年 10 月的《银行和证券公司交易和衍生产品业务公开信息披露建议》、2001 年 1 月的《巴塞尔新资本协议》（征求意见稿）。巴塞尔委员会引入市场约束机制，让市场力量来促使银行稳健、高效地经营以及保持充足的资本水平。新资本协议指出，稳健的、经营良好的银行可以以更为有利的价格和条件从投资者、债权人、存款人及其他交易对手那里获得资金，而风险程度高的银行在市场中则处于不利地位，他们必须支付更高的风险溢价、提供额外的担保或采取其他安全措施，市场纪律有利于促使银行更有效地分配资金和控制风险，促使银行保持充足的资本水平；同时，富有成效的市场约束机制也是配合监管当局强化监督管理的有效工具。与新资本协议要求相比，我国商业银行信息披露的差距是十分明显的。目前我国商业银行信息披露水平不仅与美、英等十国集团成员国银行相差甚远，与新加坡、香港、韩国等非成员国相比也有较大距离。

（一）商业银行会计信息披露问题

巴塞尔委员会十分重视与国际会计准则委员会的合作，在《巴塞尔新资本协议》中特别强调了国际会计准则第30号。从我国商业银行的实际情况来看，由于市场发育和监管理念等原因，加上会计信息不完备、真实性有待提高等因素，在信息披露的质量和数量方面都远远不能适应市场的要求。主要表现在：

1. 国有商业银行信息披露存在的问题。目前我国国有商业银行正在进行股份制改造，处于从国有独资公司向股份制公司转变的过程中，其产权结构仍存在所有者缺位、产权边界不清和资产权责不明确等问题。在这一背景下，国有商业银行信息披露主要是以满足国家宏观经济管理的需要为目的，在会计规范形式上，以国家现行会计准则和统一会计制度为依据；在会计信息质量上，往往选择有利于当期收益和利润较高的计算处理方法作为会计政策，稳健性原则并没有得到充分运用；信息披露的范围也较小，程度不高。

国有商业银行向监管当局提供的信息也是一种披露，通常比公开信息更详细、敏感、全面。但从我国现有监管所需填报的信息来看，即使将其公开也达不到巴塞尔委员会要求的公开披露水平。目前我国金融监管当局对商业银行会计信息披露的控制权威还不高，存在着少数商业银行在利益驱动下采取提供虚假会计信息和其他统计资料，使金融监管当局掌握的情况严重失真。

对此我国《银行业监督管理法》第45条规定："提供虚假的或者隐瞒重要事实的报表、报告等文件、资料的，由国务院银行业监督管理机构责令改正，并处二十万元以上五十万元以下罚款；情节特别严重或逾期不改正的，可以责令停业整顿或吊销其经营许可证；构成犯罪的，依法追究刑事责任。"

2. 股份制商业银行信息披露存在的问题。我国股份制商业银行与国有商业银行相比信息披露范围要广、披露程度深、在技术上要求更高，特别是收益、成本、费用的计算比资产保全显得更重要。从信息披露的风险来看，由于银行经营者掌握着信息披露控制权，加上社会分散的信息使用者不具有对会计信息披露的控制权，所以会计信息失真可能会给使用者带来误导。

股份制商业银行中的上市银行在所有商业银行中信息披露是最好

的,这与我国证监会的严格要求、规范是分不开的。但是,证监会的规范与《巴塞尔新资本协议》相比,仍存在许多不足。第一,关于资本结构和资本充足率。证监会除了要求上市银行在董事会报告的“前三年财务数据”披露中要有一个资本充足率指标外,在报表注释中就再没有关于资本结构和资本充足率方面的要求。第二,关于市场风险。在证监会的要求中,关于市场风险权数、标准法适用的投资组合以及不同风险资产对应的资本要求等均无披露要求。第三,关于利率风险。新资本协议要求利率风险披露对象有到期日、期限、重新定价、基点价值、利率冲击结果等内容,我国证监会有关到期日方面的披露要求,仅够新资本协议要求的底线。第四,关于信用风险。新资本协议对信用风险评级、信用风险敞口计算、各种信用风险缓释工具等方面的信息披露提出了较高要求,在我国证监会有关规定中没有见到这方面的内容。第五,关于操作风险。证监会在《公开发行证券公司信息披露编报规则(第7号)商业银行年度报告内容与格式特别规定》中提出,商业银行应就有关内部控制内容做出说明,但并未就操作风险要求商业银行做出披露。

(二)银行信息披露规范问题

我国关于商业银行信息披露规范,目前只有2002年5月人民银行颁布的《商业银行信息披露暂行办法》、以及散见在《资本充足率管理办法》、《金融企业会计制度》、《金融保险企业财务制度》、《会计法》、《企业会计准则》、《商业银行法》、《股份有限公司会计制度》、《公开发行证券公司披露编报规则第2号》等法律、规章制度中。《商业银行信息披露暂行办法》2002年实施,无法借鉴2003年巴塞尔委员会推出的新资本协议有关内容。同时,由于人民银行对商业银行的监管职责大部分已转交银监会履行,人民银行制定的对商业银行监管的各项法规政策大部分都存在监督主体不明确问题。上述其他单行法规、实施细则对商业银行信息披露的要求都是原则性的,十分零散,可操作性不强,距《巴塞尔新资本协议》要求更远。所以,金融监管机构在商业银行信息披露的标准、内容、方式、手段等方面,借鉴《巴塞尔新资本协议》有关内容,根据我国实际情况制定出规范的商业银行信息披露法规,已是当务之急。

第三章

《巴塞尔新资本协议》框架下银行资本风险管理

现代商业银行在资本金业务与经营中，面临着资本总量、资本结构、资本成本等风险。商业银行必须拥有一定数量的资本金，维持最低资本充足率要求，从而抵御银行资本风险和其他风险，保证银行安全乃至整个国家的金融安全。英国于1980年公布的“资本衡量”(Measurement of Capital)文件中，最早提出了用资本比风险的资产比率来衡量银行资本充足性的监管指标，1988年巴塞尔委员会公布的《统一资本计量与资本标准的国际协议》，对商业银行提出了8%最低资本充足率要求。作为国际清算银行成员，中国人民银行也签署了巴塞尔资本协议。我国《商业银行法》、《中国银行业监督管理委员会资本充足率管理办法》等法律政策中作了相应规定，为我国商业银行防范资本风险奠定了基础。

第一节　商业银行资本和资本风险

一、商业银行资本

(一)商业银行资本概念

商业银行资本又称自有资本，是银行股东或投资者为赚取利润而投入银行的可供银行长久或较长时间使用的资金以及保留在银行中的收益。正如美国货币监理署官员布雷顿·雷维特在银行家和银行监管会议上阐述的，商业银行资本具有以下4种功能：当银行丧失清偿力和发生流动性危机时保护未保险的存款人；以充足的保证金弥补未预料的亏损，以维持公众对银行的信心，使银行继续营业；为购置银行所需要的经营必需品提供资金；对银行不合理的资产膨胀进行限制。

(二)商业银行资本的构成

1. 商业银行资本的一般构成

从不同的角度划分，商业银行的资本有着不同的分类方法。根据资本的来源不同可以将商业银行的资本划分为股本、盈余、债务资本和其他资本。

第一，商业银行的股份资本

商业银行的股份资本(Equity Capital)是指商业银行通过发行股票将分散的自然人、法人资本联合为银行集团资本的一种资本。主要包括普通股、优先股。

普通股(Common Stock)是一种主权证书,是商业银行通过发行普通股股票而筹集的资本。证明普通股股票的持有人对银行拥有所有权,即表决权、控制权、盈余分配权和银行倒闭时剩余资产分配权。商业银行在筹建时,主要是通过发行普通股的方式筹集资本金。在经营过程中需要增加资本金时,则需考虑各种因素来决定是否通过这种方式加大资本金的数量。

优先股(Preferred Stock)是指对商业银行的收益和资产的分配权优先于普通股的股票。这种优先权是在商业银行存款人和其他债权人之后、普通股持有人之前行使。优先股的特点是不论银行经营状况如何,优先股持有人都能获得一定的既定收入;优先股股东没有干预和决定银行经营活动的权利;优先股一般没有偿还期。因此优先股兼具普通股与债权的双重特点,一般被商业银行列为债务性资本。常见的优先股包括股息率固定的优先股、可调整股息率的优先股、可转换的优先股。

第二,商业银行的盈余(Surplus)

商业银行权益资本的重要组成部分是盈余,主要包括资本盈余(Capital Surplus)和留存盈余(Undivided Profit)。

资本盈余主要是由于股票发行时采取溢价方式形成的,即由于股票的市场价格高于票面价值或设定价值而得到的溢价部分。此外,资本盈余还包括银行资本的其他增值部分,如接受捐赠等所增加的资本。

留存盈余也称未分配利润,是指尚未动用的银行税后利润部分,即银行税后利润减去普通股股息和红利后的余额。属于银行产权的一部分,是银行所有者权益的一个项目。按留存时间可以分为以上一年度累计留存和当年留存两部分。

第三,商业银行的债务资本

债务资本是指商业银行通过发行票据或债券而筹集的资本,主要包括资本票据和长期性资本债券。资本票据是指那些期限较短,有大小不同发行额度的银行借据;资本债券是指那些期限较长、发行面额较大的债务凭证。二者有明确的利息和期限。在银行实现盈利时,必须先支付它们的利息,余下的才能在优先股和普通股中分配。在银行破产清算时，银行资产偿还完存款人、借款人的债务后就清偿这类债务。

第四，商业银行其他资本

商业银行的其他资本是指除上述资本以外的通过其他途径取得的资本，主要包括资本储备金、贷款损失和证券损失准备金。它们都是银行为了应付意外事件按照一定比例从税前利润中提取出来的，当贬值或呆账发生时，银行就从这种准备金中提取相应部分进行补偿，其余仍保留在银行账户上作为银行资本的补充。

2.《巴塞尔资本协议》关于银行合格资本构成的规定

1988 年《巴塞尔资本协议》将商业银行资本分为核心资本与附属资本（详见第一章有关内容）。协议规定：第一，在核定银行资本实力时，应从核心资本中扣除商誉；从资本总额中扣除对不合并列账的银行与财务附属公司的投资，扣除对其他商业银行和金融机构的资本投资。第二，核心资本应占银行全部资本的 50% 以上，附属资本的总额不能超过核心资本；次级长期债务不得超过核心资本的 50%；普通呆账准备金的数额占风险资产的比例最多不能超过 1.25%；在重估储备中，对历史成本的账面价值与市值的差额要打 55% 的折扣。

3. 我国关于商业银行资本的规定

中国银监会以《巴塞尔资本协议》为蓝本，根据我国金融现状制定的《商业银行资本充足率管理办法》规定：“商业银行资本包括核心资本和附属资本。核心资本包括实收资本或普通股、资本公积、盈余公积、未分配利润和少数股权。附属资本包括重估储备、一般准备、优先股、可转换债券和长期次级债务。”

（1）核心资本

实收资本：投资者按照章程或合同、协议的约定，实际投入商业银行的资本。

资本公积：包括资本溢价、接受的非现金资产捐赠准备和现金捐赠、股权投资准备、外币资本折算差额、关联交易差价和其他资本公积。

盈余公积：包括法定盈余公积、任意盈余公积、法定公益金。

未分配利润：商业银行以前年度实现的未分配利润或未弥补亏损。

少数股权：在合并报表时，包括在核心资本中的非全资子公司中的少数股权，是指子公司净经营成果和净资产中不以任何直接或间接方式归属于母银行的部分。

（2）附属资本

重估储备：商业银行经国家有关部门批准，对固定资产进行重估时，固定资产公允价值与账面价值之间的正差额为重估储备。若银监会认为，重估作价是审慎的，这类重估储备可以列入附属资本，单计入附属资本的部分不超过重估储备的70%。

一般准备：一般准备是根据全部贷款余额一定比例计提的，用于弥补尚未识别的可能性损失的准备。

优先股：商业银行发行的，给予投资者在收益分配、剩余资产分配等方面优先权利的股票。

可转换债券：商业银行依照法定程序发行的、在一定期限内依据约定条件可以转换成商业银行普通股的债券。计入附属资本的可转换债券必须符合以下条件：债券持有人对银行的索偿权位于存款人及其他普通债权人之后，并不以银行的资产为抵押或质押；债券不可由持有者主动回收，未经银监会事先同意，发行人不准赎回。

长期次级债务：是指原始期限最少在5年以上的次级债务。经中国银行业监督管理委员会认可，商业银行发行的普通的、无担保的、不以银行资产为抵押或质押的长期次级债务工具可列入附属资本，在距到期日前最后5年，其可计入附属资本的数量每年累计折扣20%。如1比10年期的次级债券，第6年计入附属资本的数量为100%，第7年为80%，第8年为60%，第9年为40%，第10年为20%。

二、商业银行资本风险

商业银行资本风险是指商业银行资本充足率不够，无法发挥最终的清偿力职能的可能性。商业银行拥有一定数量的资本不仅是其进行业务经营活动的前提，更是其赖以生存和发展的基础。商业银行持有资本数量达不到国家法律和监管机构要求的标准，会直接影响其偿付各种意外损失、维护债权人利益的能力。一般来说资本风险包括资本总量风险、资本结构风险和资本成本风险。

（一）资本总量风险

1. 资本总量风险涵义与成因

资本总量风险是指商业银行经营中不能保持资本充足与适度，风险资本无法覆盖银行所面临的所有风险而产生的风险。

20世纪80年代，在西方国家商业银行发生的三次危机中，银行的破产主要表现为银行追求扩张、承担了过度的资本风险。柯金斯(Bruce Coggins)模型从银行内生的不稳定因素角度切入，分析了资本总量风险的成因。

银行作为以盈利为目的的企业法人，在保证安全的约束下，是以追求资本最大回报为导向的。安全约束由竞争风险和资本风险组成，并且两种风险呈负相关关系，一种风险的降低或提高可以用另一种风险的提高或降低来补偿。当竞争风险上升时，银行为了降低竞争风险会提高资本风险。无管制的自由竞争的市场会使银行具有过度承担资产风险的激励以应付日益激烈的竞争。银行利润和增长决定的多重目标使银行的经营行为具有内生性的不稳定。由于资本风险有较长的时滞，所以银行的管理者更愿意以资本风险来代替竞争风险。这就为银行资本总量风险埋下了诱因。

2. 资本总量风险表现

第一，如前所述，《巴塞尔资本协议》明确规定了商业银行资本充足率不得低于8%、核心资本充足率不得低于4%。我国《商业银行法》、《资本充足率管理办法》也作了相应规定。如果商业银行资本总量达不到国家法律要求的最低资本充足率要求，监管当局将依法对其业务实施限制甚至勒令停业处罚，商业银行就可能面临遭受资产收缩风险、市场信誉风险、资本发行风险和其他相关风险。

第二，商业银行资本总量不足，将限制其资产规模的扩张，影响市场竞争力。在竞争激烈的金融市场，银行扩张资产负债规模、获得更高收益是取得竞争优势的主要措施之一。我国法律关于资本充足率的刚性规定，要求商业银行扩大资产规模(间接也是负债规模)，相应必须增加能够覆盖全部风险的资本金。资本总量不足，就只能缩减资产规模或硬性调整资产结构，消弱银行获取收益的能力，在激烈的市场竞争中处于劣势。而且，资本总量是银行整体实力的决定性因素之一。资本总量不足难以获得社会公众和客户的充分信任，负债业务和中间业务开展阻力重重。①

第三，商业银行资本是抵御各种风险、弥补经营损失的最后堤坝，

---

① 倪锦忠，张建友，闻玉璧编著．现代商业银行风险管理．北京：中国金融出版社，2004

资本总量充足和结构优化是衡量银行是否处于正常状态和资金良性循环的重要标志。资本不足或结构不合理、难以消化庞大债务，会降低银行维持目前经营状况的能力和支撑其后续发展的动力，无法取得监管当局和其他经济主体的支持。一旦银行因坏账而出现信用恐慌，大量资金会夺路而逃，整个支付和清偿系统便会陷入恶性循环而瘫痪。

(二)资本结构风险

商业银行资本结构风险是指由于商业银行资本结构失衡而形成的风险。一般来说，财务杠杆率越高银行风险越大。所谓财务杠杆率是指支付固定利率的债务和支付固定红利的优先股在资本金中所占的比重。其中优先资本与其他资本不同，优先资本大多是只负盈不负亏的资本，对银行的稳定性支持不确定。财务杠杆率越大，即按固定利率付息的债务越多，银行的预期收入就越不稳定，盈利波动性和经营风险性越大。而且，债务的利息支付具有强制性。所以，世界各国监管当局对优先资本的规模和数量都有一定的限制。

如果商业银行不能保持资本金结构的合理，就会引发资本结构风险。(1)商业银行发行普通股本有较严格的条件限制，需要支付较高的咨询、承销费用，拉升资本金成本；同时，普通股股利是不固定的，通常应逐年增加，也使普通股的资本成本高于优先股和附属债券。因此，商业银行的普通资本特别是普通股本在资本总量中占比过大，就会增加资本成本，产生利润最大化目标难以实现的经营风险。(2)商业银行增发普通股，股东数量增加，使原有股东或所有者所持股本在总股本中占比降低，增加了经营决策中的不确定因素，导致银行原有股东或所有者面临控制权稀释或旁落的风险，甚至使银行面临被收购或吞并的风险。① (3)如果商业银行的优先资本和附属资本过多，优先股股息固定高于债券、对银行收益的要求是刚性的，就会降低银行业务经营的灵活性，使银行承受资本流动受阻的压力。(4)由于优先股股息在计算所得税时不能扣除，使商业银行税后资金成本上升；优先资本在资本总量中占比过高，银行要支付更多的资金，也会使银行资金成本上升，就很难根据自身所面临的内外情况及变化对收益分配进行优化处置。(5)优

---

① 倪锦忠，张建友，闻玉璧编著．现代商业银行风险管理．北京：中国金融出版社，2004

先股与普通股相比,略带有借入资金的性质,如果优先股发行过多,则普通股在资本金总量中的比重就会下降,影响银行信誉。

(三)资本成本风险

资本成本是各类型融资的预期报酬率。根据资本资产定价模型(CAPM),资本成本可以表示为:$r_i = r_f + \beta_i r_m$。其中,r_f表示无风险利率;r_m表示市场风险溢价,相当于一个典型的投资者较之投资无风险利率产品时,能够从股票市场取得的超额回报;β_i为股票i的股价变化之于整个股票市场变化的相关性。资本成本由两部分构成:(1)筹资费用,指在筹资过程中所发生的费用,即获取资本之前所发生的费用,如手续费、谈判费、发行费等,属于市场交易成本;(2)用资费用,指在使用资本过程中所发生的费用,即获取资本之后所发生的费用。具体表现为:以利息(利率)形式支付给债权人的报酬;以分红或股利(股息或投资报酬率)形式支付给所有者的报酬等。

资本成本风险是指银行筹资用资过程中,资本成本失调而产生的风险。主要表现为:①银行资本筹措和使用不经济所导致的银行收益的下降。如银行为满足国家法律和监管当局有关资本充足率的刚性要求筹措资本金时,投资者出于投资回报率和投资风险因素而提高要价,使银行资本筹措不经济所造成的收益侵蚀。②为降低或维持低水平的资本成本而出现的系列风险。如因资本不充足产生业务活动范围被监管当局限制或遭受处罚、资本不充足所导致的市场竞争能力下降等。

第二节　资本充足率的衡量与管理

资本充足率是巴塞尔委员会近年来花费时间最多的问题。早在20世纪80年代初,巴塞尔委员会就担心地注意到:在与债务危机有关的国际风险不断增长的同时,主要国际银行的资本充足率却呈下降的趋势。在《巴塞尔新资本协议》制定过程中,巴塞尔委员会认为“压倒一切的目标是促进国际金融体系的安全与稳健”,银行满足资本管理需要的资本充足率是实现这一目标的中心因素。在十国集团理事们的支持下,巴塞尔委员会决心阻止银行体系内资本标准的滑坡,并争取形成更一致的资本充足率的衡量标准,以加权方式衡量表内与表外风险。

商业银行资本充足率又称银行资本需要量,是一个商业银行到底需要多少自有资本，每种形式的资本在资本总量中应占多大比重的问题。抵御商业银行资本风险最重要的措施，就是维持商业银行最低资本充足率。

一、1988 年《巴塞尔资本协议》关于资本充足率的规定

（一）目标资本比率

商业银行资本充足率是商业银行资本管理的核心问题，巴塞尔委员会给予了高度关注。1988 年《巴塞尔资本协议》规定，商业银行资本标准化比率的目标是指资本与加权风险资产的比率，即资本充足率。资本协议规定，到 1992 年年底，签约国中较具规模的商业银行，全部资本与加权风险资产的比率即全部资本充足率应达到 8%，核心资本与加权风险资产的比率即核心资本充足率应达到 4%。计算公式是：

资本充足率 =（核心资本 + 附属资本）/ Σ（表内风险资产 + 表外项目风险额）×100% ≥8%

核心资本充足率 = 核心资本 / Σ（表内风险资产 + 表外风险资产）×100% ≥4%

表内风险资产 = Σ（资产额度 × 风险权数）

表外（衍生）项目风险额 = Σ（表外项目合约额 × 信用转换系数 × 表内相同性质的资产风险权数）

（二）资产负债表内的资产风险权数

巴塞尔委员会要求，将资产负债表上不同种类资产以及表外项目，根据其存在的相对风险确定风险权数，以此计算资产的风险额度，来评估银行资本是否充足。因此，委员会制定了对不同资产界定风险权数级别的办法。

表内项目的资产风险划为 4 级，从“无风险”到“十足风险”。风险为 0% 的资产有：现金；以一国货币计价并以此货币融资的债权；从中央政府和中央银行融通资金的债权；对经济合作与发展组织（OECD）国家的中央政府和中央银行的其他债权；以经合组织国家中央政府债权作担保，或由经合组织国家中央政府提供担保的债券。

0%，10%，20%，50%（各国自行确定）：对国内公共部门（不包括中央政府）的债权和由此类机构担保或以此类机构所发行证券为抵押的贷款。

风险权数为20%的资产：对多边开发银行的债权以及由这类银行提供担保，或以这类银行发行的债券作抵押品的债权；对在经合组织国家内注册的受到监管（特别是风险资本要求）的证券公司的债权，以及由这类机构担保的债权；对在经合组织以外国家注册的银行，余期在1年以内的贷款；对非本国的经合组织国家的公共部门机构（不包括中央政府）的债权，以及由这些机构提供担保的或以其所发行的证券作抵押的贷款；托收现金。

风险权数为50%的资产：完全由借款人使用或以居住为用途的房屋为抵押的贷款。

风险权数为100%的资产：对私人机构的债权；对在经合组织以外国家的法人银行余期在1年以上的公共债权；对经合组织以外国家的中央政府的债权（以本国货币计值和以此融资的除外）；对公共部门所属的商业公司的债权；办公楼、厂房等固定资产投资；不动产和其他投资（包括未并表的对其他公司的投资）；由其他银行发行的资本工具（从资本中扣除的除外）；所有其它资产。

（三）表外项目的风险，按信用换算系数划分为四级：自“无风险”到“十足风险”。信用转换系数为0%：原始期限为1年以内的类似承诺，或可以在任何时候无条件取消的承诺。

信用转换系数为20%：短期的有自行清偿能力的与贸易相关的或有项目（如有相应货运单作抵押的跟单信用证）。

信用转换系数为50%：与特定交易相关的或有项目（如履约保函、投标保函、认股权证和为某些特别交易而开出的备用信用证）；票据发行便利和循环承购包销便利；期限为1年以上的承诺（如正式的备用安排和信贷额度）。

信用转换系数为100%：直接信用替代工具，如一般债务担保（包括为贷款和证券提供财务担保的备用信用证）、承兑（包括具有承兑性质的背书）；信用风险仍在银行的销售和回购协议以及在有追索权情况下出售的资产；远期资产购买、远期对远期存款和部分交付款项的股票证券。

二、新资本协议对资本充足率的修改

2003年巴塞尔委员会推出的《巴塞尔新资本协议》第三次讨论稿，

弥补了旧资本协议中的不足。有关资本比率的分子(即监管资本构成)的各项规定保持不变;8%的最低资本比率不变。有关风险资产的分母做出了较大修改。旧协议涵盖的风险加权资产有信用风险、市场风险,新协议明确提出将操作风险纳入资本监管的范畴,并大幅修改了对旧协议信用风险的处理方法。这样,资本覆盖风险的范围就扩大到了银行目前面临的所有风险。计算公式是:

资本充足率=合格资本/(信用风险加权资产+12.5×市场风险的资本要求+12.5×操作风险的资本要求)≥8%

在1988年协议中国家风险具有相当大的影响力,而且1988年协议对这一风险采取了相当简单化的计量方法。如对所有经合组织成员国均给予相同的零主权风险权重。新资本协议框架中,主权风险的确定则主要依赖银行自身的风险评估,或根据一些国际性评级机构的评级,给不同国家或地区以不同的风险权重。

三、我国商业银行资本充足率的规定

我国《商业银行法》、《商业银行资本充足率管理办法》,充分地借鉴了巴塞尔委员会关于商业银行资本充足率的研究成果和相关规定。考虑到我国正处于经济体制转型中,巴塞尔资本协议在我国完全实施还存在大量体制性、结构性等制约因素。所以,我国商业银行法、资本充足率管理办法将巴塞尔新资本协议有关内容,从我国银行业现状出发有选择地予以吸收,就资本充足率做出了相关规定。

(一)商业银行资本充足率的计算

《中国银行业监督管理委员会商业银行资本充足率管理办法》将资本充足率界定为:商业银行持有的、符合本办法规定的资本与商业银行风险加权资产之间的比率。

我国《商业银行法》和《商业银行资本充足率管理办法》规定:商业银行资本充足率不得低于8%,核心资本充足率不得低于4%。计算公式是:

资本充足率=(资本-扣除项)÷(风险加权资产+12.5倍的市场风险资本)

核心资本充足率=(核心资本-核心资本扣除项)÷(风险加权资

产 +12.5 倍的市场风险资本)

在计算资本充足率时应从资本中扣除以下项目:商誉;商业银行对未并表金融机构的资本投资;商业银行对非自用不动产和企业的资本投资。

在计算核心资本充足率时应从核心资本中扣除以下项目:(1)商誉,我国《金融企业会计制度》规定,商誉是指金融企业无形资产中不可辨认的部分。我国的会计制度不承认企业自创的商誉,只有在发生企业并购的过程中才会产生商誉,其计算方法是并购企业的成本减去被并购企业净资产的公允价值即为商誉;(2)商业银行对未并表金融机构资本投资的 50%;(3)商业银行对非自用不动产和企业资本投资的 50%。

我国商业银行现有的限制条件,使政府和金融监管当局制定资本充足率要求标准时,无法涵盖商业银行的操作风险。这与新资本协议相比存在着差距。

(二)资产风险权重的规定

资产风险权重的规定分为表内和表外两部分。

1. 表内的资产风险权重规定

《巴塞尔新资本协议》认可一些风险缓释工具对信用风险的缓释作用。中国银行业监督管理委员会借鉴了新资本协议的相关规定,所制定的《商业银行资本充足率管理办法》也认可合格质物和保证主体的风险缓释作用。计算表内风险加权资产的总体框架是,先根据相关资产债权人的性质,确定该笔资产的风险权重,再根据该笔资产所获得的风险缓释情况,进行缓释处理。[①] 根据中国银监会规定,银行资产按风险程度划分为不同种类,分别设立风险权重。风险权重划分为 0%、20%、50%、100% 4 类。见下表:

表 3-1　表内资产风险权重表

项　目	权　重
a. 现金类资产	
aa. 库存现金	0%
ab. 黄金	0%

① 刘明康主编. 商业银行资本充足率管理办法释义. 北京:经济科学出版社,2004

续表

项　目	权 重
ac. 存放人民银行款项	0%
b. 对中央政府和中央银行的债权	
ba. 对我国中央政府的债权	0%
bb. 对中国人民银行的债权	0%
bc. 对评级为 AA－及以上国家和地区政府和中央银行的债权	0%
bd. 对评级为 AA－以下国家和地区政府和中央银行的债权	100%
c. 对公用企业的债权(不包括下属的商业性公司)	
ca. 对评级为 AA－及以上国家和地区政府投资的公用企业的债权	50%
cb. 对评级为 AA－以下国家和地区政府投资的公用企业的债权	100%
cc. 对我国中央政府投资的公用企业的债权	50%
cd. 对其他公用企业的债权	100%
d. 对我国金融机构的债权	
da. 对我国政策性银行的债权	0%
db. 对我国中央政府投资的金融资产管理公司的债权	
dba. 金融资产管理公司为收购国有银行不良 A 贷款而定向发行的债券	0%
dbb. 对金融资产管理公司的其他债权	100%
dc. 对我国商业银行的债权	
dca. 原始期限 4 个月以内(含 4 个月)	0%
dcb. 原始期限 4 个月以上	20%
e. 对在其他国家或地区注册金融机构的债权	
ea. 对评级为 AA－及以上国家或地区注册的商业银行或证券公司的债权	20%
eb. 对评级为 AA－以下国家或地区注册的商业银行或证券公司的债权	100%
ec. 对多边开发银行的债权	0%
ed. 对其他金融机构的债权	100%

续表

项　　目	权 重
f. 对企业和个人的债权	
fa. 对个人住房抵押贷款	50%
fb. 对企业和个人的其他债权	100%
g. 其他资产	100%

2. 表外资产成分与信用转换系数规定

表外资产项目是指商业银行已经发生不反映在资产负债表上，但有可能随时转换为表内项目的资产。信用转换系数是衡量表外资产转换为表内资产的风险程度的指标。将表外资产项目的本金数额乘以信用转换系数，乘出的数额根据表内同等性质的项目进行加权，从而获得相应风险权重资产数额。

表 3－2　表外项目的信用转换系数

项　　目	信用转换系数
等同于贷款的授信业务	100%
与某些交易相关的或有负债	50%
与贸易相关的短期或有负债	20%
承诺	
原始期限不足 1 年的承诺	0%
原始期限超过 1 年但可随时无条件撤销的承诺	0%
其他承诺	50%
信用风险仍在银行的资产销售与购买协议	100%

上述表外项目中：(1)等同于贷款的授信业务包括一般负债担保、远期票据承兑和具有承兑性质的背书。目前，我国商业银行的表外业务中可纳入此类的主要有银行承兑汇票和融资性保函。(2)与某些交易相关的或有负债，主要是指商业银行为客户贸易或工程投标等非融资性经营活动开具的担保文书，包括投标保函、履约保函、预付保函、预留金保函等。(3)与贸易相关的短期或有负债主要指有优先索偿权的装运货物作抵押的跟单信用证。(4)承诺中原始期限不足 1 年或可随时无条件撤销的承诺，包括商业银行的授信意向。(5)信用风险仍在银

行的资产销售与购买协议，包括资产回购协议和有追索权的资产销售。

四、商业银行资本充足率管理

商业银行资本风险管理是资本管理中极为重要的一环，与资本管理的其他内容紧密相连。只有实施资本全面管理，才能既保证适度的资本金总量和合理的资本金结构，降低银行资本成本，又能实现追求最大资金回报的经营目标，降低银行资本金风险。

银行的资本与需做的业务相比是很有限的，银行经营需要留足多少资本才可以保证风险得到有效控制，或者说如何确定银行的资本充足率，历来是商业银行资本管理的核心与重点。资本过高会使银行的杠杆比率下降，降低普通股的每股净收益；资本过低则会增加对存款、借款等其他资金来源的需求，使负债的成本上升，更重要的是会增加银行的风险，影响银行的竞争力及在社会公众中的形象。

世界各国商业银行在长期的经营实践中，摸索出了一系列衡量资本金充足率的方法，主要有资本与存款比率、资本与总资产比率、资本与投资资产比率、“纽约公式”法、综合分析法等。1988 年巴塞尔委员会提出资本充足率不得低于 8% 的刚性规定后，这个最低要求已得到国际金融界的广泛接受，成为商业银行保证稳健经营的重要保证。在确定资本充足率最低不得低于 8% 的前提下，要达到金融监管当局要求的比率标准，办法只有增加和扩大资本金数量、控制与调整资产规模和结构两种方法。

（一）增加、扩大资本金数量策略（分子策略）

1. 内源资本策略

所谓内源资本，主要是指商业银行通过留存盈余等的方法从银行内部筹措的资金。从银行内部筹集资本的主要渠道是留存盈余，这是商业银行充实资本最方便、最廉价的一条捷径。商业银行只需将银行的税后净利转入留存盈余账户即可增加资本。

内源资本来源于银行纯利润分配后的留存部分，受银行净收益增长的制约。每年银行的收益有多少流存在银行，多少分配给股东要确定一个合适的比例，即留存比率。留存比率是留存收益与银行净收益之比率。留存比率对银行管理具有十分重要的意义：留存比率低会使银行的内源资本增加缓慢，增加银行资本金风险，延缓银行盈利资产的扩张；留存比率高会减少股东的股息收入，在其他因素不变的情况下，会导致银行股票市场价值的降低。在一定时期内，银行收益中用于实现资本增长的比例可采取下列方法确定：

内部资本增长率 = 股本收益率 × 留存比率 = 税后净收入/股本 × 留存收益/税后净收入

银行还可以采取增加各项提留的方法，即多提留呆账准备金、坏账准备金和资本储备金等方法追加资本金。

商业银行在实施内源资本管理策略时，还要统筹考虑银行收益状况、留存盈余成本、分红政策、法律规定等各种因素。

2. 外源资本策略

外源资本是指商业银行通过发行股票和债券等方法，从银行外部筹措资本。当银行内部资本不能满足银行风险管理或资产增长需要时，就要通过外源资本补充资本。主要有以下方法：

第一，发行和销售普通股。普通股代表着股东对银行的所有权，是否发行股票筹集资本，取决于银行以其他方式从外部获取资本的可能性大小、资本成本的高低及其对银行经营活动的影响。银行发行和销售普通股可以增加普通股本和资本盈余。

第二，发行优先股。优先股是指银行的收益和资产分配权优先于普通股的股票。优先股对银行来说，可以筹措到所需的资金补充资本充足率，避免由于股东参与投票而分散控制权，使银行获得杠杆作用利益。优先股承担的风险与普通股相同。

第三，发行债务资本债券。债务资本包括各种在将来时间支付固定利息的计息债务。债务资本债券包括资本票据、资本证券、可转换债券、浮动利率长期债券、选择性利率债券等。银行采用债务资本方式筹措资本可以降低资本成本，因为是债务性资本，与普通负债相比不必缴纳准备金和保险金，银行对其支付的利息通常低于股票的股息和红利。该类资本金不会稀释原股东对银行的控制权、可以改善银行的资本结构。

（二）控制和调整资产规模、结构策略（分母策略）

1. 减少资产规模。商业银行可以通过出售一部分市价水平较高或有问题或是高风险的金融资产，来缩小银行资产规模，降低分母数值，满足资本充足率的需要。但是,减少资产规模意味着银行市场份额的减少、市场占有率的降低,这可能损害商业银行的信誉,影响银行的收益水平。

2. 调整资产结构。在资本金总额和资产总额不变或难以变化的情况下,通过资产结构的调整可以降低加权风险资产的数值。可采取资产组合配置,增加风险较低资产、减少风险较高资产的方法降低信用风险权数;可通过金融市场的避险工具、强化内部控制、规范业务操作等措施来降低市场风险、操作风险权数。

商业银行资本充足率管理是资本风险管理最重要的部分,除此之外,商业银行为防范资本结构风险和资本成本风险,还要考虑资本与存款的比率、资本与总资产的比率、资本与投资资产的比率等风险管理措施,实现全面管理资本风险。

第三节　我国商业银行资本风险管理

我国商业银行资本风险管理存在的问题,如资本充足率不足、资本金来源渠道不畅、资本金结构呆板、资本金流失或消耗较快等问题不仅比较严重而且还具有我国的特殊性,在前文中我们已做了一定论述。针对存在的这些问题,就要统筹兼顾地从不同角度、不同层次确定解决策略。

一、拓展资本金补充渠道

根据《巴塞尔新资本协议》的要求、依据 WTO 的基本法律规则和我国的实际情况,我国商业银行迫切需要在提高资产质量的基础上拓展资本补充渠道,完善资本金补充机制,增强商业银行资本金实力。

(一)国有商业银行实施股份制改造,开辟筹措核心资本渠道

在发达国家和地区,商业银行作为上市公司是极为普遍的现象。在纽约证券交易所约有 900 余家上市银行,占上市公司总数的 30%,在 NASDAQ 市场上市的银行也有 900 多家,占上市公司总数的 19%,东京交易所有 160 余家上市银行,香港也有 40 多家。所以,国有商业银行上市筹资壮大实力,是补充资本金的一条重要渠道和必然选择。当前

国有商业银行要加快股份制改造步伐，建立起现代企业制度，变国有独资银行为国家控股银行，广泛吸纳国内外战略投资者，通过上市发行股票增加资本。

（二）建立附属资本制度，拓宽筹措附属资本的渠道

我国商业银行附属资本在资本总量中占比较少，可采取措施拓宽筹措附属资本渠道。办法之一就是发行长期次级债券或可转换债券，较大规模地补充银行资本金。

首先，运用这一办法补充银行资本金，由于附属资本不必缴纳存款准备金和因参加存款保险而缴纳存款保险费，有利于银行降低资本成本，提高银行的市场价值。西方企业资本结构理论代表人物莫迪利安尼（Modigliani）和米勒（Miller）对企业资本结构、资本成本和市场价值的关系作了深入研究，提出现代资本结构理论——MM 理论。MM 理论揭示了实物资产对企业的实质性作用，否认了任何改变资本结构来提高企业价值的努力的有效性，探索了一定市场环境下企业经营者的目标和行为相互一致与冲突的关系，从而奠定了现代资本结构研究的基础。从 MM 理论引申审视银行附属资本，由于附属资本可以替代权益资本执行资本的部分职能，所以可用作资本金且期限较长，融资量较稳定。银行发行长期次级债券就可以优化目前国有商业银行的资本结构，降低资本成本，提高银行价值。从我国实际情况看，我国商业银行过去已发行的金融债券都是一般性债券，而不是为补充资本金发行的资本性债券，国家金融监管当局对此将会予以充分考虑和支持。

其次，我国社会法人、自然人金融投资工具少、股市投资风险较高、债券市场规模不大，而长期次级债券信誉度比较高、投资风险小、收益率较高、收益稳定，无疑会吸引投资者产生较大投资欲望，发行空间很大。加上近年来我国居民储蓄存款增加迅速，储蓄存款利率不断降低，居民对债券投资有较大的潜在需求。

再次，附属资本的债权人除按规定的利率收取利息外，不会削弱普通股东对银行的控制权。由于附属资本对商业银行收益和资产分配的要求权位于存款人和其他债权人之后，因此当商业银行破产时其损失先由产权资本清偿；如不足由附属债务冲销。这样作为次级债务的债务资本为商业银行存款人和其他债权人提供了一道额外的安全保障，

可以保护存款人和其他债权人免遭更大的损失。①

（三）政府间接注资

1998年中央财政发行2700亿元特别国债补充银行资本金，四大国有商业银行资本水平有了一定提高。由于国家财力有限、财政关注领域较多，国家定期直接向国有商业银行注入资本金的可能性较小，在与商业银行改制上市、银行建立附属资本制度等措施配套的基础上，国家财政可通过间接注资的方式增加国有商业银行资本金。

财政间接向商业银行注资就是指返还商业银行营业税。与世界其他国家商业银行相比，我国商业银行承担着较高的税负。由于国家已向中国银行、中国建设银行注资450亿美元，这两家国有商业银行资本充足率已达到我国要求标准。所以，国家如将中国工商银行、中国农业银行每年上缴的营业税返还回来，就可以在很大程度上提高工行、农行的资本充足率，满足我国《商业银行法》等法律法规的要求，在加入世贸组织后的过度期内，较好解决工行、农行资本金不足问题。

（四）股票债券互换

银行在发行债券后，如果市场利率上升使发行的债券市场价值下降，这时银行可以发行新股，再按市场价格买回已发行的债券，银行就可以从资产负债表减去与债券有关的债务。运用股票债券互换措施，银行既可以补充资本金，又节省了未来债券利息支出成本。

除上述4种银行筹措资本金方案外，还有发行普通股、发行优先股、资产出售与回租等措施。银行选择、确定筹资方案要同时考虑多种因素，主要有：(1)筹资方式对股东收益的影响；(2)每种筹资方式的相对成本；(3)影响现有股东及未来可能的银行新股东对银行的所有权和控制权；(4)每种筹资方式的相对风险；(5)银行的整体风险敞口；(6)筹集新资本时资本市场的行情(7)国家有关影响资本数量和构成的管制规定等。

二、调整银行的资产结构，大力降低不良资产比例

根据《巴塞尔新资本协议》的要求，商业银行要在量化的风险值（资

① 姜波．商业银行资本充足率管理．北京：中国金融出版社，2004

产在险值)的基础上考虑资本充足率。资产在险值越高,其所要求的资本充足率也必然越高,反之亦然。因此在外源资本满足不了银行资本充足率的情况下,商业银行强化内部控制,提高风险管理水平,降低资产在险值,用较低的资本满足新资本协议的要求,就成为商业银行的现实必然选择。在这一前提下,降低我国国有商业银行不良资产比率,盘活存量不良资产,提高资产质量是目前国有商业银行缓解资本压力最为重要、最为现实的方案。

(一)我国商业银行不良资产现状

自改革开放以来,我国商业银行不良资产呈现急速上升的态势。银行体系中(特别是四大国有商业银行)积累了大量的不良资产。在成立4家金融资产管理公司:中国信达、东方、长城、华融,剥离了国有商业银行近1.4万亿元不良资产之后,2001年一季度末银行体系的平均不良资产率仍保持在25%以上。其中国有独资商业银行28.5%,政策性银行21.4%,其他商业银行16%,城市信用社38.5%,农村信用社47.1%。问题的严重性还在于,由于不良资产的生成机制并未得到根本改造,不良资产的上升势头没有被彻底遏制。银监会主席刘明康在2003年5月29日举行的记者招待会上指出:至2003年6月末,主要金融机构不良贷款(即次级类、可疑类、损失类贷款)合计为2.54万亿元,其中国有商业银行不良贷款余额20070亿元,不良贷款率为22.19%。贷款投向集中在公路、铁路、电力、电信等垄断性行业以及大企业、大城市、大项目(主要包括基础建设、市政及房地产项目)。贷款投向表明大量贷款进入地方政府推动的基础设施上,或成为政府积极财政政策的配套资金,造成银行贷款很难按期归还、银行资金来源短期化和资产运用长期化、资产负债期限结构不对称等。由于国有商业银行资产结构单一,贷款占比过高,巨额不良资产导致其信贷资产质量严重下降,一方面银行信贷资产流动速度严重减缓,另一方面银行非盈利资产占用过多,应收未收利息长期挂账并呈逐年上升趋势以及固定资产增长迅速,加大了经营成本,银行虚盈实亏严重。

不良贷款不等于不良资产,我国银行业现行统计没有包括备用信用证、跟单信用证、承兑票据等或有资产业务中形成的信贷风险,如果把非信贷类资产的损失计算在内,我国主要金融机构不良资产率至少超过国际警戒线100%(国际通行标准,金融机构不良资产警戒率为

10%)。相比之下,欧美发达国家的银行整体资产状况远远好于我国商业银行。2001年《银行家》公布的世界1000家大型银行中,欧美日共占据650家,其中一级资本占75%。沉重的历史包袱,使国有商业银行在迎战外资银行时处于极其不利的地位。

2004年以来,中国银行业监督管理委员会把抓好资产质量作为风险管理的重中之重,努力把宏观调控与建立防范银行风险长效机制相结合,加强资本约束、风险拨备约束和授信尽职约束,严格风险控制措施,强化不良资产处置力度,不良贷款实现"双下降"。2004年,4家国有商业银行和12家股份制商业银行不良贷款余额17176亿元,比年初减少3946亿元;不良贷款率为13.2%,比年初下降4.6个百分点。不良贷款继2002年、2003年后连续第3年"双下降"。我国主要商业银行不良贷款处置取得了一定成效。同时也要看到,主要商业银行不良贷款余额仍有17176亿元,这是我国金融界的一大隐患。

此外,我国中小商业银行也存在着大量不良资产,我们在第二章中已作了论述。

(二)降低不良资产的措施

大量不良资产,已成为中国金融业最大的风险所在。下大力气解决这一问题,国内外金融界早已形成广泛共识。我国国有商业银行要以长远的、发展的思路去解决降低不良资产比率过程中出现的问题,优化资本结构,为《巴塞尔新资本协议》在我国实施做好准备。具体措施是:

1. 运用资产管理公司处理不良资产

从国外的实践看,运用资产管理公司处理不良资产是解决问题的有效措施之一。1999年我国第一家资产管理公司——中国信达资产管理公司成立后,先后又成立了中国东方、华融、长城资产管理公司处理国有商业银行剥离的不良资产。四大资产管理公司成立以来,采取招标拍卖、协议转让、诉讼追偿、国际招标、破产清偿等措施,在处理国有商业银行不良资产上取得了很大成绩。截至2002年底,4家资产管理公司累计处理不良资产3014.42亿元(不含政策性债转股),回收资产1013.18亿元。全面减轻了国有商业银行不良资产压力,优化了国有商业银行资产结构。至2004年12月末,4家资产管埋公司共累计处置不良资产6750.6亿元,累计收回现金1370亿元,占处置不良资产的20.29%。

2. 债转股

债转股是处理商业银行不良资产的重要方式之一。在我国现实经济情况下,商业银行债权在处理不良资产上处于十分不利地位。许多银行不良债权即使在法院获胜也无法执行。实行债转股,银行原则上能够增加对债务企业的约束力度,防止企业经营行为短期化,为处理银行不良资产提供条件。

3. 资产证券化

资产证券化是当前商业银行发展的一个趋势,发达国家和许多发展中国家采取这一措施处理银行不良资产。其优点是证券化能够提供新类型的证券,吸引更多的新投资者进入市场,增强银行的流动性,为其资产组合提供新的资金。我们在第五章中会进一步详细论述资产证券化问题。

4. 组合资产打包处置

商业银行不良资产打包处置就是将一定数量的债权、股权和实物等资产进行组合,形成具有某一特性的资产包,再将该资产包通过债务重组、转让、招标、拍卖、置换等手段进行处置的措施。适用于单笔资产处置成本高而回收价值小、处置难度大、处置周期长、资产过于分散不利于管理和处置以及其他适合打包处置的资产。首先,打包处置要坚持"三个最大原则"。即最大限度提高资产处置的净现值;最大限度提高资产的总体回收率;最大限度体现公平、公开、公正和择优、竞争的原则。其次,要科学组合资产包。要以处置环境、市场需求为出发点,根据债务重组和资产出让的需要,在系统分析被选资产的基础上,对具有同质性和关联性的资产进行整合,从而形成以行业、地域、集团、担保人等为特征的资产包。

5. 与地方政府合作处置不良资产

我国商业银行不良资产形成、处置具有明显的区域性。与地方政府合作处置不良资产,具有商业银行不可替代的作用。

商业银行在与地方政府合作时,首先,要确定合作的基本原则。一是地方政府与商业银行对不良资产都有重组意愿;二是该地方政府行政区域内资源有利于银行不良资产处置;三是地方政府重组不良资产有利于商业银行资产回收;四是地方政府重组不良资产有利于区域经济结构调整、促进地方经济增长。

其次,界定不良资产范围。一是优先选择信用等级较差的不良资产;二是优先选择撤并机构的不良资产;三是选择不动产为抵押物的不良资产;四是选择国有企业不良贷款。

再次,核准不良资产价格。商业银行要依据债务人财务及非财务指标状况、贷款方式、债权实现的形式、社会经济环境等因素,综合运用清算价值法、收益偿债法、信用评价法等方法合理确定不良资产的价格。

三、监管当局加强对银行资本金的监管力度

政府的银行业监管机构要配合使用经济、法律和行政手段,监督、促进商业银行不断补充、增加资本金。

(一)《巴塞尔新资本协议》有关资本金监管的规定

《巴塞尔新资本协议》规定:

第一,监管当局应定期对银行评估资本充足率的程序、风险头寸、相应的资本充足水平和所持有资本的质量进行检查,并判断银行目前评估资本充足率的内部程序效果如何。检查的重点应该放在银行风险管理和控制的质量上,而不以监管职能代替银行自身的管理职能。定期检查可以采取以下几种方法的组合,现场检查、非现场检查、与银行管理层进行讨论、检查内部审计工作(前提是其工作重点针对资本问题)、定期管理报告。

第二,监管当局应评估银行的内部目标和程序是否涵盖了银行面临的所有实质性风险。监管当局还应审查银行评估内部资本充足率所用的风险计量方法是否完善,以及银行在制定限额、评价各项业务的业绩和在总体上判断与控制风险时,如何运用这些方法。监管当局应审查银行敏感性分析和压力测试的结果,以及这些结果与资本计划的关系。监管当局应检查银行的评估程序,以确定:银行选择的资本目标水平是否全面并考虑了当前的经营环境;高级管理层对资本水平进行适当的监测和检查;资本构成与银行业务的性质和规模相适应。

第三,如果监管当局认为银行未达到上述监管原则中规定的要求,就应考虑采取多种备选措施。这些措施包括加强对银行的监管、限制银行支付股息、要求银行制定和实施令人满意的资本补充计划、要求银行立即追加资本。监管当局应该有权决定使用最符合银行具体环境和

经营环境的措施。

《巴塞尔新资本协议》十分详尽地规定了监管当局对银行资本水平检查、监测、采取监管措施等内容。这些规定在实际中如能切实实施，对提高商业银行资本充足率水平、防范和控制资本金风险及其它风险，无疑具有十分重要的作用。

（二）我国有关银行资本金监管的规定

从我国的实际情况看，新资本协议规定的对资本金监管内容，由于我国监管当局和商业银行现有体制性、技术性等因素的限制，还不能全部引用、实施。

中国银行业监督管理委员会从我国实际情况出发，借鉴新资本协议，针对不同商业银行的风险状况及风险管理能力，有区别地要求单个商业银行提高最低资本充足率标准。中国银行业监督管理委员会根据商业银行资本充足率状况，将商业银行分为资本充足的商业银行（资本充足率不低于8%、核心资本充足率不低于4%）、资本不足的商业银行（资本充足率不足8%，或核心资本充足率不足4%）、资本严重不足的商业银行（资本充足率不足4%、核心资本充足率不足2%）。

1. 对资本充足的商业银行，中国银行业监督管理委员会支持其稳健发展，并采取措施防止其资本充足率降到最低标准以下。具体措施有：要求商业银行完善风险管理制度；要求商业银行提高风险控制能力；要求商业银行加强对资本充足率的分析及预测；要求商业银行制定切实可行的资本维持计划，并限制商业银行介入部分高风险业务。高风险业务是指风险权重高的资产业务，主要包括信用贷款、对非银行金融机构的融资业务和一些交易性质的业务。①

2. 对资本不足的商业银行，中国银行业监督管理委员会采取纠正措施促使其补足资本金。具体措施有：下发监管意见书，意见书的内容包括对商业银行资本充足率现状的描述、将采取的纠正措施、各项措施的详细实施计划；要求商业银行在接到银监会监管意见书的2个月内，制定切实可行的资本充足计划；要求商业银行限制资产增长速度、降低风险资产规模、限制固定资产购置、限制分配红利和其他收入；银监会

① 刘明康主编．商业银行资本充足率管理办法释义．北京：经济科学出版社，2004

严格审批或限制商业银行增设新机构、开办新业务。除采取这些措施外，银监会根据商业银行风险程度及资金补充计划的实施情况，有权要求商业银行停办除低风险业务以外的其他一切业务、停止审批商业银行增设机构和开办新业务。

3. 对资本严重不足的商业银行，中国银行业监督管理委员会除采取对资本不足商业银行的纠正措施外，还可以采取要求商业银行调整高级管理人员、依法对商业银行实行接管或促成机构重组或予以撤销等措施。

对于长期以来因执行国家政策造成不良资产比例较高、资本充足率偏低的国有商业银行，监管当局应加强与国家有关部门的协调配合，合理设计改革方案，在有效控制道德风险的前提下，国家承担改革成本，帮助商业银行消化历史包袱，稳步提高资本充足率。这既是提高银行体系安全性的重要举措，也是推进国有商业银行改革的前提条件。①

中国银行业监督管理委员会规定：我国商业银行最迟要在2007年1月1日之前达到最低资本充足率要求。银监会设定我国商业银行资本充足率达标期限，主要是因为：(1)财政部《关于印发〈金融企业呆账准备提取及呆账核销管理办法〉的通知》和《银行贷款损失准备计提指引》，都要求商业银行要在2005年底之前足额提取贷款呆账准备。在此基础上，银监会提出商业银行最低资本充足率的达标期限，给商业银行又预留了1年的时间补充资本，可操作性强。(2)我国商业银行通过采取股东注资、调整资产结构、改善经营状况、提高自我积累能力、招募战略投资者、发行长期次级债券、上市或增资扩股等多种方式，大多数商业银行能够达到或超过8%的资本充足率要求。(3)《巴塞尔新资本协议》2006年底开始在十国集团内部实施，如果2007年我国商业银行资本充足率达不到8%最低要求，也就是达不到1988年《巴塞尔资本协议》规定的资本充足率标准，会进一步拉大我国资本充足水平与国际标准之间的距离，影响《巴塞尔新资本协议》的实施和我国商业银行的整体竞争实力。(4)我国已加入世贸组织，必须履行加入世贸组织的承诺。2007年我国对外资银行将取消各种市场准入壁垒，全面开放银行业，对外资银行和中资银行只能采取统一的资本监管标准以示公允。

---

① 刘明康主编．商业银行资本充足率管理办法释义．北京：经济科学出版社，2004

正是基于上述四点,银监会制定的《商业银行资本充足率管理办法》第53条,设定了商业银行资本充足率达标期限。

我国《银行业监督管理法》第27条规定:国务院银行业监督管理机构应当建立银行业金融机构监督管理评级体系和风险预警机制,根据银行业金融机构的评级情况和风险状况,确定对其现场检查的频率、范围和需要采取的其他措施。我国《银行业监督管理法》这一规定,表明我国政府认同《巴塞尔新资本协议》作为事实上国际银行界经营与管理的标准,将建立内部信用评级体系作为提高银行核心竞争力的重要手段。并已经推出了《股份制商业银行风险评级体系》(暂行)。在这个评级体系中,充分吸收了《巴塞尔新资本协议》有关内容,对股份制商业银行资本充足率、资产安全状况从定量指标、定性因素角度做出了具体规定。这对我国商业银行满足资本充足率最低要求、降低不良资产比率、改善资本结构、提高资产质量、防范和抵御资本金风险以及其他风险将起到有力的推动作用。

第四章

《巴塞尔新资本协议》框架下信用风险管理

现代经济从本质上说就是信用经济,信用在现代社会生活、生产的各个方面扮演着越来越重要的作用。与信用日益发展相伴,信用风险也越来越引起人们的注意,成为现代社会经济实体(尤其金融机构)、投资者和消费者所面临的重大问题。尽管近年来各种市场风险、操作风险变得很突出,但并没有改变信用风险作为经济实体尤其是银行业最主要的风险形式的状况。信用风险是商业银行风险管理中的核心问题,是影响商业银行资本充足水平的支配性的风险类别。

第一节　商业银行信用风险概述

一、信用风险的概念

为深入理解信用风险,首先要清楚信用的涵义。信用概念有两个层次:一层是指伦理学上的信用,将信用界定为一种道德规范;另一层是指经济学意义上的信用,指的是货币的特殊价值形式,延期偿还的支付手段。在市场经济条件下,信用既作为一种基本的道德规范,又是一种法律制度规范着市场经济主体的各种交易行为,约束授信人和受信人的权利责任。信用可以定义为以偿还为条件的商品或货币等价物的贷与借的互动。现代信用关系是由银行信用、商业信用、国家信用、消费信用组成,其中银行信用占主导地位。①

关于信用风险的概念,有许多不同的观点。巴塞尔委员会《有效银行监管的核心原则》指出:"银行面临的一个主要风险就是信用风险或交易对象无力履约的风险。"即债务人未能如期偿还其债务造成违约,而给经济主体经营带来的风险。这些风险不仅存在于贷款中,也存在于其他表内与表外业务,如担保、承兑和证券投资中。

传统上信用风险主要指商业银行信贷业务中交易对象无力履约的风险,人们往往将信贷风险等同于信用风险。随着现代商业银行经营环境变化和风险管理技术发展,信用资产组合不仅会因为银行交易对象(借款人、债券发行人)的直接违约而造成损失,银行交易对象履约可能性的变动也会给组合带来风险。因此信用风险还应涵盖由于交易对

① 中华人民共和国银行业监督管理法释义. 北京:经济科学出版社,2004

象信用状况和履约能力上的变化导致债权人资产价值发生变动遭受的风险。同时,国际金融界近年来广为使用的信用风险管理技术——信用风险模型的建立,也要求扩大信用风险概念外延。因此商业银行信用风险概念应界定为:交易对象违约及交易对象信用评级、履约能力变动而给授信主体带来的潜在损失。

二、信用风险的特征

(一)信用风险存在的广泛性

现代经济金融活动中,信用风险在时间、空间的存在都具有广泛性。国际金融市场上,1994 年法国里昂信贷银行因从事房地产业和其他产业的投机损失达 123 亿法国法郎;20 世纪 90 年代日本金融机构普遍面临巨额不良贷款的困扰,导致 Anzen 银行、北海道拓殖银行、德阳城市银行、长期信贷银行等多家银行先后破产;墨西哥在 1994 年爆发金融危机后,银行体系不良贷款数额大幅上升,12 家主要银行不良贷款总额占贷款余额的 14% 左右;20 世纪 90 年代初,挪威、瑞典、芬兰、丹麦等北欧国家商业银行采取各种手段扩大市场份额,一些银行甚至不惜以负利差为代价扩大信贷规模,引发银行危机,虽然只有少数小银行倒闭,但几乎所有大银行都因巨额贷款损失而陷入经营困境;美国在整个 20 世纪 80 年代有 1100 多家商业银行破产,其中房地产价格急剧下跌造成的银行巨额不良贷款是决定性因素之一。

国内金融市场上,商业银行巨额不良资产主要是由信用风险造成的,数额之巨让人忧心。1998 年 2 月 24 日,中国农村发展信托投资公司因经营严重亏损被人民银行宣布解散;成立不到 3 年的海南发展银行因无力支付到期债务,于 1998 年 6 月 21 日被人民银行关闭;2004 年国家审计署披露中国工商银行佛山市南海支行被个人骗贷达 74 亿元。诸如此类,不一而足。

商业银行信用风险主要来源于交易对象,是一种综合风险。商业银行的所有授信行为都有可能存在信用风险。信用风险主要存在于授信业务中,贴现、押汇、保函、按揭、透支、信用证、同业拆放、证券包销等其他业务领域也存在信用风险。信用风险的广泛性在商业银行许多业务活动中均有体现。

(二)信用合同的不完全性

信用合同是一种典型的不完全合同。信用合同的不完全性是信用风险的诱因之一。

信用合同是交易双方真实意思表示一致的结果。交易双方在设立、变更、终止合用关系时,影响授信活动的因素复杂、多元和不确定,决定银行信贷管理人员对影响授信活动因素的识别、计算、决策时无法穷尽各种不利因素。商业银行不可能在授信合同达成时将与合同有关的全部信息融入合同条款之中;对于将来可能出现的偶然性事件,商业银行在授信合同中无法确定相应的对策和事后的效用结果。虽然交易双方意思表示一致达成合同,但银行方面授信行为具有典型的信息不对称特征。信用合同的不完全性使银行交易对象在交易中相对掌握充足信息处于有利地位,产生我们在第二章所论述过的"道德风险",道德风险是信用风险形成的重要因素。

(三)信用风险具有明显的非系统性风险的特征

与商业银行经营中面临的其他风险相比,信用风险的非系统性风险特征明显。宏观经济走势、市场资金供求状况、政治局势、技术和资源条件等因素存在着不确定性,这种不确定性会影响交易对象的还款能力导致信用风险,人们称其为"系统性风险"。但总体上说,多数情况下信用风险还是取决于与交易对象明确相联系的非系统性因素的影响,这些因素包括:交易对象贷款投资方向、经营管理水平与能力、财务状况与还款意愿、借款人风险偏好等。非系统性因素作用导致的信用风险由于信用产品流动性较差、信息不对称、贷款持有期较长等原因,使风险管理者获得信用风险观察数据难度较大,如 VaR 等模型在衡量信用风险时比衡量市场风险更为不易。信用风险的非系统性特征决定了多样化投资分散风险的风险管理原则适用于信用风险管理。

三、风险与收益的平衡

商业银行信用风险与利率风险、汇率风险的一个显著区别就是信用风险在任何时候都不可能产生意外的收获,信用风险的后果就是损失甚至是巨大的损失。所以,商业银行做出向交易对象提供信用的决定时，必须要在信用风险和其产生的效益之间寻求平衡。

商业银行要考虑以下几个因素来权衡信用风险与收益：一是商业银行为了获得较高的收益，多大程度的风险是可以承受的；二是为了弥补潜在的信用风险，应该进行何种程度的提价；三是商业银行总体承受的授信限额以及具体到每个交易对象的授信限额应是多少；四是具体授信决策时，拒绝或接受交易对象提出的授信申请，最佳的授信决策是减去坏账或呆账成本后的总收益最大化。

信用的风险与效益双重性使其成为金融市场内在的推动和制约力量。对于商业银行来说敏锐洞察市场发展变化，及时捕捉市场机会，采取预防措施规避风险，就会获得较好经济收益；反之，就要承担风险遭受经济损失，在激烈的市场竞争中陷入劣势。信用风险就是通过这种市场手段制约粗放型经营、过度投资等非理性行为，起到市场调节杠杆作用。

四、我国商业银行信用风险管理存在的主要问题

我国自 20 世纪 90 年代初开始，国有商业银行陆续尝试着建立“统一授信，审贷分离，分级审批，责任明确”的授信管理体制。尤其是 1996 年以后，政府和各国有商业银行下大力气治理与监管商业银行信贷风险，国务院、中国人民银行先后下发了一系列文件、通知、细则、决议、指引等规章制度，以控制信贷质量来防范银行信用风险。各银行先后建立了客户信用评级体系、贷款分类等制度，在信用风险管理上取得了一定成绩。但从当前实际情况看我国国有商业银行信用风险管理还存在着一些问题，主要有：

第一，部分商业银行内部管理混乱，信用风险内控制度不完善，风险责任制不落实，贷前审查和贷后检查流于形式，个人职业操守差，导致大量贷款被不设防地流出，给商业银行带来了巨大风险和损失。

第二，国有商业银行公司治理结构还不完善。

公司治理结构是对商业银行所有者与经营者之间关系的一整套制度的安排，是商业银行内部组织结构和权力分配体系的具体体现形式。我国国有商业银行控制权的垄断现状很难避免“所有者缺位”和“内部人控制”问题，商业银行治理架构不健全，决策执行体系构造不合理，监督机构有效性不足等因素，使我国商业银行信用风险管理基础薄弱。

第三，我国商业银行对交易对象信用状况还缺乏强有力的监测制

度，各金融机构之间信息沟通不畅，致使授信主体与交易对象之间信息不对称的问题极为严重。加上交易对象道德风险、银行账户管理制度不完善等，为交易对象通过各种手段逃废、悬空银行债务提供了可乘之机。

第四，我国社会信用法制不完善加重了信用秩序的混乱。首先，现行法律对契约关系和债权人利益保护不够，地方政府和地方保护主义干预案件审理，使商业银行大量胜诉案件无法执行，加大了商业银行信用风险。其次，缺乏相应的信用制度建设，尚未建立起一个健康的社会信用体系，对违反信用的行为在社会舆论、民事赔偿、刑事惩罚等层面没有给予严厉处置，一定程度上损害了整个社会的信用基础。

最后，我国社会信用机构力量分散薄弱，服务水平不高，软件设施、硬件设施均不健全，没有系统地建立起遍及全国的信用网络，制约了信用经济的发展。

我们在第二章论述的商业银行产权制度缺陷、内部风险管理机制与组织机构不完善、风险管理工具与技术匮乏、风险管理信息系统建设薄弱等问题在信用风险管理中也大量存在。

第二节　信用风险衡量方法

抵御、防范信用风险的核心是信用风险的衡量。长期以来国际金融界对信用风险衡量日益关注，先后研发出专家制度、Z 评分模型、CreditMetrics 模型、KMV 模型等。人们根据分析技术和方法的不同将专家制度、Z 评分模型归纳为传统信用分析方法，将 CreditMetrics 模型、KMV 模型等模型归纳为现代信用或工程技术分析方法。

《巴塞尔新资本协议》第一支柱中，要求商业银行建立信用评级体系时使用信用打分模型和其他技术程序，作为评级的主要基础或部分基础。从这个意义上说，现代信用分析方法为《巴塞尔新资本协议》奠定了技术基础。

一、传统信用风险衡量方法

（一）专家制度

专家制度是一种最古老的信用风险分析方法，它是商业银行在长期的信贷活动中所形成的一种行之有效的信用风险分析和管理制度。其最大特征是过多依赖于训练有素的专家的主观判断，商业银行信贷管理人员的专业知识、主观判断以及某些要考虑的关键要素权重为最重要的决定因素。① 国际金融界许多商业银行作为金融市场上主要的资金提供者，曾花费了大量的财力来培育这个系统。

专家制度的主要内容是，主要由专家（通常为授信部门的主管）根据借款人的品格（Character）、资本（Capital）、偿付能力（Capacity）、抵押品（Collateral）和经济周期的形势（Cycle Conditions）这 5 大因素对借款人的还款意愿和还款能力做出全面的分析，以评定该借款人的信用状况，从而做出信贷决策。专家对借款人的“5C”信用分析，只是银行做出信贷决定前所需做的最基本的工作。就一笔具体的信贷业务而言，银行还要动用大量的人力、物力、财力进行较为复杂的分析，主要有：银行要确定交易对象为何需要这笔贷款，贷款申请是否符合当前银行的信贷政策和市场需要；对交易对象资产负债表、损益表、现金流量表进行分析，了解交易对象是怎样获取利润来增加公司自身价值的以及对未来利润的预期；对交易对象的试算表进行分析研究，从中找出那些隐藏在公司经营过程中的非正常交易；评估贷款目的和与之所规划的现金流量情况；对交易对象所处的行业市场情况进行分析；对交易对象管理层及经营战略进行评估；认真审核及补充授信文件，做到内容全面、准确。这些因素都是商业银行做出贷款决策时要考虑的因素。

专家制度在运用中遇到的主要问题是，评定时对不同交易对象所选择的影响因素以及选定因素后各因素的最优权重的确定，都将主要依靠专家的主观判断。因此就会出现对同一交易对象，不同的专家会得出截然不同的分析结果，从而影响信贷决策的准确和效率。

（二）信用评级方法

最早的信用评级方法是美国货币监理署（U.S Office of the Comptroller of the Currency，OCC）开发的。这一办法主要将贷款的投资组合划分为 5 个不同的等级，对每一级别列示不同的应提取损失准备金的比例，再通过加总计算，评估贷款损失准备金的充足性。OCC 的评级方法将

① 宋清华，李志辉主编．金融风险管理．北京：中国金融出版社，2003

现有贷款组合归入 5 类:4 类低质量级别的,1 类高质量级别的。在下表中,所要求的损失准备金列在每一类旁边。

表 4 - 1

低质量级别	
特别关注的其他资产	0%
未达到标准的资产	20%
可疑资产	50%
损失资产	100%
高质量级别	
合格/可履约	0%

信用评级方法产生后,金融界根据实际需要扩展了 OCC 评级方法,开发出内部评级方法,更细致地划分了合格和可履约的评级类别,将贷款等级细分为 1 ~ 9 或 1 ~ 10 个级别,对高品质的贷款也规定了一定的损失准备提取比例。

(三)Z 评分模型

美国纽约大学教授爱德华·阿尔特曼(Edward I. Altman)于 1968 年提出了预测信用风险 Z 评分模型。Z 评分模型是一种多变量的分辨模型,根据数理统计中的辨别分析技术,对银行过去的贷款案例进行统计分析,选择一部分最能够反映交易对象的财务状况,对贷款质量影响最大、最具预测或分析价值的比率,设计出一个能最大程度地区分信用风险度的数学模型,对交易对象进行信用风险及资信评估。① 具体形式如下:

$$Z = 1.2X_1 + 1.4X_2 + 3.3X_3 + 0.6X_4 + 1.0X_5$$

其中,X_1 为营运资本/总资产比率;X_2 为留存盈余/总资产比率;X_3 为息税前收益/总资产比率;X_4 为股权的市场价值/总负债的账面价值比率;X_5 为销售额/总资产比率。

根据上式,商业银行可以根据交易对象的各项财务比率加权计算

① 宋清华,李志辉主编. 金融风险管理. 北京:中国金融出版社,2003

得到一个确定的 Z 值,若该值低于临界值(Altman 计算为 1.81),则该交易对象将被归为信用不佳,其贷款要求极有可能被拒绝。值得指出的是:第一,这一模型是线性的,但影响因素和破产几率之间可能是高线性的,各个 X_i 之间的关系也可能是非线性的;第二,在杠杆比率中,除了股权的市场价值一项外,该模型基本上以财务比率为基础,而大多数的财务数据都是隔一段时间才会公布,并且通常以历史成本作为会计计量的基础,因此,资料的时效性就成了另一大问题;第三,模型是否可以选择一个经营状况正在迅速恶化的厂商值得质疑,随着金融市场变得更加复杂和更具有竞争性,简单的 Z 评分模型的预测能力可能会受到损害。

专家制度、信用评级方法和 Z 评分模型等传统信用分析方法为商业银行衡量信用风险做出了重要贡献,在商业银行风险度量和管理领域发挥着不可替代的作用。但传统信用分析方法存在着许多缺陷,具体有:传统信用分析的维护成本太高;过于依赖财务报表的账面数据,消弱了模型预测结果的可靠性和及时性;模型缺乏对违约和违约风险的系统认识等等。

二、信用资产组合管理模型

(一)现代资产组合理论简述

现代资产组合理论是研究在各种不确定的情况下,如何将可供投资的资金分配于更多的资产上,以寻求不同类型投资者所能接受的收益和风险水平相匹配的最适当、最满意的资产组合的系统方法。其代表人物是 1990 年诺贝尔经济学奖获得者马克维茨(Markowitz)。

1. 马克维茨模型

现代资产组合理论肇始于马克维茨于 1952 年发表的《资产组合》论文及 1959 年出版的专著《资产组合选择:投资有效分散》。马克维茨详细阐述了“资产组合”的基本假设、理论基础与一般原则,从而奠定了其作为“资产组合”理论开创者的历史地位。

第一,马克维茨“资产组合”理论的基本假设。

(1)投资者的目的是使其预期效用最大化,其中预期收益率和方差,被用于刻画预期收益率的大小以及风险程度状况,是投资者进行投资决策的重要参考变量。(2)投资者是风险的厌恶者,风险用预期收益率的方差来表示。(3)证券市场是有效的,即市场上各种有价证券的风险与收益率的变动及其影响因素都为投资者掌握或者至少是可以得知的。(4)投资者是理性的,即在任一给定的风险程度下,投资者愿意选择预期收益高的有价证券,或者选择预期收益一定、风险程度较低的有价证券。(5)投资者用有不同概率分布的收益率来评估投资结果。(6)在有限的时间范围内进行分析。(7)摒除市场供求因素对证券价格和收益率产生的影响,即假设市场具有充分的供给弹性。

实际上马克维茨理论中的假设条件可以略微放松一些,而且结果对输入很敏感,如果两个使用者对资产的回报期望和协方差有不同的看法,将导致计算出差别很大的组合结果。

第二,马克维茨资产组合理论的主要观点。鉴于资产组合收益只是个别资产收益的加权平均,资产组合的风险将小于个别资产风险的加权平均数;资产收益的相关性越低,资产组合的风险越低;每项资产的风险由两部分组成,一部分是可分散的风险,通过与其他资产相组合就可以分散,另一部分必须由投资者承担。资产组合选择的目的是使风险最小的同时,收益最大。最优资产组合不能不考虑不同资产的相关性问题,即任何一项资产不能孤立地看待,它能否被纳入资产组合当中要看它对整个资产组合收益和标准差的贡献。引申一步,定量化地分析风险必须准确度量均值、标准差和资产的相关性。标准差和资产的相关性等关键指标要根据历史时间序列来估计。①

资产组合的风险推导过程是:知道个别资产以及按不同比例组成的资产组合的收益和方差的计算以后,就可以按风险一定时利润最大的原则确定每种资产在整个资产组合中的比重。

马克维茨模型探讨了证券资产的投资组合问题,为金融风险研究开辟了一条新路。其均值—方差理论为商业银行风险管理提供了理论基础。

2. 资本资产定价模型与套利定价模型

(1)资本资产定价模型

资本资产定价模型(CAPM)是由马克维茨的学生威廉·夏普(Wil-

① 章彰编著. 商业银行信用风险管理. 北京:中国人民大学出版社,2002

lian F. Sharpe)对资产投资组合理论进行了进一步改进,于1963年发明的一种简化的处理方法。资产组合理论和资本资产定价模型共同构成了数理金融的核心内容。马克维茨从预期收益和收益的方差角度提出了投资者选择的组合问题,认为投资者将会最优地选择均值—方差有效组合,也就是说在方差给定的时候投资者会选择收益最高的投资组合。在上述假设的基础之上,夏普和林特纳(Lintner)进一步拓展了马克维茨的研究成果,他们证明了如果投资者具有相同的预期和最优的选择均值—方差有效组合,那么在没有市场摩擦的条件下,所有投资财富的组合或市场组合本身就是均值—方差有效组合。

通常的CAPM方程直接揭示了市场组合均值—方差有效性的涵义。CAPM模型用于预测债券的风险与期望收益率的关系,是测量风险、估价证券的基准和衡量投资绩效的标准。CAPM模型为风险定价提供了理论基础,指出银行的贷款利率应该随风险的变化而变化,商业银行贷款定价问题得到了充分的重视和研究。此后随着Black Scholes模型成功的解决了期权定价问题,大大推动了现代金融风险管理的发展。

(2)套利定价模型

CAPM模型并不是估算权益资本成本的惟一可用的资产定价模型。史蒂芬·A. 罗斯(Stephen. A. Ross)在《经济理论》(1976)杂志上发表了题为《资本资产定价的套购理论》的文章,提出了"套利定价理论",简称APT模型。罗斯认为风险可由几个因子产生,CAPM模型基于一个风险因子可看作APT模型的一个特例。APT模型的假设前提是投资者可以避免银行特定的风险但不可避免系统的风险。APT模型与资本资产定价模型的主要区别在于:资本资产定价模型依赖于均值—方差分析,而套利定价模型则假定收益率是由一个要素模型生成的。后者不需要像前者那样对投资者的偏好作出很强的假定,即套利定价模型并不依据预期收益率和标准差来寻找资产组合,而是立足于投资者投资收益最大化角度。

3. 资产投资组合理论对现代金融的贡献

马克维茨资产投资组合理论的主要贡献在于应用数学上的二维规划建立起一套模式,系统地阐明了如何通过有效的分散化来选择最优资产组合的理论和方法。正是由于在分散投资理论方面的卓越造诣,马克维茨获得了1990年度颁发的诺贝尔经济学奖。

1959年马克维茨提出资产投资组合理论后,夏普等人应用对数据的回归分析去决定每种股票的风险特性,从而把那些能够接受其风险和收益特性的股票,结合到一个“组合”中去,从而大大简化了马克维茨模型的计算量。马克维茨、夏普等人创立的资产投资组合理论和资本资产定价模型具有十分重要的意义,籍此经济学家们才能从数量上分析风险及其为承受风险而得到的回报之间的关系,解决现代金融学上的重要课题——权衡风险和预期收入的量化问题。

资产组合管理理论问世后,被国际金融界广泛应用于商业银行、证券、投资等金融领域。发达国家金融机构投入了大量人力物力去研究开发资产管理应用技术,新一代金融工程专家将建模技术和分析方法等与资产组合管理理论相结合,在传统资产组合管理理论基础上提出了一批现代资产组合管理模型,主要有:J. P. Morgan 的 CreditMetrics 模型、KMV 公司的以 EDF 为核心手段的 KMV 模型、麦肯锡公司的 CreditPortfolioView 模型、瑞士信用公司的 CreditRisk + 模型等。

资产组合管理理论在金融领域的发展也引起了监管当局的高度重视,1999 年 4 月巴塞尔委员会提出《信用风险模型化:当前的实践和应用》的研究报告,开始研究风险管理模型的应用对国际金融领域风险管理的影响,以及模型在金融监管尤其是在风险资本监管方面应用的可能性。毫无疑问,马克维茨等人创立的资产投资组合管理理论的发展正在对银行传统的风险管理模式产生革命性的影响。

(二)CreditMetrics 模型

1. CreditMetrics 模型的概念

CreditMetrics 目前是以纽约为基地的 RiskMetrics 集团所有,该集团的前身是风险管理集团(Risk Management Group, RMG),它是从摩根斯坦利分离出的财务软件公司。1994 年,摩根斯坦利推出市场风险管理系统 RiskMetrics。1997 年 J. P. Morgan 与其他几个国际银行——德意志摩根建富、美国银行、瑞士银行、瑞士联合银行和 BZW 共同研究,推出世界第一个评估银行信贷风险的信用风险管理系统信贷矩阵 CreditMetrics,模型推出后成为国际金融界广泛使用的影响最大的用于构建信用风险管理模型的系统之一,并得到巴塞尔委员会认同。《巴塞尔新资本协议》内部评级法(IRB)法将 CreditMetrics 作为行业标准信用风险模型。

CreditMetrics 模型是估计一定期限内(通常是 1 年),债务及其他信用类产品构成的组合价值变化的远期分布。该模型假设:设定风险期的长度,遵循风险计算的习惯,CreditMetrics 模型将风险期设定为 1 年。贷款组合价值的分布与将来债务人的信用等级变化相关,而债务人的信用等级在未来可能上升、下降(包括违约),也可能维持不变,同时在该模型中信用等级的变动过程假设为稳定的马尔克夫过程,即贷款本期信用等级变动与以前信用等级变动情况无关。与测算市场风险的 VaR 值相比,信用风险的 VaR 值计量更加困难,其原因是资产组合的分布不是正态的,资产组合分散化效应比市场风险更难度量。模型对信用风险的评估可适用于不同类型的信用产品,如定期贷款、授信额度、信用证、市场化的证券等。

2. CreditMetrics 模型的基本思想

第一,信用风险由交易对象的信用状况决定,企业的信用状况由被评定的信用等级表示。因此,信用计量模型认为企业信用等级的变化将引发信用风险。模型假定信用评级体系能准确反映企业投资失败、利润下降、融资渠道枯竭等信用事件对其还款履约能力的影响。

第二,债务发行企业的信用等级决定信用工具(债券、贷款和信用证)的市场价值,即不同信用等级的信用工具有不同的市场价值,信用等级的变化会带来信用工具价值的相应变化。在计算出信用工具信用等级变化的概率分布和该信用工具在各信用等级上的市场价值(价格)后,就可以得到该信用工具市场价值在不同信用风险状态下的概率分布,从而准确计量信用风险。也可以在确定的置信水平上找到该信用资产的信用值,从而将风险价值(VaR)方法引入到信用风险管理上。

第三,CreditMetrics 模型的一个基本特点是从资产组合而不是单一资产的角度来管理信用风险。多样化的投资组合可降低非系统性信用风险。另一方面由于经济体系中共同的因素(系统性因素)的作用,不同信用工具的信用状况之间存在相互联系,由此而产生的系统性风险是不能被分散掉的。这种相互联系由其市场价值变化的相关系数表示。马克维茨资产投资组合理论可以解决由单一的信用工具市场价值的概率分布,推导出整个投资组合的市场价值的概率分布问题。

第四,CreditMetrics 模型将单一的信用工具放入资产组合中衡量其对整个组合风险状况的作用,并非孤立地计量某一信用工具自身的风险。模型用信用工具边际风险贡献的概念反映单一信用工具对整个组合风险状况的作用。边际风险贡献是指在组合中因增加某一信用工具的一定持有量而增加的整个组合的风险。通过对比组合中各信用工具的边际风险贡献，分析每种信用工具的信用等级、与其他资产的相关系数以及其风险暴露程度等因子，可以很清楚地看出各种信用工具在整个组合的信用风险中的作用，最终为风险管理者的决策提供科学的量化依据。① 在实践中，边际风险贡献已经成为按照评级级别、地域范围、产业种类来设定风险限额的重要参考指标。

3. CreditMetrics 模型的基本框架

CreditMetrics 模型框架主要由两大模块组成，即个体的 VaR 值和从资产组合层面考虑分散化效应的 VaR 值。另外还有风险敞口和相关性作为框架的支撑。

CreditMetrics 模型的基本框架见下图：

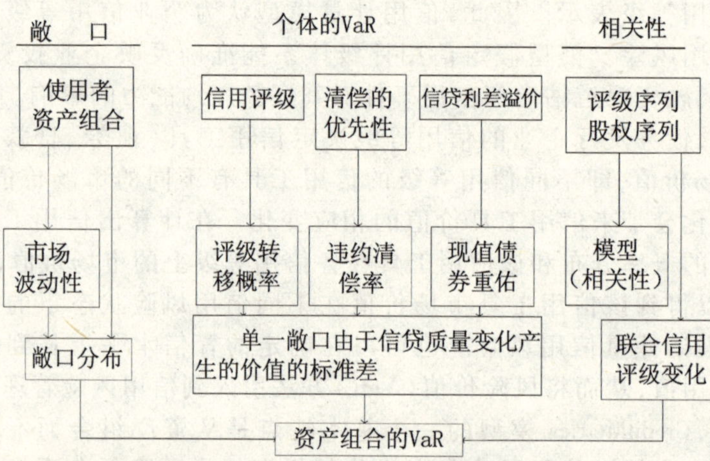

Creditmetrics 模型的基本框架

4. CreditMetrics 模型计算

CreditMetrics 模型按以下步骤计算信用资产风险价值（VaR）：第一，确定信用等级评级体系及一个信用级别转移到另一个信用级别的概率。信用转移矩阵是模型的关键。在这里，隐含着一个重要的假设：同一信用等级的债券发行者具有相同的信用质量，且具有相同的信用等级转移概率及违约概率；第二，确定度量信用风险的期限，通常情况下为 1 年；第三，取得不同评级债券的零息远期利率，以该利率为折现率

① 吴云．信用风险模型比较研究．www.chinaret.net

计算债券在给定时间内，余下的现金流量对应于每个评级的新价值；第四，得出将来信用转移后资产组合价值变化分布。

CreditMetrics 模型用蒙特卡罗模拟产生 1 年期资产组合价值分布。具体步骤是：第一，推导每个评级资产收益的阈值；第二，估计对每个债务人资产收益相关性；第三，根据联合正态分布，产生资产收益，利用 Cholesky 技术分解得出相关正态变量，资产组合中 n 个债务人每个都对应一个标准资产收益；第四，对每种情景以及每个债务人，将标准化后的资产回报映射到相应的评级；第五，给定每个评级的利差曲线，资产组合被重新评估；第六，多次重复这个程序，如 100000 次，得出资产价值分布；第七，得出资产组合将来价值分布的分位点数。

5. 贷款组合或债券组合的 VaR 值

CreditMetrics 模型选择股票价格作为公司资产价值的替代变量来推导公司之间的违约相关系数，以此为基础推导转移概率与违约概率。核心的问题是贷款（或债券）信用质量变化的相关系数分析。

（1）违约模型

CreditMetrics 模型对企业股票价值的判断采用莫顿 1974 年提出的期权定价方法。企业的资产价值，假设服从标准几何布朗运动：

$$V_t = V_0 \exp[(\mu - \sigma^2/2)t + \sigma\sqrt{t}Z_t]$$

其中：V_0是企业期初的资产价值；$Z_t \sim N(0,1)$；μ 和 σ^2 分别为企业资产瞬间收益率（dV_t/V_t）的均值和方差。V_t服从对正数正态分布。

且资产市值 $E(V_t) = V_0 e^t$

正态化以后的资产回报率为：

$$\gamma = \frac{1n(V_t/V_0) - (\mu - \sigma^2/2)t}{\sigma\sqrt{t}}$$

以 P_{def} 表示 BB 级债务人违约概率，V_{def} 表示违约时资产价值，则违约概率可表示为

$$\begin{aligned} P_{def} &= Pr[V_t \leqslant V_{def}] \\ &= Pr\{Z_t \leqslant -[1n(V_0/V_{def}) + (\mu - \sigma^2/2)t] \div \sigma\sqrt{t}\} \\ &= N(-d_2) \end{aligned}$$

其中：

$$d_2 = [\ln(V_0/V_{def}) + (\mu - \sigma^2/2)t] \div \sigma\sqrt{t}$$

这也被称为“违约距离”。

（2）违约相关系数模型

CreditMetrics 模型首先估计不同债务人之间股票收益率的相关系数，然后根据股票收益率的联合分布来推导信用质量变化的相关系数。

假设资产收益率的相关系数已经估计出，那么正态化的对数收益率服从以下联合正态分布：

$$f(\gamma_1,\gamma_2,\rho,)=\frac{1}{2\pi\sqrt{1-\rho^2}}\exp\left\{\frac{-1}{2(1-\rho^2)}(\gamma_1{}^2-2\rho\gamma_1\gamma_2+\gamma_2{}^2)\right\}$$

根据默顿模型，二者违约的联合概率为：

$$P(def_1,def_2)=Pr[V_1\leqslant V_{def1},V_2\leqslant V_{def2}]=P_r(r_1\leqslant -d_2{}^1,r_2\leqslant -d_2{}^2)$$
$$=N_2[-d_2{}^1,-d_2{}^2,\rho]$$

则违约的相关系数为：

$$Corr(def_1,def_2)=\frac{P(def_1,def_2)-P_{def1}P_{def2}}{\sqrt{P_{def1}(1-P_{def1})P_{def2}(1-P_{def2})}}$$

其中：V_1 和 V_2 为两个债务人在时间 t 的资产价值，V_{def1} 是 V_{def2} 引发违约的关键值；γ_1、γ_2 为标准的资产收益率；$d_2{}^1$，$d_2{}^2$ 为违约距离；$N(x,y,\rho)$ 表示两变量的标准正态分布累积函数，ρ 为资产相关系数。

（3）资产收益率相关系数的估计

为解决资产价值不能够直接观测到的问题，对上市公司而言，可以用股价作为替代变量来计算资产相关系数。对于一个大规模的债券组合来说，需要计算一个相当大的相关系数矩阵。CreditMetrics 模型使用多因素分析的方法以减少估计问题的维数。

系统风险因子影响上市公司的资产收益率。与非系统风险相关的个别风险可以通过资产结构多样化分散掉，而宏观经济走势、市场资金供求情况、政治局势、技术和资源条件等系统风险因子所产生的系统风险则不能够分散掉。非系统风险因子因公司、公司所在的国家和行业的不同而不同，不会影响资产收益率的相关系数，因为他们之间是相互独立的。公司间的资产收益相关系数只能由所有公司所共同面对的系统风险因子来解释。

为便于计算模型仅考虑两个系统风险因子，则所有公司的资产收益率的产生过程可表示为：

$$\gamma_\kappa=\alpha_\kappa+\beta_{1\kappa}I_1+\beta_{2\kappa}I_2+\varepsilon_\kappa,\ \kappa=1,2,\cdots n$$

其中：n：债务公司的个数；γ_κ：公司 k 的资产收益率；α_κ：独立于系

统风险因子的部分收益率；I_1，I_2：系统风险因子；$\beta_{1\kappa}$，$\beta_{2\kappa}$：系统风险因子变化时对资产收益率的影响；ε_κ：非系统风险因子，均值为0，且与系统风险因子相互独立，也与其他公司的非系统风险因子相互独立。

这样：$VaR(\gamma_k) \equiv \sigma_k^2$

$$= \beta_{1k}^2 VaR(I_1) + \beta_{2k}^2 VaR(I_2) + VaR(\varepsilon_k^2) + 2\beta_{1k}\beta_{2k} Cov(I_1, I_2)$$

$Cov(\gamma_i, \gamma_j) \equiv \sigma_{ij}$

$$= \beta_{1i}\beta_{1j} VaR(I_1) + \beta_{2i}\beta_{2j} VaR(I_2) + (\beta_{1i}\beta_{2j} + \beta_{2i}\beta_{1j}) Cov(I_1, I_2)$$

用 ρ_{ii} 表示公司 i 与 j 的资产收益率相关系数，则：

$$\rho_{ii} = \sigma_{ii} / \sigma_i \sigma_j$$

CreditMetrics 模型把相关性和基本要素相结合得出资产收益率相关系数，通过对收益性的结构处理，使模型更具可操作性。

（三）KMV 模型

美国 KMV 公司开发的 KMV 模型是使用违约方法评估信贷组合的收益/风险关系的代表。KMV 是 KMV 公司的商标，该公司主要进行信用风险测量与管理，主要产品是计量单个项目信贷风险的 Credit Monitor 模型与投资组合经理 Portfolio Manager 模型，分别计量违约风险和计算由信用风险造成的投资组合价值变动分布。KMV 模型以默顿期权定价理论为基础。与 J. P. Morgan 开发的 CreditMetrics 模型从授信企业的信用评级变化的历史数据中分析出企业的信用状况不同，KMV 模型采用了一种从授信企业股票市场价格变化的角度来分析出该企业信用状况的信用风险计量方法。

KMV 模型主要是基于以下两点建立起来的：

（1）KMV 通过模拟，证明了历史平均违约率及转移概率与实际情况有较大距离；（2）处于同一信用等级的公司，其违约率也是不同的，即违约概率在等级之间存在较大的重叠区域，如某些 BBB 级的债券很可能与 AA 级的债券具有相同的违约概率。

KMV 模型最主要的分析工具是期望违约率 EDF（Expected Default Frequency）。EDF 是默顿在 1974 年提出的模型，用来推导每个债务人的实际违约概率，即违约概率是公司资本结构、资产收益波动率、资产现值等变量的函数。因而 KMV 模型主要是利用期权定价理论建立监控模型，用来对上市公司和上市银行的信用风险进行预测。

1. 贷款和期权之间的关系

默顿注意到银行发放一种贷款,其得到的报酬与卖出一份借款企业资产的看跌期权是同构的(或同形的 isomorphic)。银行将一笔贷款借给债务人,在这项债务到期时会出现两种结果:一是债务人资金充足,能够按时归还本金与利息;二是债务人资不抵债,债务人在这种情况下只能通过资产清算来偿还部分债务。结合期权的概念,可以将这种债权债务关系分解为两个合约:

(1)债务到期时,债务人必须无条件的支付给债权人全额的借款(包括本金与利息,设为 L);(2)债权人售给债务人一个"卖权"合约:当债务人的资产总额(设为 V)小于其负债时执行该期权,标的资产为债务人的资产,执行价格为 L;当债务人的资产总额大于其负债时,该合约不执行。

对于该项期权的空头持有者债权人来说,该项期权的到期价值为:当 $A<L$ 时,$p_i=A-L$;当 $A\geqslant L$ 时,$p_i=0$。

与第一项合约合并,可以得到整个合约的价值为:当 $A<L$ 时,$p_i=A$;$A\geqslant L$ 时,$p_i=L$。

对于该项期权的多头持有者债务人来说,该项期权的到期价值为:当 $A<L$ 时,$p_i=L-A$;$A\geqslant L$ 时,$p_i=0$。

与第一项合约合并可得整个合约的价值为:$A<L$ 时,$p_i=-A$;$A\geqslant L$ 时,$p_i=-L$。成熟的期权定价技术和"期权"的标的资产价值及其波动性等直观性因素,使风险管理者在债权管理中引入期权概念可以大大简化债务的风险量度,提高债权管理的准确性和有效性。同时可以根据直接观察到的债务人公司的资产市值确定多个债务人的违约相关系数,就可以根据投资组合理论来优化由多个债权组成的债权组合。

2. 实际违约概率 EDF 的求解过程

(1)违约距离(Distance to Default 简称 DD)的计算

在期权定价模型中,企业资产价值低于负债价值时便发生了违约。违约不同于破产,债务合同中的交叉违约条款规定一笔债项违约,所有债项都违约。KMV 公司通过观测几百个公司样本,认为当资产价值达到总债务置于短期债务之间的某一点时公司才发生违约。因而资产价值低于债务总值的分位数可能并不是违约概率的准确量度,主要由以下几个原因造成:资产收益率的非正态分布;资本结构的简化假设;一些未知的尚未支付的承诺协议等。

KMV 在计算违约概率前实施了中间步骤，计算了违约距离 DD(Distance to Default)这个指数。DD 是位于资产价值分布均值和“违约点”(以当前负债的票面值计，包括规定时间内偿付的短期负债加长期债务的一半)之间的标准差。可以表示为：DD = (AV - DP)/AV。其中，DD 为违约距离；AV 为企业资产价值(asset value)；DP 为违约触发点(default point)，即企业负债水平。

(2)从 DD 得出违约概率

KMV 公司通过对 1973 年到 1994 年 5000 家上市公司所发生的 1700 个违约案例的观察，在给定时间段内将 DD 与实际的违约概率映射起来，KMV 称违约概率为预期违约频率(Expected Default Frequency 简称 EDF)。可以表示为：EDF = DD/SD。SD 为企业资产价值的波动性，即标准差。由于企业资产价值在概念上等于企业负债的账面价值加上企业股权的市值，而负债的账面价值的波动性为零，因此，企业资产价值的波动性概念上也等于其股权市值的波动性，即股票价值波动的标准差。

(3)根据 EDF 预测违约行为

KMV 公司从 1993 年开始，通过估计 EDF 来提供信用调控服务，并且证明了公司在违约之前的 1～2 年的时间里，其 EDF 会迅速增加。

EDF 的变化类似于穆迪和标准普尔所作的降级评价工作，但是与穆迪和标准普尔不同的是，EDF 不受违约周期的影响：在经济衰退时，违约率会变大，但 EDF 会减小；在经济繁荣时，DD 则会增大。

3. KMV 模型的评价

KMV 是运用现代期权定价理论建立起来的违约预测模型，是对传统信用风险度量方法的一次重要革命。首先，该模型除了常用的均值、标准差等常见的计量风险的指标外，还引入了预期违约概率 EDF、违约损失率 LGD、预期损失 EL、非预期损失 UL、总溢价 AIS、预期回报 ES 等一系列指标来描述单个项目和组合的风险，并提供将组合进行优化的框架，实用性、指导性极强。其次，KMV 模型的主要优点是它的 EDF 是对违约概率的连续计量。KMV 充分利用资本市场上的信息，对所有公开上市企业连续进行信用风险的量化和分析，连续违约率能更细致清晰地反映违约情况。再次，KMV 模型的 EDF 是一个前瞻性的违约风险计量法。模型内在前瞻性特征，使其预测能力更强、更及时，也更准确。另外，KMV 模型建立在当代公司理财理论和期权理论的基础之上,具有很强的理论基础做依托。①

(四)宏观模拟方法:麦肯锡公司模型

风险价值(VaR)的计算假定转移概率在不同的借款人类型之间,以及在商业周期不同阶段之间都是稳定的。但是经验证据表明,信用评级的转移一般取决于经济的状态。也就是说降级和违约概率在周期性的低迷时期可能要比高涨时期显著地加大。为解决这个问题,麦肯锡公司开发出宏观经济模型,直接将转移概率与宏观因素(GDP 增长率、失业率、利率、汇率和政府支出等)的关系模型化,并通过制造宏观上的对于模型的"冲击"来模拟转移概率的跨时演变。麦肯锡公司的转移矩阵的内容是:

假定某一级别贷款转移到另一级别的转移概率为 P_t,它是 t 时宏观经济指标变量 y_t 的函数,则

$$P_t = f(y_t) \qquad (4-2-1)$$

上式中,反映宏观指标的变量 y_t 可以被看作是在时间 t 的 i 种宏观经济变量的集合(X_{it})以及(非系统的)随机冲击或经济体系的创新(V_t)所共同推动的。这样一来就有:

$$y_t = g(X_{it}, V_t) \qquad (4-2-2)$$

式中,$i = 1, \cdots, n$;V_t 服从 $N(0, \delta)$ 分布。

诸如国内生产总值(GDP)的增长、失业,以及其他宏观经济变量(X_{it})本身可以被视为由其过去的历史(比如滞后的 GDP 增长)决定,并且对其自身受到的冲击(ε_{it})敏感。

$$X_{it} = h(X_{it-1}, X_{it-2}, \cdots, \varepsilon_{it}) \qquad (4-2-3)$$

将(4-2-3)代入(4-2-2),然后再代入(4-2-1),就可以得到:

$$P_t = f(X_{it-j}; V_t, \varepsilon_{it}) \qquad (4-2-4)$$

麦肯锡模型通过在拟合的宏观经济模型中用模拟得到的 V_t 和 ε_{it} 来计算转移概率 P_t,并进一步计算整个转移矩阵。麦肯锡模型考虑了商业周期的影响,并采纳前瞻性的 VaR 技术,从而把宏观因素对于违约概

① 上海远东资信评估公司. 彭书杰编译. 专题研究——CreditMetrics KMV 模型. www.fareast-cr.com

率以及评级转移的影响纳入模型，是对信用风险度量的重要补充，克服了因转移概率的静态假定而引起的偏差。

（五）CreditRisk+信贷组合模型

CreditRisk+是瑞士信用公司1997年在互联网上公布的信贷组合模型。这种方法与CreditMetrics模型有很大差别，它是在纯粹的精算统计方法的基础上建立起来的。属于违约模式（DM）模型，而非市值计价（MTM）模型。CreditRisk+模型只考虑两种状态——违约或不违约。另一个不同之处在于违约的概率密度是随着时间变化的，因此所建立的模型是一个自变量随时间变化的函数。

模型的基本框架是：

1. 泊松分布模拟违约事件分布

CreditRisk+假设如果违约事件之间相互独立，违约概率就服从一个泊松分布。为分析整个组合的损失分布，CreditRisk+引入一个极其重要的概率产生函数（PGF）概念。就单个债务人来说，它只可能有两种状态：违约（n=1）或不违约（n=0）。因此单个债务人的概率产生函数为：

$$F_A(z) = 1 - p_A + p_A z = 1 + p_A(z-1)$$

其中z为辅助变量。为了确认与该概率产生函数对应的违约事件分布，F(z)的泰勒展开式为：

$$F(z) = e^{\mu(z-1)} = e^{-\mu} e^{\mu z}$$

如果单个违约概率很小，从F(z)的泰勒展开式可以大致知道，一个信贷组合一年内发生n个违约事件的概率为：

$$p(n) = e^{-\mu} \mu^n / n!$$

这就是泊松分布。预期的违约事件个数μ是泊松分布的惟一参数。分布独立于组合的敞口个数，给定违约概率数值很小，分布也独立于单个的违约概率。①

2. 违约损失分布

为计算不同水平的违约损失分布，CreditRisk+借助区间划分的方法，将敞口规模以及预期损失规模转换为基准单位的整数倍数。令C

① 赵先信．银行内部模型和监管模型．上海：上海人民出版社，2004

(z)表示损失的概率产生函数,损失以基准单位 L 的整数倍表示:

$$G(z) = \sum_{n=0}^{\infty} p(n \times L) z^n$$

其中,n×L 为加总的损失。组合损失的概率产生函数可以表示为各敞口区间概率损失函数的乘积,即:

$$G(z) = \prod_{i=1}^{m} G_i(z)$$

组合中的每一个敞口区间都可以视为一个小的组合,因而整个信贷组合的损失就可以推导出。

$$G(z) = \prod_{j=1}^{m} e^{-\mu_j + \mu_j z_j^v} = e - \sum_{j=1}^{m} \mu_j + \sum_{j=1}^{m} \mu_j z_j^v$$

这一损失概率产生函数公式十分重要。通过概率产生函数可以进一步推导实际的损失分布函数。CreditRisk + 给出一个损失程度多项式,即:

$$P(z) = (\sum_{j=1}^{m} \mu_j z_j^v) / \mu = \{\sum_{j=1}^{m} (\varepsilon_j / \nu_j) z_j^v\} \div \sum_{j=1}^{m} (\varepsilon_j / \nu_j)$$

损失概率产生函数由此可以表示为:

$$G(z) = e^{\mu(P(z)-1)} = F(P(z))$$

因此给定组合内不同的敞口规模和每个敞口内的预期损失份额,就可以计算出整个信贷组合的损失分布。

3. **系统性风险与子集分析**

违约率的波动性受制于许多背景性因素,如宏观经济状态、体制环境等。类似的风险因子被称为系统性风险因子。信贷组合管理的任务之一就是计量系统性风险,分析系统性风险因子对债务人的影响效果。CreditRisk + 模型的处理方法是进行子集分析,即按照系统性风险的类别将债务人分成不同的组合子集。一个基本的假设是,每一个组合子集中的所有债务人都受同一个主要背景因素的影响。

设:S_k:$1 \leqslant k \leqslant n$ 表示部类,该部类相当于一个债务人子集,其中的债务人面临相同系统性风险,风险因子通过部门预期违约率来影响该部门的违约波动率。设标的风险因子为一个随机变量,均值为 μ_k,标准差为 σ_k。对于每一个部门有以下变量:

以基准单位表示的敞口规模,记为:

$L_j^{(k)} = L\nu_j^{(k)}$, $1 \leqslant k \leqslant n$, $1 \leqslant j \leqslant m(k)$

每个敞口区间以基准单位表示的预期损失记为:

$\lambda_j^{(k)} = L\varepsilon_j^{(k)}, 1 \leqslant k \leqslant n, 1 \leqslant j \leqslant m(k)$

假设将债务人 A 的平均违约率记为：$\varepsilon_A / \nu_A = p_A$；设决定 k 组合子集违约率的风险因子为 x_k，决定 A 债务人违约概率的风险因子为 x_A，x_A 与 x_k 成正比例，即：$x_A = p_A x_k / \mu_k$。因此，可以将 k 组合子集的违约率标准差表示为其中所有债务人违约率标准差之和，即：

$$\sum_A \sigma_A = \sum_A (p_A \sigma_k) / \mu_k = (\sigma_k \frac{1}{\mu_k}) \sum_A (\varepsilon_A / \nu_A) = \sigma_k$$

根据上式，只要估计出每一个债务人违约率的标准差，就可以通过加总估计出每一个组合子集违约率的标准差。①

第三节　新资本协议信用风险标准法与内部评级法

信用风险是影响商业银行资本金充足水平的支配性风险类别。巴塞尔委员会认真总结归纳了国际金融界衡量、管理信用风险的先进做法和存在的问题，经过对 VaR 法、CreditMetrics、KMV 等信用估算模型充分研究和比较后，根据其成熟度及可操作性进行了相应调整，在《巴塞尔新资本协议》中最后确定了信用风险标准法（Standardised Approach）与内部评级法（The Internal Rating - Based Approach 以下简称 IRB 法）。

从新资本协议的技术要求上看，巴塞尔委员会高度重视 IRB 法在风险管理和资本监管中的作用，鼓励各国银行建立和发展内部评级模型和与之配套的计算机系统。IRB 作为新资本协议的核心技术，随着 2006 年新资本协议正式实施，将成为国际金融界信用风险管理的主流模式。

一、新资本协议信用风险标准法（Standardised Approach）

巴塞尔委员会提出，银行在计算信用风险的资本要求时，可以使用标准法。标准法是根据银行外部评级结果，以标准化处理方式计算信用风险。巴塞尔委员会在新资本协议中规定标准法，目的是为实现从现行 1988 年资本协议平稳地向新资本协议过渡。

标准法对 1988 年资本协议有关银行账户风险敞口的风险权重计

① 赵先信．银行内部模型和监管模型．上海：上海人民出版社，2004

算方法进行了修改，其余部分延续了1988年资本协议的处理方法。

（一）标准法对单笔债权的处理

1. 对主权国家的债权

标准法对主权国家债权风险权重的设定与外部评级相对应，共分为5个档次，即穆迪公司的评级结果。见下表：

表4－2

信用评级	AAA至AA－	A＋至A－	BBB至BBB－	BB＋至B－	B－以下	未评级
风险权重	0%	20%	50%	100%	150%	100%

在确定对主权国家债权的风险权重时，新资本协议建议各国监管当局可以采用出口信贷机构（Export Credit Agencies，简称ECA）做出的国别风险评级。一国监管当局在确定采用ECA的评级时，要综合考虑评级的客观性、独立性、透明度、可信性、评级方法等因素。经合组织国家1999年公布了国家风险打分法，对出口信贷机构采用打分法进行评级的结果，新资本协议标准法予以承认。经合组织制定的评级方法包括7个风险档，这7个风险档与出口保险最低费率相联系。见下表：

表4－3

出口信贷机构	1	2	3	4至6	7
风险权重	0%	20%	50%	100%	150%

2. 对非中央政府公共部门实体的债权

对国内公共部门实体债权的风险权重，《巴塞尔新资本协议》规定由各国自行确定。各国还可以自行决定，对某些国内公共部门实体的债权也视为对主权的债权。其前提是这些公共部门是按照该国政府的授权设立的。当一国做出决定后，其他国家的监管机构也可以允许其银行对类似的公共部门实体债权按同样的方式确定风险权重。

3. 对多边开发银行的债权

信用等级高的多边开发银行如满足巴塞尔委员会规定的标准，其债权可以采用0%的风险权重。世界银行、亚洲开发银行、非洲开发银行、欧洲复兴开发银行、欧洲开发银行、欧洲投资银行、北欧投资银行、美洲开发银行和加勒比发展银行的债权，根据新资本协议其风险权重为零。上述银行均达到了巴塞尔委员会规定的资格标准。其大部分外部评级是 AAA;股东结构大部分是主权国家,且这些国家的长期信用评级为 AA-级或以上,或主要的资金来源是实收资本;资本和流动性充足;具有严格的法定借贷要求和保守的财务政策等。

4. 对银行的债权

对银行的债权标准法提供了两个方案可供选择:

第一个方案是对银行的债权将得到比其所在注册国债权差一个档次的风险权重,对主权评级居于 BB+至 B-之间以及未评级的银行,对其债权的风险权重最高不超过100%。见下表:

表 4-4

主权评级	AAA 至 AA-	A+至 A-	BBB+至 BBB-	BB+至 B-	B-以下	未评级
风险权重	20%	50%	100%	100%	150%	100%

第二个方案是以银行的外部评级为基础来确定风险权重,其中原始期限在 3 个月以内的短期债权可以比照银行的评级结果选择上一档的风险权重,但最低不能低于 20%。见下表:

表 4-5

银行评级	AAA 至 AA-	A+至 A-	BBB+至 BBB-	BB+至 B-	B-以下	未评级
风险权重	20%	50%	50%	100%	150%	50%
短期债权的风险权重	20%	20%	20%	50%	150%	20%

不论采用上述哪一个方案,对未评级银行债权的风险权重都不得低于注册地主权的风险权重。

5. 对证券公司的债权

对证券公司的债权可以按照对银行的债权来处理,其前提是对证券公司的监管安排与新资本协议规定的监管要求一致。否则,对证券公司的债权应当按照对公司的债权来处理。

6. 对公司的债权

这里包括对保险公司债权的风险权重。对未评级公司债权的标准风险权重一般为100%。如果公司未评级,就不能获得低于其所在注册国债权的风险权重。见下表:

表 4－6

信用评级	AAA 至 AA－	A＋至 A－	BBB＋至 BB－	BB－以下	未评级
风险权重	20%	50%	100%	150%	100%

7. 对居民房产抵押的债权

对完全由借款人占有或将要占有、或出租的住房抵押的贷款，给予35%的风险权重。但在采用35%的风险权重时，监管当局应当确保，根据各国住房金融的有关规定，该项优惠风险权重严格限定于住房抵押贷款，并且符合严格的审慎标准。

8. 对商业房地产抵押的债权

巴塞尔委员会考虑到许多国家商业房地产一直是银行不良资产问题的重要诱因，所以标准法原则上对商业房地产抵押贷款只适合给予100%的风险权重。

9. 对表外资产的风险权重

资产负债表外项目将会通过信用风险换算系数转换为等额的信用风险敞口。对衍生产品场外交易的交易对手的风险权重将不设定最高限额。

原始期限不超过1年和1年以上的承诺的信用风险换算系数分别为20%和50%。作为例外，如果银行在任何时候不需要事先通知，就可以无条件取消承诺，或者由于借款人的信用状况恶化，承诺可以自行取消，此时承诺的信用风险换算系数为0%。

对于回购式交易包括回购交易中的证券借贷，其信用风险换算系数是100%。当银行在债券回购中提供担保时，同样也要进行信用转换。

（二）标准法信用风险缓释

银行可利用很多技术来缓释信用风险。这些技术通常包括抵押、担保、信贷衍生产品和基于轧差协议对债务人的净头寸轧差等。如果这些技术符合新协议标准法所确定的法律确定性，在计算监管资本时可在更大范围适用。

标准法确定的法律确定性是指银行为使用信用风险缓释技术获得资本减让，必须满足以下法律文件的最低标准：所有抵押交易、表内净扣、担保和信用衍生工具所使用的法律文件，必须对所有交易方具有约束力,并确保在所有相关的辖区内可执行。银行必须经过有效的法律审查对以上要求进行确认,确保有坚实的法律基础能做出上述结论。

1. 抵押

新资本协议标准法提出了简单法和综合法来处理抵押合同。

(1)简单法

银行可以选择类似1988年资本协议的简单法,即用抵押品风险权重替代其所覆盖的风险敞口部分的风险权重。采用简单法的抵押品必须满足两个条件:一是抵押品必须至少覆盖风险敞口的整个时限;二是必须盯市和至少按6个月的频率进行评估。

已受合格抵押品市场价值抵补的债项部分,风险权重为抵押工具的风险权重,一般不能低于20%。剩余债项的风险权重为交易对象的风险权重。根据标准法规定,满足新资本协议第141、142项规定条件下的交易的风险权重也可以为0%。如果该项交易的交易对象不是核心市场参与者,该交易的风险权重为10%。

(2)综合法

新资本协议标准法中的综合法是指银行更全面地考虑抵押品对风险敞口的风险缓释作用,以所认定的抵押品价值降低风险敞口。根据综合法的要求,银行在考虑抵押品的风险缓释计算资本要求时,需计算交易对象风险缓释后的风险敞口。银行需使用折扣系数,对交易对象的风险敞口和交易对象提供的抵押品的价值进行调整,以考虑市场发生波动时,两者未来价值的波动。最终得出风险敞口和抵押品对市场波动调整过后的价值。除非风险敞口和抵押品是现金,否则调整后的风险敞口数值将更大,而抵押品的价值将更小。

对抵押交易,风险缓释后的风险敞口数据按下式计算:

$E^* =$ 取$\{0, [Ex(1+He) - Cx(1-Hc-Hfx)]\}$其中的最大值。其中:$E^*$为风险缓释后的风险敞口,E为风险敞口的当前价值,He为风险敞口的折扣系数,C为所接受抵押品的当前价值,Hc为抵押品的折扣系数,Hfx为处理抵押品和风险敞口币种错配的折扣系数。风险缓释后的风险敞口乘以交易对象的风险权重,则为抵押后的风险加权资产。

银行在进行抵押品价值扣减时,既可以采用监管当局规定的扣减比例,也可以在满足监管要求的条件下自行估计。新资本协议标准法中的监管折扣系数(假定当日盯市,当日调整保证金和10个交易日的持有期)以百分比表示,见下表:

表 4-7

债券的发行等级	剩余期限	主权国家	其他发行者
AAA 至 AA-/A-1	≤1 年	0.5	1
	>1 年,≤5 年	2	4
	>5 年	4	8
A+至 BBB-/A-2/A-3 和 116 段(d)中规定的未评级的银行证券	≤1 年	1	2
	>1 年,≤5 年	3	6
	>5 年	6	12
BB+至 BB-	各类期限	15	
主要市场指数的股票和黄金		15	
在认可交易所挂牌的股票		25	
集体投资可转让证券和共同基金		基金所投资股票中最高的折扣系数	
货币相同		0	

如果保证金调整或评估的频率达不到最低要求,则根据保证金调整或评估的实际天数使用如下的时间平方根公式,调整最低折扣系数。

$$H = H_M \sqrt{\frac{N_R + (T_M - 1)}{T_M}}$$

其中:H = 折扣系数,H_M = 为最低持有期的折扣系数,T_M = 某类交易的最低持有期,N_R = 资本市场交易的保证金调整和有保护借款评估的实际天数。如银行计算波动性所使用的 T_N 持有期与具体规定的最低使用期 T_M 不同,H_M 将按以下的时间平方根公式计算:

$$H_M = H_N \sqrt{\frac{T_M}{T_N}}$$

其中,T_N 为导出 H_N 的期限,H_N 为基于 T_N 期限导出的折扣系数。

2. 表内净扣

巴塞尔委员会给出了表内净扣具体条件,即:(1)有扎实的法律基础能确保净扣协议在其相关的辖区范围内,无论交易对象是无力偿还或破产,均可实施;(2)在任何情况下,能确定同一交易对象在净扣合同下的资产和负债;(3)监测和控制后续风险;(4)在净头寸的基础上监测和控制相关的风险敞口。银行满足上述条件,可将贷款和存款的净头寸按照抵押交易风险缓释后的风险敞口数据计算的公式计算资本充足率的基础。

3. 担保和信用衍生工具

如果担保和信用衍生工具是直接、明确、不可撤消和无条件的,并且银行在风险管理程序方面满足监管当局最低操作要求,监管当局可允许银行在计算资本要求时考虑这类的安排。巴塞尔委员会认可一定范围的担保人和信用保护提供者。根据1988年资本协议的要求,使用替代法。这样,只有在提供担保和信用保护的实体的风险权重比较低时,才可以允许资本要求降低。交易对象受保护部分的风险权重,与担保方或提供信用保护方相同,而未受保护部分仍保留对应交易对象的风险权重。

4. 期限错配

为计算风险加权资产,当风险缓释的期限比当前的风险敞口的期限短,则产生期限错配。如有期限错配且风险缓释的剩余期限不到1年,则不承认风险缓释在资本要求上的作用。

对应风险敞口的有效期限应按照尽可能按借款人约定履行债务最长的时间段计量。抵补的期限,对所有可能降低期限的因素都予以考虑,以使用有效的最短期限。如果期权由信用保护的出售者自行选择,期限应从第一个买入期权开始计算。如期权由信用保护的出售者自行选择,但原抵补合同包含银行在合同到期前行使期权的正激励,则到第一个买入期权之间的时间将作为有效期限。

对于期限错配中剩余期限不满1年的抵补,如无与对应风险敞口匹配的期限,将不予认可。抵押品、表内净扣、担保和信用衍生工具提供的信用保护将按以下公式调整。

$$Pa = Pxt/T$$

其中:Pa为将币种错配因素调整过后的信用保护的价值;P为调整任何折扣系数后的信用保护值;t为信用保护的剩余期限的最小值,以年表示;T为风险敞口的剩余期限,以年表示。

二、内部评级法(The Internal Rating - Based Approach 以下简称 IRB 法)

(一)IRB 法的基本框架

IRB 法是以银行内部风险评级为基础的资本充足率计算及资本监管的方法。所谓内部评级是由银行专门的风险评估部门和人员运用一定的评级方法,对借款人或交易对手按时、足额履行相关合同的能力和意愿进行综合评价,并用简单的评级符号表示相应信用风险的大小。根据新资本协议的规定,在满足某些最低条件和披露要求的前提下,有资格采用 IRB 法的银行可以根据自己对风险要素的估计值决定对特定风险敞口的资本要求。

1. 敞口类别

巴塞尔委员会考虑到,银行管理的与信贷相关的业务通常包括广义上的业务品种或资产组合,每一种业务品种和资产组合中都包含特定的借款人和敞口类别。各种业务或资产组合在关键的风险因素和评级标准方面有较大的差别,而且历史损失特征或相关性在上述两方面也有较大的不同。所以,根据 IRB 法的要求,商业银行必须将银行账户分为具有不同潜在风险特征的 5 大资产类别,即公司、主权国家、银行、零售和股权。在公司资产类别中,又将专业贷款(special lending)分为 5 个子类,即项目融资、物品融资、商品融资、产生收入的房地产和高变动性商用房地产。在零售资产中,又分为 3 个子类,即住宅担保的贷款、合格的循环零售敞口和所有其他的零售贷款。在新资本协议中委员会对每一种敞口做了相关说明。

对于无法满足 5 种敞口类别中任一种定义的敞口,委员会都将其划分至公司敞口中。目的是为了防止监管资本套利(regulatory capital arbitrage)的可能,这种套利可能由于银行为了降低监管资本要求而人为将某项业务做某种划分。

2. 初级法和高级法

IRB 法下的各项资产类别,都有 3 个关键因素:(1)风险构成要素:一些风险要素是银行的估计值,一些是监管当局的估计值。(2)风险权重函数:风险要素转换成风险加权资产及资本要求的方法。(3)最低要求:银行为了对某类资产实施 IRB 法而必须满足的最低标准。

对于许多类资产，委员会规定了两种方法：初级法和高级法。按照IRB初级法规定，一般而言银行自己估计违约概率，其他的风险因素取决于监管当局的估计值。按照IRB高级法规定，银行在满足最低标准的前提下自己估计违约概率、违约损失率、违约风险敞口和期限。为了计算资本要求，按照两种方法银行都必须使用风险权重函数。

3. 风险因素

上面所述5种敞口中的每一种所对应的资本要求依特定的风险因素确定。在针对公司、主权和银行敞口类别制订的内部评级框架中，这些风险因素通过使用标准监管条例（初级法）或通过内部评估（高级法）而得到。这些风险因素具体是：

（1）违约概率（probability of default，PD）

违约概率是指未来一段时间内借款人发生违约的可能性，巴塞尔委员会将违约概率定义为债项所在信用等级1年内的平均违约率。通常影响违约概率的因素主要有财务因素、经营因素等，并且不同的风险类别其违约概率的影响因素也不同。

巴塞尔委员会要求，所有的银行无论使用初级法还是使用高级法，监管当局都必须针对每一级的借款人违约概率进行内部评估。对违约概率的每一次估计必须是对这一级别长期平均违约概率的保守估计，因此此类评估必须以历史经验和经验证据为基础。为了定量分析，评估的准备以及风险管理程序和之后赋予的评级级别必须完全能与监管的最低要求一致。

（2）违约损失率（loss given default，LGD）

违约损失率是指预期违约的损失占风险敞口的百分比，违约损失率与关键的交易有关。当与特定借款人相关的违约概率不依赖于特定债项的特征时，特定违约损失就因债项情况而定。因为这种损失一般被认为受关键的债项特征所影响。此处的损失是经济损失而非会计损失，包括折扣因素、融资成本以及在确定损失过程汇总发生的直接或间接成本。

（3）违约敞口（exposure at default，EAD）

违约敞口是指由于债务人的违约所导致的可能承受风险的信贷业务的余额。与特定违约损失相同，违约敞口也是针对特定债项而言。在大部分情况下，违约敞口等于债项的名义价值，但对于某些特定的债项（如某些未提款的贷款）还应包括违约前对将来继续贷款的估计。

在初级法下，违约敞口根据监管当局的标准监管规则来估计。在高级法下，合理的违约敞口由银行自己确定，但所使用数据和分析方法必须经得起银行内部和监管当局的检验。因此，为决定资本要求而内部估计特定违约损失的银行能根据更广泛的债项特征和借款人特征来区分特定违约损失值。银行可以自己决定采取更保守的估计方法，同估计违约概率和特定违约损失相同，这些值被认为是对长期平均值的保守估计。商业银行如希望自己估计违约敞口，就需要向监管当局证明其可以满足在评估完整性和可信性方面能够满足相应的最低要求。

（4）期限（maturity，简称 M）

期限被认为是最明显的风险因素，银行应能向监管当局提供合约中的有效期限。在高级法中以及有明确期限标准的初级法中，银行必须为每项敞口提供一个期限测量值，并与 PD、LGD 一起计算出该项敞口的风险权重及风险加权资产。

4. 风险权重

运用 PD、LGD、EAD 和 M 等风险因素就能推导出一组法定资本风险权重。标准法下，根据监管标准或外部信贷评估机构的评估，借款人被分为 5 类风险权重（0%，20%，50%，100%，150%）。IRB 法规定了更好的风险区分方法，对 PD、LGD 及 M 分别估计，然后作为产生相应风险权重的因素，以此构成确定最低资本要求的基础。因此，无论是初级 IRB 还是高级 IRB，都通过使用风险权重的连续函数代替标准法下 5 个离散的风险档，反映了信贷质量的全貌，风险权重的范围比标准法更加灵活多样，更具有风险敏感性。

在 IRB 法下，不同的风险因素一般会产生不同的风险权重。这样，对于 PD、LGD 以及某些情况下的 M 一起生成风险非常低的借款人敞口，其风险权重要低于使用标准法在同样情况下得出的风险权重。同样，PD、LGD 以及 M 一起生成的风险非常高的借款人敞口，其风险权重要高于使用标准法在同样情况下得出的风险权重。

5. 最低要求

商业银行向监管当局证明其已满足了所有必须的最低要求，得到监管当局允许后才能使用 IRB 法。银行尤其需要证明：银行对风险因素的评估和量化、银行内部评级体系和整个信用风险管理程序的稳定性。

最低要求背后的重要原则是评级、风险评估体系及过程能够有意义地评估借款人和交易特征，区分风险以及准确、一致地量化估计风险。风险评估体系及过程必须和银行内部对这些估计值的使用相一致。由于金融市场、评级方法、银行产品和做法上的差异因素，巴塞尔委员会要求银行和监管当局根据客户需要制订操作程序。各国的监管当局应开发详细的检查程序，保证银行体系和控制能力足以成为实施 IRB 法的基础。

（二）内部评级体系

巴塞尔委员会要求，一个有效的内部评级体系应包括以下基本要素：

1. 内部评级对象

历史上商业银行主要采取一维评级，即只对借款人或交易对象进行评级，目的是为了从根本上反映一个借款人名下所有债项的违约风险。随着金融分析技术日益发展和业务需求不断扩大，国际金融界越来越多的商业银行开始使用两维评级系统，既对借款人或交易对象评级又对债项进行评级。对借款人或交易对象评级主要是综合评估其偿还非特定债务的能力；债项评级是根据相关的债务人评级得出的，为了反映需要考察的债项特征，通过提高或降低评级进行直接或间接调整。目前接受调查的银行中只有少数进行单一的债项评级，更少数银行在评级过程中不考虑债项特征。

在使用两维评级体系的银行中，少数银行对债务人和特定违约损失进行测算，即明确且分别地对每笔可能出现违约债项的清偿率进行评估。

《巴塞尔新资本协议》内部评级法（IRB）下合格的评级体系应有独立的、性质截然不同的两个维度：借款人违约风险，以违约概率（PD）为核心变量；特定的交易风险，以违约损失率（LGD）为核心变量。

第一维评级必须针对借款人是否有违约风险。同一借款人、不同贷款的借款人评级必须一致，不管每笔交易性质是否有差异。但有两个例外：（1）对国别转移风险，银行必须根据贷款是以本币标价还是外币标价，而给予不同的借款人评级；（2）对贷款相关担保的处理，可以反映在调整后的借款人评级中。不论在哪种情况下，不同的贷款可能会使同一借款人有多个档次的评级。已觉察出和度量出的风险，必须随着信贷质量从一个级别下降到另一个级别而增加。银行必须在信贷政策中明确，就每个级别的风险水平而言的借款人多项评级之间的关系。就借款人所在级别的违约风险概率和用来区别这一水平信用风险的标准而言，政策必须明确每个级别的风险。

第二维评级必须反映交易本身特定的风险要素，如抵押、优先性、产品类别等。对采用 IRB 初级法的银行，这一要求表现为贷款评级，而贷款评级反映了借款人和交易的特殊风险要素。例如，同时考虑借款人实力（违约概率）和损失程度（违约损失率）的评级是合格的评级，反映了预期损失（expected loss，EL）。同样，只反映违约损失率的评级体系也是合格的评级。评级维度反映预期损失，但没有分开度量违约损失率，则必须使用监管当局估计的违约损失率。

2. 评级结构

（1）公司、主权和银行敞口额度的标准

银行必须确保贷款在借款人评级和贷款评级各项级别的分布合理，不过于集中。

为了满足这一目标，银行必须最少有 7 个不违约的借款人级别，有 1 个违约借款人级别。从事特定市场贷款业务的银行，达到最低评级数目即可。监管当局可要求向信贷质量各异的借款人贷款的银行，建立档次更多的借款人评级体系。

借款人评级是根据一整套特定的、明确的评级标准评估借款人风险，并据此估算出借款人的违约概率。评级必须包括被评借款人违约风险程度的描述和用来区分该档次信用风险高低的标准。此外，如果银行已经进行了完整的评级描述并明确了评级标准，同时分别量化了修正过的评级的违约概率，对 A 或数字表示的评级级别进行 + 或 - 的修正也可以作为明确的评级结果。

贷款集中在特定市场和特定违约范围的银行，必须建立足够的评级级别，以避免借款人过度集中于某类级别。在一个级别或几个级别内明显的集中，必须有经验数据证明这一个级别或几个级别违约概率的范围并不宽，并且一个级别内所有借款人的违约风险都有同样的违约概率。

采用高级法评估违约损失率的银行，没有专门的贷款评级级别的最低要求。银行必须具备足够数量的贷款评级，以避免违约损失率变化大的多笔贷款进入同一评级级别。定义贷款级别的标准，必须建立在经验研究基础上。对专业贷款采用监管确定的标准的银行，对未违约的借款人至少要分 4 级，对违约的借款人至少分 1 级。采用 IRB 初级法和高级法的银行，对专业贷款的要求和对一般公司贷款的要求一样。

（2）零售敞口额度的标准

对每个特定的零售贷款池，银行必须能够对该贷款池的损失特征

（违约概率、违约损失率、违约风险敞口）进行定量测算。为了采用 IRB 法，对风险进行区分必须保证每个贷款池贷款的数目足够多，以便能对整个贷款池损失特征进行有意义的量化和验证。贷款池之间借款人和贷款的分布必须合理。单个贷款池不能使银行总零售敞口过于集中。

3. 评级标准

银行必须有具体的评级定义、过程和标准，将贷款划入不同的评级级别。评级的定义和标准必须合理、直观，必须能对风险进行合理的区分。

级别的描述和标准必须十分详细，以便评级人员能对具有相同风险的借款人或贷款给予同样的级别。对不同的业务品种、部门和地理位置，应保持评级的一致性。如果不同类别的借款人或贷款评级的标准和程序不同，银行必须监控可能出现的不一致性，适当时必须调整评级标准，提高一致性。

评级的书面定义必须足够清晰、详细，以便使第三方，如内审或相当于内审的独立机构或监管当局能理解如何评级、重复评级过程、评估评级级别是否适当。评级标准必须和银行内部贷款标准，以及处置不良借款人和贷款的政策相一致。

银行对借款人和贷款评级时，必须考虑所有可以得到的信息。信息必须是近期的。银行拥有的信息越少，它给予借款人和贷款的评级或贷款池的评级就必须越保守。外部评级可以是决定内部评级的基本因素，然而，银行必须保证它考虑了其他相关信息。

对公司资产类别中的专业贷款的评级，巴塞尔委员会要求：采用监管规定标准的银行，在符合必要的最低要求的前提下，根据自己评级的标准、体系和过程，对专业贷款给予一个内部评级。然后，银行必须将内部评级映射到 5 个监管评级中。

委员会认识到，银行用来对贷款进行内部评级的标准，不完全按照符合监管定义的标准来，然而，银行必须确保，银行的内部评级与监管标准的映射，能使内部评级结果与监管标准的主要特征相一致。银行应该格外注意，保证推翻（overrides）内部评级的行为都不会使映射过程无效。

4. 评级考虑因素

IRB 对借款人进行评级时，基本的考虑对象是资产负债表、损益表及现金流情况。使用违约率统计模型时，特定种类的财务数据被要求以事先规定的格式（例如描述杠杆比率、债务保障倍数等类似的特定比例）呈现,评级者有更大的空间去主观判断使用哪些数据以及如何进行分析。国际上大多数银行在评级时除了考虑上述因素外,还会考虑经济周期、行业特点、区域特征、市场竞争、管理水平以及产权结构等因素对借款人偿债能力的影响。

对行业和同业集团的正式分析在评级中发挥着越来越重要的作用。因为不同行业的发展前景、市场结构和主要风险因素各不相同,只有通过行业比较,才能比较客观地估计不同行业借款人的信用风险水平,并使不同行业的信用评级具有可比性。行业分析由内部经济分析部门进行或购买外部的分析结果,以使一个机构中的不同评级者能够对相关借款人所在行业的全景达成共识。为此,一些国际性商业银行非常重视对行业的研究和跟踪分析,并按不同行业分别设立机构,每个行业机构下设客户经理部、行业评估专家组、风险评估专家组和业务处理组。

其他风险因素,如损失的可变性或风险因素的相关性一般不在评级中考虑。虽然期限在信用风险的经济资本配置过程中加以考虑,但在信用评级中没有明确加以考虑。

5. 评估的时间

风险因素违约概率的估计时间段是1年,但银行评级时必须使用较长的时间段。借款人评级必须反映在遇到不利的经济状况或发生未预料事件时,银行对借款人按照合约履行偿债能力和愿望的评估。

为了满足这项要求,银行的评级必须考虑特定的、适当的压力情形。另外,银行也可以通过适当考虑能反映借款人对不利经济状况或未预料事件敏感性的特征,而不用直接规定压力情形。评级时考虑的经济状况,必须与当前状况以及在经济周期内各自行业/地区可能发生的状况一致。

如果难以预测将来发生的事件以及将来发生的事件对借款人财务状况的具体影响,银行对预测的信息必须保守。另外,由于数据是有限的,银行对数据的分析也必须保守。

6. 计算方法

在计算方法上我们主要介绍公司授信相关问题。在IRB法中,对公司授信的风险计算和因素是最为复杂和详细的。计算一个授信组合主要分为两个阶段,首先计算其中每笔授信的风险权重进而计算出风险资产,将所有的风险资产加总即可得出基本的风险资产总额。其次,根据组合内容在银行总体授信资产中的风险集中度做进一步调整,集中度高的风险资产必然高,银行所提准备自然需要比较高。

单笔授信的风险资产等于风险权重乘以风险敞口。对于公司授信而言，风险敞口是相对稳定并确定的一个因素，因此重点在于如何计算风险权重。

（1）公司敞口风险加权资产总额计算公式

对于初级 IRB，由于所有敞口的平均期限均定为3年，因此其风险权重函数仅包括违约率（PD）和违约损失率（LGD）两个变量，公式是：$RW_C = (LGD/50) \times BRW_C(PD)$ 或 $12.5 \times LGD$，取两者中较小的值（设置上限的目的是为了确保任何风险权重都不会比直接从贷款中扣减资本更有处罚力）。

其中 BRW_C 是 PD 的函数，是指在标准状态下的风险权重；以值小者为准的原因是为了保证银行提取的风险准备不会大于损失时的金额。因为当风险权重等于 $12.5 \times LGD$ 时，按8%的资本充足率要求，提取的资本等于：$RW_C \times Exposure \times 8\% = 12.5 \times LGD \times Exposure \times 8\% = LGD \times Exposure$。因此当 RW_C 大于 $12.5 \times LGD$ 时，提取资本就将大于违约损失，显然是不合理的。标准风险权重所代表的违约概率值见下表：

表4-8

PD(%)	标准风险权重
0.03	14
0.05	19
0.1	29
0.2	45
0.4	70
0.5	81
0.7	100
1	125
2	192
3	246
5	331
10	482
15	588
20	625

对于高级 IRB 或有明确期限组合的初级 IRB 下，在初级 IRB 基础上增加了期限因素 M，公司敞口的风险权重（RW_C）可以在下列公式中表示为违约概率、特定违约损失和有效期限的函数。公式如下：

$RW_C = (LGD/50) \times BRW_C(PD) \times [1 + b(PD) \times (M - 3)]$ 或 $12.5 \times LGD$

仍是取二者中较小的值。

一般情况下，M是线性的，可视为授信的期限，但不得小于1年或高于7年，而对于定期分期偿还的授信（如按揭贷款），调整后的期限因素 $M=\sum_t tPt/\sum_t Pt$（t表示为分期的时间段，Pt表示该时间段内应该偿还的债务金额）。b（PD）是以PD为变量的函数，在MTM模型下和DM模型下分别有不同的公式，目前巴塞尔委员会正在进行调整中，具体公式见下面的说明。

（2）标准风险权重（Benchmark Risk Rating，BRW_C）

在综合调查和模型的基础上，如下的连续函数代表了公司借款人违约概率和借款人标准贷款（3年到期，特定违约损失等于50%）风险权重之间的关系。所谓标准风险权重是指授信期限为3年，LGD为50%的情况下，以PD为惟一变量的风险权重函数，其基本公式如下：

$BRW_C(PD)=976.5\times N(1.118\times G(PD)+1.288)\times(1+0.0470\times(1-PD)/PD^{0.44})$

该公式的核心 $N(1.118\times G(PD)+1.288)$ 表示的是授信期为1年，LGD为100%，而且授信风险极度分散的授信风险权重，N（x）代表标准正态随机变量的累计分布函数（即正态随机变量均值为0，方差为1，其概率小于或等于x），G（z）为标准正态随机变量累计分布函数的反函数（x值使N（x）=z）。而后面的 $1+0.0470\times(1-PD)/PD^{0.44}$ 则表示对授信期为3年的调整，976.5则是对LGD的调整。

（3）给定违约损失（LGD）

如前所述，在基础IRB中，LGD是由监管当局给定的，巴塞尔委员会对其给定了一个标准：

LGD无委员会认可抵押品 C/E≤30%，有委员会认可抵押品 C/E≥140%；有优先索偿权50% 50% 40%；无优先索偿权75% 75% 75%。这里C/E是指抵押品值与授信额度的比率。对于有优先索偿权又有抵押品的授信，而C/E位于30%到140%之间的，用公式 $LGD=(1-0.2\times(C/E)/140\%)\times50\%$ 计算。

由上面的公式可以看出，委员会对于LGD的规定十分保守，抵押品对于LGD的影响十分小，并且目前委员会对于抵押品的认可十分有限。

（三）实施IRB法的条件

1. 建立以计量模型为基础的风险评级体系

根据IRB基本要求，商业银行应该首先建立有效的风险评级体系。

评级体系应包括模型建立、数据收集、风险分析、损失量测算、数据存储、返回检验等全部过程。同时,银行应具备一套客观和统一的评级标准,并证明其使用的标准涵盖了所有与借款人风险相关的因素。

2. 实现信用风险的级别细分

巴塞尔委员会规定商业银行要有充分区分信用风险的目标。风险评级系统量化分析中对正常借款人至少有6~9个级别,对不良借款人至少有2个级别。最少设定几个级别由银行贷款活动变化及对不同类型借款人、产品或市场分割使用专门评级状况而定。对每一等级的客户,都要单独测算其基本风险指标,这不仅可以使银行更加准确地测算银行所要承担的风险和所需配置的经济资本,还可以使同一银行内部不同的客户评价人员对同一组客户做出一致性分析。

巴塞尔委员会允许商业银行在管理层已有专门的评级标准可以区分一个级别与其他级别的不同情况下,一个级别也有资格使用IRB。专门的评级标准必须足以保证银行管理层,即负责评级的人员可以前后一致地、可靠地运用这些要求。标准直觉上应该与对每个级别违约概率的估计一致。

目前美国有大约60%的银行持股公司和排名前50名的银行已开发使用内部评级方法,将银行贷款等级分为10级,更细致地划分了银行贷款级别,值得我国借鉴。贷款评级方法与债券对应的具体内容是:

(1)风险程度为最小(AAA)。具体表现为:商业信誉极佳;资产质量优等;杰出的债务偿付能力和偿还率;卓越和有深度的管理;公司是市场的领导者并且已经进入资本市场。

(2)风险程度为温和(AA)。具体表现为:商业信誉很好;资产质量和流动性很好;强有力的债务偿付能力和偿还率;各方面的财务状况管理很好;公司在该行业得到高度尊重,有巨大的市场份额。

(3)风险程度为平均(A)。具体表现:商业信誉中等,位于正常的信贷标准内;资产质量和流动性令人满意;良好的债务偿付能力和偿还率;在所有关键环节管理良好;公司在业内的规模和财务状况处于中等水平。

(4)风险程度为可接受(BBB)。具体表现:商业信用可以接受,但是超过平均的风险水平;资产质量可以接受;稍微过度的流动性;温和的债务偿付能力;可能有高度的或充分的杠杆作用,要求放款人给予高于平均水平的监督和关注;公司可能没有实力经受住重大挫折;由于管制约束,贷款是有高度杠杆作用的交易。

(5)风险程度为可接受但要予以关注(BB)。具体表现:商业信用可以接受,但是有相当高的风险;资产质量可以接受,更小的或更欠分散化的资产基础;很少的流动性;有限的债务偿付能力;贷款条件按照确保充分保险的要求加以组织,可能有高度或充分的杠杆作用;公司规模可能有低于平均水平,或者是较低等级的竞争者;要求贷款者给予重点监督和关注;公司可能没有实力经受重大的挫折;由于债务人的财务状况,贷款是有高度杠杆作用的交易。

(6)风险程度为管理型关注(B)。具体表现:信用状况被列入监督名单;资产质量大体说可以接受;流动性有一定程度的紧张;充分的杠杆作用;管理上有一定弱点;要求放款人给预持续的监督和关注。

(7)风险程度为特别关注(CCC)。具体表现:商业信用处于可接受的边缘,具有一定的脆弱性;不理想的日常业务造成了过分的和没有保证的信用风险,但尚未达到可划入不合规格类型的程度;尽管资产在当前得到保护,但是这种保护是脆弱的,还不能预计本金和利息的损失;潜在的弱点可能包括某种正在弱化的财务状况,某种不现实的还款计划,不充分的资金来源,或者缺少充分的抵押品、信用方面的信息或证明。

(8)风险程度为未达到标准(CC)。具体表现:商业信用无法接受,存在无法正常偿付的风险;尽管还不能预计本金或利息的损失,但是确定无疑的脆弱性会损害债务的回收;现有合理的现值、债务人的偿还能力或抵押品并未使资产得到充分保护;也许已经存在部分利息损失。

(9)风险程度为可疑(C)。具体表现:偿还能力大有问题;现存问题的严重程度已达到损失部分本金的程度;脆弱性十分明显,以至于基于现有信息、形势和估价,全部收回贷款的希望十分渺茫。

(10)风险程度为损失(D)。具体表现:预期会发生总体上的损失;存在某项不可收回的资产,或者这类价值低微的资产已经无法正当地归入有活力的资产一类,然而这类资产也许还有可收回的价值或残值,但是又达不到应该延迟销账的程度,即使将来部分回收款项的事情可能发生。

BBB级以上(含BBB级)是贷款等级。银行不能批准信用等级在观察级(BB)以下(含观察级BB)客户的贷款申请。如贷后检查发现借款企业信用状况发生变化,银行可以变动借款企业信用等级。①

① (美)安东尼·桑德斯. 信用风险度量——风险估计的新方式与其他模式. 刘宇飞译. 北京:机械工业出版社,2001

3. **数据要求**

由于IRB建立在精确计量模型的基础上,因此对数据的质量和数量都提出了很高要求。对于使用初级IRB的银行,《巴塞尔新资本协议》要求:无论银行采用内部数据来源、外部数据来源、汇集数据来源,或是三者的结合,至少一数据源的历史观察期必须至少要有5年。如果一数据来源的观察期的时间更长,而且这些数据是有意义,必须采用这个更长的时间。使用高级IRB的银行,必须有7年以上的历史数据来估计违约损失率。并且,银行评级的历史数据必须保留,作为系统完善和检验的基础与依据。

预测PD值时,首先,统计数须与银行贷款额相适应,统计环境与当前及未来相吻合;其次,数据来自内部并反映了保险的标准,若数据不足,必须有足够的保守性;第三,使用外部调查数据时必须验证两者的评级系统及标准的可比性,银行也可以通过参照外部中介机构的评级结果与自身的内部评级结果的对应关系得出相应的违约特征,但必须验证其对应关系包括违约频率的差异度以及违约定义的不同;第四,在有足够的精确度和完整度保证下,银行也可采取统计的违约模型来对特定级别的违约率进行预测;第五,至少5年的观察数据。

4. **系统的检验、升级与维护**

巴塞尔委员会要求,银行内部评级系统必须经过董事局的授权并有一套完整的授权体系。评级方法要经过严格的统计检验,不仅仅要求样本内一致,而且要求样本外预测精度高。银行风险头寸要在各等级之间合理分布,且任何一个等级中不能超过总的风险头寸的30%。银行应对内部评级系统进行经常性的检查和更新,并进行标准化程序的评价,以保证系统的实时性和正确性。

上述条件所包含的技术参数必须经过监管当局技术确认。银行必须有一个充足健全的系统对评级体系、评估过程以及PD值预测的准确性和持续性予以验证。必须向监管当局证明,这套系统足以使其对内部评级和风险评估系统的表现持续并有效地加以评估。

委员会要求银行内部评级技术参数等要满足新资本协议关于信息披露的具体要求。其中包括各项参考值的评估方法、预测数据生成等,还包括级别迁移的情况都必须做出说明。

5. **应用要求**

第一,内部评级必须贯彻到日常的风险评估管理过程中,同时渗透到每笔贷款的审批当中。对公司、主权和银行敞口，每个借款人和所有认定的保证人都必须给予评级，每笔贷款都必须有贷款评级并作为贷款审批过程的一部分。同样，对零售贷款，每笔贷款都必须在一个贷款池中作为贷款审批过程的一部分。

银行贷款的每个单独法律实体，都必须分别评级。对于集团内部关联的单个实体的处理，包括向一些相关实体或所有相关实体，评级可相同或不同，但银行必须制定监管当局可以接受的政策。

第二，银行必须清晰地说明其对于预计损失的准备金提取政策，并分析由于 PD 的变化对其盈利及资本充足性的影响等。

第三，对于资本充足的压力测试。在评估资本充足率时，采用 IRB 的银行必须要建立合理的压力测试过程。压力测试必须确定可能发生的事件或经济状况将来的变化，这些情况可能会对银行的信用敞口及银行抵御这种变化能力的评估产生不利影响。压力测试中采用的情形包括：经济或行业衰退、市场风险事件、流动性变化。

除一般性测试外，采用 IRB 的银行，必须进行信用风险压力测试，评估某些特殊状况对监管资本要求的影响。按照监管当局的监督检查要求，由银行选择使用的测试情形。采用的测试必须合理，并且保守。单个银行必须根据自己的情况，开发不同的方法进行压力测试。

第四，过去 3 年的实施经验。鉴于银行评级的许多功能，所有功能完全实施需要相当的时间和精力。所以，巴塞尔委员会要求银行在实施 IRB 前使用的风险评级体系至少最低满足要求 3 年。在这期间并不是让银行静态应用风险评级系统，也不是为银行改进评级体系规定一个时限。

(四)巴塞尔委员会关于信用风险缓释等问题的最新修改

2004 年，巴塞尔委员会关于信用风险缓释、循环零售贷款风险敞口等问题对新资本协议作了进一步修改。

巴塞尔委员会认为使新资本协议成为推动银行变革的途径还需要两方面的条件：(1)一个稳定的框架，该框架为行业提供确定性的稳定的预期，所以，协议不能是一个“移动目标”；(2)为更好地适应实践中的相关变化，需要提供灵活的结构。新资本协议在国际范围内征求意见中，国际金融界普遍认为委员会对信用风险缓释的处理太过保守并且欠缺风险敏感性，仍有许多要改进之处，例如，目前许多监管当局都允许对交易账户信用风险的套期保值的风险全额抵扣，而委员会建议只抵扣80%。

在新资本协议第三次征询意见稿中，循环零售贷款敞口风险权重根据给定的公式确定，公式中相关性参数随着违约概率变化而变化。国际金融界近期的实证研究说明，合格循环零售贷款敞口资产的相关系数是一定值为4%。考虑到这一变化，循环零售贷款的证券化处理需做相应的调整，与证券化敞口相关的未使用信用额度将基于发行人和投资者的利益进行分配。

第四节 信用风险管理

巴塞尔委员会于1999年7月发表了《信用风险管理原则》征求意见稿，在汇总各国中央银行、监管当局、银行业协会和其他有关机构充分讨论意见后，于2000年正式发表了《信用风险管理原则》。

委员会认为，信用风险管理的目标是通过将信用风险保持在可接受的指标范围内，使风险调整后的收益最大化。银行的风险管理需要贯穿在整个资产组合及单一授信或交易之中。对信用风险的有效管理是综合风险管理的一个至关重要的组成部分，也是任何银行获得长期成功的必要条件。信用风险管理要涵盖以下领域：(1)建立适当的信用风险环境；(2)在健全的授信程序下运营；(3)保持适当的授信管理、计量和监测程序；(4)确保对信用风险的充分控制。当然，这些做法还要与资产质量评估、提取充足的呆账准备金、信用风险披露等配合使用。

一、建立适当的信用风险环境

(一)银行董事会

银行董事会有责任审批并定期(至少每年一次)评估信用风险战略和银行的重大信用风险政策。信用风险战略应反映银行承受的风险限度和银行承担各种风险的预期收益水平。

银行应制定信用风险战略或计划，建立指导授信业务的目标以及开展授信业务时的必要政策和程序。并报经银行董事会批准。银行董事会要定期检查(每年至少1次)。这一战略应包括对银行按照风险类型、经济部门、地区、货币、期限和预计的利润率开展授信的意愿的阐述,规定信贷的质量、收益及增长目标,考虑经济周期变化及其对总体信贷组合的结构和质量的影响。

董事会应确保高级管理层完全有能力管理银行的信贷业务,确保信用活动在董事会批准的风险战略、政策和风险承受限度之内。董事会应定期通过信用风险战略或通过阐述信用政策,批准银行的总体授信标准,审批银行授信职能的组织模式。

(二)银行高级管理层

银行高级管理层有责任执行经董事会批准的信用风险战略,制定识别、计量、监测、控制信用风险的政策和程序。这种政策和程序应涉及银行的所有业务活动,以及资产组合和单一授信两个层面。

银行高级管理层应负责执行董事会批准的信用风险战略,确保银行的授信和管理职能有定期进行的独立的内部评估。

银行业安全、稳健的基石是制定并实施有关识别、计量、监测和控制信用风险的成文政策和程序。这些政策应明确定义,以其目标市场和总体信用风险战略为制定依据,符合审慎经营的原则和相关的监管要求,并符合银行本身活动的性质和复杂性。政策制定中应确定资产组合的目标,并确定对单一交易对象、关联交易群体、特殊行业和经济部门、地区以及具体产品的授信限额。银行应确保自身的内部授信限额符合监管当局的审慎监管限额。

委员会指出,正确的政策制定与执行可以使银行保持良好的授信标准、监测和控制信用风险、恰当地评估新业务、识别和管理有问题信贷。

(三)识别和管理蕴含在所有产品及业务中的信用风险

银行应识别和管理蕴含在所有产品及业务中的信用风险。对于新产品或业务的风险,银行董事会或相关委员会应在该产品或活动被引入或实施之前,制定恰当的风险管理程序和风险控制。

识别和分析蕴含于银行的产品及业务中已有和潜在的风险,是有效银行信用风险管理程序的基础。因此识别蕴含在银行所提供的产品和所从事业务中的全部风险,对银行非常重要。这种识别主要来自于对银行产品及业务中存在和潜在的信用风险特征的仔细审查。在更复杂的授信业务中，如对特定行业的贷款、资产证券化、客户开出的期权、信用衍生工具、信用关联票据等，信用风险比传统授信业务也更复杂、隐蔽。所以，银行对其必须有清晰的理解。

二、在健全的授信程序下运行

（一）银行必须在健全和正确定义的授信标准下运营

银行要在健全和正确定义的授信标准下运营。这些标准应包括一个清晰定义的目标市场，对借款人或交易对手的授信用途、结构以及还款来源的充分了解。

银行须获取足够的信息以对借款人或交易对象的真实风险状况进行综合评估。根据授信类型以及授信关系性质，银行在审批时应考虑并纪录以下因素：(1)授信资金用途和还款来源；(2)借款人、交易对象和抵押品当前的风险状况，及其对经济形势和市场变化的敏感程度；(3)借款人的还款纪录以及根据历史财务趋势和未来现金流量推算的在各种情况之下的还款能力；(4)对于商业性贷款，还需考虑借款人的专业技能、其所在行业的状况和借款人在行业中的位置；(5)建议的授信条款和条件，包括所设计的控制借款人未来的风险状况变化的合同条款；(6)在各种可能的情形下，抵押品和担保充足程度及可实施性。

利用交易结构、抵押品和担保等方式，银行可化解每笔授信的风险。交易应主要基于借款人的还款能力进行；抵押品不能代替对借款人或交易对象的综合评估，应意识到任何授信的强制执行措施都可能降低交易的边际收益；对于担保，银行应根据信贷质量和担保人的法律地位评估担保的覆盖范围。

（二）整体授信限额与授信程序

银行应对单个借款人和交易对象，以及各组关联交易对象群体在银行账薄、交易账薄和表内外业务中的各类风险，按可比、有意义的方式进行加总，确定整体授信限额。

为保持好的授信组合，银行须制定正式的交易评估和授信审批程序。审批应按照成文的指引由适当的管理层办理。每笔授信申请都应经过专职或专业授信人员的审核，授信人员的专业技能应与交易的规模和复杂程度相适应。

（三）控制和化解“近距离风险”

所有的授信业务都要在“保持一定距离（arm length）”的基础上决策。对关联公司和个人的授信，必须设有特殊的授权程序，进行特别的检测，并采取适当步骤控制和化解近距离贷款的风险。

三、保持适当的授信管理、计量和监测程序

（一）对信用风险投资组合进行持续管理

授信管理是保持银行安全、稳健的一项重要内容。一旦批准同意给予授信，银行业务部门的责任就是确保对授信给予适当的持续管理。在授信管理上，银行应确保：（1）授信管理运行的效率和有效性，包括监控贷款文本、合同要求、法律条款及抵押物等；（2）提供给信息管理系统信息的准确性和及时性；（3）责任的充分分离；（4）对所有的后台程序的充分控制；（5）遵循明文规定的管理政策和程序，以及适用的法律和法规等。

（二）建立监测单个授信情况的体系

银行须制定并实施综合的程序和信息系统，建立起监测单个授信和各债务人情况的体系，包括决定所提取的准备金和储备是否充足。这些程序应界定识别和报告有问题贷款与交易的标准，以确保他们接受更频繁的检查，及可能采取的补救措施、分类和提取准备金。

委员会认为有效的信用监测系统应包括以下措施：（1）确保银行了解借款人或交易对象的当前财务状况；（2）监测对合同条款的遵守情况；（3）评估抵押品相对债务人当前状况的抵补程度；（4）识别合同还款的违约情况，并及时对潜在的有问题授信进行分类；（5）迅速对问题进行补救管理。

银行应设定专人具体负责监测授信质量、连续监测抵押品和担保。这样有助于银行对合同进行必要的修订并为贷款损失提取足够的准备金。

（三）鼓励银行开发和使用内部风险评级系统

委员会鼓励银行开发和使用内部风险评级系统来管理信用风险。一个具有良好结构的内部评级系统能对银行的各种风险敞口的程度进行区分，从而有助于更准确地确定授信组合的总体特征、集中程度、有问题授信以及贷款损失准备金的充足程度。在规模较大银行中使用的更详细、更复杂的内部风险评级系统，也可以用来确定内部的资本金分配、授信的价格、交易的利润率及关系。

（四）建立信息系统和分析技术计量表内外业务信用风险

银行要建立信息系统和分析技术，使管理层能够计量所有表内外业务所蕴含的信用风险。管理信息系统应提供有关授信组合的构成，包括识别风险集中度的充分信息。

对单一借款人或交易对象授信，银行应具有量化信用风险的方法，并能在产品和资产组合两个层次上分析信用风险，以识别任何特殊的敏感度和集中度。委员会认为信用风险的计量应考虑以下几个因素：（1）授信的具体特征（如贷款、衍生工具、便利协议等）、合同和财务条件（期限、参考利率、费率等）；（2）到期日之前与潜在市场变化相关的授信风险敞口状况；（3）抵押和担保状况；（4）基于内部风险评级的潜在违约可能性。信用风险的数据分析应以适当的频率进行，并将结果与相关的限额进行比较分析。银行应采用适合其业务风险水平和复杂程度的计量技术，使用扎实的数据，并定期进行验证。

银行信用风险计量程序的有效性，在很大程度上取决于管理信息系统的质量。信息的质量、详细程度和及时性至关重要。特别是各种资产组合的组成和质量信息，包括并表基础上的信息，应使管理层能够快速、精确地评估银行在各项业务活动中承担的信用风险水平，并确定银行的业务活动是否符合其信用风险战略。

银行应根据所设的限额，监测实际的风险敞口。所有的风险敞口应包括在风险计量系统内。信息系统应能加总对单一借款人和交易对象的敞口授信，及时有效地汇报有关信用风险限额的特例情况。

（五）建立监测授信组合的整体构成及其质量的系统

信贷资产组合集中是银行授信问题的来源。风险集中可以有多种形式，只要有相当数量的授信具有相似的风险特征，就会产生风险集中。巴塞尔委员会认为，当银行的资产组合中含有下面直接或间接高水平授信时，就会产生风险的集中：(1)单一的交易对象；(2)关联的交易对象团体；(3)特定的产业或经济部门；(4)某一地区；(5)某一国家或经济联系紧密的一组国家；(6)同一类授信安排；(7)同一类抵押。授信期间相同也会有集中风险。

银行可采取相应措施降低或减轻集中度，措施包括：对额外风险的加价，对所增加的风险增持资本金，利用贷款参与来降低对某一特定行业或关联借款人的依赖性。银行业可以采用新的手段管理授信集中和其他资产组合事宜，包括：贷款出售、信用衍生工具、资产证券化以及其他的贷款二级市场安排。

（六）评估经济形势和不利条件下的授信

银行信用风险管理的一个重要部分是分析单笔授信和各种授信组合可能发生的不利情况，并在分析资本和准备金的充足程度时将这些情况考虑在内。当出现不利情况时，在各种风险尤其是信用风险和市场风险之间可能存在实质性的相关性，情景分析和压力测试是分析潜在问题点的有效方式。关于情景分析和压力测试我们在后面的章节中详细介绍。

四、确保对信用风险的充分控制

（一）建立独立、持续进行的信用风险管理系统

银行须建立完善的内部检查和汇报体系，所建立的体系能够向董事会和高级管理层提供足以评价责任人业绩和授信组合状况的信息。

由独立于业务部门的人员所做的内部信贷检查，是对单笔授信和信贷资产组合质量的重要评价，有助于对整体的授信管理程序、确定内部风险评级的精确度和判定责任人是否对授信进行了恰当监测进行评估。信用检查部门应直接向董事会、负责审计的委员会或无授信权力的高级管理层（如负责风险控制的高级管理人员）报告。

（二）建立和强化内部控制机制

银行必须确保对授信业务进行恰当的管理，信用风险被控制在符

合审慎监管原则和内部控制限额的范围内。银行应建立和强化内部控制及其他措施,确保将不符合政策、程序及限额的特例及时报告给适当级别的管理层,以便采取相应的措施。

信用风险管理的目标是确保银行的授信风险控制在董事会和高级管理层确定的指标之内。建立和实施内控机制、操作限额和其他措施有助于确保信用风险不超过银行所能接受的水平。对信用风险管理程序的内部审计应定期进行,以确保授信活动符合银行的授信政策和程序。

(三)补救系统

银行须建立对质量恶化和有问题的授信进行及时补救的系统。授信质量下降应早期发现,以使银行有更多改进该信贷手段的选择。

有效的处置计划,对管理资产组合的风险至关重要。当银行出现严重的授信问题时,将处置职能从原先的业务部门分离出来十分重要。处置部门可以帮助提出对有问题授信进行恢复的战略,或提高最终回收的还款额。

五、信用衍生产品对信用风险管理的作用

信用衍生产品(credit derivatives)是20世纪90年代金融风险管理领域,尤其是信用风险管理领域的最新发展,也是衍生金融产品和金融创新不断发展的最新代表。它最初被认为是一项新的套利工具,随着衍生品市场的快速发展,人们逐渐认识到信用衍生产品的真正用途其实是在风险管理领域。同时衍生金融工具共有的避险与风险共存的特性,引起了金融监管当局对信用衍生产品的高度关注。

信用衍生产品是指以贷款或债券的信用状况为基础资产的衍生金融工具。具体说,信用衍生产品是一种交易合约,在合约下,交易一方或双方对约定金额的支付取决于基础贷款或债券支付的信用状况。交易的方式可以采取互换或期权甚至隐含的方式。信用衍生产品主要包括4类:信用违约互换、总收益互换、信用连接债券以及信用溢价远期和期权。

1. 信用违约互换(credit default swap)

信用违约互换是最常见的一种信用衍生产品。签订信用违约互换

的双方约定,由一方向另一方提供信用违约保护。提供或卖出信用保护的一方向买入信贷保护的一方收取信用保护费,同时承担发生不利信贷事件时的还款责任。保护费的大小取决于参照资产潜在的价值下降。不利信贷事件可以是还款违约、破产、资不抵债或拖欠,也可以是企业重组或信用评级下调。参照资产可以是贷款,也可以是有交易纪录的其他资产。根据约定,如果没有不利的信贷事件发生,信用保护的卖方不需要向买方作任何支付,同时收取保护费,否则,必须按照合同约定的数额向买方进行支付。尽管这种合约被称为违约互换,但在交易性质上更类似于期权交易和保险单交易。

2. 总收益互换(total return swap)

在这种合约下,一方(保护购买方)将基础资产的全额收益(包括基础资产的利率加减基础资产价值的变化)支付给另一方(保护出售方),同时作为交换,保护出售方支付给保护购买方一个以 LIBOR 利率为基础的收益率。这种支付的互换一般每季度进行一次。交易形式类似利率互换。

3. 信用连接债券(credit linked note)

与上述两种表外交易形式不同,这是一种表内交易的货币市场工具,是为特定目的而发行的一种融资工具,其信用衍生产品的特性体现在该融资工具在发行时,往往注明其本金的偿还和利息的支付取决于约定的参考资产的信用状况,在参考资产出现违约时,该票据得不到全额的本金偿还。票据发行者在发行这种融资票据时,将参考资产的信用风险转嫁给了票据投资者。因此,这实际上是一个普通的固定收益证券和一个信用衍生产品的混合产品。

4. 信用溢价远期与期权

信用溢价是对贷款风险的补偿,等于无风险利率之上加一个风险溢价。信用溢价风险主要指溢价增加导致信贷资产价格下降的风险,它不同于违约风险。如果银行担心借款人的信用状况恶化并希望对冲掉此种风险,它可以选择卖出一个远期的信用溢价。在实践中表现为贷款利率相对于某一基准债券收益率的升水,如银行同业借款利率、相应期限的国债收益率等。

信用衍生产品的产生为银行管理信用风险带来了新的工具。这一工具的最大特点在于:银行可以通过它将信用风险从其他风险中剥离出来并转移出去,能够较好地解决风险管理中的信用悖论问题,因而对信用风险管理具有重大作用。运用信用衍生工具可以管理信用额度、监管资本的冲抵情况、管理资产负债表、进行组合避险等。

关于信用衍生产品,巴塞尔委员会1999年6月文件中,除了认可一个有效的资本充足性标准必须将套期保值和风险缓释技术考虑在内外,关于如何排除部分或不完全套期保值后,仍然确保剩余风险有足够资本来担保,是摆在委员会面前的一个课题。目前巴塞尔委员会希望国际金融界就此提供一些建议。

第五节　信用风险模型构建

信用风险是大多数银行最主要的风险种类,自银行出现便一直存在,但信用风险模型构建技术与研究却一直落后于市场风险,市场风险模型出现后,国际金融界才开始研究信用风险模型构建问题。随着技术进步,制约信用风险模型构建的技术瓶颈已基本得到解决,国际活跃银行投入大量人力物力开发信用风险模型,使其自20世纪90年代以来取得了迅速发展,成为国际活跃银行管理信用风险的有力工具。

《巴塞尔新资本协议》内部评级法(IRB)实施的条件是商业银行要建立以计量模型为基础的风险评级体系,评级体系必备的组成部分就是模型构建。我国金融界目前在信用风险管理上还没有构建信用风险模型,与《巴塞尔新资本协议》的要求和国际级大银行信用风险模型构建的现状相比差距较大。下面我们结合新资本协议的有关规定和国际级大银行的信用风险模型构建做法,做初步探讨。

一、信用风险模型框架

(一)信用风险模型的确定

信用风险模型构建首先要确定使用哪一种模型。前文我们已经介绍了4种模型,即J. P. Morgan公司的CreditMetrics模型、KMV公司的以EDF为核心手段的KMV模型、麦肯锡公司的CreditPortfolioView模型、瑞士信用公司的CreditRisk+模型等。

商业银行可以根据需要确定使用某一模型,或开发适应我国国情并得到监管当局认同的模型。在模型选用上,《巴塞尔新资本协议》提出了具体要求。巴塞尔委员会认为:使用统计模型和其他技术方法来给借款人或贷款评级,或是估计违约概率、违约损失率、违约风险敞口等,必须满足下列要求:(1)银行能否满足监管当局要求,取决于模型或程序是否有好的预测能力,以及使用模型或程序后监管资本要求不会被扭曲。模型输入的变量必须形成一整套合理的预测指标。总体来说,对于不同的借款人或银行贷款,模型必须准确,同时不会有已知的重要偏差。(2)银行必须建立有效的程序,审查输入违约或损失统计预测模型的数据,程序还包括对已经评级数据准确性、完整性和适当性的评估。(3)银行必须证明,用来建模的数据代表了银行实际的借款人数量或贷款数量。(4)将模型结果和主观判断结合起来时,判断必须要考虑所有的模型未考虑的相关信息。银行必须有书面的指导意见,描述如何将人工判断和模型结果结合起来。(5)依靠模型进行的评级,银行必须有人工复议的程序。程序应该侧重已知模型弱点产生的结果和局限性错误,同时也必须包括今后为提高模型准确性而做的工作。(6)银行必须定期进行模型验证,包括对模型准确性和稳定性的监控、模型之间相互关系的复议,以及模型结果和实际情况的对比验证。

(二)信用违约

巴塞尔委员会认为,如出现以下一种情况或同时出现以下两种情况,债务人将被视为违约:(1)银行认定,除非采取追索措施,如变现抵押品(如果存在的话),借款人可能无法全额偿还银行集团的债务。(2)债务人对于银行集团的实质性信贷债务逾期 90 天以上(对于零售业务和公共部门企业,根据不同地区的情况,监管当局对不同的产品可将 90 天增加到 180 天。对于一成员国,根据当地情况,银行对企业的贷款也可采用 180 天的要求)。若客户违反了规定的透支限额或者重新核定的限额小于目前的余额,各项透支将被视为逾期。

为了让不同的银行和信息源在计算监管资本标准所需的损失特性数据能保持一致(不影响银行在借款人不能按照信用契约的规定履行义务时的法律权力和所采取的补救措施,也无意建立或更改现有的会计标准),巴塞尔委员会提出了违约的参考定义。使用初级 IRB 法的银行必须通过这个参考定义测算违约率,从他们自己的经营活动中收集违约数据。使用高级 IRB 的银行也需要使用该参考定义估算特定违约损失和违约敞口，从自己的经营活动中收集损失和敞口数据。巴塞尔委员会建议使用的违约参考定义见下表：

表 4－8　IRB 建议使用的违约参考定义

如果下列事件中的一个或多个已经在某个特定的借款人身上发生，则可以认定出现了违约情况。
(1)已经判明借款人不准备全部履行其偿债义务(本金、利息或其他费用)；
(2)和借款人的任何债务有关的信用损失，比如债务注销、提取专项准备金、债务重组，包括本金、利息和其他费用的减免或延期支付；
(3)债务人未能履行其某些信用义务，逾期超过 90 天；
(4)债务人已经申请破产，或要求债权人提供类似的保护。

二、预期损失

(一)预期损失的概念

预期损失(EL)是指由于金融市场上交易对手的违约而导致的特定比例的信用损失，它由头寸的潜在敞口或头寸的未来市场价值、预期违约率(一定时间内违约的可能性)、预期回收率决定。预期损失不是风险，而是经营成本的一部分，在资本的风险调整回报率等式的分子收入中扣除。但在确定风险资本时，计算预期损失仍是基础性的一步，因为风险资本的定义是预期损失水平上下的损失波动性。用统计学术语讲，预期损失是概率分布的均值，而非预期损失则是分布的标准差。在评估预期损失时，要考虑以下 3 项因素：

第一，预期违约频度(Expected default frequency，EDF)，即在既定时期内借款人的可能违约率(Probability of default，PD)。这由借款人的信用度(通常用信用评级来表示)和风险敞口额的剩余期限决定，通常以百分比概率的形式表示。第二，违约损失率(Loss in the evnt of default，LIED；有时也称 Loss－give－default，LGD)是指预期违约的损失占风险敞口的百分比。此处的损失是经济损失而非会计损失，这主要由信贷产品的类型和持有担保的数额决定。包括折扣因素、融资成本以及在确定损失过程汇总发生的直接或间接成本。违约损失率通常用信用风险头寸的百分比表示。第三，潜在信用风险(Potential credit exposure，PCE)，即违约发生时授信余额的可能金额。这由还款计划或已使用贷款的比率(对信贷额度而言)决定。当产品的基础风险头寸是变量时(比如衍生品头寸),潜在信用风险也由期限决定。PCE 可以用风险敞口理论价值的百分比来表示,或直接以一个绝对数表示。

计算中,考虑问题的核心是平均水平,所以 PCE、EDF、LGD 等因素的波动性并不主要,整体的均值可以由每一部分的平均值相乘而得到:

$$EL = \overline{PCE} \times \overline{EDF} \times \overline{LIED}$$

这里的平均值就是统计学上所说的期望值。

计算预期损失过程中,假设在开始期 t_0时债务的价值为 V,其中面临违约风险的部分为 PCE,其余部分 V - PCE 不存在违约风险,即不管是否发生违约,这部分价值都能够得到回收。经过一段时间 H 后到达时期 t_H。此时有两种可能:一种情况是债务人没有违约,债务价值仍然是 V;另一种情况是债务人发生违约,假设预期的违约损失率为 LIED,则该债务的价值为 PCE × (1 - LIED) + (V - PCE)。设预期的违约概率为 EDF,则 t_H时该债务资产的预期价值为两种情况下的加权和。

$$V_H = (1 - EDF) \times V + EDF \times [PCE(1 - LIED) + (V - PCE)]$$

预期损失等于债务原值 V 与预期值之差,即 $EL = V - V_H$。代入上式整理后可得 EL = PCE × EDF × LIED。预期损失还不是真正意义上的风险概率,与标准差对应的意外损失(非预期损失),即那些概率虽小但损失巨大的事件,才是风险管理所真正关心的。[①] 总的预期损失为每一组成部分的预期损失之和。

$$EL_{(头寸组合)} = \sum_{i=1}^{n} EL_i$$

式中 EL_i 表示的是第 i 种工具的预期损失。

(二)违约率

巴塞尔委员会认为,内部评级法(IRB)的核心是银行自身评估与敞口相关的违约率。违约率(Probability of default, PD)是与内部借款人评级(分配相应的敞口)相关的一年违约率与 0.03% 中较高的一个。把不低于 0.03% 的基准点作为风险权重的最低要求。

---

① 赵先信. 银行内部模型和监管模型. 上海:上海人民出版社,2004

1. **每个级别的平均违约率**

巴塞尔委员会建议银行应针对每一个借款人级别估算一个“共同的”(pooled)和平均的违约率。对同一级别的所有借款人以相同的违约率来对待。委员会考虑要求估计每一级别的每一个借款人的违约率,以及每一级别违约率的区间(而不是平均数)。委员会认为共同违约率更可取,原因是:(1)对各个内部评级级别平均违约率,而不是对每个借款人违约率的估计是许多最佳做法银行当前进行内部经济资本配置的依据;(2)银行在通过自身历史违约情况对违约率进行评估时,使用的是平均违约率;(3)只要每一借款人级别相对代表同类借款人的基本情况,由于平均数的效率特性,银行评估和确认平均违约率的能力可能更强;(4)使用单一的平均数可以避免银行与监管当局违约率区间的重叠,就违约率和 IRB 法下其他因素的相互关系,使用共同的违约率概念有吸引力。

2. **1 年期违约率**

巴塞尔委员会提议银行对 1 年期内每一级别的违约率进行评估。委员会的现行做法调查以及它同银行界讨论的结果,都显示 1 年的违约率是内部资本配置体系需要考虑的重要因素之一,这里的 1 年即指通常的财务报告周期,是内部评级的最低频率。

巴塞尔委员会明确银行必须提供 1 年期违约率,这并不是说他们只对借款人未来 12 个月的表现进行评估。完善的贷款规程要求银行考虑所有与评级(及贷款决策)相关的信息,包括借款人 1 年以后的还款能力,这是银行对借款人评级时的重要标准,但它并不影响与每个借款人级别相关的违约概率值。

3. **量化违约率的方法**

违约率(PD)模型的构建和测算是量化信用风险的核心,也是难点。国际金融界在客户违约率测算方面已进行了较为深入的研究,广泛采用了基于统计判别方法的预测模型。这些模型都被表述为一类分类问题。他们接受定义在已选变量集合上的一个随机观测值样本,建立判别函数,进行分类。这些模型在企业信用评估的实践中已经得到了广泛的应用。主要有:(1)Logistic 回归模型。该模型用于估计某事件(如客户违约)发生的概率。(2)因子分析(factor analysis)。是主成份分析的推广,也是从研究相关矩阵内部的依赖关系出发,把一些具有错综复杂关系的变量归结为少数几个综合因子的一种多变量统计分析方法。(3)多元判别分析法(Multi Variate Discriminant Analysis)。是根据观察到的一些统计数字特征,对客观事物进行分类,以确定事物的类别。(4)近邻法。这是一种非参数方法,当已知总体表现为显著非正态分布时,特别是当属于同一类的样本在变量空间形成聚类时,近邻法十分有效。(5)神经网络模型。是一种自然的非线性建模过程,通过模型不断学习功能能够从未知模型的大量的复杂数据中发现其规律。

4. 联合违约率

银行信贷业务中,当存在第三方提供的信用保护时,如第三方担保、第三方卖出信用保护等,情况就会变得复杂,可能出现联合违约问题。联合违约率就是指借款人和担保人同时违约的概率。联合违约概率的计算是:

将借款人记为B,担保方记为G,将两个的联合违约概率记为P(B,G)。设借款人自己的违约概率为P(B)=b,担保方自己的违约率为P(G)=g,借款人和担保方违约的相关性为ρ。则联合违约率可以表示为:

$$P(B,G)=b\times g+\rho\ \sqrt{b(1-b)+g(1-g)}$$

如果借款人和担保方各自的违约事件是彼此独立的,即违约相关性$\rho=0$,或者两者的违约是负相关的,即违约相关性$\rho<0$,存在第三方担保的债务的违约率将低于不存在担保的债务的违约率,因为此时的联合违约率小于债务人单独的违约率。需要指出的是,这里的联合违约率是指有担保部分违约敞口的违约率,而不是全部违约敞口的违约率。①

(三)违约损失率(LGD)

巴塞尔委员会要求,银行必须对每项公司、主权和银行敞口的违约损失率进行估算。计算估计值有初级法和高级法。

1. 内部评级法(IRB)初级法的违约损失率

(1)对无担保债权和非认定抵押品的处理

按照初级IRB规定,对非认定的抵押品担保的公司、主权和银行的高级债权规定45%的违约损失率。对公司、主权和银行的全部次级债权规定75%的违约损失率。次级贷款指还款顺序排在其他贷款之后的贷

① 赵先信.银行内部模型和监管模型.上海:上海人民出版社,2004

款。根据各国的决定，监管当局可以对次级采用较宽泛的定义。次级可能包括经济从属，如贷款没有担保，且借款人大部分资产用来担保其他贷款。

(2)初级法的抵押品

除了标准法认定的合格的金融抵押外，初级法其他一些形式的抵押品在 IRB 法中视为合格的抵押品。这包括应收账款、特定的商用或个人居住的房地产，以及其他抵押品。

(3)初级法合格抵押品的认定方法

合格金融抵押品的认定方法，遵循《巴塞尔新资本协议》118 条到 152 条标准法抵押品处理的综合法。标准法抵押品处理的简单法，不适用于采用 IRB 法的银行。按照综合法的规定，对有抵押品的交易，有效的违约损失率表示如下：

$$LGD^* = \{0, LGD \times (E^*/E)\}\text{之中的最大值}$$

E 是贷款的当前值(即贷出的现金、拆出的证券)；E^* 是《巴塞尔新资本协议》第 118 段到 121 段标准法中规定的风险缓释后的贷款值。

2. 高级法的违约损失率

新资本协议规定，在满足下面规定的某些附加最低要求的情况下，监管当局允许银行对公司敞口、主权敞口和银行敞口使用自己估计的违约损失率。违约损失率按违约风险敞口的百分比计量。

监管当局对于内部测算 LGD 的认定将限于满足定量和定性最低要求的银行。这些要求比使用内部评级法初级法的金融机构的要求更为严格。适用内部评级法，但不能达到这些更高的最低要求的银行将利用 LGD 初级法的处理。

巴塞尔委员会要求，银行必须估计每笔贷款的长期平均违约损失率。这项估计必须建立在数据源中所有违约贷款的平均经济损失基础上，而不应该是平均年损失率的平均数。因为在经济困境时，违约可能大批发生，违约损失率和违约率具有相关性，以时间加权的违约损失率平均数，可能低估了每次发生违约的损失严重程度。这样，银行在计算损失严重程度时，采用上述定义的违约加权平均数就十分重要。而且，对于在经济周期内违约损失率不稳定的贷款，如果在经济低迷时期的违约损失率比长期平均违约损失率更保守，银行必须使用适用于经济低迷时期的违约损失率。对已经能开发违约损失率模型的银行，可以通过考虑模型驱动因素的周期特征来得到违约损失率。其他银行可以有充分的内部数据,检查以前经济衰退时期的影响。

在分析违约损失率时,银行必须考虑借款人的风险和抵押品风险或抵押品提供方风险之间的相互依赖程度。相互之间有重要依赖的情况,必须以保守的方式考虑。债务和抵押品之间的货币错配,在评估银行违约损失率中也必须予以考虑,并保守地处理。

估计违约损失率必须在历史清偿率的基础上,使用时不必只依据抵押品估计的市值。这项要求承认银行没有能力迅速控制和清算抵押品。一定程度上,估计违约损失率考虑了抵押品的存在,银行必须对抵押品管理、操作程序、法律确定性以及通常与标准法要求一致的风险管理过程建立内部要求。

对已经违约贷款的具体情况,银行必须根据当前经济情况和贷款的法律地位,最妥善地估计每笔贷款的预期损失。为了估计银行的违约损失率,违约借款人的清收费用,包括预期偿还的费用,可以当作清收处理。未偿付的预期费用一定程度上已经在银行的损益表中资本化了,必须加到银行的贷款或损失上。

关于公司、主权和银行敞口的其他标准,巴塞尔委员会认为估计违约损失率必须参考最短的数据观察期。在理想情况下,数据观察期至少应该涵盖一个完整经济周期,而且任何情况下,至少一数据来源的观察期不应该少于7年。如果任何一个数据来源的观察期跨度更长,且数据有意义,应该采用这个数据。

(四)潜在信用风险敞口值估计

确定风险敞口值要比确定预期违约频度(EDF)或违约损失率(LGD)容易一些,它是一种程度估计,表明银行在借款人出现违约的情况下将会遇到多大的风险。巴塞尔委员会认为,对于表内交易违约敞口值和名义敞口相同。在和标准法相同的条件下,银行在表内给一家公司的贷款和存款冲销可以用来减少违约敞口值。对于表外资产,内部评级法(IRB)对拥有未来不确定款项支出的交易以及场外外汇交易、利率、股权衍生工具合约这两大类资产给予了特别关注。

1. 有不确定未来款项支用的交易

和特定违约损失一样,新资本协议有初级 IRB 和高级 IRB 两种方法估算这些交易的违约敞口。初级 IRB 通过一种简单的监管途径测算出数值。高级 IRB 使用自己测算的数值,这与促进良好的风险管理过程是一致的,因为监测贷款历史上和预期的平均使用率是银行风险管理机制额外但不可分割的一部分。只有那些能证明自己达到一定最低标准的银行才能自己进行上述测算。

初级 IRB 下,委员会提议把贷款承诺和相似的循环贷款的数额规定为表外资产的 75%。如果一笔贷款由已提和未提两部分组成,违约敞口应该是 100% 的已提贷款加上 75% 的未提贷款。对于一笔总额为 100 的贷款,目前已使用 40%,它的违约敞口应该等于 85〔40 + 75%(100 - 40)〕。

75% 的信用转换系数代表在出现违约前,目前尚未使用的贷款额度中可能被提走的比率。巴塞尔委员会认为,75% 是一个可以在 IRB 法中使用的合理的、保守的测算值。使用该系数时不用考虑特定借款人的信用级别和贷款期限。至于交易类型,委员会认为上面提到的处理方法可能并不适用于所有的贷款承诺,因此,借款人可以无条件立即撤销的担保以及无承诺担保的信用转换系数为零。目前,委员会还没有确定 75% 的标准在什么范围内可以用于标准法内的其他表外资产项目。因此,在现阶段特定交易在初级法中使用的信用转换系数仍然和标准法中保持一致。见下表:

表 4-9　表外资产项目信用转换表

表外资产项目	信用转换系数
1. 直接的贷款替代品,如债务的一般担保(包括作为贷款和证券金融担保的备用信用证)和承兑汇票(包括承兑汇票性质的背书)	100%
2. 某些同债项相关的或有项(如履约保证、投标押金、担保和同特定债项有关的备用信用证)	50%
3. 与贸易相关的短期自偿债项(如有货运单作为抵押的贷款文件)	20%
4. 出售或回购条款以及信用风险仍在银行的有追索权资产	100%
5. 远期资产回购、远期存款和部分缴付股票以及代表某种提款承诺的有价证券	100%
6. 票据发行工具和循环包销工具	50%

高级 IRB 下,巴塞尔委员会关于内部测算指出,那些能满足特定最

低标准的银行可以获得许可，对于有不确定款项支出的交易使用内部测算的违约敞口。这不仅适用于贷款承诺，而且同样适用于上表中的其他表外资产项目。这些测算值应该代表对长期平均违约敞口值的保守估计；如果银行愿意的话，他们也可以使用更保守的计算结果，比如那些和经济压力相联系的违约敞口值。

2. 场外衍生工具

如果借款人出现场外衍生工具交易违约，银行遇到的信用风险数额只是交易名义数额的很小一部分。更重要的是如果借款人出现违约，这种金融工具的信用风险仅限于现金流潜在的重置成本。在《巴塞尔新资本协议》框架内，这些合同中的信用风险相当于交易的重置成本和特定的附加值来反映潜在的未来敞口。这些附加值表现为定义数额的一个百分比（0% ~15%）。委员会建议在初级法下测量场外衍生工具的违约敞口时，要使用相同的方法和数据。

三、意外损失

银行的风险管理实践充分体现了预期损失与意外损失（或非预期损失）的区别。银行通过提取坏账准备来抵御预期损失；通过经济资本来抵御意外损失。预期损失所影响的只是银行的当期收益，而意外损失影响的则是银行的生存机会和发展潜力。

（一）单笔贷款意外损失的计算

形成意外损失的原因主要是违约率、违约损失率和违约敞口这 3 个信用风险因子的波动性。风险因子的波动性必然会造成风险损失的意外波动。更重要的是违约事件在一定程度上是彼此相关的，当违约同时发生时，资产的价值将因之发生巨大变化。

如果假设信用风险违约敞口和违约损失率均为固定的参数，就可以对预期损失的波动性进行建模，因为只有违约或不违约这两种可能的情况发生。这种情况下的平方差有下列统计特征：

$$\sigma^2 = (EL)^2 - E(L)^2$$

由于预期损失是违约敞口的一个百分比，是 EDF 和 LIED 的乘积，所以可以将上式改写成：$\sigma^2 = EL(LIED - EL)$。

相对于方差 σ^2，实践中人们更经常使用标准差 σ 来表示，标准差是

方差的平方根，这就是意外损失，表示为

$$ULi = \sqrt{EL(LIED - EL)}$$

放宽 LIED 是定值的假设，可将上式扩展为：

$$Ul_i = PCE\ \sqrt{EDF_i(1 - EDF_i)\overline{LIED}_i^2 + EDF_i \times VOL_i^2}$$

这里 VOL_i 是贷款违约损失率的标准差。①

如果违约率和回收率都是确定的，则损失也是确定的，此时意外损失为零。

比较预期损失与意外损失，给定其他条件相同，预期损失表示平均的损失，在实践中是银行的业务成本，银行可以通过提取准备金来抵御该损失；意外损失表示损失的波动或标准差，在实践中表现为信用风险，银行通过资本来加以缓冲。

（二）信贷组合意外损失计算

信贷组合意外损失不能通过把每笔贷款的意外损失相加得出。因为平均值之和等于标准差之和，除非所有贷款相互之间都完全相关，否则总和的标准差要比标准差之和小得多。在实践中贷款相互之间完全相关现象出现的几率几乎为零。

信贷组合意外损失计算的关键是违约相关性。由于宏观经济、行业、地域以及临时性等因素，不同借款人贷款质量的变化彼此是相关的。

两笔资产相关性的推导是：设 D_i、D_j 分别表示两个债务人 i、j 在分析期期末以前的违约事件。相应的讳约概率是：$P(D_i) = EDF_i$；$P(D_j) = EDF_j$。根据协方差的定义，违约事件 D_i、D_j 之间的相关性为：$\rho_{ij} = \sigma_{ij} / \sigma_i \sigma_j$。其中：

$$\sigma_i = \sqrt{P(D_i)[1 - P(D_i)]}; \sigma_j = \sqrt{P(D_j)[1 - P(D_j)]}$$

则协方差为：

$$\sigma_{ij} = E(D_i D_j) - E(D_i)E(D_j) = P(D_i D_j) - P(D_i)P(D_j) = P(D_i D_j) - EDF_i EDF_j$$

两个违约事件的相关性是：

$$\rho_{ij} = [P(D_i D_j) - EDF_i EDF_j] \div [\sqrt{EDF_i(1 - EDF_i)} \times \sqrt{EDF_j(1 - EDF_j)}]$$

其中，联合分布概率是计算联合违约概率 $P(D_i D_j) = EDF_i + EDF_j -$

---

① （澳）Chris Matten. 银行资本管理．王洪，漆艰明译．北京：机械工业出版社，2004

$P(D_i+D_j)$；至少发生一次违约的概率为 $P(D_i+D_j)$。①

在推导出资产相关性的基础上，进一步推导出违约相关性。设 JDP 为联合违约概率，资产 A 与资产 B 的违约相关性为：

$$\rho_{ab}=(JDP-EDF_a EDF_b)\div[\sqrt{EDF_a(1-EDF_a)}\times\sqrt{EDF_b(1-EDF_b)}]$$

一些模型，如 KMV 组合管理模型，就是使用股票价格间的相关性来推算资产相关性，进一步推算出违约相关性。

在已知单笔贷款意外损失的基础上，就可以倒推出信贷组合平均相关性。

$$UL_{(\text{贷款组合})}=\sqrt{\rho_S}\sum_{i=1}^{n}UL_i$$

这里的 ρ_S 表示单笔贷款损失和整个组合损失之间的相关性。②

四、风险资本模型构建

通过上面的计算得出的贷款组合意外损失仅仅是年度损失的一个标准差。在后面章节我们会介绍风险资本，按照风险资本的定义，银行必须持有充足的资本使吸收损失的能力达到某一置信水平。

置信水平一般根据银行的信用评级来设定。如 AA 级客户表明在任意一年都有 0.03% 的违约可能性，因此必须持有足够的资本以确保银行有 99.97% 的把握不会因信用损失而破产。新资本协议 IRB 法的核心是违约率（PD），IRB 法将 PD 定为与银行信用评级（分配相应的敞口）相关的一年违约率与 0.03% 中较高的一个。把不低于 0.03% 的基准点作为风险权重的最低要求，因此也是资本要求。

在市场风险中，即使有一些局限性，正态分布的假设仍然是合理的。在这种假设下，银行很容易确定需要多少标准差来获得一个给定的置信水平，如为了达到 99.97% 的置信水平，银行需要大约 3.5 个标准差。

由于贷款组合的集中度、风险程度、贷款损失之间的相关性等因素，信贷组合本身不是正态分布的。对于大多数发放商业贷款和个人贷款的银行，99.97% 的置信水平大约据平均值 8~12 个标准差。③

建立信用风险模型必须进行历史分析，历史分析的基础是银行建立

① 赵先信．银行内部模型和监管模型．上海：上海人民出版社，2004

② （澳）Chris Matten．银行资本管理．王洪，漆艰明译．北京：机械工业出版社，2004

③ （澳）Chris Matten．银行资本管理．王洪，漆艰明译．北京：机械工业出版社，2004

的违约情况数据库。数据库建立时要包括以下内容:(1)客户在违约前历年的信用评级;(2)使用连贯一致的信用评分方法;(3)经历时间较长,足以得到经济周期的波动性;(4)每个时期和每个信用等级上,要有可比贷款余额。建立数据库后,就可以计算出一笔贷款在1年、2年、3年等不同时间段内给定信用级别下的历史违约概率。

第六节 在新资本协议框架下完善信用风险管理机制

一、完善我国现行贷款风险分类管理制度

为建立现代商业银行制度,改进贷款风险分类方法,加强银行信贷管理,提高信贷资产质量,人民银行要求从2002年1月1日起,在我国各类银行全面推行贷款风险分类管理,也称贷款质量5级分类管理体系。

(一)贷款风险分类管理的内容

贷款风险分类管理是指商业银行主要依据借款人的还款能力,即最终偿还贷款本金和利息的实际能力,确定贷款遭受损失的风险程度,将贷款分为正常、关注、次级、可疑和损失5类的一种管理方法。

1. 贷款分类的目标

人民银行《贷款风险分类指导原则》所指的贷款分类,是指按照风险程度将贷款划分为不同档次的过程。通过贷款分类应达到以下目标:第一,揭示贷款的实际价值和风险程度,真实、全面、动态地反映贷款的质量;第二,发现贷款发放、管理、监控、催收以及不良贷款管理中存在的问题,加强信贷管理;第三,为判断贷款损失准备金是否充足提供依据。

2. 贷款风险分类的标准

从贷款风险分类标准看,分类别贷款的风险程度和损失程度呈逐级递增或恶化趋势。第一,正常:借款人能够履行合同,没有足够理由怀疑贷款本息不能按时足额偿还。第二,关注:尽管借款人目前有能力偿还贷款本息,但存在一些可能对偿还产生不利影响的因素。第三,次级:借款人的还款能力出现明显问题,完全依靠其正常营业收入无法足额偿还贷款本息,即使执行担保,也可能会造成一定损失。第四,可疑:借款人

无法足额偿还贷款本息，即使执行担保，也肯定要造成较大损失。第五，损失：在采取所有可能的措施或一切必要的法律程序之后，本息仍然无法收回，或只能收回极少部分。

3. 贷款风险分类的适用范围

《贷款风险分类指导原则》规定，贷款风险分类法适用于《贷款通则》确定的各类贷款。对贷款以外的各类资产，包括表外项目中的直接信用替代项目（如备用信用证、担保、不可撤销贷款承诺等），也应根据信贷资产的净值、债务人的偿还能力、债务人的信用评级情况和担保情况划分为正常、关注、次级、可疑、损失5类，其中后3类合称为不良资产。

4. 贷款风险分类的依据

使用贷款风险分类法对贷款质量进行分类，实际上是判断借款人及时足额归还贷款本息的可能性，考虑的主要因素包括：借款人的还款能力、借款人的还款记录、借款人的还款意愿、贷款的担保、贷款偿还的法律责任、银行的信贷管理。

借款人的还款能力是一个综合概念，包括借款人现金流量、财务状况、影响还款能力的非财务因素等。对贷款进行分类时，要以评估借款人的还款能力为核心，把借款人的正常营业收入作为贷款的主要还款来源，贷款的担保作为次级还款来源。如果影响借款人财务状况或贷款偿还的因素发生重大变化，应及时调整对贷款的分类。

5. 贷款风险分类与呆账准备金的提取

呆账准备金是指商业银行在从事信贷业务过程中对发生的内在损失进行补偿的资金。贷款风险分类的目标之一就是为判断呆账准备金是否充足提供依据。

商业银行应该按照谨慎会计原则，并按照财政部的有关规定和人民银行有关贷款损失准备金计提的指引，提取贷款准备金，核销损失贷款。

（二）贷款风险分类制度的实施

自1998年人民银行在广东省开展贷款风险分类制度试点工作，2002年1月在全国全面推行贷款风险分类制度以来，贷款风险分类的预期目标已获得部分实现。

首先，贷款风险分类法运用多维标准，对借款人的状况进行全面、系统的分析，能够揭示贷款是否存在问题以及存在什么问题，评价结果比“一逾两呆”分类法更为可靠，央行、银监会和商业银行据此更为系统、全面地评价和把握贷款质量。

其次,我国贷款风险分类制度主要参照国际上许多国家和地区所采用的美国贷款风险分类模式,采用这一模式有利于我国金融界与国际接轨,在我国银行界传播国际通行信贷语言,从试点地区和全国推行情况看,实施这一制度已不存在技术障碍。

第三,“一逾两呆”分类法仅是商业银行贷后对贷款质量进行的评价。这样,贷款收益是按责权发生制先行确认,贷款损失则须待损失实际发生后予以确认,其结果必然是高估利润,依此为基础进行纳税和利润分配也必然是一种超分配。不利于银行稳健经营,降低了银行抵御风险的能力。贷款风险分类制度的实施,使商业银行既要评价贷款质量,还要估计呆账准备金的充足性,保证贷款收益的确认和贷款损失的确认互相匹配,这无疑有助于商业银行建立符合审慎会计原则的呆账准备金计提和冲销制度。

第四,一定程度上揭示了未到期贷款的风险价值。在“一逾两呆”分类法下,普遍存在着通过借新还旧掩盖贷款质量真实性乃至经营风险的问题。贷款风险分类制度一定程度上改进了我国银行信贷风险低估状况,有利于商业银行强化信贷管理。

(三)贷款风险分类制度与新资本协议的距离和完善

我国目前推行的贷款风险分类制度比“一逾两呆”分类体系有一定改进,但与《巴塞尔新资本协议》提出的内部评级法(IRB)相比仍有较大差距。

1. 贷款风险分类制度过分依赖主观判断

《巴塞尔新资本协议》要求:无论银行采用内部数据来源、外部数据来源、汇集数据来源,或是三者的结合,至少一数据源的历史观察期必须至少要有5年。如果一数据来源的观察期的时间更长,而且这些数据是有意义的,必须采用这个更长的时间。使用高级IRB的银行,必须有7年以上的历史数据来估计违约损失率。根据这些历史数据进行数理统计分析,计算出反映交易对象和债项风险大小的量化指标。巴塞尔委员会为避免评级标准中人为因素占据主导地位,在IRB中提出了违约损失率(LGD),将贷款风险分类标准与LGD挂钩。所以,IRB计算结果具有客观、真实的优势。

贷款风险分类制度等依赖主观判断的贷款分类体系中,同类贷款的分类结果基本上正确，但不同类贷款之间的界限比较模糊，分类结果难以保持统一。从我国推行贷款风险分类的内部控制情况看，尽管多数银行建立了成文的分类制度，但在分类中不同程度地存在只注重分类结果、忽视分类过程、甚至人为调整分类结果的情况，特别是那些尚未建立完善的公司治理结构的银行，问题更为严重。由此得出的分类结果显然无法真实揭示贷款的风险价值。主观判断在分类体系中占比过高，弱化了银行建立风险计量和管理系统所必需的数据积累，客观直接结果就是拉大了与新资本协议的距离和信用风险管理粗泛化。

从 IRB 的角度看，没有充足的历史数据积累和管理系统支持，就难以真正克服贷款风险分类过程中主观占比过高的问题。《巴塞尔新资本协议》有关违约率、违约损失率和违约敞口的文件中，都明确地提出了建立数据库和信息技术系统的要求。许多国际活跃银行在内部评级体系建立过程中，将 70% ~80% 的资金、精力用于数据清洗和数据结构整合上。所以，我国商业银行必须尽快建立统一的数据仓库和管理信息系统，这是我国商业银行提高贷款风险分类的客观性、真实性，避免贷款分类过度依赖主观判断的惟一道路。

我国信用评级数据积累现状较落后，距 2006 年《巴塞尔新资本协议》正式实施只有 1 年多的时间，可谓时间紧、任务重、成本高。针对这一实际情况，根据《巴塞尔新资本协议》的有关要求，借鉴西方发达国家建立信用数据库的成功做法，结合我国实际情况，可从以下几方面入手建立信用数据库：

一是政府牵头推动信用数据库的建立。我国部分地区信用数据库建设已经初见成效，应该加快推广步伐。在信用中介机构不够发达的情况下，政府部门要推动行业或部门数据库的建立，待条件成熟时，可将自建数据库中的部分内容提供给信用中介机构或与信用中介机构共享，为我国信用行业的发展提供支持。

二是明确信用数据库建立的主体。信用数据库究竟由谁来牵头建立目前尚未有定论。有消息报道说，国家发改委和中国人民银行都有意作为信用数据库建立的主体。我们认为，国务院银行业监督管理委员会作为信用数据库建立的主体可能更为合适一点。

三是加快推进信用立法，保证信用数据来源和使用的合法性，当务之急是尽快制定出台《社会信用法》等类似的法律，对信用行业的管理定下基本的制度框架，以促进信用行业规范健康发展。在加快立法进程的同时,要加强政府管理和监督,建立行业自律监管体系。

四是建立具有中国特点的信用中介机构。建议征信数据库由政府认定的具有从业资格的征信企业进行商业化经营的模式,这样做的好处在于,一方面可以防止资信数据的被别人控制,另一方面可以保障征信数据能在较短时间内覆盖国内的主要大中型企业和大多数居民,数据质量也准确可靠。

五是商业银行可以变通地采用外部评级结果与内部数据对应的办法,或采取四大国有商业银行加强信息沟通、实现资源共享、采用同一模型进行计算的办法,加快基础数据库的建设,以满足新协议的要求和实际工作的需要。

2. 内审和外审的缺位

《巴塞尔新资本协议》要求:首先,借款人和贷款的评级至少每年更新一次。某些贷款,特别是借款人风险较高或出现问题的贷款,必须经常关注复议。此外,如果暴露出借款人或贷款重要变化的信息,银行必须进行重新的评级。其次,商业银行内部稽核或内审部门,必须每年至少检查一次银行评级体系及其运作状况。检查的范围标准包括遵守达到全部最低要求的状况。一些国家的监管当局也要对银行的评级过程及对损失的估计进行外审。

我国一些公司治理结构已日渐完善的商业银行,如已上市银行,其总行和贷款经营省级分行基本能保证每半年或一年一次的贷款稽核频率,而其他银行则很少进行贷款分类的专项检查。2000 年和 2001 年,国际会计师事务所在审计我国上市商业银行时发现,公司治理结构相对完善的浦发银行、民生银行、深发展银行等上市银行均存在贷款分类不够审慎的问题,并根据审计结果对上述银行贷款损失准备金进行了追溯调整。公司治理结构相对完善的上市银行贷款风险分类真实性尚且如此,那些没有外部审计介入、没有市场和投资者监督的银行,尤其是四大国有商业银行情况可想而知。

为防止商业银行在贷款分类过程中可能出现的道德风险、利润操纵行为等问题,我国商业银行要"两条腿"走路,建立和强化有效的银行内部、外部审计和检查机制。这方面英国金融服务局的经验值得我们借鉴。以统一的混业监管为特色的英国金融服务局,近年来致力于对包括证券公司、银行、保险公司等不同金融机构在内的金融机构建立一致性的风险评估和监管框架。2003 年初,英国金融服务局发布了《金融机构风险评估框架》,比较全面地探讨了对不同金融机构的风险进行评估的步骤、思路和方法。① 第一,在风险评估过程方面服务局要求商业银行应经过以下几个阶段,即准备阶段、对风险转变为事实的可能性进行分析、形成一揽子风险控制计划、内部确认、将评估结果和控制计划向管理层进行沟通、跟踪评估共6个阶段。在完成上述阶段后,再循环开始新的一论评估。第二,在银行外部审计方面,服务局聘请和安排具有会计师职业背景的监管人员对商业银行的信贷资产质量、准备金的提取情况进行现场检查。第三,服务局对监管对象后续监管方面,主要有针对监管对象提供的信息资料进行案头工作;走访监管对象以便更好地识别风险;对存在问题的监管对象进行初步反馈或正式反馈;采取强制措施要求监管对象进行改正等。

3. 贷款风险分类制评级维度单一

如前所述,《巴塞尔新资本协议》内部评级法(IRB)下合格的评级体系应有独立的、性质截然不同的两个维度:其一,借款人违约风险,以违约概率(PD)为核心变量。其二,特定的交易风险,以违约损失率(LGD)为核心变量。

IRB二维风险评级体系既对客户风险进行评级,又对债项风险进行评级,把客户违约风险与特定交易风险分开考虑,根据客户违约的可能性和违约损失率来对客户和债项进行划分,从而避免了影响客户和债项分类结果的风险要素交叉发生作用。且长期内两项评级体系相对稳定,各客户的信用等级的长期违约频率必须与其所对应的PD值保持一致或近似,各债项的违约损失率也必须与其所对应的LGD十分相近,并在使用过程中不断对评级结果进行返回测试,对评级基准进行校验,对评级系统进行持续验证以保证评级体系的可靠度。

与内部评级法(IRB)相比,贷款风险分类制是综合考虑借款人和贷款的风险要素,没有区分借款人违约风险和特定交易风险,所以既不是客户评级又不是债项评级,"眉毛胡子一把抓",难以避免影响客户和债项分类结果的风险要素交叉发生作用。

在建立二维评级体系时,我国内地商业银行可借鉴新资本协议相关规定、参照香港金融管理局的做法。香港金管局已建立二维评级体系,

① 巴曙松. 巴塞尔新资本协议研究. 北京:中国金融出版社,2004

要求对借款人风险和债项风险分别进行评估，抵押、担保不再是决定借款人风险等级的因素，风险敞口主要根据其违约率（PD）进行评级，即贷给同一借款人的所有债项都应归于同一级别。债项评级主要考虑4项因素，即第三方支持的存在（如担保）、交易的期限结构、会对贷款的财务能力和质量造成影响的结构安排、抵押品。不同分类档次贷款的金额分别按照包含和不包含抵押、担保价值显示。从而将贷款等级与借款人违约率（PD）实现挂钩。

4. 贷款风险分类的等级过于粗泛

《巴塞尔新资本协议》要求，首先，风险评级系统量化分析中对正常借款人至少有6～9个级别，对不良借款人至少有2个级别。其次，贷款集中在特定市场和特定违约范围的银行，必须建立足够的评级级别，以避免借款人过度集中于某类级别。在一个级别或几个级别内明显的集中，必须有经验数据证明这一个级别或几个级别违约概率的范围并不宽，并且一个级别内所有借款人的违约风险都有同样的违约概率。第三，采用高级IRB评估违约损失率的银行，没有专门的贷款评级级别的最低要求。银行必须具备足够数量的贷款评级，以避免违约损失率变化大的多笔贷款进入同一评级级别。

从国际活跃银行贷款分级情况来看，正常公司贷款被分为2～20个级别不等，平均10个级别；有问题资产被分为1～6个级别，平均3个级别。如日本住友银行将贷款分为21个档次；花旗银行将贷款分为13个档次，其中12个档次是正常贷款、1个档次是不良贷款。

我国贷款风险分类制度中，正常类贷款划分过粗，仅划分为2级，贷款余额在这两级上过于集中，然而其风险大小并不一样。现行贷款风险分类制与《巴塞尔新资本协议》的要求和国际上通行做法相去甚远。因此，要对我国贷款风险分类制度中的第一、二级贷款进一步划分为更多的类别，以便我国商业银行更为灵敏地监控贷款质量的转变和贷款评级的转移，贷款评级的细分不再主要依靠期限、抵押品等条件，而是主要参考内部评级法（IRB）有关违约率的规定。

5. 贷款风险分类制度没有引入违约率（PD）等数量指标

现代信用风险管理主要通过违约率的不同和变化去量化客户信用状况。违约率是贷款发生后（事后）借款人违约的实际情况，是银行估计的借款人到还款时间却未能还款的可能性。准确衡量与预测违约率的基础就是客户信用评级体系。

20世纪70年代以来,国际信用风险评级市场权威机构标准普尔公司和穆迪公司,先后对客户信用级别与违约率(PD)之间的关系进行了统计分析。根据穆迪公司的统计,1970～1995年穆迪公司Aaa级债券未出现过违约;Aa级债券每年平均违约率(PD)为0.03%;A级债券为0.06%;Baa级(此级别及以上称为投资级)债券为0.13%;Ba级(此级别及以下称为垃圾债券或投机性债券)债券为1.42%;B级债券为7.62%。根据标准普尔公司的统计,1981～1994年期间,该公司AAA级及AA级债券未出现过违约;A级债券每年平均违约率(PD)为0.07%;BBB级(此级别及以上称为投资级)为0.25%;BB级(此级别及以下称为垃圾债券或投机性债券)债券为1.17%;B级债券为5.39%;CCC、CC及C及债券为19.96%。穆迪公司与标准普尔公司的统计研究表明,信用等级与违约率有着十分密切的关系,二者呈负相关关系,信用等级越高违约率越低,信用等级越低违约率越高。

巴塞尔委员会对1999年至2000年底银行衡量与管理信用风险进行调查与研究后,认为有相当数量的商业银行能将客户评级与违约率挂钩,有能力运用内部评级体系管理信用风险。这一调查研究结果直接导致以内部评级法(IRB)为重要内容的新资本协议的产生。违约率的引入是《巴塞尔新资本协议》贷款评级的关键之一。随着《巴塞尔新资本协议》的实施,不同信用状况资产的违约率将成为贯穿于商业银行进行风险资产度量、信用定价、经济资本配置以及信用衍生产品价格确定等全过程的核心工具之一。

我国现行贷款风险分类体系没有引入违约率(PD)概念,对照《巴塞尔新资本协议》,5级分类体系在新资本协议实施时必然要作相应补充、改进。例如对资产进行分类。巴塞尔委员会要求,银行必须将银行账面上的敞口归为广义的6种敞口之一(这6种敞口显示了不同的信用风险特征),即公司、主权、银行、零售、项目融资、股权。我国5级分类制度没有对资产进行分类。从我国金融实际情况出发,尽快与新资本协议接轨,商业银行可将贷款划分为零售、银行和其他3类,既符合当前大多数银行的贷款管理体制,又能够重视、划分不同资产的风险管理特征差异。

二、完善我国商业银行的综合授信制度

综合授信也称统一授信,是银行信用风险管理的重要手段,也是信

用风险管理关口前沿思想的重要体现。贷款风险分类管理的目的之一就是为综合授信提供支持作用。通过对客户和债项进行信用评级,确定科学、客观的授信额度,进而防范、化解商业银行信用风险,提高银行资产安全性。

(一)综合授信制度内容

1. 综合授信的概念和综合授信原则

综合授信是指商业银行对单一法人客户或地区统一确定最高综合授信额度,并加以集中统一的信用风险管理制度。包括贷款、贸易融资、贴现、承兑、担保信用证、保函、担保等表内外信用发放形式的本外币统一综合授信。目前,我国商业银行仅对工商客户实行综合授信。

综合授信要实现四方面的统一。第一,授信主体的统一,商业银行应确定一个管理部门或委员会统一审核批准对客户的授信,不能由不同部门分别对同一或不同客户,不同部门分别对同一或不同信贷品种进行授信。第二,授信形式的统一,商业银行对同一客户不同形式的信用发放都应置于该客户的最高授信限额以内,即要做到表内业务授信与表外业务授信统一,对表内的贷款业务、打包放款、进出口押汇、贴现等业务和表外的信用证、保函、承兑等信用发放业务进行一揽子授信。第三,不同币种授信的统一,要做到本外币授信的统一,将对本币业务的授信和外币业务的授信置于同一授信额度之下。第四,授信对象的统一,商业银行授信的对象是法人,不允许商业银行在一个营业机构或系统内对不具备法人资格的分支公司客户授信。

综合授信的原则主要有:第一,适度原则。商业银行应根据授信客体风险大小和自身风险承担能力,合理确定对客户的总体授信额度,防止过度集中风险;授信额度的结构、各类授信方法额度占总授信额度的比例、总授信额度与被授信人的产值及净资产的比例等都要合理。第二,盈利性原则。商业银行在综合授信制度下开展的信贷业务,要保证按时、足额收回贷款本息。第三,预警原则。商业银行应建立风险预警机制,及时防范和化解客户授信风险。第四,均衡授信和重点授信协调原则。均衡授信是指授信评估要兼顾所有业务品种,尽可能将授信风险分散到不同授信方式和授信品种中;重点授信是指减少其他非重点业务的授信额度而给予重点业务较多的授信额度。银行在综合授信业务中必须做到均衡授信与重点授信的协调。

2. 综合授信的主要过程

非金融机构综合授信主要由下列步骤组成：第一，应进行充分的资信尽职调查，要对照授信对象提供的资料，对重点内容或存在疑问的内容进行实地核查，并在授信调查报告中反映出来。调查人员应对调查报告的真实性负责。在资信尽职调查的基础上，按照商业银行信用评级的标准评定客户的信用等级。第二，商业银行对每一个法人客户都应确定一个最高授信额度。商业银行在确定对法人客户的最高授信额度的同时，应根据风险程度获得相应的担保。在确定最高授信额度的基础上，根据银行所有分支机构和部门对其授信的情况计算该客户已占用风险限额。第三，对客户最高风险限额和已占用风险限额进行监控。

3. 综合授信额度的确定

综合授信额度是指商业银行根据国家信贷政策，对已在或将在本行发生授信业务的客户按照其基本情况所确定的、在一定期间内（通常为1年）对本行信用的最高承受能力的量化指标。综合授信额度包括本行对客户在一定期间内全部授信业务的最高控制余额和分类限额。

综合授信额度核定的依据是以客户上年末或近期的净资产（剔除递延资产和其他资产），乘以该客户信用等级相对应的最高授信系数，然后扣除其同期长期借款数、他行已提供的短期授信及为其他企业提供的担保，测算出对该客户综合授信额度的基础值，若基础值为负数，作为零处理。确定综合授信额度应综合分析以下四方面的内容：第一，客户的风险状况。包括客户的财务状况、发展前景、信誉状况、授信项目的具体情况、提供的抵押担保情况。第二，银行的风险状况。包括对银行的授权、目前的资产质量状况、资金来源或资本充足程度、银行当前的财务状况。对银行自身风险状况的分析在银团贷款或大型项目贷款时尤其重要。第三，外部经济、金融环境。包括客户行业的发展现状和前景、市场所占份额、国家风险等。第四，自然因素。包括地理位置、交通状况、资源条件等。

（二）新资本协议框架下完善综合授信业务

1. 新资本协议中的授信期限规定

巴塞尔委员会认为：期限是债券或贷款信用风险的关键影响因素。如果其他条件相同，贷款的期限越短隐含的信用风险就越小。较短的期限能增加银行的灵活性来限制因为客户的财务状况突然恶化而产生的未来损失。期限可以看作是信用风险的一个重要缓解因素。

在初级 IRB 下,委员会提议所有的敞口都将接受保守的评估,平均期限规定为 3 年。这时敞口的风险权重就只取决于它的违约概率和特定违约损失值。关于平均期限为 3 年的前提假设是否合适,是否包括明确的期限调整模型,是否应该让这种模型成为某些监管当局要求在初级法下使用的一种选择,巴塞尔委员会正在征求银行业内部的意见。在高级 IRB 下,任何使用高级 IRB 来测算特定违约损失、违约敞口或担保和信用衍生工具的银行,必须明确期限因素对风险权重的影响。因此信用风险权重将取决于它的违约概率、特定违约损失和期限,它强调的是敞口的合约期限,而不是经济期限。巴塞尔委员会正在收集各银行对使用这种期限概念测算期限调整模型的方法所发表的意见。

从综合授信的角度看,授信期限对信用风险的影响主要包括对违约风险和对客户资信转差所带来的信用风险的影响。标准普尔公司对 9769 个客户 1981 年至 2001 年的标普发行人评级变化数据进行的统计分析表明,所有评级的客户违约可能性都随着授信期限的延长而增加。

关于授信期限对客户资信转差所带来的影响,巴塞尔委员会认为银行一般每隔 1 年对公司借款人内部风险评级和总的信用额度进行重新评估。以保证银行及时发现客户即使没有违约,但由于财务状况、还款能力等因素发生较大变化,造成评级下降所形成的信用风险。

虽然新资本协议关于授信期限还存在几处正在讨论的问题,但新资本协议已经明确指出了授信期限对信用风险的重要作用。国际金融界的实践论证也说明了这一点。从我国综合授信制度体系来看,还没有对授信期限做相关的规定,这无疑是不完备的。我们要以新资本协议为契机,借鉴新协议有关授信期限的有关规定,建立全面的综合授信管理模式。

2. 抵押品及抵押品的风险缓释作用

在初级 IRB 中,巴塞尔委员会认为合格的抵押品包括应收账款、特定的商用或个人居住的房地产,以及其他抵押品。认可企业授信实物抵押需满足以下条件:第一,商业物业,用作抵押的物业或物业项目收益并非债务人的主要还款来源,物业或物业项目收益对债务人风险无重大影响;抵押品价值也不能明显受债务人收益左右。因此,建筑放款、地皮、项目贷款和商业物业投资贷款中的商用物业都不属于认可抵押品。第二,住宅物业,委员会认可中小企业主的私人住宅物业用作贷款抵押,但住宅发展贷款的还款由于依赖住宅租金收入,因此相关的住宅物业不在认可实物抵押品之列。第三,有认可物业抵押品保护的债权,抵押率 C/E(在 30% 到 140% 的区间内)挂钩。其有效违约损失在40%到50%之间。

在内部评级法(IRB)高级法中,巴塞尔委员会认为通过调整违约概率或违约损失率的估计值来反映担保和信用衍生产品的风险缓释作用。无论是调整违约概率还是违约损失率,都必须和担保或信用衍生产品类型保持一致。所认可的抵押品范围较初级IRB进一步放宽。不限制一些高质量、高流动性的金融抵押品,以及某些商业和居民不动产做抵押品,也不要求用初级IRB中的金融抵押品确认技术。但强调银行的LGD值要可靠,同贷款标准的风险特性、风险发生的可能性以及相关资料保持一致。

从上述要求来看,《巴塞尔新资本协议》对银行物业抵押品采取了较为保守的态度,新协议严格限制认可作抵押品的物业种类,同时以保守标准衡量认可物业抵押品减少违约损失的效用。这一保守态度必将促使银行加强对借款人资信和贷款风险的评估,控制抵押品本身的风险,进行抵押品有效的压力测试,实现信用风险缓释手段多样化。

我国商业银行综合授信业务按照资产负债比率法确定客户授信额度,计算依据为客户资产负债表中的资产额。在综合授信具体业务中现已发现存在着企业资产含水分、客户授信额度高估的现象。即使在扣除无形资产、递延资产后,固定资产中仍有水分。国家审计总署审计长李金华指出:"审计机关对1290户国有控股企业1999年资产负债损益审计情况表明,资产、负债和损益不实,会计信息失真现象普遍,会计报表严重不真实的企业占68%。"企业资产存在水分,将加大银行信贷资产风险。因此,我国商业银行应从我国实际情况出发,借鉴《巴塞尔新资本协议》有关抵押品和信用缓释工具相关规定,进一步完善综合授信制度,"挤干"客户资产中的水分,降低商业银行信用风险。

(二)风险集中度

1. 风险集中度的概念和应用范围

银行资产组合风险集中度(granularity)描述的是单个借款人集中的程度。资产组合分得越细,银行就越能全面地分散与个别头寸关联的特殊信用风险。巴塞尔委员会认为,原则上风险集中度调整应该在整个资产组合层面上运用,实际上风险集中度调整应该运用到全部银行敞口的非零售部分。本质上零售业务不可能使银行资产组合的风险集中度恶化,除非银行在零售贷款上有非常高比例的资产组合,否则资产组合中零售份额不大可能减少全部资产组合已经度量出来的风险集中度。

2. 风险集中度调整的方法

国际金融界通常使用两种模型计量信用风险集中度。第一种模型是:“移动分析”,使用这种方法的商业银行跟踪某一领域部分公司的标普或穆迪信用等级,如该领域中部分公司的信用等级下降,向该领域贷款的数量将被缩减。第二种方法是:使监管部门针对单一借款设定稳定的外部最高限度,根据预期违约损失确定对单一借款人的最高贷款额占资本的比率。近年来,银行监管当局将单一借款人的集中度上限限定为银行资本的10%。第一种方法存在一定问题,是亡羊补牢的措施,我国采用第二种方法。我国《商业银行法》第39条第1款第4项规定:“对同一借款人的贷款余额与商业银行资本余额的比例不得超过10%。”

巴塞尔委员会提议的风险集中度调整更趋于合理。委员会利用了一个分析结果,对n个借款人贷款具有相同资产组合,对涵盖剩余特殊风险的额外经济资本采取一种非常简单的方式。对这种资产组合,可以看出剩余特殊风险的经济资本(以总敞口的百分比表示)和借款人数目成反比。比例关系中所取的常数取决于违约概率(PD)、特定违约损失(LGD)、资产组合中系统风险对敞口的敏感性(F)。系统风险敏感性度量借款人表现对系统风险的敏感性。采取如下形式:

$$F = N(a_1 \times G(PD) + a_0) - PD$$

式中 a_0 和 a_1 为取决于资产组合类型的常数。F中的N和计算风险权重(BRW)中的N相同。a_0 和 a_1 的值和每个资产组合类别中使用的标准风险权重值相同。对商业贷款 $a_0 = 1.288$,$a_1 = 1.118$。

风险集中度的调整通过以下的两步过程来计算。第一步,银行实际的资产组合“映射”到假设的同类敞口的资产组合,假设同类敞口的资产组合有未被分散掉的特殊风险残值。就4个风险因素而言,映射方法表述了同类资产组合的风险特征,(1)加权平均违约概率,表示为 PD_{AG};(2)加权平均LGD,以 LGD_{AG} 表示;(3)加权平均F,表示为 F_{AG};(4)资产组合中贷款的“有效数目”,表示为 n^*。第二步,对风险加权资产的风险集中度调整作为4个风险因素的函数计算。计算公式为:

$$TNRE \times GSF/n^* - 0.04 \times RAW_{NR}$$

式中,TNRE为总的非零售敞口;RAW_{NR} 为总的非零售风险加权资产;GSF为“风险集中度的换算因子”,由下式给出:$GSF = (0.6 + 1.8 \times LGD_{AG}) \times (9.5 \times 13.75 \times PD_{AG}/F_{AG})$。$TNRE \times GSF/n^*$ 表示需要涵盖剩余系统风险的风险加权资产总额。

巴塞尔委员会提出的风险集中度对银行信用风险管理具有十分重要的意义。1997年爆发的亚洲金融危机的表现之一就是对于单一客户、一个集团客户或单一行业贷款比重过于集中，在国际游资的冲击下导致这些国家商业银行遭受巨大损失，并且风险在不同机构和不同国家之间传染。金融危机之后国际金融界进行了深刻的反思。新资本协议内部评级法（IRB）就风险集中度做出的规定，系统地总结了1991年巴塞尔委员会关于《衡量与控制大额授信敞口文件》、1997年《有效银行监管的核心原则》、1999年《从亚洲危机中吸取金融监管的教训的工作报告》等文件、指引中关于风险集中度的研究、规定，是当前国际金融界在风险集中度管理上的权威性意见。委员会有关集中度管理的系列意见，世界许多国家和地区也在不同程度上予以了实施。就我国商业银行来讲，在开展综合授信业务中，应将新资本协议对风险集中度的规定和其他国家的做法合理借鉴、引用，在敞口期限的设定、授信敞口的界定、集团户的定义、特定交易对手的剔除等方面结合我国实际情况，系统改进、完善综合授信制度，更好地满足信用风险管理的现实需求。

第五章

《巴塞尔新资本协议》框架下市场风险管理

近年来,国际银行业的经营环境发生了巨大变化,银行业的经营重点由传统的信贷业务向市场业务转移,从而使银行的风险状况发生了转变,银行市场风险逐渐成为银行业的最重要的风险之一。汇率、利率和商品价格等市场因子波动性变动的难以预测,不仅影响了一家银行的盈亏状况,甚至导致银行的倒闭。商业银行市场风险和风险管理已引起国际金融界的高度关注。

多年来,巴塞尔委员会先后制定了《银行外汇头寸的监管》、《银行表外业务风险管理》、《衍生产品风险管理准则》和《利率风险管理和监管原则》等多部市场风险管理文件。1996 年颁布的《资本协议市场风险补充规定》,正式将市场风险纳入资本监管框架。随后十国集团国家及主要新兴市场国家都陆续要求商业银行对市场风险计提资本。中国银行业监督管理委员会先后制定了《商业银行资本充足率管理办法》、《商业银行市场风险管理指引》,就我国商业银行市场风险管理提出了具体要求。商业银行市场风险管理已成为商业银行风险管理工作的核心内容之一。

第一节　商业银行市场风险概述

一、商业银行市场风险概念

(一)商业银行市场风险概念

巴塞尔委员会1996 年颁布的《资本协议市场风险补充规定》将市场风险定义为:由于市场价格的变动,银行表内和表外头寸会面临遭受损失的风险。委员会根据导致市场风险因素的不同将市场风险划分为利率风险、股票风险、汇率风险和商品风险。中国银行业监督管理委员会颁布的《商业银行资本充足率管理办法》指出:市场风险包括交易账户中受利率影响的各类金融工具及股票所涉及的风险、商业银行全部的外汇风险和商品风险。在《商业银行市场风险管理指引》中,银监会界定市场风险是指因市场价格(利率、汇率、股票价格和商品价格)的不利变动而使银行表内和表外业务发生损失的风险。市场风险存在于商业银行的交易和非交易业务中。

20世纪70年代布雷顿森林体系崩溃之前,市场风险并没有如同信用风险那样引起商业银行和监管当局的重视。巴塞尔委员会在1988年酝酿推出的资本协议中,甚至没有提到市场风险对银行资本充足水平的影响。20世纪70年代后期以来,随着金融全球化、自由化、证券化步伐加快,银行所处的经营环境发生了巨大变化,金融市场风险逐渐成为银行业的最重要风险。

(二)商业银行市场风险诱因分析

1. 金融市场因子波动性因素

上世纪中叶以来,国际金融市场出现价格不确定性增强的状况。除了通货膨胀的不确定性日益增强外,汇率、利率和商品价格等市场因子的不确定性也随之增强。第一,在布雷顿森林体系下,汇率是固定的,金融市场主体基本没有汇率风险的威胁。随着布雷顿森林体系的崩溃,汇率的波动性迅速凸显,市场交易双方都面临着汇率风险的冲击。第二,20世纪80年代初美国利率受到不确定性打击,典型案例就是美国储贷协会因利率市场剧烈波动而破产。1979年11月美联储主席Paul Voboker放弃以利率为货币政策中介目标的惯例,代替以货币供给增长率,标志着金融市场进入了利率极不稳定时期。第三,基本商品价格波动性在20世纪70至80年代也增强了。如国际原油市场价格由60年代至70年代中期没有波动性,到80年代以来波动性强于汇率和利率。金融市场因子波动性增强的直接后果就是造成市场主体的巨大损失。

2. 资产证券化因素

资产证券化是20世纪70年代以来市场发达国家金融创新的重要产品,在各国金融发展和改革过程中发挥了重要作用,并将货币市场与资本市场紧密结合起来。资产证券化使银行信贷资产进入金融市场,提高了商业银行信贷资产的流动性。但同时,进入二级金融市场的银行信贷资产暴露在金融市场风险冲击之下,资产价格的变动会迅速反映到商业银行的损益和资产负债当中,强化了市场风险的传染性。

3. 金融全球化和一体化的因素

市场全球化和业务国际化使商业银行拥有越来越多的外币资产和负债,金融市场汇率风险给商业银行带来了更大的压力;金融市场一体化使国际活跃银行的业务拓展到全球范围,世界不同经济区的政治、经济、社会等多方面因素叠加了市场风险因子,局部国家和地区金融市场的震荡会迅速波及、传染到其他金融市场,冲击国际金融市场的稳定,使商业银行的系统风险增加。

4. 银行混业经营和金融自由化因素

20 世纪 80 年代以来,美、日、英等发达国家商业银行纷纷放弃传统分业体制,向混业体制转变。商业银行经营领域除传统信贷业务外,投资银行业务、资产管理和公司理财业务占比大幅上升;同时,技术进步、管制放松、金融创新等因素引发金融业并购浪潮,全球出现若干家规模巨大的跨领域的金融巨无霸。在这一背景下,商业银行面临更复杂和更集中的市场风险。

5. 衍生金融工具因素

20 世纪 90 年代以来,世界著名金融机构因从事衍生金融产品交易而导致破产倒闭或遭受严重损失的事件接二连三发生,衍生金融工具既可用于风险管理又能带来风险的两面性得以充分暴露。衍生产品由于高杠杆率,使其风险可能高出基础市场风险的几十倍,导致银行经营中具有更多潜在的市场风险。

二、市场风险管理

(一)市场风险管理的演进

20 世纪 70 年代开始,经济体系中日益增强的不确定性已经改变了金融市场的功能。在汇率、利率和商品价格风险因子波动性上升的国际金融市场中,商业银行经营管理除了核心业务的影响外,还要受到各种金融价格风险的影响。所以,国际金融界纷纷开发各种新的工具、方法来抵御、防范金融市场风险。

在银行所有风险中,市场风险计量、管理技术是最发达的,并在不断发展中。在市场风险计量中,主要有两种方法,一是测定市场因子的变化与证券组合价值变化间的关系,如得尔塔、贝塔、久期和凸性等,一旦得到这种关系,对于市场因子的特定变化量,就可以求出证券组合价值的变化量;另一种方法是计量由于市场因子的变化而导致的证券组合收益的波动性(收益偏离平均收益的程度),常用统计学中的标准差表示。计量市场风险的各种方法都有其自身的优缺点,都服务于特定的目的。如标准差和方差比较适用于反映变量其自身的波动性，贝塔系数适于从股票与整个市场的关联度反映股票的市场风险，持续期与凸性在计量利率风险时其用途也各不相同。在证券组合市场风险测量上，VaR 法是一项十分有利的工具。VaR 可以将不同市场因子、不同市场的风险集成为一个数，较准确测量由不同风险来源及其相互作用而产生的潜在损失，能更好地适应金融市场发展的动态性、复杂性和全球整合性趋势，因而成为金融市场风险计量的主流方法。

（二）几种市场风险管理衍生工具

1. 远期合约。这是市场风险管理工具中最古老、最简单的工具，是交易双方之间在时期 0 达成的合约，以在以后的某个时间交换资产与现金。如，在交割 20 年期债券的 3 个月远期合约中，交易双方今天（时期 0）达成价格与数量的协议，但 20 年期债券与现金的交割或交换直到 3 个月以后才发生。远期合约有两个特点：第一，远期的违约风险是双向的。合约持有人盈利或亏损取决于标的资产价格变化。第二，合约的价值仅在到期日才表现出来，在合约的签署日或到期日前，不发生现金支付。

2. 期货合约。期货合约的基本形式与远期合约一样，要求其持有人在合约到期日以特定的行使价格购买某种制定的资产。期货合约也有双向风险，但可以通过两种方法基本规避。第一，期货合约的价值在每天交易结束时就表现出来，持有人每天都可以得到这种变化，期货合约履约期被这种盯市制度所缩短，其违约风险相对降低。第二，期货合约交易双方都必须缴纳一笔保证金。如果保证金账户余额低于某个约定的最低水平，就必须追加保证金，否则将被强制平仓。通常在保证金账户干枯之前就要平仓，所以履约风险基本上被降低了。

3. 互换合约。近年来互换市场发展迅速，互换被认为是最新的金融创新。互换合约要求交易双方在规定的时间内进行某种规定的现金流的交换或互换。互换合约有 4 个种类，按照其数量上的重要地位依次是利率互换、货币互换、商品互换和股票互换。最常见的是利率互换。①

4. 期权合约。期权分为看涨期权和看跌期权，前者是指赋予持有

① （美）查尔斯·W. 史密森. 管理金融风险——衍生产品、金融工程和价值最大化管理. 应惟伟，王闻，田萌等译. 北京：中国人民大学出版社，2003

者以指定的价格在指定的时期内购买某种金融工具的权利；后者是指赋予持有者在指定的时期内以指定的价格卖出某种金融工具的权利。每份看涨期权和看跌期权合约对应着100股指定的股票，期权费的多少是由交易所成员之间的公开竞价来决定的。不同期权的期权费随着交易者对其满意程度的增减而不断变动。

目前立法机关、司法机关、金融界、理论界等对合约一词的理解不尽相同。对此，中国银行业监督管理委员会文海兴博士在其撰写的《期货交易法律关系研究》中做了详细论述。作者从合约(Contract)语源、内容和特征等不同角度，分析了合约(Contract)一词的真正含义。合约在英语中是Contract，真正意义上的期货交易产生于美国，由于语言文字原因，在英美国家Contract一词是没有争议的。在英文翻译为中文时产生了分歧，有人将Contract译为契约，有人将Contract译为合同，有人将Contract译为合约。Contract被译为不同的中文，所以在立法、司法、理论、实践中Contract一词也就有了不同的用法。我国台湾地区多采用“契约”的称谓，香港特区则称Contract为合约，大陆受香港期货界的影响也采用合约称谓。合约一词广泛出现于立法、司法、理论、实务界。从“合约”的内容上看，合约由标的、数量、质量、价格、期限、交付方式等基本条款组成，这些条款恰恰是合同的基本条款。从“合约”的特征看，合约的标准化与“合同”并无二致。从“合约”的最本质特征上看，它是双方当事人意思表示一致的协议，这与“合同”的本质是一致的。我国《民法通则》、《合同法》中均采用“合同”一词，这是最为权威的用法。所以，有必要为“合约”正名。文海兴博士认为立法、司法、理论、实务界应与我国法律规定用语一致，统一使用“合同”一词，不应使用“合约”一词。本书前后章节使用“合约”一词，是出于业界约定俗成的使用习惯。但严格地说各界应树立法制观念培养真正的合同意识，准确使用我国法律明确规定的“合同”用词。①

第二节　市场风险衡量方法

市场风险管理的基础和核心是对风险的定量分析和评估。市场风

① 文海兴．期货交易法律研究．北京：法律出版社，1995

险计量一般是通过对由某些随机参数的变化引起的目标变量如收益的变化进行数量分析,从而用数值描述。随着金融市场发展和金融理论成熟,市场风险计量方法也更为综合、复杂。主要有风险敏感度分析、波动性方法、VaR 法、压力测试和极值理论,其中 VaR 法是国际金融界使用的主要方法。

一、风险敏感度分析和波动性方法

(一)风险敏感度分析

风险敏感度分析是用于计量风险因素的变化对收益变化的影响程度的一种方法。风险敏感度等于收益改变量与风险因素变量之间的比值。如债券价格对利率变化一个单位的敏感度等于5,这一敏感度表明利率每变化1%,债券价格就相应地变化5%。如果把风险因素和收益用函数表示,敏感度分析实际上是偏导数的计算过程。

若设 $R = F(x)$,x 为风险因素向量,R 为收益,则:

$$\partial R/\partial Xi = \partial f/\partial Xi\,(i = 1, 2, \cdots, n)$$

敏感度只是一种近似估计,因为它只给出了当已知参数有微小改变时的价值变化。并且,它还是一种局部的计量方法,即价值还会根据其他自变量的变化而改变。

针对不同的金融市场因子和金融资产,存在着不同类型的敏感度。实际中常用的敏感度包括:针对债券(或利率性金融工具)的久期(duration)和凸性(convexity),针对股票的贝塔(β),针对衍生工具的得尔塔(Delta)、伽马(Gamma)、Theta、维加(Vega)、Rho 等。敏感度方法比较适合简单性金融工具在市场因子变化较小的情形,对于复杂的证券组合及市场因子的大幅度波动情形,敏感度方法或者准确性差,或者由于复杂而失去了其原有的简单直观性。①

(二)波动性方法

风险是未来收益的不确定性,实际结果偏离期望结果的程度。波动性方法测量了风险在一定程度上的不确定性。波动性是一种运用非

① 王春峰. 金融市场风险管理. 天津:天津大学出版社,2001

常普遍的统计学指标,计量风险收益对银行预期收益的离散程度,即这些变量的标准差。标准差数值越大,表明风险越大。由于标准差是随机变量方差的平方根,则方差定义为随机变量各个可能值与期望值之差的平方与其概率的乘积的代数和。计算公式为:

$$\delta = \sum_{i=1}^{n} P_i [R_i - E(R)]^2$$

波动性广泛用于计量随机变量对均值的离散度,无论是否属于正态分布,波动性都可以根据其历史数据计算出来。但波动性有两个不足之处,一是波动性只描述了收益的偏离程度,却没有描述偏离的方向,实际中人们更关注负偏离;二是波动性并不能反映证券组合的精确损失。对于随机变量统计特性的完整描述需要引入概率分布。①

二、风险价值(VaR)

(一)风险价值(VaR)的产生

20世纪90年代以来,随着经济全球化和金融自由化,国际金融市场的波动性不断加剧,金融工具所蕴含的风险结构越来越复杂。金融机构经营范围从地理空间到业务品种都在不断扩大,各金融机构之间竞争发生了根本变化,从过去的资源掠夺转变为内部管理与创新方面的竞争,国际金融机构所承担的风险更加广泛、复杂。金融机构管理者深切感到难以全面衡量和掌控金融风险,客观实际情况对金融风险的评估和衡量水平相应提出了更高要求。发达国家的各大银行、证券公司和其他金融机构为防范、化解金融风险,积极研发衡量风险的新技术。如:G30集团和J. P. Morgan等研究和发展的风险价值(VaR);风险调整的资本收益法;美国J. P. Morgan与德意志摩根建富、美国银行、瑞士银行、瑞士联合银行和BZW共同研究,推出的评估银行信贷风险的证券组合模型CreditMetrics;美国华盛顿国际金融研究所提出的标准计量信用风险模型;巴塞尔委员会的新资本协议等。

在众多的风险管理技术和方法中,由J. P. Morgan等研发的风险价值(VaR)尤其引人注目。当时J. P. Morgan的董事长丹尼斯·韦瑟斯通(DennisWeatherstone)要求下属每天下午在当天交易结束后的4时15分,

① 王春峰.金融市场风险管理.天津:天津大学出版社,2001

交给他一份报告说明公司在未来24小时内全球业务潜在的损失有多大。于是风险管理人员研发出能衡量不同交易、不同市场风险,并能将这些风险以一个数值来体现的风险价值(VaR)。风险价值(VaR)一经提出就以其对风险衡量的科学、实用、准确、综合的特点受到国际金融界包括巴塞尔委员会的认同和普遍欢迎。

1995年巴塞尔委员会在《关于市场风险资本要求的内部模型法》、《关于使用"返回检验"法计算市场风险资本要求的内部模型法的监管架构》文件中,同意具备条件的银行可采用内部模型为基础,计算市场风险的资本金需求,并规定将银行利用得到批准和认可的内部模型计算出来的VaR值乘以3,可得到适应市场风险要求的资本数额的大小。国际清算银行也允许各国银行使用自己的内部模型来衡量应有的针对市场风险的资本充足率,其前提是这些模型必须以VaR风险框架为基础。

《巴塞尔新资本协议》进一步规定:监管当局允许银行考虑证券头寸的相关性,使用VaR模型计算回购交易中风险敞口和抵押品的价格波动。但新资本协议强调,商业银行必须在监管当局认为该商业银行达到了1996年市场风险修正案市场风险内部模型的要求,才能使用VaR模型方法。可以说VaR法是《巴塞尔新资本协议》的技术基础之一。

我国已接受和使用风险价值(VaR)法。《中国银行业监督管理委员会商业银行市场风险管理指引》规定:"风险价值已成为计量市场风险的主要指标,也是银行采用内部模型计算市场风险资本要求的主要依据。"

(二)风险价值(VaR)的定义与计算原理

1. 风险价值(VaR)的定义

风险价值(Valueat Risk,简称VaR)是指正常的市场条件下和给定的置信水平(confidence interval)上,某一金融资产或证券组合在未来特定的一段时间内市场风险大小和可能遭受的最大价值损失,译为"风险价值"或"在险价值"。《中国银行业监督管理委员会市场风险管理指引》中关于Value at Risk (VaR)采用"风险价值"译法,《指引》规定:"风险价值是指在一定的持有期和给定的置信水平下,利率、汇率等市场风险要素发生变化时可能对某项资金头寸、资产组合或机构造成的潜在最大损失。"VaR 也可采用公式定义如下：

$$P(\Delta W > -VaR) = c$$

其中 c 表示置信水平，ΔW 表示资产组合未来价值的变化，是一个随机变量，- VaR 表示损失的最大值（损失值为正）。

与传统风险度量的手段不同，VaR 是基于统计分析基础上的风险管理技术，是对市场风险的总结性评估，它考虑了金融资产对某种风险来源（如利率、汇率、商品价格、股票价格等基础性金融变量）的敞口和市场逆向变化的可能性，根据资产组合价值变化的统计分布图，直观地找到与置信度相对应的分位数，即 VaR 值。所以，VaR 最早是用来度量市场风险的，后来以 JP. Morgan 为代表的跨国金融机构投入巨资开发了基于 VaR 理念的风险管理技术和软件产品（如 Riskmetrics），并引用到信用风险管理等领域。

2. VaR 法的计算原理

第一，数值 VaR（numerical VaR）

数值 VaR 的计算方法是，定义初始投资为 P_0，R 为未来持有期的收益率变量，则在持有期末，财富价值可以表示为 $P = P_0(1 + R)$。定义收益率的期望为 μ，方差为 σ。在给定置信水平 c 下的财富 $P^* = P_0(1 + R^*)$，则相对均值的 VaR 为：

$$VaR_R = E(P) - P^* = -P_0(R^* - \mu)$$

如果不以组合价值的均值（期望回报）为基准，可以定义绝对 VaR 为：

$$VaR_A = P_0 - P^* = -P_0 R^*$$

这两个 VaR 是等价的，绝对 VaR = 相对 VaR - $P_0\mu$。

根据以上定义，计算 VaR 就相当于计算最小值 P^* 或最低的回报率 R^*。考虑证券组合未来日回报行为的随机过程，假定其未来回报的概率密度函数为 f(p)，则对于某一置信水平 c 下的证券组合最低值 P^*，有

$$c = \int_{P^*}^{\infty} f(p)\,dp$$

或

$$1 - c = \int_{-\infty}^{P^*} f(p)\,dp$$

这种表现方式对于任何分布都是有效的，分布是离散还是连续、厚尾还是瘦尾的前提下均成立。

第二，参数 VaR（porametric VaR）

大多数金融资产的波动近似有正态分布的特征，在这个假设下可以用参数估计的方法如方差、均值等来计算 VaR，因为正态分布完全由均值和标准差确定。

首先，把一般的分布 $f(p)$ 变换为标准正态分布 $\phi(\varepsilon)$，其中 ε 的均值为 0、标准差为 1。假设组合回报在某个分界点上的回报率为 R^*，由于是在风险损失的框架之内讨论问题，一般来说 R^* 是负的，因此可以表示为 $-|R^*|$。进一步，把 R^* 和标准正态的偏离 $\alpha>0$ 联系起来，即：

$$-\alpha=\frac{-|R^*|-\mu}{\sigma}(\alpha>0)$$

此式表示一种距离对应关系，即一般正态分布的某个分界点距离其均值的距离，可以表示为其标准差的倍数，该倍数乘子即对应的标准正态分布在该临界点上的差数。这等价于：

$$1-c=\int_{-\infty}^{P_0}f(p)\,dp=\int_{-\infty}^{-|R*|}f(p)\,dp=\int_{-\infty}^{-\alpha}\phi(\varepsilon)\,d\varepsilon$$

上式中 α 是置信度 c 下标准正态分布所对应的值。这样，求 P^* 就转化为求 α，这个值可以直接通过累积正态分布表求得：

$$N(d)=\int_{-\infty}^{\alpha}f\phi(\varepsilon)\,d\varepsilon$$

累积密度函数 $N(d)$，它是从 $0(d=-\infty)\sim1(d=+\infty)$ 的单调函数，当 d 为 0 时函数值为 0.5。

在标准正态分布下，当给定一个置信水平如 95%，则对应 $\alpha=1.65$，于是就可以计算出相应的最小回报 R^* 和 VaR。最小回报可以表示为：

$$R^*=-\alpha\sigma+\mu$$

假定参数 μ 和 σ 是一天的时间间隔上计算出来的，则时间间隔为 Δt 的相对 VaR 为：

$$VaR_R=-P_0(R^*-\mu)=P_0\alpha\sigma\sqrt{\Delta t}$$

因此，VaR 是分布的标准差与由置信水平确定的乘子的乘积。

同理，对于绝对 VaR 有如下形式：

$$VaR_A=-P_0R^*=P_0(\alpha\sigma\sqrt{\Delta t}-\mu\Delta t)$$

这种方法可以推广到正态分布和其他的累积概率函数，其中所有的不确定性都体现在 σ 上,其他的分布会得到不同的 α 值。①

(三)VaR 的衡量方法

1. VaR 的衡量基础

要确定一个金融机构或资产组合的 VaR 值或建立 VaR 模型,必须确定持有期和置信水平这两个参数,任何 VaR 只有在给定这两个参数的情况下才有意义。

第一,持有期。持有期是计算 VaR 的时间范围,即衡量回报波动性和关联性的时间单位。因为随着时间延长资产价格的波动性也必然增加,二者是正相关关系。持有期应根据组合调整的速度来具体确定,如:度量市场风险,持有期通常为 1 天或 1 个月;而度量信用风险,持有期常常选择半年或 1 年。巴塞尔委员会出于风险审慎监管的需要,在 1997 年底生效的资本充足性条款中,选择了两个星期(即 10 个交易日)的持有期限。

第二,置信水平。置信水平并非越高越好,要依赖于对 VaR 验证的需要、内部风险资本需求、监管要求及在不同机构之间进行比较的需要。置信水平过低,损失超过 VaR 值的极端事件发生的概率过高,这使得 VaR 值失去意义;置信水平过高,超过 VaR 值的极端事件发生的概率可以得到降低,但统计样本中反映极端事件的数据也越来越少,这使得对 VaR 值估计的准确性下降。实际中置信水平一般选择 95% ~99% 之间,巴塞尔委员会选择的置信水平是 99%。

2. VaR 的衡量方法

经典 VaR 方法衡量的是市场波动下的最大可能损失,其计算核心在于估计证券组合未来损益的统计分布或概率密度函数。这一过程由三个基本模块构成:第一模块是映射过程。把组合中每一种头寸的回报表示为其市场因子的函数;第二模块是市场因子的波动性模型。预测市场因子的波动性;第三模块是估值模型。根据市场因子的波动性估计组合的价值变化和分布。不同的波动性模型和估值模型构成了计算 VaR 的不同方法。如历史模拟法、方差—协方差法、蒙特卡罗模拟法、情景分析、RiskMetrics 方法、GARCH 模型、隐含波动性模型、随机波

① 王春峰. 金融市场风险管理. 天津:天津大学出版社,2001

动性模型。最典型的是历史模拟法、方差—协方差法、蒙特卡罗模拟法。《中国银行业监督管理委员会商业银行市场风险管理指引》第20条规定的市场风险内部模型调整技术就是历史模拟法、方差—协方差法和蒙特卡罗法这3种方法。

第一,历史模拟法(Historical Simulation Method)

历史模拟法是根据市场因子的历史样本模拟资产组合的未来损益分布,利用分位数给出一定置信水平下的VaR估计。其核心在于用给定历史时期所观测到的市场因子的波动性来表示市场因子未来变化的波动性。在这种方法下,VaR值直接取自于投资组合收益的历史分布,而组合收益的历史分布又来自于将组合中每一金融工具的盯市价值表示为风险因子收益的函数。因此,风险因子收益的历史数据是该VaR模型的主要数据来源。历史模拟法简单直观、易于解释,可有效地处理非线性组合(包括期权的组合),常被监管者选作资本充足性的基本方法。1993年8月,巴塞尔委员会制定的银行资本充足性资本协议就是以历史模拟法为基础的。

历史模拟法的主要计算步骤:(1)映射,即首先识别出基础的市场因子,收集市场因子适当时期的历史数据,并用市场因子表示出证券组合中各个金融工具的盯市价值。(2)根据市场因子过去N+1个时期的价格时间序列,计算市场因子过去N+1个时期价格水平的实际变化(得到N个变化水平)。假定未来的价格变化与过去完全相似,即过去N+1个时期价格的N个变化在未来都可能出现,这样结合市场因子的当前价格水平可以直接估计市场因子未来一个时期的N种可能价格水平。(3)利用证券定价公式,根据模拟出的市场因子的未来N种可能价格水平,求出证券组合的N种未来盯市价值,并与当前市场因子的证券组合价值比较,得到证券组合未来的N个潜在损益——损益分布。(4)根据损益分布,通过分位数求出给定置信度下的VaR。

历史模拟法的优缺点:(1)历史模拟法的优点是,方法概念直观、计算简单、有利使用,可用电子表格编程实现,风险管理者和金融监管当局易于接受;可有效处理非对称和厚尾问题;无需估计波动性、相关性等参数,避免了参数风险;可较好地处理非线性、市场大波动的情况,捕捉各种市场风险。(2)历史模拟法的缺点是:该法假设市场因子将来变化与过去变化完全一致,服从独立同分布,概率密度函数不随时间变化而变化,但实际中金融市场将来与历史变化未必一致;历史模拟法需要的样本数据不能少于1500个，样本量太少，VaR的估计值精确度难以保证，较长时间的样本虽可增加VaR估计的稳定性，但由于包含过多旧信息，可能会违反损益独立同分布的假设前提，存在着两难困境；历史模拟法计算出的VaR波动性较大，会导致VaR值严重高估；难以进行灵敏度分析和压力测试；当组合较为庞大且结构复杂时，这一方法要求有相当的计算能力。

第二，方差—协方差法（Variance Covariance Approach）

方差—协方差法也称分析方法，是VaR计算中最为常用的方法。它假定风险因子收益的变化服从特定的分布，然后通过历史数据分析和估计该风险因子收益分布的参数值，得出整个投资组合收益分布的特征值。根据证券组合价值函数形式的不同，方差—协方差法分为两大类：Delta－类模型和Gamma－类模型。与历史模拟法相比，方差—协方差法的一个明显区别是，后者只反映了风险因子对整个组合价值的一阶线性影响，即Delta。而对非线性的关系，如期权的Gamma并没有考虑进去。

在Delta－类模型中，证券组合的价值函数均取一阶近似，但不同模型中市场因子的统计分布假定不同。如Delta－正态模型假定市场因子服从多元正态分布；Delta－加权正态模型使用加权正态模型（WTN）估计市场因子回报的协方差矩阵；Delta－GARCH模型使用GARCH模型描述市场因子。

Gamma－类模型是由Delta－类模型发展而来的，通常称之为Delta－Gamma模型。Gamma正态模型与Delta正态模型类似，不同之处在于Gamma近似使用泰勒二阶展开形式描述组合的价值函数，可以更好地捕捉组合价格变化的非线性特征，对期权等凸性资产的计算优于Delta－类模型。

方差—协方差法的基本步骤是：（1）确定分布和损益曲线。在方差—协方差分析法中，风险管理者需要假定市场因子概率分布的形状以及交易中组合的损益曲线。方差—协方差法假定标的价格服从正态分布（而且单个观测之间序列相互独立）。由于是正态分布，所有的历史信息都可以总结在市场因子的期望、方差和协方差中，所以用户不需要保有所有的历史数据。它还假设组合中的所有交易的价值曲线都是线性的。这使得组合价值变化服从正态分布。（2）将组合中的交易分解为较为简单的"标准交易"。方差—协方差法是基于组合中的金融工具可以被分解—"映射"成一系列只暴露于一个市场因子的较简单的工具的思想上的。(3)风险管理者必须使用历史数据估计标准交易的方差—协方差。(4)计算在险价值。如果所有市场因子都假定为服从正态分布,而且如果组合中所有交易的损益曲线都是线性的,组合也可以假定为服从正态分布。

方差—协方差法优缺点:其优点是不需要定价模型,数据易于收集,有已开发的现成软件;其缺点是现金流的分解可能会很复杂,不能进行敏感性分析,不能对期权提供可靠的风险衡量。

第三,蒙特卡罗模拟法(Monte Carlo Simulation)

蒙特卡罗模拟法也称随机模拟方法(random simulation),用市场因子的历史参数产生市场因子的未来波动的大量可能路径。其原理与历史模拟法相类似,不同之处在于不是根据历史观测值,而是通过模拟市场因子的随机变化来计算几千个不同场景下的收益率。由于蒙特卡罗法的全值估计、无分布假定等特点及处理非线性、非正态问题的强大能力和实际应用的灵活性,被认为是计算 VaR 最有效最全面的方法,近年来被广为使用。

与前两种方法比,蒙特卡罗模拟法计算比较复杂。基本步骤是:(1)针对实际问题建立一个简单且便于实现的概率统计模型,使所求的解恰好是所建模型的概率分布或其某个数字特征;(2)对模型中的随机变量建立抽样方法,在计算机上进行模拟试验,抽取足够的随机数,并对有关的事件进行统计;(3)对模拟试验结果加以分析,给出所求解的估计及其精度(方差)的估计;(4)必要时还应改进模型以提高估计精度和模拟计算的效率。

蒙特卡罗模拟法的优缺点:(1)这种方法的优点是,可产生大量情景,比历史模拟法更精确、可靠;可以处理非线性、大幅波动和厚尾问题;可模拟回报的不同行为和不同分布。(2)缺点在于,产生的数据序列是伪随机数,可能导致错误结果;随机数中存在群聚效应而浪费了大量观测值,降低了模拟效率;依赖于特定的随机过程和所选择的历史数据;计算量大,计算复杂,具有模型风险。

(四)VaR 的特点与局限性

1. VaR 的特点

第一,VaR 将多种市场风险换算成一个用货币计量的指标数值即

VaR值,是一个可以直接与收益匹配的数字,简单明了地表示了市场风险的大小,单位是美元或其他货币,没有专业背景的投资者和管理者都可以通过VaR值对金融风险进行评判。不仅让投资者知道发生损失的规模,而且知道其发生的可能性。为金融机构高层管理者比较不同业务部门风险敞口的大小、基于风险调整的绩效评估、资本配置、风险限额的设定等提供了一个简单可行的办法。这是其他市场风险衡量方法所不具备的。

第二,随着金融产品的多元化,一个投资组合往往由不同的部分组成,传统的灵敏度等方法只能适用于单一产品、单一风险的风险测量,不能汇总不同市场风险因子、不同金融工具的风险敞口。VaR将投资组合的价值设置为其所有市场风险因子的函数,可以测量不同市场因子、不同金融工具构成的复杂信用资产组合和不同业务部门的总体市场风险大小,衡量范围包括利率风险、汇率风险、股票价格风险、商品价格风险和衍生金融工具风险在内的各种市场风险。因此,金融机构可以用一个具体的指标数值全面地反映金融机构整体风险状况,有利于金融机构高层管理者对风险的统一管理;金融监管机构据此也可以对金融机构的市场风险资本充足率提出统一要求。

第三,VaR既可以用于风险衡量,也可以用于业绩评估。目前世界已有超过1000家的银行、保险公司、投资基金、养老金基金以及非金融公司采用VaR方法作为金融衍生工具风险管理的手段。利用VaR进行风险衡量,可以使每个具体使用者或金融机构都能确切地了解他们在进行有多大风险的资产组合,并可以使每个具体使用者或金融机构设置VaR限额,控制过度行为造成资产损失。VaR还可以用于业绩评估,因为在金融投资中,高收益总是伴随着高风险,交易员可能不惜冒巨大的风险去追逐巨额利润,银行出于稳健经营的需要,必须对交易员可能的过度投机行为进行限制。所以有必要引入考虑风险因素的业绩评价指标。①

第四,通过调整置信水平,可以得到不同的VaR值,使金融机构管理者能更清楚地了解到金融机构在不同程度上的风险情况。由于VaR用规范的统计技术来全面综合地衡量市场风险,更能准确地反映金融

① 宗良,姜华.国际银行风险管理的发展及主要新方法.www.finance-cn.com

机构面临的风险状况,大大增加风险管理系统的科学性。

2. VaR 的局限性

第一,VaR 模型较为复杂,计算量较大。监管当局对于模型的有效性检验十分困难,模型中存在的问题可能无法及时发现和解决。VaR 的计算需假定市场收益率变动服从正态分布,除此之外不再依据任何特定的假设,需要从过去的数据引申出商品价格变化的标准偏差,这要求市场变化一定具有连续性,将未来的市场价格作为过去市场价格的延伸。正常市场条件下资产的交易数据是连续的且比较丰富,使用 VaR 模型较为有效。但是,当市场远离正常状态、交易的历史数据变得稀少时,使用 VaR 模型衡量市场风险就不合时宜了。当市场发生危机急剧下跌时,实际发生的市场变动一般会超过模型在正常概率条件下的损失值,资产价格的关联性被割断、流动性消失、流动性风险加大、价格数据无法得到,这种情况下 VaR 无法有效衡量市场风险,就要采取其他方法如进行压力模型分析来弥补 VaR 的不足。①

第二,VaR 是基于金融资产的客观概率,即历史模拟法、方差—协方差法、蒙特卡罗模拟法等方法,对金融资产或投资组合的风险计算是依据过去的收益特征进行统计分析来预测其价格的波动性和相关性,从而估计可能的最大损失的。由于完整的金融风险管理包括风险的识别、测定和控制三个过程,最终目的是对一定量风险进行有效控制,这就涉及风险管理者的风险偏好和风险价格因素。客观概率是无法反映风险管理者本身对风险的意愿或态度,无法决定风险管理者在面临一定量的风险时,愿意承受和应该规避的风险数额。而完整的风险管理不仅要计量出面临风险的客观的量,还要囊括风险承担主体对风险的偏好,才能真正实现风险管理的最优均衡。所以,基于金融资产客观概率的 VaR 方法存在着计量死角。

第三,VaR 方法衡量市场风险时,伴随着模型风险。所谓模型风险是指由于同样的 VaR 模型可以使用历史模拟法、方差—协方差法、蒙特卡罗模拟法、情景分析等不同的方法,来得到资产收益的不同的概率分布,这样会对同样的资产组合得到不同的 VaR 值,造成 VaR 的可靠性打

① 陈忠阳. 金融市场风险管理的 VaR 体系. 资本市场评论. 2000 年 5 月

折扣。[1] 实践中就可能出现这种情况：如果市场上的其他投资机构与本国央行或监管当局采用的模型方法不同，或数据参数获取的渠道不一致，则各自的测量结果就会存在差异，降低 VaR 模型的有效性。[2] 巴塞尔委员会根据这种情况，要求金融机构使用返回检验来检验所使用的 VaR 模型的有效性。同时模型的使用需要投入较大的资金，增加商业银行的经营成本。

第四，VaR 的产生就是用来衡量市场风险的，是一种试图将金融机构或投资组合所面临的利率、汇率等不同种类市场风险用一个数字表示的方法。所以，它对市场上的突发性风险、操作风险、法律风险等难以进行量化。目前，随着信用风险计量模型的发展，国际金融界正在逐步将 VaR 分析方法引入信用风险管理领域。

三、压力测试、事后检验与极值理论

鉴于 VaR 模型的缺陷，对 VaR 模型的不足进行弥补，对其有效性进行检验是非常必要的。目前国际金融界主要使用压力测试来弥补其不足，用事后检验来检验 VaR 模型的有效性。

（一）压力测试

VaR 较为准确地测量了金融市场正常波动情况下资产组合的市场风险，但实际金融市场中常常出现极端情形，如市场崩溃、金融危机、政治巨变或自然灾害等。极端事件发生使 VaR 赖以成立的假定和计算的参数发生了巨大变化，VaR 的估计就存在较大误差。尽管极端事件发生概率很小，但风险管理人员必须认真对待，极端事件带来的损失往往是灾难性的。因此，必须采用一种方法度量资产价格极端变动时的情景，压力测试应运而生。

所谓压力测试是指将整个金融机构或资产组合置于某一特定的极端市场情况之下，测试该金融机构或资产组合在这些关键市场变量突变的压力下的表现状况，看是否能经受得起这种市场的突变。压力测

① 中国人民大学中国财政金融政策研究中心．现代金融风险管理技术的发展．www. frc. com. cn

② 王春峰．金融市场风险管理．天津：天津大学出版社，2001

试主要用来估算突发的小概率事件等极端不利情况可能对银行造成的潜在损失，如在利率、汇率、股票价格等市场风险要素发生剧烈变动、国内生产总值大幅下降、发生意外的政治和经济事件或几种情形同时发生的情况下，银行可能遭受的损失。《中国银行业监督管理委员会商业银行市场风险管理指引》第22条规定：商业银行应当建立全面、严密的压力测试程序，定期对突发的小概率事件，如市场价格发生剧烈变动，或者发生意外的政治、经济事件可能造成的潜在损失进行模拟和估计，以评估本行在极端不利情况下的亏损承受能力。压力测试应当包含定性和定量分析。压力测试的主要方法有：情景分析、历史模拟、压力VaR、系统压力测试。

第一，情景分析。情景分析是最常用的压力测试方法，目的在于评估金融市场中的某些特殊情景或事件对资产组合价值变化的影响，特殊情景或事件指过去或将来可能发生的经济变动、政权瓦解、领导人去世、美元汇率变动等。情景分析给出了某种特殊市场情景下资产组合的损失，但没有指明损失发生的概率，而VaR指明了不利事件发生的概率，却没有说明不利事件发生时的实际损失到底有多大，因此，情景分析与VaR二者互补。在情景分析过程中要注意考虑各种头寸相关关系和相互作用。情景分析包括情景构造和情景评估两大步。

情景构造是情景分析的基础，目的在于产生金融市场的某些极端情景。这些极端情景包括资产价值极端损失的情景、市场因子波动性和相关性的极端情景等。情景评估是指完成极端市场情景构造后，评估该极端情景的发生对资产组合价值变化的影响和后果。情景评估的主要方法包括基于灵敏度的情景评估和全值情景评估两种。前一种主要是利用资产头寸对市场因子的灵敏度，分析市场因子的极端变化对资金头寸的影响。实际中，对于复杂的资产组合通常采用后一种方法，即利用定价公式对市场因子发生大幅波动后的资产组合重新估值，减去原资产组合价值，就得到了这种情景下资产组合的损失。①

第二，历史模拟。历史模拟是运用真实的历史上曾经发生过的极端事件来模拟资产组合的价格波动。借助历史模拟的情景检验只需要确定过去的某一段时间，这段时间的价格变动将对今天资产组合价值

① 王春峰．金融市场风险管理．天津：天津大学出版社，2001

产生大的改变。历史模拟使得对什么样的价格变动导致了这个极端损失的判别准确而简便。另一个可以借助历史模拟进行的情景分析是度量价格波动的不利趋势对资产组合的影响,其中任何一个价格波动本身是不被考虑的。历史极端事件包括极端金融市场事件及引发了金融市场大幅震荡的政治、经济事件和自然灾害等。这些历史事件常用作构造金融市场未来极端情景的基础。

第三,压力 VaR。决定 VaR 的关键参数包括波动性、相关性、持有期。VaR 的参数发生变化,将导致数量发生变化。在极端市场情景下,这些参数与正常市场情况下有很大差异,因此,构造这些参数的极端情景、估计在这些极端情景下的 VaR,对资产管理者准确理解其资产组合面临的潜在风险具有重要意义。压力 VaR 包括变化着的各种价格变动集合的波动率和相关系数。

第四,系统压力测试。系统压力测试的主要思想是,用不同资产、不同程度的大幅波动构造一系列的极端情景,并评估这些极端情景对资产组合价值的影响,从而产生一系列的压力实验结果集合。通过这种方式可以鉴别将导致银行承受巨大金融损失的情景。

系统压力测试主要包含压力测试风险类型的确定和价格波动水平的确定这两个基本问题。(1)压力风险类型是指对何种风险进行压力测试,它取决于不同资产组合的风险特征。实证表明确定压力测试时必须首先识别资产组合面临的风险类型,压力测试时必须全面考虑这些不同类别的市场因子。(2)价格波动性水平确定的方法主要是考察每一个市场因子在特定时期的历史情况,确定出该市场因子的历史最大波动和近期的最大波动,并根据当前市场情况及其主观经验进行选择。

(二)事后检验

比分析 VaR 数值的敏感性更重要的,是进行 VaR 的事后检验或译为返回检验(back testing)。《中国银行业监督管理委员会商业银行市场风险管理指引》第 21 条规定:商业银行应当定期实施事后检验,将市场风险计量方法或模型的估算结果与实际结果进行比较,并以此为依据对市场风险计量方法或模型进行调整和改进。由于 VaR 只是一种依据历史数据或假定的统计参数和分布建立的统计预测模型,其对未来风险状况的预测是否准确、有效是需要检验的。事后检验是指将实际的数据输入到被检验的模型中去，然后检验该模型的预测值与现实结果是否相同，并根据检验结果对计量方法或模型进行调整和改进的过程。通过将实际损失与由 VaR 产生的极端损失相比较，风险管理者可以了解 VaR 模型是否合适。

事后检验中，风险管理者所要关注的是，当实际损失超过 VaR 的数值时，原因是 VaR 方法的缺陷，还是当时发生了统计理论中的置信区间之外的小概率事件。如果是后者，这一事件是代表了概率分布曲线尾部的一点，还是概率分布发生了变化。如果分布发生了变化，这种变化是暂时性的还是永久性的。目前，事后检验作为检验市场风险计量方法或模型的一种手段还处在发展过程之中。不同银行采用的事后检验方法以及事后检验结果的解释标准均有所不同。

CIBC 世界市场部执行董事查尔斯 · W. 史密森关于实际损失可能超过 VaR 的程度作了深入研究，见下表：

表 5－1　超过 VaR 的结果的规模

	VaR 尾部事件的平均倍数 (95%/99% VaR)	VaR 尾部事件的最大倍数 (95%/99% VaR)
历史模拟法		
125 天	1.48/1.48	3.91/2.58
500 天	1.44/1.37	4.09/2.48
方差—协方差法等		
权重加权		
125 天	1.38/1.44	3.59/2.50
500 天	1.38/1.46	3.86/2.70
指数加权		
λ＝0.94	1.41/1.44	3.58/2.48
λ＝0.99	1.35/1.40	3.55/2.47

资料来源：Hendricks(1996)

该表显示，平均而言一个 95% 的 VaR 可能被超过 35% 到 48%。而且，损失超过 VaR 的日子中，其中 5% 的时间里损失可能会达到 95% VaR 的 4 倍。

关于事后检验，巴塞尔委员会建立了解释事后检验结果的监管框架。该框架根据事后检验的结果偏离模型预计值的幅度，将模型的有效性分为绿色、黄色和红色三种区域，分别表示未显示模型质量和准确性存在问题的检验结果、提出有效性问题但结果不确定的检验结果和几乎可以肯定该模型有问题的检验结果。鉴于事后检验对于评估 VaR 模型的重要性和越来越多的金融机构运用 VaR 来衡量市场风险，巴塞尔委员会要求已使用 VaR 内部模型的金融机构定期对其模型进行事后检验，以保证 VaR 模型衡量风险的有效性和金融监管的有效性。

（三）极值理论

前面所介绍的模型，其适用前提是正常情况下的市场环境。而商业银行经营实践中，引发风险的因素往往是极端事件，即小概率事件。极端事件的发生会给商业银行带来灾难性的损失。为解决这一问题，国际金融界使用极值理论模型来估计风险值。

极值理论（extreme value theory，简称 EVT）是测量极端市场情况下风险损失的一种常用方法。EVT 采用统计理论和方法，关注分布的尾部行为，给出了极端条件下的 VaR 与概率水平的准确描述，如果有比较丰富的历史数据，则比单纯构造极端市场情景的压力试验效果更好。

EVT 主要包括两类模型——传统的分块样本极值（Block - maxima）模型和近年来发展起来的超越极值 POT（Peaks Over Threshold）模型。

1. 分块样本极大值的极值理论（Block - maxima）

分块样本极大值模型，即在连续的人为划分的各个区间段中考虑其极大观察值构成的极端事件。模型对大量同分布的样本分块后的极大值进行建模。

假定一个独立同分布的随机变量序列为 $X_1, X_2, \cdots$ 它们来自同一个未知分布 F，用 $M = \max(X_1, \cdots, X_n)$ 表示前 n 个观测值的最大值，进一步假定能找到实数序列 $a_n > 0$，b_n 使得正规化的最大值序列 $(M_n - b_n)/a_n$ 是依分布收敛的，即对某个非退化的分布函数 H(x)，当 $N \to \infty$ 时，称 H(x) 为一个极大值分布（简称极值分布），如果有：

$$P\{(M_n - b_n)/a_n \leqslant x\} = F^n(a_n x + b_n) \xrightarrow{d} H(x)$$

则称 H(x) 为一个极大值分布，同时称 F 处于 H(x) 的最大吸引场中，记为 $F \in MDA(H)$。

第一，广义极值分布（Generalized Extreme Value 分布，简称 GEV 分布）

极值分布族可以归纳为一个单参数的分布，称为广义极值分布。其函数为：

$$H_{\zeta}(x)=\begin{cases}\exp(1-(1+\zeta x)^{-1/\zeta})\cdots\cdots(\zeta\neq 0)\\ \exp(-e^{x})\cdots\cdots\cdots\cdots\cdots\cdots\cdots(\zeta=0)\end{cases}$$

上式中，x 满足 $1+\xi x>0$，ξ 是最重要的，指形状参数，定义所使用的特定分布。$\xi=0$ 的情形是 $\xi\to 0$ 时的极限分布函数。形状参数三种状态分别对应三种重要的极值分布。即：

Frechet 分布：$\phi_{\zeta}(x)=\begin{cases}0 & 若\ x\leqslant 0\\ e^{-x^{-\zeta}} & 若\ x>0\end{cases}$，　$\zeta>0$。$\zeta>0$ 的情况对商业银行最重要。极值理论在金融领域中的绝大部分应用都使用 Frechet 分布。

Weibull 分布：$\Psi_{\zeta}(x)=\begin{cases}e^{-(-x)^{-\zeta}} & 若\ x\leqslant 0\\ 0 & 若\ x>0\end{cases}$，　$\zeta<0$

Gumbel 分布：$\Lambda_{\zeta}(x)=e^{-e^{-\zeta}}$，$x\in R$，$\zeta=0$

第二，Fisher - Tippett 定理

Fisher - Tippett 定理描述了标准化样本极大值的极限行为。

定理 Fisher - Tippett：$F\in MDA(H)\Rightarrow H$ 是 ζ 的某种形式。

由此定理可知，若已知适当标准化的极大值序列依分布收敛，则其极限分布一定是参数取某特定值的广义极值分布 $H_{\zeta,\mu,\sigma}(x)$。

当 $\zeta=0$ 时，H_0 对应 Gumbel 分布，属于此吸引场的有正态分布、指数分布、Gamma 分布、对数正态分布，这类分布是薄尾分布；

当 $\xi<0$ 时，H_{ξ} 对应 Weibull 分布，属于此吸引场的是尾部较短的分布，如均匀分布、Beta 分布，很少应用于金融分析；

当 $\xi>0$ 时，H_{ξ} 对应 Frechet 分布，其吸引场的分布尾部较厚，如帕雷托分布、柯西分布、t 分布、对数 Gamma 分布以及各种混合分布，适合模拟实际对数回报数据的厚尾性。

分布属于 Frechet 分布吸引场的判定定理：对 $\xi>0$，$F\in MDA(H)\Leftrightarrow$ 存在某个缓慢变化的函数 $L(x)$，使 $1-F(x)=x^{-1/\xi}L(x)$

Fisher - Tippett 定埋表明广义极值分布可用于拟合样本极大值的数据，但在实际不能满足数据的充足性时，极值理论发展到超越极值 POT。

2. 超越极值 POT（Peak Over Threshold）理论

POT 模型观测超越了一定人为根据研究要求划分的界限值的观察值以及它们所构成的极端事件。是对超过某个充分大的阙值的所有观测值进行描述与建模。

第一,广义帕雷托分布(GPD)

广义帕雷托分布可以视为广义极值模型的一种替代。

广义帕雷托分布函数有两个参数,

$$G_{\xi,\beta}(x)=\begin{cases}1-(1+\xi x/\beta)^{-1/\xi}\cdots\cdots\cdots(\xi\neq 0)\\1-\exp(-x/\beta)\cdots\cdots\cdots\cdots(\xi=0)\end{cases}$$

其中,$\beta>0$,当 $\xi\geqslant 0$ 时,$x\geqslant 0$;当 $\xi<0$ 时,$0\leqslant x\leqslant -\beta/\xi$。

$\xi>0$ 时,广义帕雷托分布是厚尾的,与金融风险测量最相关。其所有大于等于 $1/\xi$ 的各阶矩都是无限的,即对 $k\geqslant 1/\xi$,$E(X^k)$ 不是有限的,取决于 ξ 的值。

第二,Pickands - Balkama - de Haan 定理

Pickands - Balkama - de Haan 定理:对于每一个 $\xi\in R$,$F\in MDA(H_\xi)$,当且仅当对某个正的测量函数 $\beta(u)$

$$\lim_{u\to x_0}\ \mathrm{SUP}_{0\leqslant y\leqslant x_0-u}\ /F_u(y)-G_\xi,\beta(u)(y)\mid=0$$

其中,$F_u(y)=P\{X-u\leqslant y\mid X>u\}$ $(y\in[0,x_0-u])$,为超过 u 这一临届水平(由各银行根据自身特点确定)的过量损失所服从的分布。

此定理说明对充分大的阙值 u,超额数的分布可以用广义帕雷托分布近似。

极值理论并不是对整个分布进行建模,只关注尾部的近似表达。对分布尾部的估计方法可分为两类:基于 Hill 估计和 Hall 试算法的半参数方法,基于广义帕雷托分布的完全参数方法。①

极值理论对于单个的资产和指数是一个强有力的金融分析工具。一个著名的案例是,在 1987 年经济危机前,分析员把 Frechet 分布拟合到从 1960 年起的标准普尔 500 工业指数的年最大值,分析员使用该分布确定 50 年的收益水平,分析表明 50 年收益的置信区间介于 4.9% 和 24% 之间。为给出一个保守估计,分析员向高级管理层报告潜在损失时用最大值,即下跌 24%。高级管理层对此有怀疑,但随后的 1987 年经济危机

① Ariel y. leung. Granduate Student Economics Department Simon Fraser University. *Improving the Effectiveness of VaR Models by Combining Credility Theories.* www. google. com)

中,标准普尔 500 下跌了 20.4%。这是对极值理论在单个资产中如何有用的强有力实证。

极值模型允许风险管理者估计样本数据以外的高分位点风险损失,这一点是历史模拟法及蒙特卡罗模拟法都无法做到的。极值理论的主要优点是,可以准确描述分布尾部的分位数,也具有解析的函数形式便利计算;局限在于只适合于描述尾部的分布,同时存在大量历史数据的浪费,况且理论的某些假定条件(如样本极值独立同分布,幂指规则的假定等)与实际不完全相符,需要作进一步的验证。

四、我国引用 VaR 的现实意义与面临的问题

(一)我国引用借鉴 VaR 的意义

我国是一个新兴金融市场,随着商业银行、证券、货币、外汇、衍生等金融市场的逐步启动、放开和发展,市场机制将越来越发挥重要的作用。伴随而来的市场风险和市场风险管理,已成为经济主体和监管机构必须认真对待的课题。借鉴国际发达国家市场风险管理先进经验,避免或减少其他国家所犯过的错误,会加快缩小我国金融机构与发达国家金融机构的距离,保证金融机构稳健、安全、高效运行。

尤其是《巴塞尔新资本协议》实施后,国际上发达国家商业银行掌握着很多先进的诸如 VaR 法等风险管理技术,进而增强在国际金融市场上的竞争力。相反,风险管理落后、竞争力低下的发展中国家商业银行在国际金融市场上融资会更加困难。所以借鉴国际上广泛应用的 VaR 法,无疑具有十分重要的意义。

1. 抵御我国金融衍生交易的市场风险

金融衍生工具是以货币、债券、股票等传统金融商品为基础,以杠杆或信用交易为特征的金融工具。它既指一类特定的交易方式,也指由这种交易方式形成的一系列合约。金融期货、金融期权、远期、互换等都属于金融衍生工具。

金融衍生工具弥补了传统金融市场上证券投资组合、投资基金、保险服务的不足,能够规避风险、降低交易成本、减少信息的非对称和代理成本,促进风险管理手段的创新和金融业务的发展,在全球金融市场上被广泛应用。但同时,随着全球越来越多的商业银行和金融机构参与金

融衍生品市场，把各种衍生工具的风险重新包装在更加复杂的组合中，使衍生品再衍生出新的产品，造成衍生市场的风险剧增。特别是进入20世纪90年代，全球几乎每一场经济风暴和金融危机都与金融衍生品交易密切相关，给金融界带来无数的纷争和惨痛的教训。金融衍生品是20世纪最富争议的金融创举。如何利用金融衍生工具的积极作用，防止其消极影响，更好地为建设具有中国特色的社会主义市场经济服务，是我们所必须研究的。

我国一些银行已在国际金融市场上开展金融衍生交易，由于缺乏对金融衍生产品的市场风险管理经验，与发达国家银行相比，抵御市场风险的能力较差。国内金融市场近年来长足发展的同时，金融机构所面临的金融风险也不断加大，市场需要能够规避风险和便利交易的衍生产品，以满足不同层次的需要。但衍生金融工具是把双刃剑，其所带来的风险与传统金融工具相比更加复杂。因为金融衍生产品不仅要受到金融衍生市场上各种因素的影响，还要受到相应的现货市场、基础金融工具市场以及相关金融资产市场状况等多方面因素的影响。如前所述，因应经济主体计量、控制市场风险的需要，VaR 计量方法应运而生，在国际金融领域对市场风险进行定量计量上发挥着不可或缺的作用。所以，我们尽早研究、运用 VaR 风险管理技术管理金融衍生市场的战略措施，对于制定金融衍生市场规则、规范市场行为、管理市场风险等都具有重要的意义。

2. 促进我国货币市场的健康发展

货币市场是进行短期存贷款批发交易和短期金融工具交易的金融市场。货币市场对商业银行系统非常重要，它满足了银行对短期资金的需求以及短期结余资金的贷款和投资需求。货币市场之所以重要，还因为这些市场上的利率会影响到其他银行业务尤其是贷款的利率。包括美国、欧盟在内的许多国家都使用货币市场操作来影响国内利率水平。货币市场上的风险则集中表现为利率风险。

根据巴塞尔委员会《有效银行监管的核心原则》，利率风险是指银行的财务状况在利率出现不利的变动时面对的风险。其主要形式有重新定价风险、收益曲线风险、基准风险、期权性风险。利率风险是市场风险中的一种，是金融机构经营中面临的主要问题和无法回避的风险。最典型的案例是美国20世纪80年代利率市场出现剧烈波动而导致美国储贷协会破产。我国货币市场尚处于发展初期，其运行机制、机构设置、市场结构和内部构成等各方面均有待完善，货币市场风险很大。虽然我国金融机构存贷款利率没有完全放开，但同业拆借利率随着市场情况上下波动，1998 年我国同业拆借市场月度加权平均利率振幅高达 4.22 个百分点，利率风险可见一斑。我国国债二级市场将进一步放开，会有更多的金融机构进入银行间债券市场进行交易。在国债规模扩大、市场格局变化的同时，国债市场的利率风险管理日渐重要。

我国经济发展模式正处于制度转型的过渡时期，货币市场尚未定型，是一种动态的开放系统，内在的不稳定性特征尤为突出，更易出现失控现象。金融监管当局对货币市场的监督、控制、管理手段又处于相对薄弱状态。监管当局和市场主体若将 VaR 法与我国实际情况相结合，进行利率风险衡量、建立利率风险约束机制，将会有力地促进我国货币市场的健康发展。

3. 管理银行不良资产运营中产生的风险

20 世纪 80 年代以来，国际金融界许多银行都在不同时期不同程度上沉淀了不良资产。我国商业银行存在的大量不良资产尤为严重。主要表现是不良资产数额巨大、形成原因复杂、利益关系特殊、信用贷款占比高等。银行的巨额不良资产问题已成为威胁国家金融安全的重大隐患，影响国有企业和国有商业银行建立适应市场经济发展的新机制，使商业银行经营难以为继。处理不良资产、化解金融风险是我国银行业的当务之急。1999 年我国先后成立 4 家金融资产管理公司，以账面价格购入四大国有商业银行的不良资产，综合运用证券化、出售、置换、资产重组、债转股等方式处理和营运不良资产。这些措施中资产证券化是资产管理公司处置不量资产的主要做法。具体措施是资产管理公司收购商业银行不良资产后，对其进行重组、打包等技术性处理，资产管理公司发行公司债券并将这些债券推向市场，由企业法人和社会公众购买。这样就使已失去流动性的不良资产重新流动起来，为盘活国有商业银行的不良资产提供了一条有益渠道。此外，商业银行可将流动性差的贷款转化为可以交易的证券，使商业银行在不改变负债的情况下提高资产流动性。

已失去流动性的不良资产和流动性较差的贷款进入证券市场后，必然要受市场因素的影响，引发市场风险。如果没有相应的风险管理措施，信用风险就会转化为市场风险导致资产损失。VaR 方法管理控制市场风险的功能和作用，非常适宜作为资产证券化后的市场风险管理措施之一。VaR 法有效应用可以更好地推进我国商业银行不良资产的管理，提高商业银行资产的流动性，增强商业银行竞争能力。

4. 提高金融监管水平

在这方面最典型的例子就是巴塞尔委员会关于资本充足率的规定。自从以 J. P. Morgan 为代表的金融机构为加强内部风险控制和管理而提出 VaR 模型提出以来，巴塞尔委员会给予了高度关注。由于 VaR 模型提供了一种风险管理的思路，将金融机构面临的所有种类各异、形式多样的市场风险敞口加总为一个客观概率数值，使得隐性风险显性化，便于风险管理者操作和监管当局监管，委员会同意用 VaR 模型来衡量市场风险和确定相应的资本充足率。1996 年委员会颁布的《资本协议市场风险补充规定》要求，用于确定市场风险资本充足水平的内部模型必须是以 VaR 为基础的模型。金融机构用以抵御市场风险的资本要求的数值，由前一天的 VaR 值和前 60 天平均 VaR 值再乘以一个系数，这个系数是由金融监管当局根据其对金融机构风险管理系统质量的评估结果来具体决定的。巴塞尔委员会将 VaR 纳入金融监管体系，对金融监管产生了很大影响，强化了监管机构对金融机构的有效监管。

从我国情况来看，目前金融监管手段还比较单一，方法也比较落后，没能全面覆盖金融机构面临的所有经营风险。巴塞尔委员会关于 VaR 的规定内容对我国金融监管提出了新的要求，为保持与国际金融监管的同步，就要运用 VaR 等先进的风险监管手段，提高我国的金融监管水平。①《中国银行业监督管理委员会商业银行市场风险管理指引》对此做出了相应规定。《指引》第 35 条规定：银监会应当定期对商业银行的市场风险管理状况进行现场检查，现场检查的内容中就包括市场风险的识别、计量、监测和控制的有效性以及市场风险管理系统所用假设前提和参数的合理性、稳定性等。

（二）我国应用 VaR 所面临的问题

我国在多哈会议上加入 WTO 后，随着利率市场化、资本项目的开放以及衍生金融市场的建立，商业银行和其他金融机构所面临的市场风险越来越复杂。发达国家实践经验证明 VaR 模型具有可以综合度量市场风险的特点，所以在我国金融市场将具有广泛的应用空间。VaR 的应用

① 戴国强．金融市场风险度量的 VaR 方法．国际金融报．2000 年 1 月 31 日第 5 版

要求应用者必须具备一定的基础准备，在这方面我国现阶段存在着以下几个问题：

1. 如前所述，VaR 模型是建立在大量的历史数据基础上的。我国金融市场发展的历史较短、体制也不健全，金融历史数据的质量和数量都存在许多问题。在我国证券市场上，上市公司历史最长的只有 10 多年时间，许多股票只有 3 ~ 5 年甚至更短的历史，因此无法得到足够的累计历史数据，这是我国应用 VaR 模型所面临的最突出问题。而且，由于我国正处于经济转型过程中，股市盲从，市场炒作和信息负面的引导会引起市场大幅度的波动，数据的非正常波动会影响数据代表性，负面影响 VaR 分析和预测结果。

2. 我国目前还没有开放资本项目，人民币还没有成为完全可以自由兑换的货币。金融机构不能随意向国外发放贷款或投资于外国有价证券，除中国银行外，外汇资产和国际业务的比重相对较低。此外，我国实行的是有管理的浮动汇率制度，尽管人民币汇率由银行同业市场的供求决定，但这一市场受到货币管理部门的管理和调节，表现得相当稳定。

金融衍生工具的发展是促进风险量化管理模型发展的重要因素之一。目前我国金融衍生市场还没有形成，除商品期货市场外，其他衍生产品市场并不存在，银行等金融机构无法利用金融衍生产品来有效管理风险，也不用担心因从事衍生金融工具交易而带来的风险。

所以，现阶段我国商业银行和其他金融机构所面临的外汇风险不突出、金融衍生工具市场缺位，使金融机构研究、引用 VaR 等风险计量管理模型的内在动力不足。但我国已加入 WTO，随着金融市场逐步放开，给外国银行等金融机构造成巨大损失甚至倒闭的各种金融风险，将不可回避地摆在我国金融机构面前，居安思危，防患未然，我们必须认真对待金融风险，采取各种有效管理措施，保证金融机构稳健、安全、高效运行。

3. VaR 模型中，历史模拟法的主要数据来源是风险因子收益的历史数据、方差—协方差法反映了风险因子对整个组合的一阶线性影响、蒙特卡罗模拟法则通过随机产生的风险因子回报值来模拟组合的收益分布。所以 VaR 模型中历史模拟法、方差—协方差法、蒙特卡罗模拟法都需要确定风险因子。国际清算银行在市场风险指导原则中提出，风险因子主要包括货币风险、固定收入证券（利率）风险、股票风险、商品风险这 4 种类型。其中固定收入证券（利率）风险需要由一系列到期时点的现金流来表示,这些现金流是由不同期限的贴现率作为贴现因子来计算的,由于我国还没有实现利率市场化,给合理估计贴现因子带来了难度,直接影响 VaR 法的应用。①

第三节　第二支柱范围内商业银行利率风险

利率作为最基本的经济变量之一,历来是银行认真对待的重点。银行几乎所有的资产和负债交易都是以利率(利息)作为价格的。市场价格固有的波动性无疑会改变交易双方的成本与收益。所以利率风险是银行经常面临的又一重要风险。

一、利率风险的概念

(一)利率风险的概念与形式

1. 利率风险的概念

利率是一定时期之内利息额与借贷或交易的本金额的比率。关于利率风险,巴塞尔委员会《有效银行监管的核心原则》规定,利率风险是指银行的财务状况在利率出现不利的波动时所面临的风险。这种风险不仅影响银行的盈利水平,也影响银行资产、负债和表外金融工具的经济价值。

2. 利率风险的形式

关于利率风险的主要形式,巴塞尔委员会认为有以下几种:

第一,重新定价风险(repricing risk),也称期限错配风险,是最主要和最常见的利率风险形式。产生于银行资产、负债和表外头寸到期日(对固定利率而言)的不同及重新定价的时间不同(对浮动利率而言)。商业银行的资产和负债基本是以利率作为其价格或价格的组成部分,资产与负债之间的期限不是完全对称的。当利率发生不利变化时,银行就会因期限错配而面临重新定价风险。期限错配并非仅存在于存贷款之间,实际上银行整个资产负债结构都有可能存在期限错配问题。资产及负债的市值等于未来现金流的现值。当利率上升时,折现率上升,资产、负债的

① 景乃权,陈姝.VaR 模型及其在投资组合中的应用.财贸经济.2003 年 2 月 11 日

市值下降;当利率下降时,折现率下降,资产、负债的市值上升。例如,如果银行以短期存款作为长期固定利率贷款的融资来源,当利率上升时,贷款的利息收入是固定的,但存款的利息支出却会随着利率的上升而增加,从而使银行的未来收益减少和经济价值降低。

第二,收入曲线风险,产生于收入曲线的斜率和形状的变化。所谓收入曲线是指将各种期限债券的收益率连接起来而得出的一条曲线。曲线斜率的变化与经济周期波动密切相关。对商业银行而言,收入曲线是银行在融资定价中,选择以某种证券的市场收益率作为定价的基准利率时,由于该市场收益率的变化而引起银行资产负债利率的相应变化给其净利差带来的影响。例如,若以5年期政府债券的空头头寸为10年期政府债券的多头头寸进行保值,当收益率曲线变陡的时候,虽然上述安排已经对收益率曲线的平行移动进行了保值,但该10年期债券多头头寸的经济价值还是会下降。

第三,基准风险,即当其他重新定价特点相同时,因所依据的基准利率不同而产生的风险。对于银行来说,基准风险主要来源于不同的定价基准,或定价参考标准之间的非同步变化。银行交易性业务与基准风险的关系似乎更为密切。在日常的交易活动中,为了规避风险银行经常要对特定的头寸作套期保值或对冲处理。对冲都是以不同市场的基准为基础的,当不同的市场基准之间的利差发生不利的变化时,对冲的效果也受到影响。也有可能给银行造成资本损失。例如,一家银行可能用1年期存款作为1年期贷款的融资来源,贷款按照美国国库券利率每月重新定价一次,而存款则按照伦敦同业拆借市场利率每月重新定价一次。虽然用1年期的存款为来源发放1年期的贷款,由于利率敏感性负债与利率敏感性资产的重新定价期限完全相同而不存在重新定价风险,但因为其基准利率的变化可能不完全相关,变化不同步,仍然会使该银行面临着因基准利率的利差发生变化而带来的基准风险。

第四,期权性风险(即期权风险),是一种越来越重要的利率风险。产生于银行资产、负债和表外项目中的或隐含的各种期权风险。是银行的融资人通过购买期权的方式来获得在一定时期内对融资重新定价的权利,并在对自己有利的条件下行使这种权利而给银行带来损失的可能性。期权可以是单独的金融工具,如场内(交易所)交易期权和场外期权合同,也可以隐含于其他的标准化金融工具之中,如债券或存款的提前兑付、贷款的提前偿还等选择性条款。一般而言,期权和期权性条款都是在对买方有利而对卖方不利时执行，因此，此类期权性工具因具有不对称的支付特征而会给卖方带来风险。比如，若利率变动对存款人或借款人有利，存款人就可能选择重新安排存款，借款人可能选择重新安排贷款，从而对银行产生不利影响。如今，越来越多的期权品种因具有较高的杠杆效应，还会进一步增大期权头寸可能会对银行财务状况产生的不利影响。

除上述巴塞尔委员会界定的 4 种利率风险形式外，由于银行业务的复杂性，实际中基于利率的风险还有机会成本风险、机会收益风险和通货膨胀风险等。我国认同巴塞尔委员会界定的 4 种利率风险形式。中国银行业监督管理委员会在《商业银行市场风险管理指引》中作了相应规定。

（二）《巴塞尔新资本协议》对利率风险的调整

1988 年《巴塞尔资本协议》的一个主要不足就是只考虑了信用风险，没有考虑到利率等风险。这一对风险资本计算上的不对称缺陷，扭曲了银行对市场风险承担的意愿。国际上许多金融机构认识到，由于风险资本标准中缺乏对利率风险监管的标准，银行用政府债券来取代贷款，使利率风险大为增加。

1993 年，巴塞尔委员会开始着手考虑将市场风险和利率风险纳入计算范围。1996 年委员会推出《资本协议市场风险补充规定》，1997 年颁布《利率风险管理》文件，2001 年制定了《利率风险的管理和监管原则》。在对 1988 年协议修改的过程中，委员会曾考虑将利率风险纳入最低资本要求范围之中。鉴于利率风险衡量上难度较大，导致难以确定利率风险资本金准备的要求。所以新资本协议没有对利率风险的资本金提取做出统一的规范和要求，并将利率风险列入第二支柱中。对于商业银行来说短期内降低了对利率风险的管理难度，但对于监管当局来说，就应根据不同地区利率风险状况确定监管方略，对不同金融机构利率风险提出更加具体、更有适应性的资本要求。所以，新资本协议在利率风险管理方面对监管当局的要求更严格了。

二、巴塞尔委员会关于利率风险管理原则

1997 年巴塞尔委员会推出《利率风险管理》文件，确定了利率风险

管理的12项原则。强调银行应当建立综合性的风险管理机制,有效地辨别、测算、监控利率风险头寸。其主要内容是:

(一)董事会及高层管理人员的作用

银行董事会和高级管理层的有效监督对日臻完善的利率风险管理程序至关重要。

第一,为了履行其职责,银行董事会应审批利率风险管理的政策和监控规程,并应定期听取银行利率风险状况的汇报。董事会的首要职责是了解银行所承受的利率风险的性质和水平,审批那些能够左右并影响银行利率风险的重大经营战略和重要决策,审批有关划分利率风险管理权限和责任的政策及规程,审批与利率相关的银行总体政策使管理人员能够采取必要措施加以识别、测算监督和控制利率风险,定期审阅内部详细信息,了解和评估监控风险的经营操作,特别是银行中的复杂支付工具所占较大头寸时尤为重要。

第二,高层管理人员应当确保银行业务结构及其所承受的利率风险水平得到有效控制,确保制定了合理的政策和监控规程,以控制和降低风险,并确保拥有评估和控制利率风险的条件。高层管理人员有责任保证银行拥有完善的政策和规程,评估银行所面临的市场情况以及其它重要风险因素,保证拥有一批符合银行业务性质和范围要求且具备专门技术知识和经验的合格人士,从事利率风险的分析和管理。

第三,银行应当设立职责明确的风险管理机制,直接向高层管理人员和董事会汇报风险承受情况。风险管理机制的运行应当独立于银行的业务部门。规模较大和业务较复杂的银行,应当建立专门机构设计和管理银行的利率风险控制系统。银行应该建立风险管理机制用以监控利率风险,保证所有交易和利率风险均能纳入银行风险管理体系。该机制应独立于银行的其它业务,避免利益相互冲突,明确责任分工。规模较大的或综合性较强的银行应设立专门机构负责设计并领导银行利率风险控制系统,该机构规模和业务范围应符合银行的规模和结构。

(二)利率风险管理政策及监控规程

银行应有明确的政策及规程用以限制和管理利率风险。这些政策及规程也应对利率风险管理划分出职责权限和解释权限,并明确规定所授权的支付手段、交易策略以及占用头寸的时机。利率风险政策还要确定量化参数以便说明银行所能够接受的利率风险水平,必要时,还应规定某种支付手段、证券和交易的限量。总之,所有利率风险政策均应定期检查修改。

第一,应明确规定银行的利率风险管理政策和利率风险监控规程,并使之符合银行业务的性质和复杂性。这些机制应当能够反映银行的整体风险状况,在必要的情况下也应可以反映其每一个分支机构的风险水平。应明确管理职责和监管机构,包括为发展管理银行利率风险的战略及方法所制订的授权权限和责任。另外,管理人员还应明了各种政策、限制和授权以外的特殊情况所要求的具体程序和审批。

第二,银行应该能够明确了解隐含在新产品、新业务方法中的风险,并确保新产品在推广之前,新业务方法在采用之前,针对其风险已经制定了必要的监控规程和控制手段。重要的保值行为和风险管理手段在采用之前,应经由董事会或得到董事会授权的委员会的批准。银行不太熟悉的新产品和新业务,在其被采用之前应仔细审查,并将其纳入风险管理规程审核。在分析一项产品/业务是否引进了新的利率风险时,银行应了解支付工具在其期限、重新定价以及还款条件等方面的变化,这些变化在何等程度上可影响产品利率风险的特点。

(三)风险测算与监控系统

银行应拥有评估利率变动造成银行收益和银行经济价值影响的利率风险测算系统,提供针对银行目前利率风险水平的措施,以及识别可能产生的过大风险。

第一,银行应当拥有风险测算系统,该系统应能够及时发现利率风险的所有重大根源,按照自身业务范围估算利率变动所将造成的影响。风险测算系统所使用的概念应能够被风险管理人员和银行管理人员明确理解。测算系统的要求:(1)评估那些与银行资产、负债和账外头寸有关的所有重大的利率风险;(2)应广泛利用已被大家接受的金融概念的风险测算技术;(3)应具备确实、可靠的估算和参数。银行利率风险测算系统要说明所有重大利率风险的起因,包括重新定价、收益率曲线、基数和期权风险。在许多情况下,银行最大资产的利率风险占其总风险的主导地位,因此测算系统应针对这一焦点进行严格评估,尤其对那些较大的具有期权隐含/公开特点的支付手段更应如此。

第二,银行应当建立授权与转授权制度。以便使风险头寸保持在银行内部风险管理政策所许可的范围内。利率风险管理的目标应把银行利率风险控制在银行设置的利率风险水平界限内。适当的限额制度能使管理层控制利率风险，其权限应与总测算利率风险的方式相一致，限额须与银行的规模、复杂性、资本充足的程度相适应，银行所能接受的利率风险金额、利率风险限额总和须经董事会审批，定期重新评估，还可以根据各业务部门、各种证券组合、各种支付手段类型、个体的支付手段确定限额，风险限额、详尽程度应能反映银行资产的特点，以及引起利率风险的各种原因。高级管理层需及时了解限额的例外情况，因为限额是绝对不可逾越的，但具有某些详细说明的特殊情况可允许在短期内违反限额规定，故所定限额应相对保守。

第三，银行应当能对恶劣市场条件下本行可能遭受的损失进行测算（包括基本假设失效条件下的测算），在建立和检查本行利率风险监控政策和风险承受水平时应参考上述测算。风险测算系统应能评估恶劣市场环境带给银行的影响。压力实验的设计应能提供银行策略或头寸何时最脆弱的信息，使压力实验能适应银行风险的特点。可能的恶劣环境包括利率整体水平的突然变化，主要市场利率间关系的变化（即基准风险）、收益率曲线幅度与形状的变化（即收益率曲线风险）及主要金融市场利率波动的变化。恶劣环境还包括何种情况会导致那些主要的经营设想和参数的彻底失败。对于流动性差的或合同期限不定的支付手段的假设，压力测试尤为重要，因为那些较集中的支付手段或市场固定在不利情况下所集中的头寸会更难流动。

第四，银行必须拥有能够满足利率风险管理需要的信息监控报告系统，定期向高层管理人员及董事会报告。利率风险管理应具备一个准确的、信息量大的且及时的信息管理系统，它能及时上报有关风险的措施，能将目前的风险情况与政策限额相比较，还能把所做的推测和风险预测与实际结果相比较，从而判断分析所有典型错误。

（四）独立控制机制

银行利率风险管理程序应是其整体结构内部管理的延伸。整体结构内部管理系统应能促成强有力和高效率的经营，生成可靠的金融报告和管理报告，以及遵循有关法律规定和组织政策。

第一，银行对其内部的利率风险管理程序应有充分控制，应当定期评估风险控制手段的完备程度。负责评估风险管理程序的人员所负责评估的对象应与其自身业务无关。管理层对利率风险的全面评估和审查是银行内部管理的一个重要因素，管理层应保证银行利率管理程序能够定期由有关人员审查和评估。确保那些审查和评估人员不受其原工作职能的影响。考虑到银行间制定的限额程序和限额范围内操作的程序有所不同，在审查中还应判断是否遵循其利率风险政策和程序。管理层还应及时关注那些超过已定限额头寸，并根据获准的政策所规定的规程解决问题。在利率风险管理程序的定期审定过程中，须注明自上次审定以来所发生的收进票据性质的显著变化，还有限额和内部管理的显著变化。

第二，银行应定期进行本行利率风险程序的独立性评审。评审结果应向有关监管机构通报。利率风险测算系统的审定应包括银行所采用的设想、参数和方法的审定。这些审定可试图解决、测试和记录当前测算程序的评估系统的完善性。这些审定还可针对所发现的问题提出解决方案，并把审定结果与改进措施一并上报董事会，使之及时付诸实施。当测算系统中包含一个/多个附属程序时，银行应使它们有机结合并保持一致。

（五）监管机构应掌握的信息

监管机构应定期获取充足信息以便评估各银行承受利率风险的情况，这些信息可通过银行上报的标准化报告、内部措施、莅临检查或其他方式获取。不同监管人员所获取的准确信息可能有所不同，但监管人员应根据各自信息评估银行利率风险所承受的水平和方向，判断并监管那些重新定价且具有严重不匹配的银行。

十国集团的监管机构应能够按时从银行获得充足信息，以便审定他们的利率风险水平。这些信息应当包括银行资产组合的期限和货币种类，以及其他相关信息，譬如交易行为与非交易行为的划分情况等。其他监管机构也宜获得类似信息。根据剩余期限或距下次调价时间长短所收集银行头寸的监管申报形式是方法之一。这种方法可使银行对其利率敏感的资产、负债和账外头寸分为一系列有关调价时间段或到期日等种类。所收集的信息还应能确定那些现金流量特点差别较大的不同种类支付手段的余额。

银行内部模型可能是各种不同设想所形成的最终模型，它可以获取大量信息。经营不同币种的银行会面临各种货币的利率风险，监管机构应要求银行分别分析各种货币的风险承受情况，至少在不同货币承受风险较大时应按上述要求做。

1997 年 9 月，巴塞尔委员会发布《利率风险管理》文件后，先后于 2001 年 1 月和 2003 年 9 月在世界范围内公开广泛征求意见，以辅助《巴塞尔新资本协议》第二支柱中有关银行利率风险的处理方法。2004 年 10 月巴塞尔委员会发布了《利率风险管理与监管原则》文件，对 1997 年《利率风险管理》文件作了补充修改，提出了利率风险资本要求和信息披露等方面的具体规定（见本书附录）。

三、利率风险的计量

国际金融界计量利率风险的方法主要有麦考莱持续期、缺口分析和凸性等。

（一）麦考莱持续期

麦考莱（Frederick Macaulay）于 1938 年提出了持续期概念。当时仅仅将其作为测量债券持续期限的一种手段。其所以做持续期的分析，主要是利率水平变动后，对资产或负债的市场价值将产生影响，从而使收益出现不确定性。持续期就是指以现值所表现的金融工具价值的平均期限。以期限来衡量资产和负债各个项目以及整体的利率风险的数值，并通过这个数值来进行风险管理。进入 20 世纪 80 年代后，持续期概念被广泛应用于财务、金融和投资领域。金融家将其作为分析市场利率变动对银行净值影响的一种分析手段。麦考莱 1938 年定义简单的持续期为：

$$D = \sum_{t=1}^{T} t \times W_t$$
$$W_t = \frac{CF_t/(1+y)^t}{P_0} \qquad (1)$$

其中 D 表示债券的持续期；t 表示债券产生现金流的各个时期；w_t 表示 t 期现金流现值占债券价格的比重；T 表示债券的成熟期（Maturity），即最后一次现金流的时期；CF_t 表示 t 期现金流量；y 表示该债券的到期收益率（Yield to Maturity）；P_0 表示该债券当前价格。

式（1）表示持续期是债券未来现金流现值的加权平均与债券当前价值之比，也可以看作是购买债券后，取得未来现金流的时间的平均，其中权数是每笔现金流现值与债券当前价值的比值。然而仅仅将持续期理解为一个时间概念是肤浅的，实际上持续期反映了债券对利率风险的敏感度。即反映未来利率水平变化对债券价格的影响程度。这可以从两方面来理解,一方面持续期作为时间概念,作为债券未来收入的平均期限,反映了该债券暴露在利率风险中的平均时间长短,持续期越长风险越大;可以通过求得债券价格 P_0 对其到期收益率 y(利率)的一阶导数就可以得到债券价格对瞬间收益率变化的敏感性。

$$P_0 = \sum_{t=1}^{T} \frac{CF_t}{(1+y)^t} \tag{2}$$

$$\begin{aligned} \frac{dP_0}{dy} &= -\sum_{t=1}^{T} \left[\frac{CF_t}{(1+y)^{t+1}}\right] \\ &= -\frac{DP_0}{1+y} \end{aligned} \tag{3}$$

显然,式(3)经过调整,很容易得出:

$$D = -\frac{dP_0/P_0}{dy(1+y)} \tag{4}$$

式(4)明显说明,债券价格的变动是持续期与利率这两个变量的函数,持续期是债券价格对利率的弹性。如果再改写一下式(3)或(4),可以得到:

$$\frac{dP_0}{P_0} = -D\,\frac{dy}{1+y} \tag{5}$$

即为反向的 $D\,\dfrac{dy}{1+y}$

式(5)说明,当市场利率发生 dy 的变化时,债券价格变化的百分率由其持续期决定,即为反方向的 D。另外值得注意的是所谓修订持续期(Modified Duration),它被定义为:

$$D_{mod} = \frac{D}{1+y} \tag{6}$$

运用修订持续期,式(5)演化为:

$$\frac{dP_0}{P_0} = D_{mod}\,dy \tag{7}$$

式(7)与式(5)一样,说明当市场利率发生 dy 的变化时,债券价格变化的百分率是修订持续期与利率变化的乘积,也就是说,债券价格变化的百分率与持续期和利率变化成比例。显然修订持续期是衡量债券对利率风险敞口的有效工具。

影响债券持续期大小的因素主要有债券的成熟期(Maturity)的长短、息票率(Coupon Rate)、到期收益率。在其他因素不变的情况下,第一,债券成熟期与持续期呈正相关关系;第二,债券的息票率与持续期之间存在着反向的关系,因为债券更多部分的现金流以利息支付的形式返还;第三,到期收益率与持续期呈反向关系,到期收益率越低,持续期越长;第四,偿债基金和债券的可赎回条款可以使持续期减少,而且可赎回条款的存在会使持续期的计算更为复杂。此外,持续期的一个非常重要的性质是具有可加性,即由不同持续期的债券组成的债券组合的持续期等于这些债券持续期的加权和,其权数是每种债券价值在整个组合中的比重。持续期的这一特点大大方便了组合投资者管理由多种资产和负债组成复杂组合的利率风险。

鉴于持续期代表债券价格对利率的弹性和衡量债券的利率风险的性质,以及持续期具有可加性的特点,持续期不仅成为债券组合管理者衡量和管理利率风险的重要工具,而且是商业银行计量和管理资产负债表经济价值利率风险的简便而适用的工具,这主要表现在可以利用持续期对商业银行的资产和负债组合进行所谓利率风险免疫(Risk Immunization)管理。利率风险免疫是指通过调整商业银行的资产负债结构使得银行的资产和负债分别受到利率变动的影响能相互抵消,使持续期缺口(Duration Gap)为零,进而对整个资产和负债组合的价值不产生影响。[①]只有在持续期缺口为零的情形下,才能规避利率风险,此时利率的任何变动都会导致商业银行资产和负债成本的同等变化,这等于为商业银行的资产和负债实现了免疫,最终确保商业银行盈利的稳定。

银行可以对标准持续期分析法进行演变,如可以不采用对每一时段头寸使用平均持续期的做法,而是通过计算每项资产、负债和表外头寸的精确持续期来计量市场利率变化所产生的影响,从而消除加总头寸/现金流量时可能产生的误差。另外,银行还可以采用有效持续期分析法,即对不同的时段运用不同的权重,根据在特定的利率变化情况下,假想金融工具市场价值的实际百分比变化,来设计各时段风险权重,从而更好地反映市场利率的显著变动所导致的价格的非线性变化。

但是持续期分析仍然存在一定的局限性。第一,如果在计算敏感性权重时对每一时段使用平均持续期,即采用标准持续期分析法,持续期分析仍然只能反映重新定价风险,不能反映基准风险,以及因利率和支付时间

---

① 中国人民大学中国财政金融政策研究中心. 现代金融风险管理技术的发展. www.frc.com.cn

的不同而导致的头寸的实际利率敏感性差异，也不能很好地反映期权性风险。第二，对于利率的大幅变动（大于1%），由于头寸价格的变化与利率的变动无法近似为线性关系，因此，持续期分析的结果就不再准确。

（二）凸性

在现实金融市场中，资产的收益率曲线具有不同形态，而持续期是以水平的利率收益曲线和利率收益曲线的平行移动为前提的，因而持续期不能严密准确地表现市场利率风险，必要时需引入网络敏感性分析方法。持续期是一个对应利率较小变化的概念，不能作为短期内利率大幅度变化时利率风险的有效衡量工具，这就涉及到凸性的概念。

持续期是债券价格对到期收益率的一阶导数，凸性（convexity）是债券价格对利率的二阶导数，即：

$$C = (d^2 p_0 / dy^2) / P_0$$

凸性弥补了持续期假设的债券价格的变化与利率的变化成线性比例关系的不合理性，反映了债券的利率弹性（持续期自身）也会随利率变化而变化的事实。当收益率较小时，凸性的意义并不明显，可以忽略不计。而当收益率的波动较大时，凸性的作用就变得很重要。因此，具有较高凸性的债券会受到市场的欢迎而具有相对较高的价格。凸性与持续期的结合使用更能准确地反映利率风险状况，尤其是在利率变化较大时债券价格的变化。

（三）缺口分析法

国际金融界关于期限缺口分析法的研究主要集中在20世纪70年代末80年代初，重点在于银行资产和负债期限不匹配而导致的利率风险。期限缺口分析法是基于因利率变动使资产或负债产生的净利息收入或支出发生变化造成收益或成本不确定而采用的一种方法，可用来对利率风险敞口进行测定。这种方法运用起来极其简便，操作成本也较低。在银行的主要存贷业务的利率差有结构保证时，通过期限缺口分析，运用变更贷款政策的方法就可以进行适当的风险管理。

在具体的分析中，首先要对银行的资产和负债对利率变动是否具有敏感性做出区分。针对利率来讲，商业银行的资产和负债有两种类型，一种是不受利率变动直接影响的资产和负债，即不随利率变动发生价值变化的资产和负债，一般将其称之为利率非敏感性资产和负债，如固定利率贷款和固定利率存款。另一种是其价值随利率变动相应发生变化的资产和负债,前者称为利率敏感性资产,后者称为利率敏感性负债,利率变化产生利率风险主要就是来源于这类资产负债。

缺口分析中,在每个时间段内某一银行在将利率敏感性资产减去利率敏感性负债,再加上表外业务头寸,就可以得到该时间段内的重新定价"缺口",一般以缺口金额表示利率风险敞口。共有正缺口、负缺口和零缺口三种状态。正缺口是指某一银行的利率敏感性资产金额大于利率敏感性负债金额,缺口为正值;负缺口是指某一银行的利率敏感性负债金额大于利率敏感性资产金额,缺口为负值;零缺口是指利率敏感性资产和负债的差为零,表示二者在数量上严格匹配,在现实中这一状况并不是经常出现。某一银行的成本与利率变动之间的关系可用下式表示:

$$\triangle N_H = RSA \times \triangle I_R - RSL \times \triangle I_R$$

上式中,$\triangle N_H$表示净利息收入的变动额,RSA 表示修正后的利率敏感性资产,RSL 表示修正后的利率敏感性负债。由于 RSA - RSL 就是修正后的缺口值,所以净利息收入的变动额就由修正后的缺口值与利率变动额的乘积所决定。在正缺口的前提下若利率上升,则银行的净利息收入较预期值增加;若利率下降,则银行的净利息收入较预期值减少。在负缺口的前提下,若利率上升则银行的净利息收入较预期值减少;若利率下降,则银行的净利息收入较预期值增加。

缺口分析报告是银行的利率风险管理人员进行日常性的利率风险测量的主要方式。借助分析结果,银行可以比较精确地反映出各考察期商业银行全部资产和负债的利率风险敞口情况。

《中国银行业监督管理委员会商业银行市场风险管理指引》指出:缺口分析是对利率变动进行敏感性分析的方法之一,是银行业较早采用的利率风险计量方法。因为其计算简便、清晰易懂,目前仍然被广泛使用。但是,缺口分析也存在一定的局限性。第一,缺口分析假定同一时间段内的所有头寸到期时间或重新定价时间相同,因此忽略了同一时段内不同头寸的到期时间或利率重新定价期限的差异。在同一时间段内的加总程度越高,对计量结果精确性的影响就越大。第二,缺口分析只考虑了由重新定价期限的不同而带来的利率风险,即重新定价风险,未考虑当利率水平变化时,因各种金融产品基准利率的调整幅度不同而带来的利率风险,即基准风险。同时,缺口分析也未考虑因利率环境改变而引起的支付时间的变化,即忽略了与期权有关的头寸在收入敏感性方面的差异。第三,非利息收入和费用是银行当期收益的重要来源,但大多数缺口分析未能反映利率变动对非利息收入和费用的影响。第四,缺口分析主要衡量利率变动对银行当期收益的影响,未考虑利率变动对银行经济价值的影响,所以只能反映利率变动的短期影响。因此,缺口分析只是一种初级的、粗略的利率风险计量方法。

四、商业银行利率风险管理衍生工具

传统的利率风险管理技术包括选择有利的利率条件、订立特别条款、缺口分析、期限分析、模拟分析等。这些传统利率风险管理技术都存在着缺陷和不足。20 世纪 70 年代末以来,利率的波动日趋频繁,国际金融界也开始更多地关注利率风险,先后研发了远期利率协议、期货合约、利率期权等许多降低利率风险的新管理技术。

严格地说远期利率协议、期货合约、利率汇率期权等资本市场创新工具,并不是近几十年来的新发现,如期货合约从 1865 年起就在芝加哥期货交易所交易;远期合约早在 12 世纪佛兰芒(Flemish)商人就开始使用;期权则在 17 世纪,阿姆斯特丹的市场上人们就已运用这一金融工具了。所以这些资本市场创新工具准确地说是在 20 世纪 70～80 年代被“重新发现”了。

(一)利率互换

1. 利率互换的定义与类型

利率互换交易始于 20 世纪 80 年代初期,自问世后得到公司财务管理人员和金融机构的广泛应用。利率互换是一种合约,合约双方承诺在一定期限内进行款项支付的交换。通过利率互换,客户能够获得低于市场上得到的固定利率贷款或浮动利率贷款,降低筹资成本,或者可以重新改善和组合债务结构,使债务结构具有更大的灵活性。商业银行可以通过利率互换来降低利率风险。

利率互换的类型主要有:(1)普通互换。是指固定利率与浮动利率支付之间的定期互换,有时也称为固定—浮动利率互换。(2)远期互换。是指未来某一确定的时点作为起始时点的互换交易。远期互换能够以目前的利率锁定互换期限安排,所以金融机构比较愿意选择远期互换。远期利率互换允许金融机构在目前商定一个固定利率,该利率低于将来互换协议中商定的预期固定利率。因为金融机构可以将固定利率与浮动利率互换,所以他们希望最小化互换协议中商定的固定利率。(3)可赎回互换。它规定支付固定利率的一方有权在到期日前终止互换。如果固定利率的支付者愿意,可以避免未来利率的互换支付。(4)可退卖互换。给予浮动利率支付的一方终止合约的权利。与可赎回互换一样可退卖互换也需支付手续费,如果利率互换协议终止,该交易方也必须要支付终止互换的费用。(5)可延期互换。具有可延期的特征,允许固定—浮动利率互换双方延长互换期限。(6)零息互换,指固定利率支付方在互换协议的到期日进行一次性支付,而浮动利率的支付方可以在互换期间内进行定期支付。

2. 利率互换的应用与风险

利率互换是一种双方以指定的利率为基础交换一定时期的现金流的协议。对于负债利率敏感性大于资产利率敏感性的银行,可以在一定期间内用固定利率支付交换浮动利率支付。如果利率上升,由于利率互换,银行互换获得的收入增加,而支出是固定的,银行从中受益,从而抵消由于利率上升对于银行净利差的不利影响。在20世纪90年代初,利率处于不正常的低水平,国际金融市场上许多金融机构都持有大量的互换头寸,以防止利率可能上升造成的风险。利率互换要求用浮动利率支付的另一方具有互换为固定利率支付的意愿。拥有利率敏感性资产多于利率敏感性负债的金融机构也许会持有这样的头寸,因为通过这种方式可以降低利率变动所产生的风险。

在利率互换中必须考虑以下几种风险:(1)基差风险。是指在互换中,指标利率的变动和参与一方的浮动利率工具变动并不完全一致,这样造成从利率互换中所得到的较高利率支付还不足以弥补资金成本的上升。基差风险使利率互换不能完全消除金融机构面临的利率风险。(2)信用风险。是交易一方在利率互换中无法履行付款义务所导致的风险。当互换协议具有负价值(需向互换对方支付利息差额)时,不存在对方违约的信用风险。当协议对方的互换协议和其净资产价值都发生不利变动时,对方的违约风险最大。① (3)国家风险。是指国家政治形势可能制约协议双方履行互换合约中约定的义务,造成合约无法履行。

(二)利率期权

1. 利率期权的定义与分类

利率期权是一项规避短期利率风险的有效工具。利率期权的买方获

① 宋清华,李志辉主编. 金融风险管理. 北京:中国金融出版社,2003

得一项权利，在到期日或期满前按预先确定的利率，按一定的期限借入或贷出一定金额的货币。买方从卖方收取期权费，同时承担相应的责任。利率期权的主要优点是，如果期权所有人认为执行该项交易对其有利，可以履行，否则可放弃。由于购买期权需要付费，只有相当大的有利的价格波动，银行才能获得利润。

期权有两种，一种是买入期权，即期权买方可以按确定的价格在一定时期内从卖方购进一定数额的某种资产；另一种是卖出期权，即卖出期权的买方有权按确定的价格在一定时期内向期权卖方出售一定数额的资产。

2. 利率期权的要素

在利率期权交易中，既要明确是买入期权还是卖出期权，还要明确以下几项利率期权要素，主要包括：执行价格、借贷的货币和金额、期权费、借贷的起息日和到期日、期权的到期日等。利率期权的期权费率通常以年率的形式表示，实际的期权费金额计算方式为：$P = A \times R \times T / B$。式中，P 为期权费金额，A 为期权金额，R 为期权费报价，T 为期权交易所约定的借贷期限，B 为一年的天数（取 360 或 365 天），根据不同的货币和不同的市场惯例而定。①

3. 利率期权的应用

由于利率期权是在未来一定时间内以确定价格买卖某种证券的权利，当利率上升、证券价格下降时，银行所持有的卖出期权变得有利可图，而买入期权的拥有者将会放弃此权利。如果利率下降、证券的市场价格上升，则买入期权的拥有者或以确定的价格买入期权规定的金融资产，或卖掉买入期权获利了结，而卖出期权将不会被执行。所以银行既可以购买买入期权或卖出期权来控制利率风险，也可以出售买入期权或卖出期权来获取期权费用，以此来弥补可能发生的利率风险损失。

（三）利率上限、利率下限和利率双限

1. 利率上限

利率上限是指在当特定的指标利率超过约定的利率上限时提供支付，支付总额为协议中的名义本金乘以超过上限的部分的利率。而购买利率上限必须要支付一定的预先费用，其有效期通常为 3 至 5 年。

---

① 宋清华，李志辉主编．金融风险管理．北京：中国金融出版社，2003

利率上限可以看成是由一系列不同有效期限的借款人利率期权合成的,通过买入利率上限,投资者可以避免未来一段时间内每一期的利率风险。利率上限中每个设定的日期可以视为对应一项期权的到期日,固定利率则作为一系列期权的执行价格。①

利率上限的卖方则会预先收取一定的费用,同时也有义务在利率超出协议上限时进行定期支付。

2. 利率下限

利率下限与利率上限正好相反,是指在当特定的指标利率低于约定的利率下限时提供支付,支付总额为协议中的名义本金乘以低于下限的部分的利率。与利率上限相似,利率下限可以看作是由一系列不同有效期限的贷款人利率期权合成的。利率下限可以避免过低的利率产生的风险。这里,买入利率下限的金融机构操作人员担心利率的下降。金融机构可能是以固定利率负债筹资并拥有浮动利率的资产,或者可能是在某些债券头寸中处于空头,如果在利率下降后必须以更高价格的债券回补该空头头寸而产生损失。在整体风险规避意义上,该金融机构可能面临着有效期缺口,即资产的有效期小于债务的杠杆调整有效期。

3. 利率双限

利率双限由利率上限和利率下限合成。买入一项利率双限可以通过买入一项利率上限,同时卖出一项利率下限合成,达到将来一段时间的利率成本限定在一定幅度内的目的。② 最简单的情况是,将利率下限卖给交易的一方收取一定的费用,同时再用收取的费用支付给交易的另一方买入利率上限。为了规避利率上升可能带来的风险,任何一个金融机构都可以购买利率双限。利用利率上限可进行套期保值,并在利率上升超过上限时可以得到支付。由于利率双限同时也包括卖出利率下限,在利率低于下限时,金融机构有义务进行支付。然而,如果利率按预期上升,利率将保持在下限以上,金融机构则不必进行再支付。

(四)利率期货

1. 利率期货的概念和目的

利率期货是金融期货的一种,是指买卖双方按照事先约定的价格在

① 宋清华,李志辉主编. 金融风险管理. 北京:中国金融出版社,2003

② 宋清华,李志辉主编. 金融风险管理. 北京:中国金融出版社,2003

期货交易所买进或卖出某种有息资产,并在未来的某一时间进行交割的一种金融期货。[①] 利率期货主要衍生于债务证券,如国库券、中期国债、长期国债和欧洲美元定期存单。根据所交易的有价证券期限的长短,人们把利率期货合约分为中长期和短期利率期货两大类。短期利率期货合约所包含的有价证券期限不超过 1 年,中长期利率期货合约所包含的有价证券的期限在 1 年以上。[②]

利率期货交易的目的主要是进行证券价格投机或套期保值。投机者在金融市场上根据对一定时期内期货合约价格变化的预期进行期货交易以获取利润;套期保值者通过金融期货交易减少由于利率和股票价格变动带来的风险。

利率期货交易具有如下明显特征:首先,期货合约均在交易所进行,交易双方不直接接触,而是各自跟交易所的清算部或专门的清算公司进行结算;其次,期货合约的买者或卖者可在交割期之前采取对冲交易来结束其期货头寸,而无须进行最后的实际交易。这相当于买者可把原来买进的期货卖掉,卖者可以把原来卖出的期货买回,这就克服了远期交易流动性差的问题;第三,期货交易是每天进行结算的,而不是到期一次性进行的,买卖双方在交易之前都必须在经济公司开立专门的保证金账户。

2. 利率期货对利率风险的控制

金融机构利率敏感性资产和利率敏感性负债之间的数量差异代表着利率风险。从长远来看,金融机构可以调整其资产和负债的结构以达到利率敏感性程度的平衡,但重新调整资产负债结构需花费大量时间。从短期来看,金融机构可以考虑利用利率期货消除利率变动带来的风险。

第一,用利率期货对冲利率风险。金融机构可以运用短期利率期货锁定未来短期借款或投资的利率,还可以运用债券期货减少因利率上升所引起的债券价格下降的影响。同时也可以在未来时刻将要进行债券投资时,避免因利率下降而引起的债券价格上升的风险。第二,利率期货的套期保值。利率期货保值的原理与其他金融期货一样,主要是通过期货的买卖来抵消因利率变动对现货交易可能造成的损失。第三,利率期货还可用于对利率的变动进行投机。投机者希望通过持有期货头寸来在

① 宋清华,李志辉主编. 金融风险管理. 北京:中国金融出版社,2003

② 李朝民. 市场利率及其风险控制研究. 郑州:郑州大学出版社,2002

市场竞争中取得胜利。如果价格变动是有利的，期货头寸在平仓时可以获利。运用期货进行投机的一大优势在于可以使用相对较少的投资进行相对较大金额的投机。

运用利率期货控制利率风险时，要注意以下三个关键性问题。第一，要确定金融机构将面临的是利率上升还是下降的风险；第二，要选择合适的期货合约；第三，根据未来现货交易的时间和数额，确定期货合约的种类和数量。

（五）远期利率协议

1. 远期利率协议的概念

远期利率协议是一种金融工具，用于锁定从未来某一时刻开始的短期贷款或存款的利率。远期利率协议双方在订立协议时商定，在将来的某一特定日期，按照规定的货币、金额和期限、利率进行交割的一种协议。这种交易的一个主要特点是并不涉及到协议本金的收付，而只是在某一特定的日期即清算日，按规定的期限和本金额，由一方向另一方支付根据协定利率和协议规定的参考利率计算出来的利息差额的贴现金额。

远期利率协议可以用于短期利率风险的管理。如果一家金融机构担心不久的将来因短期利率升降而造成不良后果，就可以买入或卖出远期利率协议来对冲风险。首先，对于将要支付未来可变利率贷款的借款者来说，希望现在时刻就锁定借款成本，从而避免未来借款开始时利率上升所带来的风险；其次，对于将要进行未来短期可变利率存款的投资者，则希望现在时刻锁定利率，从而避免未来存款开始时利率下降所带来的风险。

2. 远期利率协议条款

远期利率协议是对协议双方都有约束力的合约，在协议中必须明确以下内容：远期利率协议买卖双方的身份；名义本金的币种与金额；名义贷款/存款期限的起算日；到期日或是名义贷款/存款期限；合约买方要支付的固定利率，即卖方将要收取的固定利率；参考利率，补偿支付将依据参考利率水平在结算时支付，这通常是某一特定期限的 LIBOR（London Interbank Offered Rate，伦敦银行同业拆放利率）。

3. 远期利率协议定价

有关远期利率协议定价最简单的思路就是将其看作是填补现金市场

上不同期间差额的工具。这一思路在已知现货市场利率的基础上,还可以作为估算任意给定远期利率协议价格的一种快捷方法。

如果用 i_S 表示到交割日的货币市场利率;t_s 是从即期到交割日的时间;i_f 是远期利率协议利率;i_l 是直到到期日的货币市场利率;t_l 是从即期日到到期日的时间。其中所有的利率以小数点的形式表示,所有的时间均折合成年来表示,将时间折合成天数,则可以得到远期利率协议利率 i_f 的值:

$$i_f = (i_l D_l - i_s D_s) / D_f (1 + i_s D_s / B)$$

上式中,D_s 是从即期到交割日的天数;D_l 是从即期到到期日的天数;D_f 是协议期限的天数;B 是年转换成的天数。①

4. 对冲利率风险敞口

远期利率协议可以用来对冲利率风险。如果市场利率朝不利的方向运动,则可以从远期利率协议中获得一笔补偿金额;如果市场利率朝有利的方向运动,按照远期利率协议将支付一笔补偿金额,从而抵消了收益。其净效应就是将需要对冲利率的一方的成本锁定在远期利率协议订立时规定的利率水平上。

远期利率协议是对冲利率风险的有力工具。首先,远期利率协议无需在交易所成交,没有固定的交割日和标准的交易金额,任何具体的需求都可以由交易双方协商达成协议;其次,由于远期利率协议交易的本金不发生现金流动,且利率也是差额计算,故资金的流动量较小,现金流动的压力小;第三,由于远期利率协议不会出现在资产负债表上,对银行来说更显出其操作性强的优点,当银行的资本比率压力较大时,它能够不改变资产负债表的流动性而调整到期利率头寸,这对增加资本比率和改善银行业务的资产收益率十分有效。

第四节　外汇风险管理

布雷顿森林体系崩溃之后,一国货币与他国货币的汇率不再固定,随着外汇市场供求关系等因素的变化而无界限地上下浮动。国际金融市场各主要货币的汇率不仅大幅度、频繁地波动,而且各货币之间经常出现难以预料的强弱势变化。外汇风险成为一种典型的市场风险,引起了国际金融市场各经济主体的广泛关注。外汇风险管理的技术也得到了进一步发展。

---

① 宋清华,李志辉主编. 金融风险管理. 北京:中国金融出版社,2003

一、外汇风险的概念和类型

(一)外汇风险的概念

外汇风险(foreign exchange risk)一般是指一个经济主体在社会经济、金融活动中以外币定值或衡量的资产与负债、收入与支出和未来的经营活动可产生的现金流量以本币表现的价值,因货币汇率的变动而发生损失或产生额外收益的可能性。巴塞尔委员会在《银行外汇头寸的监管》文件中指出,外汇业务中惟一独特的风险是汇率风险,即当银行以现汇及远期形式或两者兼而有之的形式持有某种外汇的敞口头寸时,它可能因持有期内汇率的不利变动而蒙受损失。

从国际外汇市场外汇买卖的角度来看,买卖盈亏未能抵消的那部分,就面临汇率波动的风险。人们通常把这部分承受外汇风险的外币金额称为“受险部分”或“外汇敞口”(foreign exchange exposure),包括直接受险部分(direct exposure)和间接受险部分(indirect exposure)。直接受险部分是指经济实体和个人参与以外币计价结算的国际经济交易而产生的外汇风险,其金额是确定的;间接受险部分是指因汇率变动、经济状况变化及经济结构变化的间接影响,使那些不使用外汇的部门及个人也承担风险,承担风险的金额是不确定的。在当代金融活动中,外汇风险波及的范围已越来越大,影响到国民经济的各个部门。

(二)外汇风险的类型

国际金融市场外汇风险的类型主要有:

1. 交易风险(transaction risk)。是一种流量风险,指在运用外币计价的交易中,由于外币与本币之间以及外币与外币之间汇率的变动,使交易者蒙受损失的可能性。交易风险又可以进一步分为买卖风险和交易结算风险。买卖风险是由于进行外币买卖产生的外汇风险。交易结算风险是一般企业以外币计价进行交易活动时,因将来进行交易结算时所运用的汇率没有确定,所产生的风险。由于运用外汇的场合不同,交易风险的表现和存在形式也不同,对银行的影响方式和影响程度也不同。例如,如果银行对进出口商进行信用支持,那么当外汇汇率在支付(或收进)外币货款时较合同订立时上涨(或下跌),进出口商就会付出或收进更多或更少的本国货币或其他外币,进出口商将首先承受汇率风险损失经营出现亏损,如进出口商不能如期足额偿还银行贷款,就会导致银行的外汇风险暴露并蒙受外汇风险和信用风险损失。又如,待履行的远期外汇合约的一方,在合约到期时,由于汇率的变化,交易的一方可能要拿出更多的货币去换取另一种货币的风险。

2. 经济风险(economic risk)。又称经营风险,是指由于预料不到的汇率变化所引起的银行未来一定时间的收益或现金流量发生变化的潜在性风险。其中,收益指税后利润,现金流量指税后利润加折旧。汇率的变动对生产成本、销售价格以及产销数量的影响,使企业最终收益发生变化。其风险程度大小取决于汇率变动对产品数量、成本、价格的影响程度。① 对于银行来说经济风险将会直接影响银行在国际业务中的经营成果,并且,这种风险的受险部分是未来的长期收益和长期现金流量,由于所经历的时间持续比较长导致抵御和控制风险难度加大。

3. 转换风险(translation risk),又称会计风险或折算风险。是指金融市场经济主体对资产负债表进行会计处理中,在将功能货币转换成其他记账货币时,因汇率变动而呈现出账面损失的可能性。功能货币是指经济主体在经营活动中流转使用的各种货币;记账货币指经济主体在编制综合财务报表时使用的报告货币,通常是母国货币。转换风险的表现方式主要有:第一,存量转换风险。指企业在海外持有和销售的库存,在汇率变化时其相应价值和成本转换成母公司所在地货币时发生变化的可能性。第二,固定资产转换风险。指企业购置、折旧和更新资产时,由于汇率变化而产生的风险。第三,长期债务转换风险。包括各种应还而未偿还的长期借款,如公司债、长期票据、长期借款,由于汇率变化而产生汇率风险。

对于从事国际业务的商业银行,如果保有外汇储备头寸,那么除了上述 3 种风险之外,可能还会存在外汇储备风险、国家风险和流动性风险。外汇储备风险是由于汇率变动而使外汇储备贬值的可能性;国家风险是由于国家有关政策的调整和变动使交易对手不得不违约给银行造成损失的可能性;流动性风险是因外汇资产与负债的期限不对称而引起的风险。②

---

① 吴丽华编著. 外汇业务操作与风险管理. 厦门:厦门大学出版社,2003

② 倪锦忠,张建友,闻玉壁编著. 现代商业银行风险管理. 北京:中国金融出版社,2004

二、外汇风险的计量

计算外汇风险先要掌握外汇风险敞口来源。实证研究证明,金融机构任何一种外币的总外汇敞口可由它们的净头寸或账面头寸敞口来计量,即:

净敞口 i =(外汇资产 i - 外汇负债 i)+(外汇买入 i - 外汇卖出 i)。

净敞口 i = 净外币资产 i + 净外汇买入 i。

其中 i 代表第 i 种货币。

银行在外汇交易中为规避外汇风险,可以把所持有的某一种外币资产总额同该币种外币负债总额相匹配,同时使该币种交易账面中的买进和卖出相匹配。或者,银行可以将其在某种外币买卖上存在的不相匹配,同其在该种外币的资产和负债之间存在的不相匹配相互抵消,从而使它的以该币种表示的净敞口风险等于零。

国际一些大银行如 JPM,在计算外汇风险时,通过分析金融机构资产负债表上的资产、负债和现金交易的不匹配,以及汇率运动的本质上的不稳定性,来计量金融机构外汇敞口的潜在规模。具体来讲就是:

货币 i 的美元损失/收益 = 以美元计量的外币 i 的净敞口 × 美元/外币 i 汇率的波动性

金融机构净外币敞口越大,外币汇率波动性越大,金融机构可能的美元损失或收益越大(即它的日风险收入—DEAR 越大)。

关于外汇风险计量,巴塞尔委员会最初提出了两个可选模型计算外汇交易敞口,即速记法(shorthand)和普通写法(longhand)。速记法要求金融机构计算其每种外汇的净敞口,然后再按当日汇率转换成美元。普通写法要求金融机构首先计算每种外币的净头寸,以持有期间不利结果出现的可能性计量风险敞口。委员会在 1995 年的修正案中删掉了普通写法,但这种方法与 1996 年生效的《欧洲资本充足指令法案》相一致,所以包括英格兰银行在内的欧洲中央银行会继续使用普通写法。

三、巴塞尔委员会关于外汇风险管理意见

巴塞尔委员会在《银行外汇头寸的监管》文件中指出,银行外汇运作的安全主要是由其管理者负责的。管理者尤其应当负责规定银行在外汇业务中所能承担的风险限额,并负责确保银行的此类业务中设有适当的

内部控制程序。

就内部控制而言，银行应当在外汇交易、会计和内部监控之间设立相互分离且范围明确的责任分工。银行的外汇交易员应当得到有关一般交易原则和有关（各种币种与期限的）敞口头寸、每份合同的规模和与交易对手的（隔夜与远期）风险限额方面的明确且严格的指令。交易员必须将每一笔交易记录在注明日期且序号相连的交易单上，并将其及时交给会计部门。而且，对交易员的指令必须禁止按与市场行情不符的价格进行交易活动（包括在同一银行集团内部的交易活动）。指令中还应规范交易员与外汇经纪人之间交易的行为准则。一般而言，银行不应向其交易部下达利润指标。

银行会计部门应当及时从交易员处获得必要的信息，以确保所有交易均得到如实纪录。所有外汇合同均应以书面形式及时确认。而且，绝对不允许交易商自己书写送出的确认书，这完全是会计部门的责任，外来的相关确认书也应首先送达会计部。如果未能收到确认书，必须与交易对手立即联络；假如没有得到令人满意的解释，银行应当通知其监管当局。

银行会计部门应确保银行的管理者能够全面、及时地了解银行在各币种上及与各交易对手的头寸情况。这一信息不仅应包括总行的头寸，而且应包括其国内外附属机构的头寸。银行按市场汇价经常进行定期的价值重估，可以及时监测银行外汇账上的损益情况。

银行内部审计部门的责任是确保交易员遵守有关的指令和行为准则，并确保会计程序能够满足及时性、准确性和完整性的要求。为达到这一目的，不仅应当定期进行内部审计与核查，而且还应进行不定期的现场检查。为了进一步防止非正当交易，审计人员应当与高级管理层合作，时常与合同的交易对手交换现有外汇合同的信息。银行如果发现其交易对手有缺乏控制或不肯合作的迹象，应当及时通报监管当局。

银行内部控制程序不仅应当覆盖其母行，而且应包括其整个分支网络，并尽可能包括其附属机构。为了促进对外汇敞口头寸的内部控制与监督，分支行必须每日向总行报告其交易头寸。各分支行外汇头寸限额的高低是由银行管理层根据分支行所在地域及交易经验而决定的，总行应确保分支行严格执行限额规定，以便有效地控制银行在全球范围内的风险头寸。

四、外汇风险管理技术

(一)汇率预测法

规避外汇风险的首要前提是对汇率的变化趋势做出准确的预测。布雷顿森林体系崩溃后,汇率变化基本上取决于外汇市场上各种货币的供求情况。影响供求情况的主要因素有经济增长率、失业率、通货膨胀率、利率、货币供应量、国际收支情况、按购买力计算的基础汇率、各国货币政策等。

1. 远期汇率预测

(1)技术预测(technical forecasting),指利用历史汇率数据预测未来的汇率走势。在技术预测中复杂的统计分析具有很大的作用,并开发出检验移动平均值的时间序列模型(time - series models)。技术预测模型在某些时点对外汇市场的一些投机者有一定的指导意义。然而在一个时期表现出色的技术模型在另一个时期不一定会起到相同的作用。技术模型在使用过程中存在着一些问题,如监测货币波动以寻找系统模式需要消耗时间、投机者要有足够的资本承受可能的潜在损失等。(2)基本预测(fundamental forecasting),指基于经济变量与汇率变动的基本关系的预测。市场经济主体在给定相关经济变量历史值与当前值的基础上,考虑所有其他影响汇率变动的因素,可以预测出汇率的走势。预测是源于一国影响汇率的经济变量变动对汇率影响程度的主观估计,必须基于对影响汇率的所有因素的定量分析。回归模型是基本预测技术中较为常用的模型,特别是在评价对汇率有滞后作用的影响因素时,这些因素造成的实际影响对预测有很好的指导作用。(3)混合预测(mixed forecasting),是对某种货币币值的预测采用几种预测技术同时进行预测,每种预测技术都占有一定的权重,全部权重加起来为100%,较可靠的预测技术占有相对较多的权重。国际上跨国公司所做出的币值的实际预测就是多种预测的加权平均值。

2. 汇率变动预测

金融市场经济主体既要对远期汇率进行预测,也要预测即期汇率在未来的波动。通过准确预测即期汇率波动范围,可推算汇率变动的潜在区间。预测未来汇率走势变动的方法主要有:第一,运用过去一定时期的变动方式的时间序列。某一币种每日汇率变动的标准差是由近期变动所决定的，所以，标准差水平的时间序列的变化趋势能用于形成对下个周期汇率每天变动的预期。一般情况下，运用这种方式时会使用能达到最准确预测的比重和时间段。由于经济和政治的因素影响会导致汇率的突然波动，因此，即使是最好的时间序列的预测模型也不能绝对精确地预测汇率的变动。第二，利用基于货币期权定价模型的汇率的隐含标准差（ISD）。货币看涨期权的期权费取决于如下因素：即期汇率与期权执行价格之间的关系、距期权到期日的时间、货币汇率变动趋势的预期。看涨期权的期权费正是根据以上因素计算得来的，除了汇率的波动外，其他因素的实际数值都是可知的。通过研究特定货币期权的投机者所支付的期权费，就有可能得到汇率波动的水平。

（二）选择货币法

金融市场经济主体在签订交易合同时，可选择有利的计价结算货币，以消除或转化外汇风险。使用币种不同的计价货币，意味着经济主体将承担不同的汇率风险，汇率风险的大小在选择合同计价货币时，就已经确定。国际金融市场中，最常采用的方法有：

1. 争取使用本国货币作为合同货币。在国际贸易结算中，争取使用本国货币作为合同货币，将可能出现的风险转嫁给交易对手承受，消除外汇风险的来源。目前，主要发达国家尤其是一些储备货币发行国的出口贸易，有一部分使用本国货币计价结算的。当然，合同是当事人之间意思表示一致的平等协议，使用哪一种货币还要看交易对手是否同意。

2. 在未来引起外汇收入的交易中，如贷款、投资等尽可能使用在外汇市场上汇率呈上升趋势的货币，即硬货币；在引起未来外汇支出的交易中，尽可能争取使用在外汇市场上汇率呈下降趋势的货币，即软货币。选用硬货币作为收汇货币、软货币作为付汇货币，可使经济主体免遭汇率风险冲击，将汇率变动带来的损失推给交易对方。而且会从汇率变动中得到额外的收益。要尽可能做到软硬货币合理搭配。软硬货币此升彼降，具有负相关性质。汇率风险发生的损失和收益可以互补，从而使交易各方都有可能避免或减少外汇风险。

3. 配合收付所使用的货币成交。即用未来收到的货币支付未来要支出的货币，或是根据未来的某一货币支出来安排未来收入的货币种类和收入时间。

4. 加列货币保值条款。货币保值是指选择某种与合同货币不一致的、价值稳定的货币,将合同金额转换为由所选货币表示,在结算或清偿时,按所选货币表示的金额以合同货币来完成收付。① 经常采用的货币保值条款主要是"一揽子"货币保值条款。即以多种货币加权确定币值的账面货币,由于它由多种货币加权组成,汇率的变动影响可以相互抵消,所以币值相对较为稳定,以其作为计价结算货币可以避免外汇风险。我国出口收汇和进口付汇多采用美元。采用单一币种的最大弱点是易产生汇率风险损失,特别在目前预测手段不够先进,预测结果不很准确的情况下,应适当选择币种组合的方法分散可能的风险。

5. 尽可能选择在国际金融市场上可以自由兑换的货币。可自由兑换的货币在国际上广泛使用和流通,便于调度和转换,一旦发生外汇风险可以立即兑换成另一种有利的货币。可自由兑换的货币发生外汇国家风险的可能性也较小。②

(三)外汇交易法

交易双方签订交易合同之后,可以在外汇市场上从事各种外汇业务来消除外汇风险。主要方法有:

1. 即期外汇交易法。是指经济主体在国际即期外汇市场上进行平衡外汇买卖。从事国际业务的商业银行在每日对客户的经纪性外汇买卖和自营性外汇买卖中,不可避免地持有各种外币现汇头寸的多头或空头,从而产生外汇敞口并承担汇率变动的风险。如商业银行要消除这些空头或多头,可以选择在银行同业间市场上进行抛出多头、补进空头的现汇买卖,实现控制或避免外汇风险的目的。

2. 远期外汇交易法。是按照事先规定的汇率和金额在既定的未来某一时间交割的外汇买卖。该汇率即为远期汇率。远期外汇交易经常被用于避免贸易和金融上的外汇风险。借助远期外汇合约,企业可以创造与未来外汇流量相反的头寸,固定未来外币现金流量的本币价值,消除汇率变动的风险。具体操作方法是:出口商在签订贸易合同后,按当时的远期汇率事先卖出合同金额和币种的远期外汇,在收到货款时,再按原定汇率办理交割。进口商和债务人,则预先买进所需的远期外汇,到

① 宋清华,李志辉主编. 金融风险管理. 北京:中国金融出版社,2003

② 倪锦忠,张建友,闻玉壁编著. 现代商业银行风险管理. 北京:中国金融出版社,2004

支付货款或偿还债务时,按原定汇率进行交割。

3. 掉期交易法。就是买入某日交割的甲货币,卖出乙货币的同时,卖出在另一个交割日的甲货币,买回乙货币。这两笔外汇买卖货币数额相等,方向相反,交割日相异。① 首先,掉期交易法与套期保值的区别在于,套期保值是在已有一笔交易的基础上所作的反向交易;而掉期交易则是两笔反方向的交易同时进行,两笔外汇买卖币种金额相同,买卖方向相反,交割日不同。其次,为了与掉期交易中的远期外汇买卖相区别,习惯上把单纯做一笔远期而不同时作掉期的远期买卖称为单边远期。客户与银行签订远期外汇合同,把未来即期汇率与远期汇率不一致的风险转移给了银行。银行通过收取较大的远期买卖价差来弥补这种风险,或弥补用于对冲这种风险的成本。

掉期交易在外汇风险管理中的主要用途是对冲期限不一致的风险。由于掉期交易具有低成本的特点,也经常被银行用于外汇风险的管理。

4. 外汇期货交易法。银行可以使用外汇期货等表外工具来为其表内外汇风险进行保值。交易双方签订某项外汇期货合同后,合同买方就承担一种义务,即在将来的某一天或某一天之前按事先约定的价格向卖方购买一定数量的外币。同其他类型的期货合同一样,外汇期货合同的金额、到期日和交割地点都已完全标准化。

外汇期货既可用来保值,也可用来投机。利用外汇期货进行保值是指保值者做一笔期货,指望用期货交易产生的利润弥补该保值者因汇率出现于自己不利的波动而引起的现货头寸的亏损。外汇的多头套期保值(即购买外汇期货合同)对保值者所起到的保护作用在于,可利用外币价值上升在期货交易中获利。反之,外汇的空头套期保值(即出售外汇期货合同)的保护作用在于,保值者将会因外币价值的下降在期货交易中获利。

5. 外汇期权交易法。银行对其某一笔多头或空头外汇资产头寸进行保值时,可使用期权交易手段,以避免该笔外汇资产因汇率风险而蒙受损失。期权交易的对象包括股票、商品和外汇等多种传统产品,外汇尤其适合做期权交易工具。外汇期权就是外汇期权的持有者(买方)在交付一定期权费后,有权在未来的某一天按某一固定的价格将某一固定

---

① 宋清华,李志辉主编. 金融风险管理. 北京:中国金融出版社,2003

数量的货币同另一种货币相交换，也可以放弃买卖的权利，最多损失期权费。因此，外汇期权的币种、数额、汇率以及交换的日期都是事先确定的。外汇期权的买方必须为持有这种权利而向卖方支付期权费，期权费的数额代表了买方所可能面临的最大亏损。另一方面也说明了卖方可能获得的最大利润。外汇期权有美式期权合同（American Options）和欧式期权合同（European Options）。美式的外汇期权可以在期权合同期内的任何一天行使交割权；欧式期权交割权只有在合同到期时才可行使。无论哪一种期权，实际的交割都必须在行使权力这一天起的两个工作日内完成。

相对于远期外汇交易和货币期货交易而言，外汇期权交易具有更大的灵活性和有效性。外汇期权的买方可以在实际汇率变动对自己有利之时才履行合约，行使买卖权利，而当实际的汇率变动对其不利时，则可不履行合约，放弃买卖权利。这样，期权的买方就可以将外汇风险控制在一定范围之内，同时又获得了在有利的时候汲取外汇汇率变动的额外收益的机会，付出的代价仅是购买期权的费用，这相当于对外汇风险投了保险，购买期权的费用就是投保的保险费。

（四）配对管理

使用配对方法（Matching）管理外汇风险。配对方法分为自然配对和平行配对两种。自然配对是指将某种特定的外币收入用于该种货币的支出，例如不将某种币种的出口货款兑换成本币，而是把他们全部存放在外币账户里，作为从该国进口的货款支付或作为其他方面的使用。这就省略了买卖两个方面的外汇交易，在节省银行手续费和买卖差价的同时，又可增强抵御外汇风险的能力。平行配对是以收入支出不是同一货币为特征的，但这两种货币之间的汇率通常呈固定的或是稳定的正相关关系，朝同一方向变动，比如美元和港币、欧元和英镑。但也有一些偶然的情况出现，即一旦这些货币之间的平价有了变化，汇率发生了调整，从而背离了其以往的平行轨迹，期望中的资金配对就不能实现，并有可能承受双重的外汇损失，所以平行配对并没有完全消除外汇风险。①

① 倪锦忠，张建友，闻玉璧编著．现代商业银行风险管理．北京：中国金融出版社，2004

（五）提前或延期收付外汇

在国际支付中，市场经济主体通过预测计价货币汇率的走势，提前或推迟收付有关款项来抵补外汇风险。其一般原则是，对于预计将贬值的货币加快资金收取，拖延资金支付；相反，在预测外汇汇率将上升时，延期收取外汇债权，提前支付外汇债务。总之，运用这一方法扩大软货币的借方余额，增加硬货币的贷方余额。这种方法适用于国际贸易支付结算、国际借贷、利息、股利、服务费用等国际经济往来。

运用提前或延期收付外汇方法时，要综合考虑防范外汇风险所发生的成本和代价。将款项提前支付给交易对手或推迟应收外汇，实际上等于向对方贷出一笔相当于提前支付期限或拖后收款期限等长时间的款项，进而丧失了资金使用的其他机会成本。同时，也面临着交易对手不愿履约或不能履约的信用风险。①

（六）国际信贷法

国际信贷法是指在中长期国际支付中，企业利用“福费廷”、保付代理等形式，在获得资金融通的同时冲销或转嫁外汇风险的方法。②

福费廷又称包买票据，是指在延期付款的大型设备贸易中，出口商把经进口商承兑的、期限在半年以上到6年的远期汇票，无追索权地卖断给出口商所在地银行或大金融公司，由此提前取得现款，并免去一切风险的一种资金融通方式。这种方法实际上转嫁了两笔风险：第一，出口商把远期汇票卖给银行，立即得到现汇，消除了时间风险；以现汇兑换本币也消除了价值风险，从而把外汇风险转嫁给了银行或大金融公司。第二，福费廷是一种票据卖断的行为，出口商把到期进口商不付款的信用风险也转嫁给了银行或大金融公司。

保付代理又称“保理”业务，在我国则称为承购应收账款业务。是指当出口商争取不到以进口方银行开立信用证的方式收取货款的情况下，对进口商的资信不太了解时，将应收货款以及相应单证转卖给保理商，提前获取发票应收金额的大部分，其余部分到期收进，减轻汇率变动的风险。

---

① 宋清华，李志辉主编．金融风险管理．北京：中国金融出版社，2003

② 吴丽华编著．外汇业务操作与风险管理．厦门：厦门大学出版社，2003

（七）借款投资法

借款投资法（borrowing - investing），指具有外汇应收账款或应付账款的企业，综合使用借款、投资的方法规避外汇风险。借款法用于有未来外汇收入的场合，出口商在签订合同之后，可向银行借入一笔与未来外汇收入相同币种、金额和期限的款项，在现汇市场上换成本币，到期用出口收入的外汇偿还借款，避免汇率波动的风险。投资法用于有未来外汇支出的场合，进口商在签订合同之后，可在现汇市场上买入与将要支付的外汇币种、金额相同的外汇，将其投放于短期资金市场，如购买国库券、商业票据、大额存单、银行定期存款、银行承兑汇票等，其投资期限与未来外汇支出的期限相同。投资法是将未来的支付移到现在，而借款法是将未来的收入移到现在，从而消除了汇率的不确定因素。

借款投资法同消除外汇应收账款和应付账款风险的原理一样，但币种的操作顺序不同。前者借款是外币，投资用本币；后者借款是借本币，投资用外币。借款投资法使流入和流出的外币完全抵消，消除了外汇风险。

（八）投保货币风险保险

世界上许多国家的政府、保险公司、特定机构对某些外汇风险提供保险服务，当保险标的因汇率变动而蒙受损失时，由保险公司给予适当赔偿。一般做法是，银行提供有关单据证明，向保险公司交纳一定比例的保险费，保险公司对投保货币汇率的变动幅度加以规定。如汇率变动在规定的幅度内，保险公司对银行遭受的损失负责补偿，而对超过规定的损失，则不负责赔偿。如因汇率变动超过规定幅度而产生的收益，则归保险公司所有。汇率变动险能使银行将较大部分的汇率风险转嫁给保险公司，但银行要缴纳较高的保费。①

作为“奖出限入”政策的一部分，许多国家的政府都设有专门的机构办理汇率风险保险业务。参加官方或半官方机构所开办的汇率保险，是控制外汇风险的手段之一。这些保险机构所提供的汇率风险保险的标的不同，投保人按期缴纳少量的保险费，承保机构负担全部或部分的汇率风险。

① 闫冰编著．国际金融．北京：中国金融出版社，2004

（九）汇率风险管理工具的选择

汇率风险管理工具的选择是一个重要而又复杂的过程。选择时一般考虑以下几个因素。

1. 敞口部位的性质。存在不同性质敞口部位的汇率风险特点不同，所使用的工具也往往不同。

2. 敞口部位的期限。根据敞口部位的期限不同选择管理工具，若敞口部位的期限为中短期，则外汇期货、外汇期权较为适用，如果期限为长期，则货币互换更为适用。

3. 敞口部位的数额是否确定。一般而言，在敞口部位数额不确定的情况下，外汇期权比外汇期货更为合适。

4. 敞口部位的时间是否确定。敞口部位的时间是指在一定期限内，敞口部位具体存在的时间，这与敞口部位的期限是不同的的概念。在敞口部位时间不确定的场合下，选择择日交割的外汇远期交易较为适当。

第五节　市场风险资本标准计量法和内部模型法

随着金融创新浪潮和全球金融市场的发展，国际金融机构的经营方式发生了重大变化。巴塞尔委员会 1988 年制定的资本协议越来越难以适应不断发展的金融实践。1993 年和 1996 年，巴塞尔委员会先后就市场风险对 1988 年资本协议进行补充和修改，在市场风险资本充足标准确定上，推出了标准法和内部模型法，在《巴塞尔新资本协议》中，就使用标准法银行和对交易资产组合使用内部模型法银行的信息披露，做了进一步规定。确立了标准法和内部模型法在确定市场风险资本上的重要位置。

一、标准计量法

1993 年，巴塞尔委员会提出了“标准化模型”。这一模型先分别对不同的市场风险模块——利率风险、股票风险、外汇风险和商品价格风险，测算其资本充足性，再将测算结果进行简单加总求得总体市场风险的资本充足性要求。

（一）利率风险

测算交易账户中债券及其他与利率风险有关的金融工具头寸的风险的标准框架，包括所有的固定利率和浮动利率债券、零息债券、利率衍生证券、不可转换优先股，以及一些杂合金融产品如可转换债券等。简单的利率衍生证券，如利率远期和利率期货、利率互换等可以看作是一些债券多头和空头构成的组合，而利率期权则另作测算。

最低资本要求表现为两项单独计算的资本要求，一是针对每种证券的“特定风险”（不管是空头寸还是多头寸）；二是针对整个资产组合的利率风险，称为“总体市场风险”（计算此风险时，整个资产组合中不同证券或金融工具的多头寸和空头寸可以互相抵消）。

1. 特定风险

特定风险的资本要求，是用来防止由于单个证券发行者的信用质量变化而导致的价格波动所造成的损失。因此，多头、空头头寸的冲抵被限定于相同的证券发行者之内；同时，即使对于相同的发行者，如果到期日、息票率等方面存在不同，也不允许进行冲抵，因为发行者信用的变化会对这些证券的市场价格产生不同的影响。

不同风险资产的权重因子是针对资产净头寸的市场价格而不是账面价格。对不同风险资产头寸的特殊风险资本充足性要求见下表：

表5－2　不同风险资产的资本充足性比率

风险资产类别	剩余到期日	资本充足性比率
政府债券	N/A	0
合格证券	等于或少于6个月	0.25
	6至24个月	1.00
	24个月以上	1.60
其他证券	N/A	8.00

上表中，政府证券包括政府债券、国库券及其他短期金融工具等各种形式的政府证券；合格证券包括由公共部门和多边开发银行发行的证券，以及其他具有特定特点的证券。

2. 总体市场风险

总体市场风险的资本要求针对的是市场利率波动所造成的损失。对它的测算可以选用两种方法：期限日（maturity）和久期（duration）方法。久期方法实际上是期限日方法的一个更准确的变形，其基本测算过程是类似的。

不论使用哪种方法,资本要求均应等于以下各项之和:(1)相当于各时段(time - band)内匹配头寸的一小部分(纵向剔出余额 vertical disallowance);(2)相当于跨不同时段匹配头寸的一大部分(横向剔除余额 horizontal disallowance);(3)适当情况下期权头寸的资本净额要求。

期限日方法是将所有表内资产和表外资产的净头寸分为不同的到期日时段,再进行测算。具体步骤如下:(1)按照"盯市"记账法计算每一时段中资产净头寸的市场价格。固定利率资产的时间段设定根据剩余的到期日时间长度;浮动利率资产则根据到下一个重新定价日的时间;衍生证券需要先转化为标的资产的多头或空头再进行计算。(2)分别对3个月到20年以上的13个到期日时段的风险头寸设定权重,以反映这些头寸价格对年利率波动的市场敏感性。权重范围从3个月以下的0.2%到20年以上的12.5%。(3)将各时间段内加权后的多头、空头头寸进行冲销,获得每一时段的净头寸。对冲销后较小的头寸还要增加10%的资本充足性要求,用以调整同一时间段中由于资产品种和到期日的差别而引起的基差风险和缺口风险,即所谓的"纵向冲销"。

另外,还允许进行两次"横向冲销"。第一次是在每一类利率风险资产的净头寸之间进行冲抵,第二次是对三大类利率风险资产的净头寸进行冲抵。

如使用久期法,经监管当局批准,具备必要能力的银行可以采用更加精确的方法,通过分别计算每笔头寸的价格敏感性来测算所有的总体市场风险。各家银行必须自始至终选用同一方法,监管当局应监控银行选用的测算方法。

总的资本充足性要求就是根据每一时间段内冲抵后的加权净头寸进行测算。在相同时间段内或时间段之间进行头寸冲销时假设这些资产的价格具有完全的相关性。

(二)股票头寸风险

1. 特定风险和总体市场风险

股票风险资产包括股票、类似于股票特点的可转换证券及买卖股权的协议等。股票资产的风险资本要求分为总体市场风险资本要求和特定风险资本要求两部分。总体市场风险资本要求比率为8%,特定风险资本要求比率也为8%(在确认资本组合具有良好流动性和分散化的情况下,这一比率可降至4%)。不同国家的股票风险资本要求直接相加而不允许使用分散化原则。

2. **股票衍生工具**

除了期权以外,受股票价格变动影响的股票衍生工具和表外项目头寸都要纳入测算系统中。包括单个股票和股价指数的期货和掉期。

股票衍生证券的资本充足性要求可以按照与利率衍生证券相同的方式处理。

(三)外汇风险

外汇风险资产只包括外国货币和黄金,不包括那些"结构化的头寸"。计算外汇风险资本要求分为两步。首先对每种外汇的风险头寸进行测量。测量的方法很简单,包括净即期头寸、净远期头寸、期权价格的一阶展开、产生的利息和费用,以及全部对冲后的其他未来收入和支出。然后,将测量出的所有外汇的净头寸按照一种"速记方法"得出资本充足性要求。具体而言,就是将所有货币的净敞口多头和净敞口空头中的较大者乘以固定的比率8%,再加上黄金净敞口头寸的8%和外汇期权的Gamma风险以及Vega风险的资本要求。

(四)商品风险

商品是指在或者可以在二级市场上交易的某种实物产品,如农产品、矿物(包括石油)以及贵金属。商品的价格风险通常比汇率及利率风险更复杂、更具波动性。

商品价格风险的测量相对于其他金融市场风险的测量较为困难。

对于即期或实物交易而言,由现货价格变化引起的方向性风险是最重要的风险。涉及远期和衍生工具合约的组合的策略的银行所面对的种种风险,可能比现货价格变化的风险要大得多。

计量商品头寸风险有3种方法,即计量商品风险的模型、期限阶梯法和简单方法。用于确定商品价格风险资本充足性要求的标准化模型,类似于利率风险的期限日测量方法。

(五)标准计量法关于期权的处理

对于期权的处理主要有简单方法、中级方法。

1. **简单方法**

采用简单方法时,期权的资本充足性要求,等于其标的资产市场价格的特殊风险资本要求与一般市场风险资本要求之和，再减去期权的正价值（in the money），最小为零。

如果只是一个看涨期权的多头或看跌期权的多头，其资本充足性要求，就是其标的资产市场价格的特殊风险资本要求与一般市场风险资本要求之和与该期权市场价值的较小值。

每种资产类别的期权资本要求相加，就可得出该资产类别的总体资本充足性要求。

2. 中级方法

中级方法包括得尔塔方法和情景分析：

第一，得尔塔（Delta - Plus）方法

得尔塔加权期权头寸值按基础证券的市场价值乘以得尔塔值报告。由于得尔塔值不能充分涵盖与期权头寸有关的风险，银行还须测算伽马值即测算得尔塔值的变化率（Gamma）和维加值（即测算期权价值对于波动性的敏感度 Vega），以计算总的资本要求。

得尔塔方法在确定资本充足性时分为两步。首先，考虑期权价格变化与标的资产价格变化之间存在的线性关系 Delta，即

Delta 资本充足性要求 $= \text{Delta} \times \Delta V$

其中，ΔV 为标的资产价格的变化。对于利率资产来讲也就是不同时间段的到期收益率的变化，股票、外汇和黄金的价格变化固定为 8%，商品价格变化为 15%。

其次，还要附加两种资本充足性要求。一种是对 Gamma 风险或凸性风险的附加资本要求：Gamma 资本充足性 $= \text{Gamma} \times \Delta V^2 \div 2$。另一种是对 Vega 风险的附加资本要求：Vega 资本充足性要求 $= \text{Vega} \times 25\%$ 基础资产的年波动率。

这样，期权总体的利率风险资本充足性要求就是以上三部分之和。

第二，情景分析法（scenario approach）

技术较为发达的银行可以使用情景矩阵分析法（scenario matrix analysis）计算对期权组合和相关套期头寸的市场风险资本要求。情景分析法将期权标的资产的可能价格及其波动性、交割成本合并为一个情景矩阵，根据其中最大的损失情景确定资本充足性要求。其他方面则类似得尔塔方法。

对于得尔塔方法和情景矩阵方法，特殊风险资本要求的测算都是分别将每种期权的 Delta 项乘以一个特殊风险权重。

二、内部模型法

在1988年《巴塞尔资本协议》中，对于证券化资产风险水平的确定相对较低，没有充分考虑到由此可能导致的市场风险。在作为其核心内容的资本充足率要求方面，它定义了两个最低比例指标：资本资产比例和资本风险资产比例。资本资产比例指标用来反映银行整体的资本充足状况，资本风险资产比例侧重于反映相对于银行风险承担的资本充足状况。该指标中的风险资产主要指表内、表外特定资产的信用风险，其中表外风险资产权重的设定以交易对手的信用风险为基础。在本质上，资本风险资产比例指标是一个清偿率比例，反映的是银行的抗风险能力。

在资本充足率的计算方面，1988年协议遗漏了很多重要的问题，如投资组合的风险识别、表外项目中轧差协议的敞口计算、只考虑信用风险的资本要求而没有考虑市场风险的资本要求等。随着国际金融市场的发展，国际银行业基于逃避资本约束的动机，银行资产证券化得到了很大发展，1988年资本协议已不能更为灵敏地反映银行资产的真实风险水平和所需要配备的资本金。

巴塞尔委员会认识到1988年协议缺陷后，于1996年公布了一个旨在包括市场风险资本要求的协议修正案，以修改1988年协议。1996年的修正案将资本要求扩大到了交易账薄中各种利率敏感性或与股票头寸有关的市场风险敞口，以及交易账薄、银行账薄中的外汇头寸、商品头寸部分的市场风险敞口等。这些头寸应该包括所有采取盯市的金融工具，不管他们是类似债券、股票之类的简单产品，还是期权、互换、信贷衍生产品之类的复杂工具。在资本定义方面，委员会规定新的范围除继续包括1988年协议界定的股东权益、保留盈余和附属资本以外，经本国监管当局同意，也可以包括短期次级债务（三级资本，原始期限超过5年的长期次级债务继续作为二级资本的一部分）。

巴塞尔委员会1996年《资本协议市场风险补充规定》允许金融机构运用内部模型法计算市场风险资本充足性要求。

委员会要求，使用内部模型，银行需要得到监管当局的明确批准。银行必须至少满足以下条件后方能获得监管当局的批准：（1）银行风险管理系统在概念上是稳健的，并得到完善的运用；（2）监管当局认定，银行有足够的训练有素的人员运用复杂的模型，这不仅包括交易部门，而且包括风险控制部门和审计部门，如有必要还包括后台；(3)监管当局认定，在测算风险方面，银行内部模型的合理的准确性有可证明的纪录；(4)银行根据委员会有关要求进行压力测试。

内部模型法确定金融机构某一天市场风险资本充足性的方法时，取前一天的 VaR 值和若干倍的前 60 天的平均 VaR 值的最大值，即 t 日市场风险的资本充足性要求 MRC_t 为：

$$MRC_t = \max\left(k \times \sum_{i=1}^{60} VaR_{t-i} \times 1/60, VaR_{t-1}\right)$$

其中，k 为监管部门规定的一个谨慎性乘数。

(一)内部模型法的定性标准

监管当局在批准银行使用内部模型方法之前，必须要求银行满足一系列定性标准。

首先，银行董事会和高级管理层应积极参与风险控制，将风险控制视为业务的重要方面，并投入大量的资源。银行应拥有强有力的且独立于业务部门的风险控制部门，负责银行风险管理系统的设计和运行。风险头寸限定必须基于 VaR 方法、金融机构内部的审计部门必须对风险管理进行独立、定期审计。

其次，内部模型不仅用于计算监管要求的风险资本金，还必须能够完全满足机构日常风险管理的需要。风险管理部门必须对模型进行定期的事后检验和压力试验，以监测内部模型对各种外部市场环境的强壮性，如果模型不能通过检测则必须进行改进。

最后，内部模型法的有效性依赖于一个完整、实时的系统，该系统能检索有头寸信息集中记录在一个数据仓库中，并将其处理成可被 VaR 模型捕捉到的风险因子信息。内部模型法要求模型的输入、风险的测量必须可靠、准确，而且还必须设置一个正式的检验系统对模型的修正、假设条件及模型的校准进行确认。特别要注意两点，一是模型参数的估计必须独立于交易行为，以防交易人员有意选择那些使风险头寸显得最小的关键参数；二是风险管理系统所应用的金融市场价格应该从前台以外的来源独立获得，并储存在风险管理系统控制以外的金融数据库中。

(二)市场风险因子的设定

银行内部市场风险测算系统的一个重要部分就是设定一套市场风险因子,即影响银行交易头寸价值的市场利率和价格。市场风险测算系统所包含的风险因子应足以反映银行表内外交易头寸组合的内在风险。

1. 利率

对于银行利率敏感性表内外头寸中每种货币的利率,必须有一组风险因子。(1)风险测算系统应选用一种被普遍接受的方法,如估算零息债券的远期利率,建立收益曲线模型;(2)风险测算系统必须能包含单独的风险因子,以反映利差(如在债券与掉期之间)风险。

2. 汇率(包括黄金价格)

风险测算系统应包括与银行头寸的各计价币种相对应的各项风险因子。因为风险测算系统算出的风险价值是以本币为单位的,所以以外币计价的任何净头寸均会导致汇率风险。因此,本币与风险敞口较大的各外币之间的汇率须有风险因子与之对应。

3. 股票价格

应有风险因子与银行持有头寸较多的各个股票市场对应:(1)最少应设计一个风险因子,以反映整个市场的股价变动。(2)一种更具体的办法是,将风险因子与整个股市各个部门相对应。(3)最完全的方法是将风险因子与每个股票的波动性对应。

4. 商品价格

应有一些风险因子与银行持有的头寸较多的各个商品市场相对应。(1)对基于商品工具头寸相对有限的银行而言,可直接确定风险因子。(2)对于商品交易活跃的银行,模型还应考虑商品的衍生工具头寸与现货头寸之间“便利性收益”的差异。

(三)内部模型法的定量标准

银行在设计模型的精确特点时有一定灵活性,但在计算资本时,必须采用下列最低标准。

巴塞尔委员会要求银行使用的 VaR 模型:(1) VaR 必须每日计算。(2)必须使用统一的建模参数,即 99% 的单侧置信区间和 10 天的持有期。(3)委员会的内部模型实施中规定:允许机构用 1 天的 VaR 乘以 10 的平方根来代替 10 天的 VaR;用于测算监管资本有效的 VaR 结果是前 1 天的 VaR 值和 3 倍的 60 天的平均 VaR 值的最大值；机构可以根据投资组合理论，将不同风险的相关性加入到模型中；风险因子的波动性及其相关关系，应最少根据 1 年内 250 天的历史数据进行估计。(4)银行更新其市场数据频率应该至少每 3 个月一次，或根据市场环境的要求进行更频繁的调整。(5)如果不能获得市场风险因子间的实证相关关系，总体 VaR 的结果应为各种单风险因子 VaR 结果的简单代数和。(6)对于期权头寸而言，内部模型不仅需要测量其线性 Delta 风险，还需要对非线性 Gamma 风险和波动性 Vega 风险进行测量。具体测量的方法由机构选择，如全值的 MonteCarlo 模拟或简化的分析方法。

如果事后检验结果表明机构的内部模型不能准确地对风险进行预测，就要对内部模型法测算出的监管资本附加一个罚因子，目的在于督促金融机构提高其模型的准确性，具体的过程将在后面介绍。

对于不能全部满足要求的银行，监管部门允许其使用一种标准化模型和内部模型相结合的方法。此时，银行全部的风险资本要求为两个模型结果的简单代数和。

1998 年新的巴塞尔监管协议框架，将特殊风险和随之的信用风险都视为市场风险产物，因此，这些风险的测量模型应建立在与市场风险模型一致的假设基础上，这是对于 1988 年资本协议的一个重要改进。1988 年协议中，对信用风险资本要求的计算只是基于一些武断的比率，因而不能正确地反映不同资产或金融工具的特殊性。

(四)内部模型的事后检验

监管部门必须定期对金融机构的内部模型进行事后检验，以验证模型的有效性，保证机构具有充足的风险资本准备金。

巴塞尔委员会的事后检验方式较为简单，将 VaR 模型的日测量结果与监管部门对机构收益和损失的实际测量结果进行比较，如果二者的偏差的天数超过一定限度，则提高金融机构的市场风险资本充足性要求的谨慎性乘子以示惩罚。其具体标准是，在连续的 250 天内，监管部门测算的实际机构收益和损失结果超过 VaR 测算结果的天数平均不能超过 5 天，否则金融监管部门就会增加相应谨慎性乘子予以惩罚。巴塞尔委员会在《关于使用“事后检验”法检验计算市场风险资本要求的内部模型法的监管框架》中提出了三重区域法，用颜色区别成不同的反映等级。绿色区域代表本身并不暗示某银行模型的质量或准确性存在问题的事后检验结果。黄色区域包含在这方面提出问题但结论不确定的检验结果。红色区域显示几乎可以肯定某银行风险模型有问题的事后检验结果。

表中根据250个交易日中观测到偏差天数,把银行分为三种状态:绿灯区、黄灯区、红灯区,表示VaR模型的准确性。

表5-3　内部模型不准确的惩罚

	结果出现偏差的天数	谨慎性乘子
绿灯区	≤4	3.00
	5	3.40
	6	3.50
黄灯区	7	3.65
	8	3.75
	9	3.85
红灯区	≥10	4.00

监管部门对金融机构收益和损失的测量可以采取两种方式:第二天实际的净交易收益和损失以及理论收益和损失,即前天结束时的头寸结转到第二天。

(五)压力试验

金融监管部门还要求金融机构必须定期对其内部模型进行压力试验。主要原因在于,在计算VaR时需要基于一些必要的假设,特别是模型中许多市场参数的取值都是根据正常的市场情况确定的。在一些非正常的市场情况下,如市场崩溃、政治巨变或自然灾害等,这些假设和参数的设定就会严重失真,从而导致内部模型的测量结果无效。压力试验的目的在于评估内部模型对一些极端市场情况的强壮性。

关于压力测试,本章第二节已做了相应介绍,这里不再赘述。

(六)特定风险的处理

采用模型的银行如果满足一般风险模型的所有定性和定量要求,以及下述附加条件,就可以获准根据其模型测算值计算特定风险资本要求。不能满足下述附加条件的银行,则须根据标准法的计算值全额计算特定风险资本要求。(1)解释组合内的历史价格波动;(2)清楚反映风险的集中程度(幅度和组成部分的变动值);(3)不利环境下仍保持健全性;(4)经过事后验证,能够准确反映特定风险。

三、我国商业银行计量市场风险资本要求的方法

巴塞尔委员会提供了两种计量市场风险的方法——标准法和内部模型法。对于商业银行来讲，是否有资格使用内部模型估计市场风险监管资本，关键取决于其风险管理水平。够资格的金融机构应该具备强有力的风险管理集团和健全的风险管理机制。

我国商业银行风险管理现状与巴塞尔委员会提出的内部模型法要求标准相差较大，委员会提出的标准法更适合我国实际情况。中国银行业监督管理委员会颁布的《商业银行资本充足率管理办法》，在充分借鉴了巴塞尔委员会计量市场风险资本要求的标准法基础上，提出了我国商业银行计算市场风险的标准法。

我国商业银行信贷资产占总资产的比例相当高，相应的利率风险较大。但由于信贷资产不是交易性业务，不需要单独计提市场风险资本。我国商业银行在境内不得从事股票交易和商品交易，因此目前商业银行需要计提资本的市场风险主要包括：交易性人民币债券投资、外币债券投资的利率风险、外币贷款、外币债券投资和外汇交易中的汇率风险。①

（一）利率风险

利率风险包括交易账户中的债券（固定利率和浮动利率债券、可转让存款证、不可转换优先股及按照债券交易规则进行交易的可转换债券）、利率及债券衍生工具头寸的风险。利率风险的资本要求包括特定风险和一般市场风险的资本要求两部分。

1. 特定风险

特定风险的资本要求按以下5个等级逐渐增加：

政府证券： 0.00%；

合格证券：(1)剩余期限为不超过6个月：0.25%；(2)剩余期限为6个月至24个月：1.00%；(3)剩余期限为24个月以上：1.60%；

其他证券：8%。

2. 一般市场风险

一般市场风险的资本要求由以下三部分组成：(1)每时段内加权多头和空头头寸可相互对冲的部分所对应的垂直资本要求；(2)不同时段

① 刘明康主编．商业银行资本充足率管理办法．北京：经济科学出版社，2004

间加权多头和空头头寸可相互对冲的部分所对应的横向资本要求；(3)交易账户的加权净多头或净空头头寸所对应的资本要求。

一般市场风险资本要求的计算采用到期日法。时段的划分和各时段的风险权重见表5-4，时区的划分和匹配的风险权重见表5-5。

第一，各时段的头寸乘以相应的风险权重计算各时段的加权头寸。第二，各时段的加权多、空头头寸可相互对冲的部分乘以10%得出垂直资本要求。第三，各时段的加权多头头寸和加权空头头寸进行抵消得出各个时段的加权头寸净额；将在各时区内各时段的加权头寸净额之间的可相互对冲的部分乘以表5-5所列的第一组权重得出各个时区内的横向资本要求。第四，各时区内各时段的加权头寸净额进行抵消，得出各时区加权头寸净额；每两个时区加权头寸净额之间可相互对冲的部分乘以表5-5所列的第二组权重得出时区间的横向资本要求。第五，各时期加权头寸净额进行抵消，得出整个交易账户的加权净多头或空头头寸所对应的资本要求。

表5-4　时段和权重

息票利率不小于3%	息票利率小于3%	风险权重	假定的收益变化
不长于1个月	不长于1个月	0.00%%	1.00
1至3个月	1至3个月	0.20%%	1.00
3至6个月	3至6个月	0.40%%	1.00
6至12个月	6至12个月	0.70%%	1.00
1至2年	1.0至1.9年	1.25%%	0.90
2至3年	1.9至2.8年	1.75%%	0.80
3至4年	2.8至3.6年	2.25%%	0.75
4至5年	3.6至4.3年	2.75%%	0.75
5至7年	4.3至5.7年	3.25%%	0.70
7至10年	5.7至7.3年	3.75%%	0.65
10至15年	7.3至9.3年	4.50%%	0.60
15至20年	9.3至10.6年	5.25%%	0.60
20年以上	10.6至12年	6.00%%	0.60
	12至20年	8.00%%	0.60
	20年以上	12.50%%	0.60

表 5-5 时区和权重

<table>
<tr><th rowspan="2">时区</th><th colspan="2">时段</th><th rowspan="2">同一区内</th><th rowspan="2">相邻区之间</th><th rowspan="2">1区和3区之间</th></tr>
<tr><th>息票利率不小于3%</th><th>息票利率小于3%</th></tr>
<tr><td rowspan="4">1区</td><td>0-1个月</td><td>0-1个月</td><td rowspan="4">40%</td><td rowspan="13">40%</td><td rowspan="13">100%</td></tr>
<tr><td>1至3个月</td><td>1至3个月</td></tr>
<tr><td>3至6个月</td><td>3至6个月</td></tr>
<tr><td>6至12个月</td><td>6至12个月</td></tr>
<tr><td rowspan="3">2区</td><td>1至2年</td><td>1.0至1.9年</td><td rowspan="3">30%</td></tr>
<tr><td>2至3年</td><td>1.9至2.8年</td></tr>
<tr><td>3至4年</td><td>2.8至3.6年</td></tr>
<tr><td rowspan="6">3区</td><td>4至5年</td><td>3.6至4.3年</td><td rowspan="6">30%</td></tr>
<tr><td>5至7年</td><td>4.3至5.7年</td></tr>
<tr><td>7至10年</td><td>5.7至7.3年</td></tr>
<tr><td>10至15年</td><td>7.3至9.3年</td></tr>
<tr><td>15至20年</td><td>9.3至10.6年</td></tr>
<tr><td>20年以上</td><td>10.6至12年</td></tr>
</table>

3. 利率及债券衍生工具

利率衍生工具包括受利率变化影响的衍生工具合约及资产负债表外工具，如：利率期货、远期利率协议、利率掉期及交叉货币掉期合约、利率期权及远期外汇头寸。债券衍生工具包括债券期货和债券期权。

上述衍生工具应转换为基础工具，并按基础工具的特定风险和一般市场风险的方法计算资本要求。利率和货币掉期、远期利率协议、远期外汇合约、利率期货及利率指数期货不必计算特定风险的资本要求；如果期货合约的基础工具是债券或代表债券组合的指数，则应根据发行人的信用风险计算特定风险资本要求。

（二）股票风险

股票风险是指交易账户中股票及股票衍生工具头寸的风险。其中股票是指按照股票交易规则进行交易的所有金融工具，包括普通股（不考虑是否具有投票权)、可转换债券和买卖股票的承诺。

1. 特定风险和一般市场风险

特定风险的资本要求等于各不同市场中各类股票头寸绝对值之和乘以8%后所得各项数值之和。一般市场风险对应的资本要求,等于各不同市场中各类股票净头寸(取绝对值)乘以8%后所得各项数值之和。

2. 股票衍生工具

包括股票和股票指数的远期、期货及掉期合约。衍生工具要转换成基础工具,并按基础工具的特定风险和一般市场风险的方法计算资本要求。

(三)外汇风险

外汇风险是指外汇(包括黄金)及外汇衍生工具头寸的风险。

1. 外汇风险的资本要求等于总净敞口头寸乘以8%。

总净敞口头寸等于以下两项之和:(1)外币资产组合(不包括黄金)的净多头头寸之和(净头寸为多头的所有币种的净头寸之和)与净空头头寸之和(净头寸为空头的所有币种的净头寸之和的绝对值)中的较大者;(2)黄金的净头寸。

2. 外汇衍生工具要转换成基础工具,并按基础工具的方法计算市场风险资本要求。

(四)商品风险

适用于商品、商品远期、商品期货、商品掉期。本办法所称的商品是指在或可以在二级市场买卖的实物产品,如:贵金属(不包括黄金)、农产品和矿物(包括石油)等。

1. 商品风险对应的资本要求等于以下两项之和:

(1)各项商品净头寸的绝对值之和乘以15%;(2)各项商品总头寸(多头头寸加上空头头寸的绝对值)之和乘以3%。

2. 商品衍生工具要转换成名义商品,并按上述方法计算资本要求。

(五)期权风险

1. 只购买期权的商业银行适用简易的计算方法

(1)对于现货多头和看跌期权多头或现货空头和看涨期权多头,

资本要求等于期权合约对应的基础工具的市场价值乘以特定风险和一般市场风险资本要求比率之和,再减去期权溢价。资本要求最低为零。(2)对于看涨期权多头或看跌期权多头,资本要求等于基础工具的市场价值乘以该基础工具的特定风险和一般市场风险资本要求比率之和与期权的市场价值两者中的较小者。(3)基础工具特定风险和一般市场风险对应的资本要求按下表计算:

表 5－6

基础工具	特定风险比率	一般市场风险比率
债券:		表 5－4 规定的风险权重,按照剩余期限(固定利率)或下次重定利率日(浮动利率)来计算。
政府	0.00	
合格(剩余期限):		
剩余期限为 6 个月或以下	0.25	
剩余期限为 6 个月以上至 24 个月	1.00	
剩余期限为 24 个月以上	1.60	
其他	8.00	
利率	0.00	
股票	8.00	8.00
外汇	0.00	8.00
商品	0.00	15.00

2. 卖出期权的商业银行适用于得尔塔＋(Delta－plus)方法

得尔塔＋方法计算的资本要求由以下三部分组成:(1)期权基础工具的市值乘以该期权的得尔塔值得到得尔塔加权期权头寸;然后将得尔塔加权头寸加入到基础工具的头寸中计算资本要求。(2)伽马(Gamma)风险的资本要求。伽马效应值＝0.5×gamma×VU,其中:基础工具为债券时,VU＝基础工具市值×表 5－4 中相应时段的风险权重;基础工具为利率时,VU＝基础工具市值×表 5－4 中相应时段的假定的收益变化;基础工具为股票、股指、外汇与黄金时,VU＝基础工具市值×8%;基础工具商品期权:VU＝基础工具市值×15%。同一基础工具每项期权对应的伽马效应值相加得出每一基础工具的净伽马效应值。若基础工具的净伽马效应值为负值,则伽马风险的资本要求总额等于这些净伽马效应值的绝对值之和。(3)维加(vega)风险的资本要求。基础工具维加风险的资本要求＝(25％－该基础工具波动率)×该基础工具的各项期权的维加值之和。维加风险的资本要求总额，等于各项基础工具维加风险的资本要求之和。

第六节　市场风险模型构建

与传统信用风险相比，市场风险出现较晚。但世界各国金融机构在市场风险建模上所投入的人才和计算机技术却是最多的。目前国际金融界市场风险建模基础框架已经形成并成为行业准则。

一、风险价值

1993年巴塞尔委员会市场风险标准化模型发布后，委员会受到来自行业内的严重压力。以G30和J. P. Morgan为代表的世界级银行对巴塞尔委员会的标准法提出了严厉指责。G30和J. P. Morgan指出，金融机构赖以生存的核心技能之一就是对金融市场行为的准确建模。因此基于对金融市场行为深入了解基础上的VaR模型较好地反映了金融市场的实际行为，因而较准确测量了银行业面临的实际市场风险水平，监管当局应该基于VaR设计其监管框架而不是简单的主观确定(如标准法)。特别是，由于金融机构的金融市场建模技术是其核心竞争力之一，具有保密性，因此基于金融机构内部VaR模型核算的风险资本充足性可能比外部监管部门的核算更为有效。在国际级大银行的压力下，巴塞尔委员会于1996年《市场风险补充规则》中，允许金融机构运用其内部管理的VaR模型，作为计算资本充足性要求的基础。①

关于VaR我们在本章第二节已做了介绍。VaR是市场风险建模的基础理论，本节有关VaR内容是从市场风险建模的角度所做的补充，其他重复部分不再赘述。

在实际VaR计算中，如有效估计VaR就必须充分考虑两个关键因素：第一，市场因子的变化与证券组合价值变化间的关系是否呈线性关系；第二，市场因子的未来变化是否服从正态分布。线性类证券价值的变化可以通过灵敏度近似，如市场因子的变化服从多元正态分布，则可

① 王春峰．金融市场风险管理．天津：天津大学出版社，2001

通过我们前面已论述过的方差—协方差法予以计算。

只有对上述因素做出合理假设,才能得到有效的 VaR 估计。经常要做的假设是:第一,价格变化分布假设。计算方法通常假设金融工具的价值是随机游走的,因此价格的变化呈正态分布。价格变化正态分布假设的一个问题是:充分的计算分析表明,金融市场历史经验分布具有厚尾性。在 VaR 计算中,可通过增加对均值的偏离距离来反映厚尾性,如考虑 4 个或 6 个标准差下的事件以调整 VaR。人们还通过稳定 Paretian 和 t 分布、jump - diffusion 和随机过程,来描述分布的厚尾特征和市场价格的变化过程。价格变化正态分布假设的另一个问题是:正态分布是对称的,而经验分布是有偏的。因此,持有头寸的多头或空头的不同,可能会低估或高估 VaR。第二,相关性估计。价格变化序列不相关,也就是说,今天的变化与昨天的变化没有联系。第三,关系的稳定性,过去的行为可以用来决定未来的波动性。市场价格变化的波动性和相关性估计是 VaR 计算的重要因素之一。这些参数的估计通常基于特定的统计模型,其中大部分模型假定在样本区间上估计的参数是不变的,或至少是存在的。

二、交易投资组合风险的评估

市场风险管理通常是对投资组合进行评估,很少对单个风险进行评估。20 世纪 70 年代以来,国际金融界最为尖端的金融技术就是计量投资组合风险的方法。在美国华尔街,交易投资组合风险计量与货币时间价值是现代金融理论实际应用中的两大支柱。

使用头寸组合法重点考虑整个组合的风险特征。投资组合风险计算方法是将敏感度分拆到单独的风险因素上,然后再将它们进行加总。这些风险因素有两类,基础市场的特性(低阶风险,lower - order risks)和这些市场中产品价值的有关变化(高阶风险,higher - order risks)。

(一)低阶风险

低阶风险来自汇率、股票价格或利率水平,这些风险通常称为绝对价格风险(δ 风险)。因为一项工具的价值可能不一定是按着与基础市场因素呈线性的规律变化,所以 δ 通常以当前市场价值来表示,即 δ 经常被表示为当前因素的 x % 的变化将导致投资组合价值的 y% 的变化。如果市场处于不同的水平下，那么基础风险因素发生同样的 x% 变化，组合的价值可能并不发生 y% 的变化。

（二）高阶风险

高阶风险比较复杂，是由单独的工具与基础风险因素相关的行为方式得来的。

1. 凸性或 γ 风险。

凸性或 γ 风险是指在不同的市场水平下，来自 δ 值变化的风险。当价格与价值关系不是线性的时候，γ 是 δ 值的变化率。δ 会随着基础工具价值的变化而发生变化。δ 等于价格曲线上给定一点的切线的斜率。[①]

在金融数学上，凸性或 γ 值两个概念之间是没有区别的，两者都是二阶导数，或更直观地说都表示债券价格和利率之间的曲率。如果一家银行的风险计量体系无法计算该曲率，就会导致很大的危机，尤其是当该银行有着大量的高凸性的期权或债券时。

2. 波动性或 vega 风险

波动性或 vega 风险是指具有类似衍生证券特征的金融产品，其价值与基础工具在一定时期内的可能变化相关。基础工具波动性发生变化，衍生证券的价值也会发生变化。因此衍生证券的价值包含了市场对基础工具的波动性评估的变化这一风险。

Vega 测量了衍生证券的价格变化相对于标的资产波动性变化的比率，即：$Vega = \partial F / \partial \sigma$。如果 Vega 的绝对值很大，则衍生证券的价格对于波动率的变化很敏感；如果其绝对值很小，则波动率的变化对衍生证券的价格影响较小。[②]

3. 时间衰减或 θ 风险

时间衰减或 θ 风险是指衍生证券将随着时间的推移而价值降低的风险。当衍生证券接近到期日时，它的时间价值会减少，因为基础工具价格可能发生变化的时间越来越少了。

θ（Theta）是衍生证券价格的变化相对于时间变化的比率，有时也称为衍生证券的时间衰减。即：$\theta = \partial F / \partial t$。θ（Theta）与 Delta 和 Gamma 不是同一种类型的灵敏度参数，因为虽然标的资产的价格存在许多不确定

① （澳）Chris Matten. 银行资本管理. 王洪，漆艰明译. 北京：机械工业出版社，2004

② 王春峰. 金融市场风险管理. 天津：天津大学出版社，2001

性因素，但时间的减少是无法改变的。θ(Theta)与 Delta 和 Gamma 之间存在一定的关系。对于不付红利股票的衍生证券，其价格满足 Black - Scholes 方程：

$$\frac{\partial F}{\partial t}+rS\frac{\partial F}{\partial S}+\frac{1}{2}\sigma^2S^2\frac{\partial^2F}{\partial S^2}=rF$$

$$令\ \theta=\frac{\partial F}{\partial t},\delta=\frac{\partial F}{\partial S},\gamma=\frac{\partial^2F}{\partial S^2}$$

因此，上式可重写为： $\theta+rS\delta+\frac{1}{2}\sigma^2S^2\gamma=rF$

4. 贴现率或 ρ 风险

许多金融产品特别是衍生金融产品，是通过将预期的未来现金流用无风险利率折现来定价的，因此利率变化会影响金融产品的价值。

ρ(Rho)是衍生证券价格的变化相对于利率变化的比率。它测量了衍生证券对利率的敏感性，即：$\rho=\partial F/\partial r$。不付红利股票的欧式看涨和看跌期权的 ρ 计算公式分别为：$\rho_C=X(T-t)e^{-r(T-t)}N(d_2)$；$\rho_P=-X(T-t)e^{-r(T-t)}N(-d_2)$。

上面的公式适用于股票或支付红利率为 v 的股票指数的欧式看涨和看跌期权，也适用于标的资产为期货合约时 ρ 值的计算。外汇期权的计算公式中存在两种利率，因此就有两个对应的 ρ 值。与国内利率对应的 ρ 值可通过上面的公式计算，对应于国外利率的欧式外汇看涨和看跌期权的 ρ 值分别为：$\rho_C=-(T-t)e^{-r(T-t)}SN(d_1)$；$\rho_p=(T-t)e^{-r(T-t)}SN(-d_1)$。

同样，可以根据远期和期货合约的定价公式推导出其 ρ(Rho)值计算公式：

$\rho_{Forward}=(T-t)Xe^{-r(T-t)}$；$\rho_{Future}=(T-t)Se^{-r(T-t)}$。①

5. 基点或利差风险

基点或利差风险是指一个或一类产品的价格与一个基础利率之间的可接受的差距发生变化的风险。通常利率产品会出现这种情况，如在确定互换交易的价格时，银行使用的收益曲线与无风险政府债券曲线之间会有一个利差。②

---

① 王春峰．金融市场风险管理．天津：天津大学出版社，2001

② 彭茂吾等．西方银行资本管理．北京：企业管理出版社，2003

上述计算市场风险资本的方法,已经成为银行业普遍认同的标准。至少对那些作为活跃的金融产品的交易者或造市者的银行是这样的。J. P. Morgan 银行开发的 Risk Metrics™就是这类方法中最为著名的模型。

三、持有期

持有期是计算 VaR 的时间范围。由于波动性与时间长度呈正相关,所以 VaR 随持有期的增加而增加。在 1997 年底生效的巴塞尔委员会资本充足性条款中,持有期为两个星期(10 个交易日)。持有期与置信水平是计算 VaR 的重要参数,任何 VaR 只有在给定这两个参数的基础上才能进行。

选择适当的持有期一般要考虑 4 个因素,即流动性、正态性、头寸调整和数据约束。(1)选择持有期所要考虑的首要因素是资产的流动性。资产的不同性质决定了如果交易头寸可以快速流动,意味着可以选择较短的持有期;如果流动性较差,交易时选择交易对象的时间较长,则较长的持有期更合适。实际中,金融机构通常根据其组合中比重最大的头寸的流动性选择持有期。(2)在计算 VaR 时,要对回报正态分布性做出合理假设。实证研究表明,时间跨度越短,实际回报分布越接近正态分布。因此,在金融资产持有期较短的情况下,得到的估计结果更加合理。(3)在实际金融交易中,资产管理人员会根据金融市场实际状况不断调整其头寸或组合。如果一种头寸经常地发生损失,资产管理人员就会把这种头寸变为其他头寸。持有期越长,这种资产组合改变的可能性越大。(4)VaR 计算需要大量样本数据。这要求银行信息系统能够准确充分采集。持有期越长,所需的历史时间跨度越长,计算时所需样本数据会达到相当庞大的程度。长时间的样本数据不仅在实际中无法得到,而且由于金融市场的不断大幅变化,时间过早的数据也没有意义。

四、价格/价值组合曲线

许多金融工具的价格/价值图形是非线性的,在衍生证券中这种现象更为突出,一般被称为“曲率”。但即便是一般固定利率债券,当利率变动足够大时也会有些非线性。非线性或“曲率”是指相关的基础风险因素发生变化,与工具价格的变化都不是等比例的。例如,货币和权益的即期头寸是线性的,基础 FX 或股票价格变动 1%,将引起货币或权益头寸价格的1%的变动,而10%的变动也就意味着投资组合的价值变化10%。

有曲率的工具并不是以线性的方式波动,在基础工具变化给定的情况下,期权价格会有不同的变动值,这要视期权是实值还是虚值(in or out of money)和如何进行期权交割。对一个期权而言,基础工具的1%的变动导致了期权价格的0.5%的变动,但基础工具变化10%,其价值变化却可能多于或少于5%。

五、相关性

相关性是衡量变量之间相互影响程度的指标。对于希望通过分散投资来达到降低风险的投资管理人员而言,掌握变量之间相关性是非常重要的。如果考虑两个相关的回报序列x和y,则用相关性来表示x和y之间的内在联系。相关性通常用相关系数度量,相关系数表示两个变量间相关程度的大小,其取值范围在-1到1之间。相关系数为-1时,表明两个变量完全负相关;相关系数为1时,表明两个变量完全正相关;相关系数为0时,表明两个变量不存在线性关系。其计算公式是:

$$Corr(x,y) = Cov(x,y) / \sqrt{VaR(x)}\sqrt{VaR(y)}$$

即:$\rho_{XY} = \sigma_{XY} / (\sigma_X \sigma_Y)$。值得注意的是,序列的联合平稳性是相关性存在的必要条件。两个任意的回报序列可能完全没有关联,也就不可能联合平稳,因此这两个序列间不存在相关性。

VaR是监测单独风险因素的良好工具,在利率交易领域资本配置中作用更明显。但在加总的最上层,对相关性的依赖越高,得出的数值也就越不可信。这是因为相关水平是一个平均值,表明在一定的期间内(经常是至少1年的日价格变动,有的银行使用5年甚至更长的时间),两个变量是如何相互变动影响平均量的。两个变量不会一直保持这种变化,银行或其他交易者最为倚重的使用相关性来降低风险的时点,也正是危机时刻相关性失灵的时点,即这种相关性消失了。

有些相关性很弱,以至于在统计上被认为是不显著的(而一个结论是否具有统计学意义,显著性测试这一统计工具是必要的验证手段)。任何一对变量都可以用来进行相关性检验,在计算中要注意不同期间的计算结果是否大致相同。期间不同,某些风险因素间的相关水平的正负值甚至也会发生改变。

六、观察期

市场模型建立过程中，银行管理层还必须掌握观测期的概念。观测期将影响到统计参数的确定，计算单个风险因素的敏感度和确定加总过程中相关水平，统计参数是必不可少的。

在决定一项风险因素的潜在变化时，我们需要在一段时间内观察它的变动情况，并计算出价格变化的标准差。在计算两个风险因素间的相对关系时，也是如此。成对的两个因素一段时间内相关行为也可观测到。这一观测期可以选择得很短（如不足 1 年的日变动值），这时统计分布可能就不含有会使标准差大幅上升的极端事件。这种做法侧重最近发生事件的权重，并暗含着一个假设：在不久的将来这些事件有着更大的影响。观察期也可以是非常长的，如 5 年或更长的时间。这时银行有机会观测到偶发的和更极端的事件，如 1987 年的股市大跌。J. P. Morgan 银行的风险矩阵模型和其他高级分析方法，一方面使用一个较长的期间，另一方面在整个时间序列中对最近的事件使用逐步加大权重，做到二者兼顾。

七、市场风险模型构建过程

（一）数据输入

将银行交易活动中产生的价格和头寸数据及其某一计量参数输入计算机模型，计算出银行的市场风险量，风险量通常用 VaR 表示。

计量系统输入的数据包括以下方面：（1）头寸交易，是由交易活动产生的；（2）风险要素的价格数据，它将影响组合头寸的价值。风险要素通常分成以下几大类：利率、汇率、股票价格、商品价格及上述各类风险要素中的期权波动性；（3）计量参数，包括持有期、观察期、置信区间。

（二）模型构建过程

按照上述输入数据，内部估算模型就能计算出由于相关风险要素变动而引起的每一头寸的变化，然后加总各头寸值变化，并适当考虑不同风险要素之间的历史相关性，这种相关性既可以是同一组合间的，也可以是银行不同的交易活动。银行按照它的总体战略，可以选择一适当的观察期来反映市场条件，就可以算出观察期间的各风险要素和要素之间的历史相关性。

在计算市场风险时，银行通常采用方差—协方差法和历史模拟法两种方法之一。(1)在方差—协方差法中，先从估值模型得到每一头寸的风险要素敏感系数，从持有期和观察期算出风险要素的波动系数和相关系数，并根据风险要素的波动系数与相关系数得出方差—协方差矩阵，再将敏感系数乘以方差—协方差矩阵得出资产组合值的变化。最后，再用置信度计算出风险价值。(2)历史模拟法计算时，在一给定的历史期，计算出每一持有期的组合值变化，从而得到模拟的盈利与亏损的范围，再用置信度决定风险价值。

蒙特卡罗模型法很少用于计算总体组合的市场风险，它主要用于计量期权和其他非线性价格特征的工具风险。

(三)结果输出

上述每种计算方法最终都会得到一个风险价值数。根据不同的建模方式，风险价值数可以是单一头寸，可以是不同风险要素类的，也可以是所有市场风险的总风险价值。这些风险价值成为监控风险水平和风险限额的基础，银行根据这些数值从内部在不同的业务间配置资本。

八、市场风险资本的确定

巴塞尔委员会要求计算市场风险资本时使用的参数应是：(1)时间段为10个交易日或者两周；(2)置信水平为99%；(3)必须有至少1年的历史数据，而且历史数据必须至少每个季度更新一次。给出的市场风险资本要求公式是：

$$MRC_t^{IMA} = \max\left(\frac{1}{60}\sum_{i=1}^{60} VaR_{t-i},\ VaR_{t-1}\right) + SRC_t$$

其中涉及了过去60天内的市场风险VaR值的平均值，一个预先给定的乘子k(最小值为3)，前一个交易日的VaR值，特别风险要求SRC(specific risk charge)。特别风险资本要求的目的是为了对与个别证券发行者相关的独特因素所造成的损失缓冲。它包括个别债券或股票与市场整体相偏离移动的风险，还包括事件风险。

第六章

《巴塞尔新资本协议》框架下操作风险管理

操作风险是银行面临的最古老的风险之一，在全球范围内给许多金融机构造成了严重的经济损失。但操作风险的理论研究、实际应用、制度规范等却远远落后于信用风险、市场风险。《巴塞尔新资本协议》在第一支柱最低资本金要求所覆盖的风险领域中，将操作风险纳入风险管理框架，要求金融机构为操作风险配置相应的资本金水平。这既是一项要求，也是一个标志，操作风险日益引起国际金融界的密切关注，国际金融界对操作风险的监控和管理进入一个新的阶段。

第一节 商业银行操作风险概述

一、新资本协议对操作风险的界定

（一）商业银行操作风险概念

国际金融界对操作风险的定义林林总总，不同的组织机构对操作风险提出了不同的定义。总体看对操作风险的定义有两种方式，即间接定义和直接定义。间接定义方式把信用风险、市场风险以外的其他风险都定义为操作风险。直接定义则是对操作风险的内涵外延进行清晰界定，在诸多定义中以英国银行家协会（BBA）所做的定义较为完整，BBA 认为：操作风险是由于内部程序、人员、系统的不完善或失误，或外部事件造成直接或间接损失的风险。这一定义得到了国际金融界的广泛认可，在新资本协议制定中，巴塞尔委员会充分借鉴了 BBA 对操作风险的定义，新资本协议规定：操作风险是指由不完善或有问题的内部程序及系统或外部事件所造成的风险。本定义包括法律风险，但不包括策略风险和声誉风险（strategic and reputational risk）。

操作风险与信用风险、市场风险相比有着巨大的区别。信用风险与市场风险是一个中性概念，既包含潜在的损失，也意味着潜在的获利机会，是银行以及其他金融机构的利润来源，金融机构必须通过承担信用风险和市场风险，在风险中榨取利润。而操作风险则意味着金融机构纯粹的损失，是一种管理成本，不能带来利润。

（二）商业银行操作风险分类

目前常见的操作风险分类方法是基于操作风险的来源，主要有以下几种：

1. 交易处理风险。由于在交易处理过程中，没有精确地、按时地进行操作，从而未能提供精确的报告、抵押认证、收入清收和可靠的客户信息，给银行带来的损失。

2. 欺诈。包括内部欺诈和外部欺诈。内部欺诈是指银行内部故意欺骗、盗用财产或违反规则、法律、银行政策的行为而造成的损失；外部欺诈指第三方故意欺诈、盗用财产或违反法律的行为而给银行造成的损失。

3. 信息系统风险。主要指银行计算机系统出现的问题给银行业务操作带来的风险。包括安全性风险、系统应用风险、客户风险。(1)安全性风险是指银行重要的财务系统和风险管理系统在访问控制、与他方通讯中所形成的操作风险。由于计算机处理能力的增强、访问点地理上的分散、通讯渠道的多样化，使银行计算机系统访问控制越来越复杂，未经授权的访问给银行带来了直接经济损失。(2)系统应用风险是指银行所选用的计算机系统因设计、实施和维护中的漏洞所造成的操作风险。(3)客户风险是指客户误用(无论是有意还是无意)所引起的风险。

4. 技术风险。由于技术原因，可能给银行带来的风险，如国家技术划拨风险。在1974年，世界最大的20家银行中有5家是美国银行，至1994年，以资产为衡量标准，世界最大的20家银行中没有一家是美国银行。其原因就是美国国内支付系统的创新面临对其他国家金融系统的不可划转风险。如美国是ATM的主要倡导者，但这样的网络在世界大多数国家发展相对较慢，美国金融服务公司通常不能把利润很高的国内技术应用到国际市场而获得竞争优势，相反，进入美国的金融服务公司，以非常低的成本直接获得美国的高技术含量产品和知识，从而增加了竞争力。

5. 模型风险。指模型构造过程中，没有对市场状况和风险识别有一个全面的认识，导致模型的低效和无能。

6. 会计风险。是指金融会计业务损失发生的不确定性，即金融会计业务工作中，因制度安排、组织管理、技术方法和人员素质导致经济损失的可能性。(1)表内业务会计风险。从表内业务处理看，首先，会计理论与制度的内在固有的局限，主体假设、分期假设等各种会计假设为会计信息限定了人为的前提，使信息与实际发生偏离；其次，会计组织与管理的不完善，增加了会计风险的发生；再次，会计处理方法具有多样性，带来了会计信息的不确定性；第四，会计从业人员素质不高导致的利益驱使、会计法律政策不完善等客观因素诱发会计风险。（2）表外业务会计风险。商业银行表外业务不在资产负债表内反映和列报，对其确认、列报、披露等方式方法正在研究摸索中。与表内业务相比，表外业务因为自由度大、连续性弱、规范性不强、透明度差、风险性高等因素，所诱发的银行会计风险比表内业务更突出。①

7. 法律风险。是指违反或不遵守法律、法规、规章、管理或职业道德伦理标准而给银行带来的风险。在管理银行产品或客户行为的法律或法规不明确的情况下，也会产生法律风险。

二、巴塞尔委员会关于操作风险管理的归纳

商业银行如何管理操作风险，巴塞尔委员会在总结国际金融界操作风险管理经验的基础上，做出了如下的归纳总结：

（一）操作风险管理组织结构

委员会认为，为了确保操作风险管理活动被很好地理解和执行，管理层应该为操作风险管理确定一个组织结构，设定个人在风险管理过程中的任务和责任，并使每个人清楚地了解自己的任务和责任。为实现操作风险管理的目标，银行管理层应创造一种具有风险意识的工作环境和企业文化。

在操作风险管理框架中，巴塞尔委员会认为：第一，关于银行高级管理层的任务。操作风险管理的最终责任应由高级管理层（董事会或同等的机构）承担。这种责任要求高级管理层对本银行的产品、业务过程和相关风险有全面的了解。把操作风险作为一种必须管理的主要风险类别，核准并定期审核本行的操作风险管理系统。实践表明高级管理层应该设立一个委员会（或适当机制），负责操作风险管理实施过程中的授权和日常决策工作，同时确保操作风险管理过程正常运行。管理层还应定期检查操作风险报告，以确定其对操作风险管理的要求得到了满足。第二，关于操作风险管理职能部门。银行应建立独立的操

① 林万祥．金融会计风险与防范的跨世纪发展趋势．财会通讯．2000年12月

作风险管理职能部门，其任务是辅助高级管理层完成其操作风险管理责任。这一任务将通过两方面活动完成，一方面是评估、监控和报告银行整体的操作风险，另一方面是评定风险管理活动是否按照操作风险管理战略和政策执行了。具体说来，操作风险管理职能部门的工作包括建立特定的政策和标准、协调风险管理活动、创建结构化的风险评估方法和事故处理、向管理层报告风险状态等。

银行董事会要确保本行的操作风险管理体系受到内审部门全面、有效的监督。内审部门必须有一支独立运作、训练有素、称职的内审队伍。内审队伍不应直接负责操作风险的管理。

（二）操作风险管理战略和政策

就操作风险管理战略而言，为了使操作风险管理框架有效运行，一家银行需要识别其利益相关人，并了解他们的要求和银行对他们的义务。这有助于在决定操作风险管理战略时识别关键业务的驱动者和相关目标。明确了这些目标后，银行应考虑它在实现这些目标的过程中面临的战略挑战，以及不去实现这些目标的后果，从而建立一套操作风险管理战略。至于制定操作风险管理战略，以及确保其与银行整体业务目标相统一的责任，应该由高级管理层承担。

就操作风险管理政策而言，操作风险管理政策是为所有关键业务及其支持过程制定操作风险管理标准和目标的，操作风险管理的方法内含于这些政策之中。操作风险管理政策应该有助于业务活动及其支持过程的监控、测量和管理；能够反映业务活动发生的内外部环境；并接受定期的检查和更新。这些政策应该能够建立起一种机制，使得银行能够识别、测量和监控所有重大的操作风险。为了达到这个目的它们应该具有与风险和采取的行动相适应的范围和尺度，并定期清楚地传达给所有人员，以维持一定的风险意识水平，同时确保它们被一贯地执行。

（三）操作风险管理过程

银行应该识别和评估所有重要产品、活动、程序和系统中固有的操作风险。确保在引进或推广新产品、活动、程序和系统之前，对其中固有的操作风险已经准备了足够的评估步骤。为了满足高级管理层和操作风险管理职能部门的要求，操作风险管理的实施应该围绕以下几个关键过程。

1. **风险识别**

风险识别对后续开发可行的操作风险监测和控制系统至关重要。操作风险识别应该以当前和未来潜在的操作风险两方面为重点。这个过程应该考虑到以下6方面的因素:(1)潜在操作风险的整体情况;(2)银行运行所处的内外部环境;(3)银行的战略目标;(4)银行提供的产品和服务;(5)银行的独特环境因素;(6)内外部的变化,以及变化的速度。识别操作风险的过程中,应该考虑到风险的所有潜在原因,包括交易过程、销售活动、管理过程、人力资源、卖方、技术、外部环境、灾害、越权、非法行为等。

2. **风险评估和量化**

操作风险被识别出来后,就应该加以评估,决定哪些风险具有不可接受的性质,应该作为风险缓解的目标。风险评估和量化的作用在于,它使管理层得以将操作风险与风险管理战略和政策进行比较,识别银行不能接受或超出机构风险偏好的那些风险敞口,选择合适的缓解机制并对需要缓解的风险进行优先排序。

进行这一步骤时,通常需要通过考察一项操作风险的驱动者和原因,估计该项风险可能发生的概率;此外,还应在不考虑控制战略影响的情况下,评估一项操作风险可能的影响。这里对风险可能影响的评估,不仅要考虑经济上的直接影响,还应该更广泛地考虑风险对公司目标实现的影响。银行应该选择或开发适当的模型,以适应每一种风险的量化需要。

银行用于识别、评估操作风险的工具可能包括:(1)自我风险评估。银行对其经营和业务中一系列可能蒙受的潜在操作风险进行评估。这一过程属于内部驱动并且经常通过列出清单和使用工作组的形式来识别操作风险的环境优劣。(2)风险对应关系。在这一过程中,各业务单位、机构职能部门或程序流程都与风险类别之间建立起对应关系。(3)风险指标。是指用来考察银行的风险状况的统计数据和指标。对这些指标进行定期审查。这些指标包括:失败交易的次数、员工流动的比率、错误与遗漏的频率和严重程度。(4)计量。一些银行已经开始使用许多方法来量化操作风险程度。例如历史损失纪录的数据可以用于帮助评估银行蒙受操作风险的程度以及开发控制缓释风险的政策。

3. 风险管理和风险缓释工具

银行应该设计并实施具有成本效益的风险缓释工具，使操作风险降低到能够接受的水平。在风险管理和缓释的步骤中，重要的一点是要将实施措施的责任明确地分配下去，并确保责任人有实施措施的动力。风险管理和内部控制程序应该由各个业务单元建立，但可能需要风险管理职能部门的指导。

尽管对每一家银行来说，适用的缓解措施的范围和性质可能有所不同，但适当的缓解措施都需要考虑以下领域：(1)外部责任（例如外部监管、法律或其他要求）；(2)变革管理；(3)新的交易对手和客户；(4)内部控制；(5)责任的界定；(6)协调；(7)信息系统管理；(8)对附属或参股的第三方提供服务；(9)专业人员和人力资源；(10)业务连续性规划；(11)内部审计和风险管理职能部门的责任；(12)保险。在上述过程中，委员会尤其强调的是，应当将内部审计从以平级审计转向以自上而下的垂直审计为主，并且审计部门出具的结果应该直接向总行董事会汇报并落实相应的改进措施。此外管理层还需要从降低一项特定操作风险概率的效果，以及降低一项风险发生时带来影响的效果两方面，评估措施的充足性。

4. 风险监控

银行制定一套有效的监测程序对充分管理操作风险至关重要。定期监测有利于快速发现并纠正管理操作风险的政策、程序和步骤中的缺陷。大大减少损失事件的频率和严重性。银行高级管理层应该建立一套操作风险监控程序，以实现以下目标：(1)对银行面临的所有类型操作风险的定性和定量评估进行监控；(2)评估缓解活动是否有效和适当，包括可识别的风险能在多大程度上被转移至银行外部；(3)确保控制充分、风险管理系统正常运行。应该为操作风险建立风险衡量标准或关键风险指标，以确保重大风险事件的相关信息被传递至适当的管理层级。在风险评估阶段建立关键风险指标是最容易的。内部审计部门或其他有资格的部门应该实施定期的检查，分析控制环境、检测已实施的控制的有效性，从而确保业务运作在有效的控制下展开。

监控的频度应该反映所包含的风险以及操作环境变化的频率和性质。监测活动的结果应该写入定期的管理层和董事会报告之中。

5. 风险报告

操作风险报告过程应该涵盖诸如银行面临的关键操作风险或潜在

操作风险、风险事件以及有意识的补救措施、已实施的措施的有效性、管理风险敞口的详细计划、操作风险即将明确发生的压力领域、为管理操作风险而采取步骤的状态等方面的信息。并且这些信息应足以满足以下要求：(1)使高级管理层和经营者能够确定风险管理职责的委派是有效的，并且它们对操作风险管理的要求得到了满足；(2)使整体风险预测能够与银行的风险战略和偏好相比较，得到评定；(3)使关键风险指标得到监控，可以判断出采取措施的需要；(4)使业务单元能够确定对关键风险的控制成功地实施了，有关信息得到了传递；(5)风险管理过程的重复。以上所述的风险管理过程是一个不断重复的过程。风险管理职能部门应该对关键操作风险管理活动以适当的频率检查复核，如每半年或每年一次。

6. 制定应急和连续营业方案

由于超过银行的控制，特别是当银行的物资、电讯和信息技术基础设施受损或不可用时，严重事件可能导致银行无力履行部分或全部职责。因此要求银行建立灾难恢复和业务连续方案，方案应该既考虑银行可能遭受的各种可能的情况，还应该与银行经营的规模和复杂性相适应。

银行应该定期检查灾难恢复方案和业务连续方案，保证其与目前的经营和战略相吻合。对这些方案要定期进行测试，以确保银行在低概率的严重业务中断事件发生时能够执行这些方案。

第二节　新资本协议关于操作风险计量与资本金要求

巴塞尔委员会给定了3种在复杂性和风险敏感度方面渐次加强的方法计算操作风险资本，即基本指标法、标准法、高级计量法，鼓励商业银行提高风险管理的复杂程度并采用更加精确的计量方法。

一、基本指标法(The Basic Indicator Approach)

委员会要求，采用基本指标法的银行持有的操作风险资本应等于前3年总收入的平均值乘上一个固定比例(用a表示)。资本计算公式如下：

$$K_{BIA} = GI \times a$$

其中，K_{BIA}为基本指标法需要的资本，GI为前3年总收入的平均值，a=15%，由委员会设定，将行业范围的监管资本要求与行业范围的指标联系起来。

总收入的定义是净利息收入加上非利息收入，以各国监管当局或各国会计规定为准。这种计算方法的宗旨就是，第一，反映所有准备（如未付利息的准备）的总额。第二，不包括银行账户上出售证券实现的利润（或损失），总收入定义中也不包括“持有至到期日”和“可供出售”证券实现的利润或损失，这两个科目一般是银行账户的科目。第三，不包括特殊项目以及保险收入。

基本指标法计算的资本比较简单，新资本协议中没有提出采用基本指标法的具体标准。巴塞尔委员会鼓励采用这种方法的银行遵循委员会于2003年2月发布的指引《操作风险管理和监管的稳健做法》（详见本书附录）。

二、标准法（The Standardized Approach）

（一）标准法计算操作风险的基本思路

在标准法中，委员会将银行业务分为8个类别，即：

1. 公司金融（corporate finance），对应业务群组：兼并与收购，承销，私有化，证券化，研究，债务（政府、高收益），股本，银团，首次公开发行上市，配股。

2. 交易和销售（trading and Sales），对应业务群组：固定收入，股权，外汇，商品，信贷，融资，自营证券头寸，贷款和回购，经纪，债务，经纪人业务。

3. 零售银行业务（retail banking），对应业务群组：零售银行业务（零售贷款和存款、银行业务、信托和不动产），私人银行业务（私人贷款和存款、银行业务、信托和不动产、投资咨询），银行卡业务（商户/商业/公司卡、零售店品牌、零售业务）。

4. 商业银行业务（commercial banking），对应业务群组：项目融资，不动产，出口融资，贸易融资，保理，租赁，贷款，担保，汇票。

5. 支付和清算（payment and settlement），对应业务群组：支付和托收，资金转账，清算和结算。

6. 代理业务(agency services),对应业务群组:第三方账户托管,存托凭证,证券贷出,公司行为。

7. 资产管理(asset management),对应业务群组:第一,可支配基金管理:集合,分散,零售,机构,封闭式,开放式,私募基金;第二,非可支配基金管理:集合,分散,零售,机构,封闭式,开放式。

8. 零售经纪(retail brokerage),对应业务群组是执行指令等全套服务。

在各业务类别中,总收入是个广义的指标,代表业务经营规模,因此也大致代表各业务类别的操作风险敞口。计算各业务类别资本要求的方法是,用银行的总收入乘以一个该业务类别适用的系数(用β值表示)。β值代表行业在特定业务类别的操作风险损失经验值与该业务类别总收入之间的关系。应注意到,标准法是按各业务类别计算总收入,而非在整个机构层面计算,如公司金融指标采用的是公司金融业务产生的总收入。

总资本要求是各业务类别监管资本的简单加总。总资本要求如下所示:

$$K_{TSA} = \sum(GI_{1-8} \times \beta_{1-8})$$

式中,K_{TSA}为用标准法计算的资本要求;GI_{1-8}为按基本指标法的定义,8个业务类别中过去3年的年均总收入;β_{1-8}为由委员会设定的固定百分数,建立8个业务类别中各类别的总收入与资本要求之间的联系。β值详见下表:

表6-1

银行业务类别	β系数
公司金融(β_1)	18%
交易和销售(β_2)	18%
零售银行业务(β_3)	12%
商业银行业务(β_4)	15%
支付和清算(β_5)	18%
代理服务(β_6)	15%
资产管理(β_7)	12%
零售经纪(β_8)	12%

（二）使用标准法的资格标准

巴塞尔委员会认为，鉴于一些国际活跃银行将希望采用标准法，具备足够的操作风险管理系统尤为重要。因此，国际活跃银行采用标准法必须符合以下标准，对于其他银行来说，推荐使用这些标准，是否强制使用由各国根据自己实际情况决定。

1. 银行的操作风险管理系统必须对操作风险管理功能进行明确的职责界定。操作风险管理功能用于开发出识别、监测、控制、缓释操作风险的策略；制定银行全行的操作风险管理及控制政策和程序；设计并实施银行的操作风险评估办法；设计并实施操作风险报告系统。

2. 作为银行内部操作风险评估系统的一部分，银行必须系统地跟踪与操作风险相关的数据，包括各产品线发生的巨额损失。必须将操作风险评估系统整合入银行的风险管理流程。评估结果必须成为银行操作风险状况监测和控制流程的有机组成部分。例如，该信息必须在风险报告、管理报告和风险分析中发挥重要作用。银行必须在全行范围采取激励手段鼓励改进操作风险管理。

3. 必须定期向业务管理层、高级管理层和董事会报告操作风险敞口情况，包括重大操作损失。银行必须制定流程，规定如何针对管理报告中反映的信息采取适当行动。

4. 银行的操作风险管理系统必须文件齐备。银行必须有日常程序确保符合操作风险管理系统内部政策、控制和流程等文件的规定，且应规定如何对不符合规定的情况进行处理。

5. 银行的操作风险管理流程和评估系统必须接受验证和定期独立审查。这些审查必须涵盖业务部门的活动和操作风险管理岗位的情况。

6. 银行操作风险评估系统（包括内部验证程序）必须接受外部审计师和监管当局的定期审查。

（三）另一种形式的标准法

巴塞尔委员会还向各国监管当局推荐另外一种形式的标准法。

委员会指出，如果银行能够说服本国监管当局采用另一种标准法能够防止风险重复计算等问题发生，各国监管当局可根据本国情况决定是否允许银行采用另外一种形式的标准法（ASA）。

除零售银行业务和商业银行业务这两类业务外，用另外一种形式的标准法计算操作风险资本的方法与标准法相同。对于这两类业务，用贷款和垫款乘以一个固定系数“m”代替总收入作为风险指标。零售和商业银行业务的β值与标准法一样。在其他标准法下计算零售银行业务（与商业银行业务的基本计算公式相同）的操作风险资本公式为：

$$K_{RB} = \beta_{RB} \times m \times LA_{RB}$$

其中，K_{RB}为零售银行业务的资本，β_{RB}为零售银行业务的β值，LA_{RB}为零售贷款和垫款之和的前3年年均余额（未进行风险加权，准备之和），m等于0.035。

在使用另一种形式的标准法时，零售银行业务的贷款和垫款总额数从以下信贷业务组合中提取：零售业务、按零售业务处理的中小企业贷款和购入的公司应收账款。银行账户上持有的证券账面价值应当包括在内。

根据其他标准法，银行（如果愿意的话）可以令β值等于15%加总零售业务和商业银行业务。类似的，无法将总收入拆列入其他6类业务的银行可以令β值为18%而将6类业务的总收入加总。

与标准法一样，另外一种形式的标准法将8个产品线的资本要求简单加总得出资本总额。

三、高级计量法（Advanced Measurement Approaches AMA）

高级计量法是指银行运用相关定量和定性标准，通过内部操作风险计量系统计算监管资本要求。使用高级计量法要得到金融监管当局的批准。

（一）高级计量法的具体内容

高级计量法又包括内部衡量法（Internal Measurement Approaches, IMA）、计分卡法（Scorecard Approaches, SA）、损失分布法（Loss Distribution Approaches, LDA）等多种处理方法。

1. 内部衡量法（IMA）

IMA法是比基本指标法、标准法更为复杂的操作风险计量方法。这一方法鼓励银行根据自身的内部损失数据，通过建立适当的风险管理模型来计算操作风险资本金配置要求。主要步骤包括：（1）将银行业务划分为不同业务种类（Business Line），并制定操作损失分类（Loss Type）。（2）对每一业务种类与操作损失的组合，设定风险指标 EI（Exposure Indicator）。（3）对每一业务种类与操作损失的组合，基于以往内部损失数据，设定参数 PE（Probability of Loss Event）及 LGE（Loss Given that Event）。EI × PE × LGE 即为该组合的可预见损失 EL（Expected Loss）。（4）对每一业务种类（i）与操作损失（j）的组合，监管机构设定一系数 γ，用以将所计得的可预见损失转换为操作风险资本要求。将所有业务种类与操作损失的组合所计算的资本金配置要求相加，即为银行的总操作风险资本要求。

$$\text{Capital Charge} = \sum i \sum j [\gamma(i,j) \times EI(i,j) \times PE(i,j) \times LGE(i,j)]$$

2. 记分卡法（SA）

SA 法主要是包括多项前瞻性的关于操作风险的指标。通常金融机构运用这种方法来分配其他方法测算出来的所需的资本金。用计分卡法计算操作风险的方法可以表示为：

$$K(i,j) = EI(i,j) \times \omega(i,j) \times RS(i,j)$$

其中 EI 代表风险敞口，RS 代表风险评分（risk score），ω 是一个比例因子（scaling factor）。SA 法必须建立在良好的定量基础之上，并通过历史数据来确证其风险评估。

3. 损失分布法（LDA）

LDA 法是新资本协议衡量操作风险几种方法中最为复杂的，是高级计量法中的更高版本。银行根据过往的内部数据，估计每一业务种类/风险分类的以下两个可能性分布（Probability Distribution Functions）：单一事件的影响（Single Event Impact）以及次年事件发生的频率（Event Frequency for the next year）。

基于以上两项估计数据，银行可计算累计操作损失的分布几率。将所有业务种类/风险分类的风险值（VaR）相加，即为银行的总操作风险资本金配置要求。

（1）LDA 法模型的基本设定

新资本协议要求，银行首先要区分不同的业务种类和事件损失种类，现以 i、j 分别表示业务种类和事件损失种类。$\zeta(i,j)$ 表示 i 业务线、j 损失类型一个损失事件的损失量。将 $\zeta(i,j)$ 的损失程度分布表示为 $F_{i,j}$。在损失分布法中，i 业务线、j 损失类型在时间 t 和时间 $t+\tau$ 之间的损失为：

$$\theta(i,j) = \sum_{n=0}^{N(i,j)} \zeta_n(i,j)$$

令 $G_{i,j}$ 是 $\theta(i,j)$ 的分布。$G_{i,j}$ 是一个复合分布。

当 x 大于零时，$G_{i,j}(x) = \sum_{n=1}^{\infty} p_{i,j}(n) F_{i,j}^{n*}(x)$

当 x 等于零时，$G_{i,j}(x) = p_{i,j}(0)$

其中 * 表示分布函数的卷积算子(convolution operator)，F^{n*} 表示自身的 n 重卷积(有 $F^{1*} = F, F^{n*} = F^{(n-1)*} \times F$)。

上述设定包含了损失程度分布、损失频率分布以及将两者综合起来的整体损失分布等三个步骤。

(2)计算单个业务线、单个损失种类的风险资本

根据损失分布法，资本要求或风险资本反映了操作风险的大小，可以作为操作风险的风险值指标。

给定置信水平 α，在此水平上操作风险的非预期损失 UL(i,j)是：

$UL(i,j;\alpha) = G_{i,j}^{-1}(\alpha) - E[v(i,j)] = \inf\{x|\ G_{i,j}(x \geqslant \alpha)\} - \int_0^{\infty} x d\ G_{i,j}(x)$

巴塞尔委员会就是根据上式定义的非预期损失概念，将风险资本直接定义为非预期损失，即：$CaR(i,j;\alpha) = UL(i,j;\alpha)$。

(3)计算整个银行的操作风险资本

新资本协议建议的内部计算法计算整个银行的操作风险资本的方法是，将每一条业务线上的风险资本加总，即：

$$CaR(\alpha) = \sum_{i=1}^{i}\sum_{j=1}^{j} CaR(i,j;\alpha)$$

(二)使用高级计量法的资格标准

使用高级计量法的资格标准包括定性标准、定量标准和风险缓释三个方面。

1. 定性标准

巴塞尔委员会要求银行在采用高级计量法计算操作风险之前必须符合以下定性标准：

(1)银行必须具备独立的操作风险管理岗位，用于设计和实施银行的操作风险管理框架。操作风险管理功能用于制定银行一级的操作风险管理、控制政策和程序；设计并实施银行的操作风险计量方法；设计并实施操作风险报告系统；开发识别、计量、监测、控制、缓释操作风险的策略。

(2)银行必须将操作风险评估系统整合入银行的日常风险管理流程。评估结果必须成为银行操作风险轮廓监测和控制流程的有机组成部分。例如,这类信息必须在风险报告、管理报告、内部资本分配和风险分析中发挥重要作用。银行必须在全行范围具备对主要产品线分配操作风险资本的技术,并采取激励手段鼓励改进操作风险管理。

(3)必须定期向业务管理层、高级管理层和董事会报告操作风险敞口和损失情况。银行必须制定流程,规定如何针对管理报告中反映的信息采取适当行动。

(4)银行的风险管理系统必须文件齐备。银行必须有日常程序确保符合操作风险管理系统内部政策、控制和流程等文件的规定,且应规定如何对不符合规定的情况进行处理。

(5)银行的操作风险管理流程和计量系统必须定期接受内部和外部审计师的审查。这些审查必须涵盖业务部门的活动和操作风险管理岗位情况。

外部审计师和监管当局对银行操作风险计量系统的验证必须包括如下内容:核实内部验证程序运转正常;确保风险计量系统的数据流和流程的透明度且使用方便;在认为有必要并在适当的程序下,审计人员和监管当局要能轻易获得系统的规格和参数信息。

2. 定量标准

鉴于操作风险计量方法处于不断演进之中,巴塞尔委员会没有规定用于操作风险计量和计算监管资本所需的具体方法和统计分布假设。但委员会要求银行必须表明所采用的方法考虑到了潜在较严重的概率分布"尾部"损失事件,以及银行必须表明操作风险计量方式符合与信用风险 IRB 法相当的稳健标准(如 1 年持有期、99.9% 置信区间等)。委员会赋予了银行在开发操作风险计量和管理方面很大的灵活性,但要求银行在开发系统中,必须有操作风险模型开发和模型独立验证的严格程序。

(1)高级计量法的具体定量标准

委员会描述了一系列定量标准,用于计算操作风险最低监管资本的内部计量方法。具体有:①任何操作风险内部计量系统必须与委员会有关操作风险范围和所规定的损失事件类型一致。②监管当局要求银行通过加总预期损失(EL)和非预期损失(UL)得出监管资本要求,除非银行表明在内部业务实践中能足以准确计算出预期损失。③银行的风险计量系统必须足够“分散”(granular),以将影响损失估计分布尾部形态的主要操作风险因素考虑在内。④在计算最低监管资本要求时,应将不同操作风险估计的计量结果加总。只要银行表明其系统能在估计各项操作风险损失之间的相关系数方面计算准确、实施合理有效、考虑到了此类相关性估计的不确定性(尤其是在压力情形出现时),且高度可信,并符合监管当局要求,监管当局就允许银行在计算操作风险损失时,使用内部确定的相关系数。银行必须验证其相关性假设。⑤任何风险计量系统必须具备一些关键要素,即内部数据的使用、相关的外部数据、情景分析以及反映银行经营环境和内部控制系统情况的其他因素。银行需要在总体操作风险计量系统中拥有一个可信、透明、文件齐备且可验证的流程,以确定各基本要素的相关重要程度。

(2)高级计量法的情景分析

巴塞尔委员会要求银行必须对外部数据配合采用专家的情景分析,求出严重风险事件下的风险敞口。应当采用情景分析来衡量,偏离银行的操作风险计量框架的相关性假设时,造成的影响有多大,特别是评估多项导致操作风险损失的事件同时发生的潜在损失。对这些评估结果应通过与实际损失的对比,随时进行验证和重新评估,以确保其合理性。

(3)业务经营环境和内部控制因素

银行在全行层面使用的风险评估方法,必须考虑到关键的业务经营环境和内部控制因素,因为它们会改变银行的操作风险轮廓。银行在风险计量框架中使用这些因素时必须符合以下标准:①要将每次因素调整成为有意义的风险要素,应基于实际经验,并征求专家对相关业务领域的意见。尽可能将这些因素转换成可计量的定量指标,以便进行验证。②银行的风险评估对这些因素变动的敏感度和不同因素相对权重的设定必须合理。除了反映因风险控制改善导致的风险变化情况外,该框架还必须反映因业务更加复杂或业务量扩大导致的潜在风险上升问题。③该框架及各种实施情况,包括针对实际评估所做调整的理由,都应当有文件支持,并接受银行内部和监管当局的独立审查。④银行应随时间变化,通过与内部损失的实际结果、相关外部数据和所做的适度调整相对照,对流程和评估结果进行验证。

3. 高级计量法风险缓释工具

巴塞尔委员会允许银行出于计算最低监管资本的需要,在计量操作风险时认可保险的风险缓释影响。保险的缓释作用不超过操作风险总资本要求的20%。

银行能否使用这种风险缓释工具，取决于是否符合以下标准：①保险人的理赔支付能力评级最低为A（或相当的评级）。②保单的初始期限必须不低于1年。③对撤销保险合同或对合同不进行续保的情况，保单上须规定最少多长时间提前通知。④无论对监管当局对银行采取的监管措施，还是对于倒闭银行的接管方或清算人来说，保单都不规定除外条款或限制条件。⑤保险覆盖的项目与银行的实际操作风险损失敞口之间对应关系明确。⑥在涉及银行的专属保险公司或附属保险公司的情况下，风险敞口应划到符合标准的独立第三方实体。

使用基本指标法或标准法的银行，都不允许从最低资本要求中扣减保险额，只有高级计量法允许在有限的程度上运用这一风险缓释工具。巴塞尔委员会提醒银行应意识到购买保险只是以第三者风险取代了操作风险，并应同时考虑流动性、损失调整、产品范围的限制等因素。基于保险作为操作风险缓释工具的复杂性，委员会正继续在国际金融界对有关问题进行讨论。

（三）巴塞尔委员会对高级计量法（AMA）的补充

2004年5月，巴塞尔委员会在《母国东道国对AMA计算操作风险资本认可原则的实际运用》文件中，就下列问题对新资本协议AMA法进行了深入阐述：在对高级计量法AMA模型监管评估的协调中，母国金融监管当局应发挥主要作用。委员会不明确规定国际活跃分支银行属于“重要”分支使用单独AMA方法的主体资格，由国际活跃银行母国与东道国协商合作以确定哪些国际活跃分支机构可视为“重要”。在评估过程中，如果母国与东道国的银行在其集团和分支机构层面上都采用AMA方法，则明确由母国监管当局评估其AMA模型。银行集团应向母国监管当局上交有关AMA的文件，相关的东道国也应给予合作建议。文件内容应包括：（1）对整个集团AMA的概述；（2）确认单独使用AMA的重要附属机构；（3）对资源在集团和采用AMA附属机构之间配置的说明；（4）实施计划的说明；（5）对基于集团AMA数据使用分配机制非重要附属机构的确认。

东道国监管当局有责任要求国际活跃银行附属机构的董事会和高级管理层必须了解其风险总体，包括操作风险管理措施、允许运用新资本协议第一支柱中的方法计算其操作风险资本、是否包含单独使用的AMA或者分配机制。对于局部使用条款,委员会提出集团可能采用集团层面的AMA,而该集团的国际活跃分支在新协议的部分使用条款下可以不使用单独的AMA。依据新协议的国内执行要求,即使母集团采用集团范围的AMA,其重要国际活跃分支也可选择基础的操作风险监管资本计量方法。在这种情况下,如果经过合理的过渡期,与分支机构操作相关的AMA矩阵反映到了集团层面的AMA,母公司并不违反部分使用条款。相反,在某些情况下,国际活跃分支机构可能采用单独的AMA,若母公司采用以集团为基础的相似方法,即使是永久性的,也不违反部分使用条款。但对于AMA的局部使用条款,银行集团在计算其全球并表操作风险资本要求时不能包括附属机构用AMA计算的结果,委员会正在考虑对其进行修改以适应某些特定条件下允许这种情况的发生。单独使用AMA的银行在计算自身的操作风险资本时,可以利用集团资源。

第三节　操作风险模型构建

事实表明在国际金融界混业经营的趋势下,银行的操作性和交易性业务越来越多,比如经纪、保险、资金电子过户的支付等等,银行操作风险的重要性会进一步提高。操作风险模型构建已成为国际金融界亟待解决,又十分重要的课题之一。

与信用风险和市场风险模型构建相比,国际金融界目前对建立操作风险模型,理论研究和实际应用均处于初期的摸索阶段。在银行风险模型中这一部分是最难的。在理论上,操作风险模型构建所用的技术可以通过修改市场风险和信用风险模型构建所用的同类技术来获得。通过确定银行对某一类事件的敏感度,进而计算出风险发生的概率以及风险发生所造成的损失。但在实际操作中,有两个问题困扰着操作风险模型构建:一是这些意外事件发生具有很强的偶然性,甚至每一次发生的情况都不同。除了社会媒体公布的或进入银行报告的重大危害事件外,银行积累的操作风险数据极其匮乏。所以银行必须依靠一切能够作为替代的数据。《巴塞尔新资本协议》规定:银行的操作风险计量系统必须利用相关的外部数据。二是如何量化预期损失问题。操作风险模型构建中,银行面临着大量的、难以确认的、导致操作风险的因素。这些因素不仅范围广，而且难以量化。风险源中的人员、计算机系统、内部控制、供应商风险、自然灾害等因素，任何一个或几个的组合，都可能以不同方式出现，或形成操作风险类型中的会计风险、技术风险、法律风险、欺诈风险、模型风险、交易处理风险、信息系统风险，或几种类型风险混合表现。所以，操作风险预期损失量化的复杂程度不低于航天工程。

一、数据来源

国际金融界已充分、普遍地认识到操作风险数据收集的难度，一些国际大银行已经投资于能获取操作风险事件的数据库。

巴塞尔委员会要求，银行应按照新资本协议所示的标准跟踪收集记录内部损失数据。对内部损失事件数据的跟踪记录，是开发出可信的操作风险计量系统并使其发挥作用的前提。为建立银行的风险评估与其实际损失之间的联系，内部损失数据十分重要。建立此种联系有以下几种方式：一是将内部损失数据作为风险估计实证分析的基础；二是将其作为验证银行风险计量系统输入与输出变量的手段；三是将其作为实际损失与风险管理、控制决策之间的桥梁。

在内部损失数据与银行当前的业务活动、技术流程和风险管理程序之间的联系界定清晰的情况下，其相关程度最高。因此，银行必须建立文件齐备的程序，以持续地评估历史损失数据的意义，包括在何种情况下采用主观的推翻（overrides）、规定放大倍数或其他调整措施，采用到何种程度以及谁有权做出决定。

用于计算监管资本的内部操作风险计量方法，必须基于对内部损失数据至少5年的观测，无论内部损失数据直接用于损失计量还是用于验证。银行如果是初次使用巴塞尔委员会提出的高级计量法，使用3年的历史数据也可以。

银行收集内部损失数据的流程必须符合以下标准，才可用于计算监管资本：为有助于监管当局的验证，银行必须将内部损失历史数据按照监管当局规定的组别对应分类，并按监管当局要求随时提供这些数据。对向特定业务和事件类别分配损失，应设立客观标准，并有文件说明。但对于内部操作风险计量系统中对这种按组别分类的做法应用到何种程度，则由银行自行决定。

银行的内部损失数据必须综合全面，涵盖所有重要的业务活动，反映所有相应的子系统和地区的风险敞口情况。银行必须要证明，任何未包含在内的业务活动或风险敞口，无论是单个还是加总，都不会对总体风险估计结果产生重大影响。银行收集内部损失数据时必须设适当的总损失底限。

除了收集总损失数额信息外，银行还应收集损失事件发生时间、总损失中收回部分等信息，以及致使损失事件发生的主要因素或起因的描述性信息。描述性信息的详细程度应与总的损失规模相称。如果损失是由某一中心控制部门（如信息技术部门）引起或由跨业务类别的活动及跨时期的事件引起的话，银行就应确定如何分配损失的具体标准。如果操作风险损失与信用风险相关，并在过去已反映在银行的信用风险数据库中（如抵押品管理失败），则根据新资本协议的要求，在计算最低监管资本时应将其视为信用风险损失。因此，对此类损失不必计入操作风险资本 。但是，银行应将所有的操作风险损失记录在内部操作风险数据库中，以与新资本协议提出的操作风险定义范围和损失事件类型保持一致。任何与信用风险有关的损失，应该在内部操作风险数据库中单独反映出来。

银行的操作风险计量系统必须利用相关的外部数据（无论是公开数据还是行业集合数据），尤其是当有理由相信银行面临非经常性、潜在的严重损失时。外部数据应包含实际损失金额数据、发生损失事件的业务范围信息、损失事件的起因和情况，或其他有助于评估其他银行损失事件相关性的信息。银行必须建立系统性的流程，以确定什么情况下必须使用外部数据以及使用方法（例如，放大倍数、定性调整或告知情景分析的改进情况）。应定期对外部数据的使用条件和使用情况进行检查，修订有关文件并接受独立检查。

对于操作风险数据库建设从零开始的银行，可根据新资本协议的要求开展这项工作，但所面临的困难是十分巨大的。作为操作风险测量对象的低发生频率、高严重程度的损失事件，很少在一家银行内出现，尽管存在像巴林银行尼克·理森违规操作的典型例子，而且，历史数据并不一定简单以银行可以使用的形式出现。所以，在应用新资本协议操作风险高级计量法时，一种可行的方法是使用其他信息作为一个替代。

二、风险资本模型构建

国际金融界目前只有少数金融机构使用操作风险资本模型，操作风险的确定具有很大主观性。根据新资本协议计算操作风险资本的规定，结合已建立操作风险模型的金融机构的做法，操作风险模型构建过程大体是：

1. 银行风险管理部门或内部审计部门，将银行业务划分为若干类型，根据每项具体业务发生操作风险的可能性，确定一个相对风险等级，依可能程度大小划分为一至五等。为每个等级规定一个风险指标EI(Exposure Indicator)。

2. 综合分析银行已收集到的内部数据和外部数据，设定一个代表损失事件发生概率的参数 PE (Probability of Loss Event)，以及一个代表损失程度的事件损失程度值 LGE (Loss Given that Event)。

3. 估计风险损失。包括预期损失和非预期损失。计算预期损失将EI、PE、LGE3 个参数相乘，可得出每种业务/损失类型的预期损失 EL(Expected Loss)。新资本协议建议，操作风险的预期损失可以通过提取准备金来抵补，真正的风险损失是非预期损失。如前所述，新资本协议高级计量法给出了操作风险非预期损失计算方法，非预期损失通过资本要求来缓冲。

4. 监管当局为每个业务/损失类型规定一个系数 γ，这个系数可以将预期损失转换成资本要求，它由监管当局按照行业数据确定。每个业务/损失的资本要求等于 γ 值与预期损失的乘积。即：

$$\text{Capital Charge} = \sum i \sum j [\gamma(i,j) \times EI(i,j) \times PE(i,j) \times LGE(i,j)]$$

三、操作风险的资本配置

英国全球风险管理专业协会马克·洛尔与列夫·博罗多夫斯基等人估测，现在银行中典型的资本分配比例是约 20% 为操作风险、10% 为市场风险、70% 为信用风险。预计将来操作风险、市场风险资本配置比例可能会上升到各 30%，日益增加的操作风险的重要性可见一斑。对操作风险进行资本配置有 4 个步骤：

1. 准确定义操作风险损失

操作风险损失有时不能纯粹地归为任何一种类型。不仅内部和外部事件会带来操作风险，操作风险还会与信用风险和市场风险交叉。对此，新资本协议规定：如果操作风险损失与信用风险相关，并在过去已反映在银行的信用风险数据库中，在计算最低监管资本时应将其视为信用风险损失。因此，对此类损失不必计入操作风险资本。

银行在操作风险资本配置中可根据新资本协议的相关规定准确定义操作风险损失。

2. 选择计算方法

新资本协议规定了3种计算操作风险的方法，国际金融界正在使用的操作风险计算方法还有：监测主要指标法、参考外部指标法、统计分析法等。不同的计算方法可能用于不同的事件类型，不同的计算方法也各有优劣，因而，综合运用不同的方法进行判断和引证，可能是效果最好的选择。目前，关于操作风险的模型还存在相当大的分歧和争论，不过各模型的基本目标还是一致的，即计算操作风险可能带来的损失，相应地配置资本，提出管理操作风险的方法。这为我们综合运用操作风险模型提供了可能。

3. 开发资本配置方法

每一种风险因素都可能给银行带来损失，所以模型构建中要完全覆盖银行面临的所有操作风险。如果对每一种操作风险因素都在统计的基础上纳入模型，结果就是每一个风险因素都有各自独立的风险评估体系。巴塞尔委员会规定：监管当局要求银行通过加总预期损失和非预期损失得出监管资本要求。所以，尽管这一统计分析内容复杂艰巨，却是必须的。

银行在加总时需要考虑一个问题：所有这些事件在同一时间内发生的可能性概率极低，所以不能对风险资本进行简单的加总。各个因素之间如果存在相关性，或可能存在相关性，相关性确定时也是非常困难的。目前国际金融界有3种方法确定这些因素之间的相关性：(1)假定灾难发生时，事件损失会波及银行各个方面，这是一个非常谨慎、保守的方法。(2)假定这些因素之间没有任何相关性。在这种情况下将每一种风险资本的数字平方后加总，再将得到的和开方。(3)对总风险用一种自上而下的整体估计方法，并按比例将自下而上的风险评估结构分配到总的结果中去。上述这3种方法在理论上都存在缺陷。而资本配置就是不断改进，寻找理想的解决方法。准确地进行操作风险配置就可以鼓励银行管理人员去尽力降低他们的操作风险。①

4. 银行业务部门之间的相关性问题

银行在模型构建中要注意到，银行内部业务组成部门之间也有相关性问题，各个业务风险的总和会比机构总体的风险要大。处理这一问题可使用收益波动法。

收益波动法(earning volatility analysis)通过观察银行收益波动的历史情况，来估计各种业务活动的风险程度。这种方法在非金融企业应用很普遍，对于银行来说则是一个全新的角度。各个业务风险的总和会比机构总体的风险要大，是因为：有些波动被抵消了，因为不可能所有的业务部门都同时进退，在一个会计时期，某项业务的经营业绩较差，可能被另一项业务的经营业绩较好给抵消了。银行管理层必须关注这种微妙的相互作用，根据变化调整不同部门之间的经济资本配置。否则就意味着配置到各个业务部门的资本总额会超过可使用资本额。解决问题的方法之一就是在绩效衡量方面锁定包含了多样化影响后的经济资本与未包含多样化影响的经济资本的关系。②

第四节　巴塞尔委员会关于银行信息系统风险管理的要求

现代信息技术，尤其是网络技术在银行业的应用，降低了金融活动的交易成本，一定程度上改变了交易过程中信息不对称的现象，突破了银行业的传统经营模式、价值观念和管理方法，使国际金融业进入了一个新的发展时期，但同时也给银行带来了新的操作风险类型，即信息系统风险。

信息系统风险的出现，使银行风险管理能力会因信息安全技术的专业化和复杂性降低。这一问题已引起了国际金融界的广泛关注。巴塞尔委员会等国际组织及美国、欧盟、亚太等国家和地区纷纷就信息系统风险、电子银行等向本国金融界提供风险揭示或最佳做法指引，以国家法律形式确保银行信息系统安全、稳健运行。

---

① (澳)Chris Matten. 银行资本管理. 王洪，漆艰明译. 北京：机械工业出版社，2004

② (澳)Chris Matten. 银行资本管理. 王洪，漆艰明译. 北京：机械工业出版社，2004

一、计算机和电讯系统风险管理

（一）计算机和电讯系统风险类型

巴塞尔委员会在《计算机和电讯系统中的风险》文件中指出，计算机和电讯系统中的风险主要包括：不适当的信息披露、差错、欺诈、因硬件或软件问题而造成的营业中断、不切实际的规划与计算机终端操作错误相关的风险。

1. 不适当的信息披露

银行的大部分信息是由计算机处理系统形成或与计算机处理系统直接相关的。数据和文件每天通过电话、卫星等公共信息网络在银行内部或银行与其代理行或客户之间进行传递。包括银行雇员与银行客户在内的许多用户均可以通过计算机终端或电话直接获得这些数据。这些活动在改善客户服务和内部操作的同时，也增大了银行信息领域内出现差错和争议的风险。

客户的账户余额、透支限额与交易细节等信息具有保密性，如发生不适当披露就会损害银行与客户的关系及银行的声誉，甚至引发索赔诉讼。银行的往来联络和发展战略等也是通过信息处理系统形成和存储的。与手工系统相比，电子信息处理系统中未经授权而泄密的特殊风险在于：能够以更便捷的形式（软盘或磁带）转移更多的信息，而且毫无踪迹可寻。

因此银行应适当设立保安与控制机制。控制水平须根据银行的风险状况和损失（或泄密）对该机构的影响而确定。对信息安全的技术控制包括：(1)加密，即将文字转换成本身毫无意义的密码；(2)使用授权密押，即为防止传递和存储过程中擅自篡改电子数据而设计的密码；(3)使用旨在限制进入计算机数据库的软件。此类系统可以控制用户、交易和终端使用，并对违反保安规定的事件加以报告，包括有意的违规事件。

2. 差错

差错多半出现在数据录入、程序开发和修改之际。在系统设计过程中、日常的系统清理程序和利用特殊程序更正其他错误时，也可能出现重大错误。其原因多半是人为的，极少是由内部电子或机械原因形成的。当按照用户要求为其定制软件时，软件本身也可能带有差错。所以，在购置标准软件包时，应尽可能考虑将变动减少到最小程度。

3. 欺诈

银行业的数据交流代表着资产或者最终会转移资产的信息。通过电子支付与信息转换系统转移资产的速度成为内部控制的一个新难题。获取计算机记录的众多途径为欺诈提供了可乘之机。如：(1)未经授权的交易可以被输入电脑系统；(2)可以乘例行的系统开发或维护之机进行未经授权的程序变动，它可以造成程序自动形成虚假的交易、省略对选定账户的控制审核或消除某些交易的记录；(3)可以利用特殊程序对电脑记录进行未经授权的更改，以逃避计算机系统内设置的正常控制与审计监督；(4)可以将电脑文件自一台计算机中移出，利用其他机器输入虚假的交易或账目加以修改，然后再移回原计算机进行处理；(5)在通过电讯网络进行转移的过程之中，以欺诈手段输入、截取或修改交易。

针对上述问题，银行在建立有效的内部控制系统时，最重要的是确定每个系统中的所有薄弱环节，尤其要防止关键的记录和程序受到未经授权的修改。必须确保对关键部门的员工进行适当的培训和适当的职责分离。

4. 因软件或硬件问题而造成的营业中断

计算机系统由大量的设备与软件共同组成，任何一部分出现问题均可能使整个系统陷入瘫痪。这些设备通常会集中在一个或数个地点，从而更增加了发生意外的可能性。

计算机系统失灵时，银行向客户提供的实时服务的损害会立即显现并迅速扩大。处理过程中的积压负担会迅速增加，如果营业中断达几个小时，则可能需要几天时间才能清理完毕。电子资金传递系统和支付系统，尤其是保证提供当天结算服务的系统所受影响最大。一次严重的系统中断的最终成本，将大大超过损害设备、数据或软件的更新成本。

设立有效的应急计划是银行管理层降低此类损失的方法之一。计算机系统应急计划应成为银行内部控制系统和保安系统的一部分。它包括有关银行系统中断或无法运行时如何继续营业及恢复的条款，即关于关键数据资料、硬件、软件的外部备份系统及可供选择的信息处理手段。对于银行的应急计划应当定期加以检验，以保证系统能够持续有效工作。

5. 不切实际的规划

银行的效率和服务质量已完全依赖于计算机系统，在规划或开发新系统时的任何失败都可能产生严重的商业后果。一些金融机构在试图引进大规模的系统集成时曾遭遇到严重的问题。集成软件系统是指针对某一业务单独设计的不同于一般操作的程序（如关于贷款、存款、零售与批发的应用程序）总和，从一开始就作为整个系统的相互关联的部分而进行开发。采用这种方法是为了提高信息的处理速度、提高运营效率和便于引进新产品。集成系统软件的这一特征，使银行规划符合实际的重要性更为突出。

银行管理层对电子信息处理系统的复杂性和它们对整个机构的重大影响要予以重视，积极关注有关计算机系统的长期规划、设备与软件、可靠性研究、系统的详细要求、供应商的选择和项目控制等各个方面。

6. 与终端用户计算机操作相关的风险

由于终端用户计算机设备的技术优势、成本优势等原因，终端用户计算机设备的使用率大大增加，从而将一部分数据处理移出了中央控制环境，与计算机相关的风险开始暴露在银行业务领域内。对最终用户计算机的主要担忧是，新的信息传递和处理网络的实施速度超过了控制程序的实施速度。其风险总的来说与主机系统中的风险一样，但应特别注意数据或软件出现中断或损失时的可能性，及其给该机构整个操作网络的有效运行造成的损害。微型计算机现已不仅仅是作为文字处理机使用，而且还可以作为与其他计算机的联络终端和单独的计算机处理器。由于这些系统一般都是高度独立和个人化的，往往由一个人全权负责一系列程序的开发、测试、实施和运作，因此使用的程序和数据的处理方式与该机构其他部门采用的标准不一致、不兼容的可能性有所增强。

（二）计算机和电讯系统中的风险管理

1. 银行管理层的责任

银行管理层首先要建立旨在防止出现问题的适当预防措施。预防措施包括计算机中心的认真设计与选址、数据录入控制、防止未经授权使用计算机设备的保安设施以及限制进入计算机程序和数据的口令。

由于防范措施不可能是绝对有效的，银行管理层还应当开发出适当的遏制手段。其设计宗旨应是侦察和限制避开防范措施和威胁银行运作的事件的影响。此类措施应包括建立通讯和计算机网络的备份系统以防备运行中断、建立对账程序检查差错和为重大灾难设立应急计划。一个必不可少的措施，是为雇员的欺诈行为所造成的损失、更新数据的成本和软件或设备的损害等进行保险。保险会弥补详细制定的电子数据处理政策的不足。

2. 内部审计

银行董事会和管理层还负有审查、监督和测试电子数据处理控制系统的责任，并应建立稽核部门，由检查员、审计师或咨询专家对保安和控制程序进行独立测试的定期安排，以便及时发现控制中存在的薄弱环节和漏洞，避免给银行的业务造成系统性重大损失。对各个业务领域实施审计检查的频率和周期，应反映出该领域范围的保安和控制程序失灵可能给银行带来的风险程度。

3. 监管对策

从监管的角度看，对一家机构电子数据处理政策的妥善性和内部控制与审计系统的效率性都须加以审查。要充分利用计算机保安专家或审计专家对银行计算机系统的详细审查。在现场检查中，检查人员中应有包括业务能力与其所检查机构的电子数据处理复杂程度相符的核查电子数据处理的专家。

二、电子银行风险管理

巴塞尔委员会对电子银行的研究比较早。在1998年3月就公布了《电子银行和电子货币业务中的风险管理》的研究报告。报告中对电子银行和电子货币业务的性质、风险特征、风险管理方法等进行了阐述。1999年11月，巴塞尔委员会又专门成立了电子银行工作小组（EBG）。小组由英、法、德、日、比、加、意、荷、卢、美、西、瑞士和瑞典等国监管当局代表组成。小组成立初期主要是从政策分析角度研究电子银行业务涉及的具体风险管理和跨境监管问题，并于2000年10月完成了《电子银行小组初步工作白皮书》，内容包括监管当局面临的电子银行跨境监管和风险监管问题的背景、现状、分析框架以及下一步工作计划。在初期工作的基础上，小组就对一个可供各国银行监管当局利用的电子银行监管指引进行了深入研究。2001 年 5 月,巴塞尔委员会发布了《电子银行风险管理原则》,原则中提出了电子银行风险识别、评估、管理、监控的完整框架。

(一)巴塞尔委员会关于电子银行操作风险的有关规定

巴塞尔委员会《电子银行业务的风险管理原则》(以下简称原则),从董事会及管理层监督、安全控制、法律风险和声誉风险管理 3 方面提出了 14 条原则。《原则》使用了巴塞尔委员会关于操作风险的定义,将安全性风险和法律风险纳入操作风险范畴。从这个角度上说,《原则》的核心内容之一就是操作风险相关内容的规定。

1. 安全性风险控制

鉴于电子银行面临的安全性挑战越来越大,巴塞尔委员会要求,银行董事会有责任保证电子银行业务具备适当的安全性控制过程,这些过程的要素需要引起银行管理层的特别关注。

第一,银行应采取适当的措施来鉴别那些在互联网上进行商业运作的客户的身份及其权限。银行应制定正式的政策和程序以明确适当的方法,从而保证银行对个人、机构和系统的身份和权限进行鉴别,这些方式应是独特的、具有可操作性的,排除未经授权的个人或系统的进入。银行可以运用多种方法来进行鉴别,包括个人识别码、口令、智能卡、生物技术以及数码证明。

银行管理层要对电子银行的整体风险或各组成部分所造成的风险进行评估。基于此,银行必须确定采用哪一种鉴别方法。这种风险分析应该评估电子银行系统的交易能力、电子银行所存储数据的敏感性和价值、客户运用鉴别方法的熟练度。

第二,银行应该运用交易鉴别方法,这样可促使电子银行交易没有争端并且树立其可靠性。

在传统交易中交易争端的风险存在由来已久,如信用卡或证券交易。电子银行使这个风险更加突出。为解决这一问题,电子银行要开始运用各种技术来帮助建立无争端体系,如运用公共关键设施 PKI 的数码证明,保证电子银行交易的保密性和完整性,减少交易争端风险。

第三,银行应保证具有适当的方法足以使电子银行系统、数据库和应用的职责分开。

职责分离的设计是一种基础的内部控制方法,是为了减少虚假操作过程和系统所带来的风险,从而保证公司交易的资产经过了适当的授权、记录和保护。职责分离对保证数据的准确性和完整性具有关键的作用,并且防止个人欺诈的渗透。由于安全性不好的数据库可以很容易地通过内外部网络系统进入,应强调严格的授权和识别程序、安全合理的直接过程的构造以及足够的审计纪录。

第四,银行应保证电子银行系统、数据库和应用具有适当的授权控制和进入特权。

为了保持职责分离,银行需要严格控制授权和进入特权。在电子银行系统中,可在一家银行内部通过集中的或分散的方式赋予权限和进入权利,并一般在数据库中储存。

第五,银行应确保具有适当的方法来保护电子银行交易、记录和信息的完整性。

如果不能保持交易中的数据的完整性,记录和信息将使银行遭受财务上的损失,并使其承担实质上的法律风险和信誉风险。

电子银行的直接过程的内在特征将使程序错误或欺诈活动更加难以在早期阶段发现。因此,重要的是银行实施直接过程的方式应保证安全性、合理性和数据的完整性。

第六,银行应保证所有的电子银行交易都具有清晰的审计纪录。

在互联网上传输金融服务,可使银行应用和实施内部控制系统,并维持清晰的审计纪录。如果一家银行无法维持电子银行活动的清晰纪录,这家银行的内部控制环境可能非常薄弱,就应采取措施予以改进。

第七,银行应采取适当的措施来维持电子银行关键信息的保密性。所采取的保密措施应与传输的和储存在数据库中的信息的敏感性相匹配。

保密性确保了关键信息为银行私有,并且没有被未经授权查阅或使用。误用或未经授权披露数据使银行同时承担信誉和法律风险。电子银行的出现为银行提出了额外的安全性挑战,因为信息在公共网络传输或在数据库中储存时,可能会有未经授权的或不适当的第三方侵入,或被那些提供信息的客户无意识地使用,这样会增加风险。

2. 法律和声誉风险管理

第一,银行应该保证其网页提供了充分的信息,从而使潜在的客户在进入电子银行交易之前,在熟知情况的基础上,对于银行的特点和监督状况下结论。尽可能地减少与国内和跨国电子银行活动相关的法律和信誉风险。

第二，银行应采取适当的措施，从而保证银行在司法管辖区提供电子银行产品和服务时，应遵守司法管辖区所使用的客户隐私要求。防止误用或越权披露客户的保密数据使银行既承担法律风险，又承担信誉风险。

第三，银行应该具有有效的能力、业务连续性以及应急计划程序，从而帮助电子银行系统和服务的有效性。

为了保护银行免遭业务风险、法律风险和信誉风险，必须根据客户的期望连续地和及时地提供电子银行服务。为了达到这个目的，银行必须有能力或是从主要的来源（如银行内部系统和应用系统），或是从第二位的来源（如服务提供商的系统和应用系统）提供电子银行业务。保持充分的有效性同时还取决于应急备份系统的能力，从而缓解拒绝服务冲击或可能导致潜在业务故障的其他事件。

第四，银行应该开发适当的事故应对计划来对那些意外事件包括内外部冲击所引发的问题进行管理、归总以及尽可能使这些问题最小化。

有效的事故应对机制对操作风险、法律风险和信誉风险十分关键。事故应对计划包括沟通战略，从而保证业务的连续性、控制信誉风险以及限制那些与电子银行服务相联系的负债。

（二）巴塞尔委员会关于电子银行跨境展业和国际监管合作问题

巴塞尔委员会早在1983年就发布了《在国外设立银行或分支机构监管原则》。此后，又多次发布关于跨境监管的文件，如1992年的《国际银行集团及其海外分支机构的最低监管标准》、1996年的《跨境银行监管》、1997年的《有效银行监管核心原则》等。这些文件已成为各国家和地区金融监管当局之间沟通与协调的基本原则。

但随着电子银行业务的扩展，基于这些监管原则产生了很多新问题。各国监管当局所面临的挑战是：(1)现有的跨境设行的监管标准和程序受到冲击；(2)面临对传统银行监管严格但对网上银行监管力度不够的尴尬；(3)如何正确处理跨境电子银行业务涉及的法律问题。

巴塞尔委员会电子银行小组针对国际金融界存在的上述问题，在白皮书的《银行监管当局面临的电子银行跨境问题》分析报告中，提出了有关跨境监管的框架。

报告中提出了两种情况：(1)国内机构向外国客户提供网上银行服务(In Out Scenario, IOS)；(2)外国机构向本国客户提供网上银行服务(Out In Scenario, OIS)。

对于IOS，巴塞尔委员会明确规定，母国监管当局负有并表监管责任，东道国监管当局只对在该国境内发生的业务进行监管。母国监管当局对向境外提供网上银行服务的监管标准应与国内银行监管标准统一。如果东道国的监管规定更加严格，则可以要求银行遵守东道国的监管规定。东道国的监管依赖于母国向其提供对其母国总部的网上银行业务监管情况，如果东道国认为监管存在问题，会要求与母国监管当局进行双边磋商。

对于OIS，委员会要求如果该机构已经在境外设立实体分支，并加入当地支付清算系统，东道国监管当局对分支机构网上银行业务使用原有对分支机构的监管规定，必要时东道国与母国进行监管磋商与合作。

总之，母国与东道国监管当局的目的都是尽可能降低有关法律风险，确保网上银行业务稳健运行。

第七章

实施风险的多样化——新资本协议中的资产证券化

资产证券化(Asset Securitization)是近20年来世界金融领域最重大和发展最快的金融创新和金融工具,是衍生证券技术和金融工程技术相结合的产物,在各国金融发展和改革过程中发挥了重要作用。对于资产证券化,巴塞尔委员会给予了高度重视。早在1992年9月,巴塞尔委员会一个工作小组就完成了一项关于《资产转让与证券化》的分析报告。在新资本协议第三稿讨论中,巴塞尔委员会认为证券化有助于实施风险的多样化,提高金融稳定性。因此,新资本协议明确规定了银行要重视证券化交易的本质,必须按照一系列要求对证券化风险敞口采用监管当局规定的风险权重等。

我国商业银行的贷款证券化尚处于起步阶段,要借鉴巴塞尔新资本协议的规定和发达国家资产证券化的成功经验,加快推进我国资本市场的发展和完善,盘活银行不良资产和增强银行资产的流动性,提高我国金融系统的整体稳定性。

第一节　资产证券化概述

一、资产证券化定义和起源

(一)资产证券化定义

资产证券化是指将缺乏流动性但具有预期未来现金流的资产汇集起来,形成一个资金池,通过资金重组,将其转化为可以在金融市场上出售和流通的证券,据以融通资金的过程。资产证券化的核心是对银行资产中的风险与收益要素的分离与重组,使其定价和重新配置更为有效,从而使参与的关系人都收益。

巴塞尔委员会《资产转让与证券化》分析报告指出,资产证券化的基本形式是汇集同一类型的贷款,并将这些资产出售给具有某一特别目的公司(special purpose company 或 special purpose vehicle,SPV)或信托公司,由该公司以该资产组合为后备而发行上市证券。上市证券的本息支付直接依赖于该资产组合所产生的现金流量。由于资产后备型证券的收益相对于其信用风险较高,它对投资者而言很有吸引力,发行的部分或全部证券通常享有信用强化便利。另外,还可以根据某些投资者的现金流量与其他需要来确定证券的票面值和现金流量。

资产证券化之所以能够成为现实，其原理在于，尽管单笔贷款的现金流量是不确定的，但对于一组贷款而言，整体现金流量在很大程度上虽依赖于组合中每笔贷款现金流的特征，由于大数定律的作用，整个组合的现金流却呈现出一定的规律性。人们可以根据历史数据及现实的经济状况对整个组合的现金流的平均数做出一个可信的估计。由此引出资产证券化这项技术。

从广义上讲，资产证券化包括一级证券化和二级证券化，在证券化过程的初始阶段，资产证券化主要是指在资本市场和货币市场上通过发行证券来融资，即借款者通过资本市场和货币市场的直接融资过程，其所使用的金融工具包括商业票据、企业债券和股票，这种资产证券化属于一级证券化。现在资本市场上的资产证券化是指将已经存在的贷款和应收账款等转化为可流动的转让工具的过程，人们将其称为二级证券化。

（二）资产证券化的起源和发展

资产证券化源于美国20世纪60年代末的住房抵押证券，发行人按一定的标准把若干个住房抵押贷款组合在一起，以此为抵押发行债券。随后证券化技术被广泛地使用于抵押债权以外的非抵押债权资产。资产证券化自问世以来，在实际运用中已出现了许多新的证券化技术，而且创新的速度也在不断加快。巴塞尔委员会指出，一些新的模型不仅极为复杂和先进，而且也扩大了适用于资产组合与证券化的贷款种类与范围。以美国为例，1968年住房抵押贷款支持的证券出现后，现已扩展到私人资产抵押贷款、汽车销售贷款、其他个人消费贷款、学生贷款；商业房地产抵押贷款、各种工商企业贷款；信用卡应收款、转账卡应收款；计算机租赁、办公设备租赁、汽车租赁、飞机租赁；交易应收款；人寿、健康保险单；航空公司的机票收入、公园门票收入、俱乐部会费收入、公用事业费收入；石油、天然气储备、矿藏储备、林地；各种有价证券组合等多种领域。

20世纪80年代，金融管制在欧美的放松和《巴塞尔资本协议》的实施，国际金融界对资本充足率和不良资产的重视，使资产证券化在世界各国金融市场上获得较快发展，尤其是1988年巴塞尔资本协议的推出。1988年协议的一个核心内容就是要强化对银行业经营风险的跨国统一监管。作为被监管对象的各国商业银行,为了适应1988年协议的要求,就必须保持良好的资产流动性,这也成为促使商业银行进行资产证券化创新的直接推动力。

到1990年,美国未偿还住宅抵押贷款的3万多亿美元中,50%以上实现了证券化。至2003年底,美国房地产贷款支持证券MBS发行量已达到3.14万亿美元,资产证券化市场已成为美国资本市场重要的组成部分。欧洲、南美、亚洲的许多国家也相继发行了贷款支持的证券。欧洲2002年发行的资产支持证券ABS总量达到792亿欧元。1995年世界银行属下的国际金融公司以其在南美发展中国家的长期资产为抵押发行了4亿美元不可追索的证券。1994年,香港发行了3.5亿港元的抵押贷款债券,随后资产证券化进一步延伸到印尼、泰国、马来西亚和日本等国。美国穆迪公司预测,亚洲新兴国家证券化市场年均增长已超过25%。资产证券化的发展,使其已成为商业银行在日趋激烈的竞争中求生存和发展的必须具备的技术。

1996年8月,珠海市以交通工具注册费和高速公路过路费为支持发行两批共2亿美元的债券,由摩根斯坦利安排在美国发行,这是中国第一次开展证券化融资。

二、资产证券化框架所涉及交易的范围和定义

新资本协议规定,银行在确定资产证券化产生的风险敞口所需监管资本时,必须采用资产证券化框架。资产证券化既有传统型的,也有合成型的(synthetic securitisations),还有具有以上两种类型共同特点的。

在传统型资产证券化的结构中,从资产池中所得的现金流量用以支付至少两个不同风险档次的证券(不同的档次代表不同程度的信用风险)。用以支付投资者的现金流依赖资产池中特定资产的收益,而非源于首创这些资产的机构本身。资产证券化中这种分档次的结构特点与普通的优先、次级债券是有区别的。在资产证券化中,可以由低档次(次级档)证券承担损失而不致影响对高档次(优先档)证券的偿付,而在普通的优先、次级债券中,是一种对清偿收入的受偿权先后次序的问题。

在合成型资产证券化的结构中,至少要有两个不同风险档次的证券(不同的档次代表不同程度的信用风险)。资产池信用风险的转换,

部分或全部通过信用衍生工具或担保来实现，它们能够对资产的信用风险进行规避。信用衍生工具可以分为资金来源型（如信用联系型票据 credit - linked notes）或资金来源非预置型（如信用违约互换 credit default swaps）。相应地，投资人的风险依赖于资产池中资产的收益。

三、资产证券化社会经济效应分析

（一）资产证券化宏观效应

1. 资产证券化有利于提高资源利用效率

宏观上，资产证券化有利于提高资源利用效率。根据经济学原理，以资产权利形式存在的证券化资产通用性最强、流动性最好。如企业应收账款源于企业间商业信誉，其流动性受到商业购销关系限制，但经过证券化的应收账款，转变为不受特定商业信用关系限制的、高流动性的标准化投资产品。一方面企业因此加速了资金周转，一方面全社会也因此提高了资金周转速度和利用效率。

2. 资产证券化可用于防范和化解金融风险

金融危机一般具有实际经济衰退、经常账户赤字和银行体系的脆弱性等三个关键因素。银行大量呆、坏账的存在，潜在性地破坏了银行体系的健康特质，使银行体系极度脆弱，进而使金融主体对金融风波缺乏免疫力，这是银行不良贷款最可怕且最隐蔽的危害。另一方面，银行资产与负债在期限上的不匹配，会使银行陷入流动性不足的困境。流动性不足贷款周转缓慢，使银行没有更多的稳定的资金用于新的贷款发放，从而造成一部分潜在贷款需求不能得到满足。严重情况下无法满足客户流动性需求的可能性会现实化，出现流动性风险。

与传统的融资方式相比，资产证券化作为一种新的融资方式，在对贷款按照不同期限、利率、种类等进行分解的基础上，将贷款重新组合和定价，以此为基础发行具有不同风险和收益特征的结构性信贷证券，就可以提高银行信贷资产质量和信用等级、分散信用风险、增强信贷资产的流动性，从而化解金融风险。

3. 资产证券化将搭建起不同金融市场的融通桥梁

经济发展所面临的一个长期问题是结构调整以及提高经济运行效率，其中金融改革深化和提高金融效率是关键。实行资产证券化可以将银行与资本市场紧密联合起来，例如通过发展货币市场基金、债券基金等流动性强、风险低的证券产品，可替代单一的居民储蓄形式，增大对资本市场的投资力度，将货币市场与资本市场连接在一起，从而大大提高资本的流通和增值能力。

4. 资产证券化有利于币值稳定与经济增长目标相统一

银行可以通过证券化技术以资产融资的方式作为一种流动性来源，尽量回避准备金因素，就会导致信用创造路径传导货币政策的情况出现一定变化。由于证券化是从影响超额准备金需求下降开始的，进而导致银行在央行的借入下降，因而证券化不是一种货币供给扩张的机制。而且，证券化提高了货币流通速度，等于降低了货币需求并带来均衡利率水平的下降。所以，资产证券化有利于币值稳定与经济增长目标达成更好的统一。

(二)资产证券化对银行的意义

1. 资产证券化有利于银行提高资本充足率。在资本充足率管理上，银行通过将某些贷款证券化，将这些资产移至表外，活化银行资金，在资本不变的情况下有助于提高实际的资本充足率和资本利用效率，增强银行防范抵御风险的能力和市场竞争力。

2. 降低银行成本。资产证券化可以降低银行资产信息成本。资产证券化过程中银行将自身的贷款转化为证券在市场上交易，银行贷款质量、市场情况及预期等各方面因素都以证券市场价格形式表现出来。银行资产组合的表现由市场来评价，一方面降低银行资产信息成本，另一方面有助于银行和监管当局准确定位银行资产情况，进而控制银行资产组合的风险水平。

证券化还可以降低银行筹资成本。银行直接发行债务凭证筹措资金的发行成本相对较高，尤其是规模小、信用等级低的银行更是如此。银行资产证券化将资产组合包装后出售，证券以银行资产作抵押信用等级高，比直接发行债务凭证筹措资金成本低。

3. 提高银行盈利。通过资产证券化可以将正被占用或暂时不具有流动性的资产转化为具有流动性的现金资产，商业银行可以将提前获得的流动性资产转移到其他边际收益率较高、潜在回报能力极强的资产业务中去，体现自身业务的相对优势，从而改变原来贷款业务一纸契约决定收益率的格局。同时，资产证券化的合理、有效操作也可以增加银行的无形资产积累。

4. 资产证券化有利于推进住房按揭市场的发展。在美国、香港等市场经济发达国家和地区，个人住房抵押贷款一般占银行信贷总额的20%至40%。发达国家和地区通过资本市场、发行抵押债券进行融资，很好地克服了住房抵押贷款期限长、流动性低的局限，推动了住房按揭市场的发展。

5. 优化商业银行的信贷结构。资产证券化的过程实际上也就是社会资产流动重组的过程，在这一过程当中，通过贷款资产的流动，各个市场主体都可以根据自身的业务特征、经营能力以及风险承受度对已有的资产或准备投资的资产进行理性的选择，从而实现合理的资产结构。对我国国有商业银行而言，通过一个良好的资产流动性市场机制来调整信贷结构，是一种低成本高效率的措施。

6. 管理利率风险的有力工具。银行普遍面临的一个问题是资产和负债在期限上的匹配失当，从而面临着巨大的利率波动风险。资产证券化则可以有效地减少这种风险。通过证券化，银行所持有的长期资产提前变现，长期资产和短期负债匹配失当的问题不复存在，利率波动风险传递给了证券投资者。资产证券化在美国得以迅速发展的一个主要原因就是储贷协会为减少资产负债的不匹配带来的损失，而纷纷将大量的长期住宅抵押贷款证券化。①

此外，资产证券化在宏观经济上起到了降低银行不良资产、提高流动性、搭建不同金融市场之间桥梁的作用，在商业银行方面体现得亦十分明显。

（三）全面看待资产证券化的影响

1. 对银行的影响

在资产证券化过程中如果不够谨慎，所产生的风险将会留在发起人银行处。银行在证券化中所面临的主要风险，是出售方银行因未能真正出售资产而面临由于资产质量不佳所导致的，遭受部分损失或全部损失的风险。如果资产证券化已实际实施，但因市场波动而未能发行证券，银行可能因此承受融资风险和流动性风险。

① 成之德．资产证券化理论与实务全书．北京：中国言实出版社，2000

巴塞尔委员会指出，即使银行发起并有效地转移了资产，但当资产出现问题时，银行仍然可能面临着重新购回证券的道义上的压力。在完成证券化交易后，出售方并不是完全退出，而是在其中承担着其他职能。银行在道义的压力下，为维护银行声誉要采取相应措施支持证券化安排。作为服务商，银行所面临的风险主要是操作风险，这要求银行具备高级的人才、设备和技术从事交易，以降低操作风险。

银行在资产证券化过程中不能忽视资产质量问题。不断将资产证券化的银行必须注意保持贷款资产的质量。资产质量下降将会影响银行的声誉和评级，并因此影响金融监管当局对银行资本充足性的要求。

资产证券化将加剧金融市场上的竞争。首先加剧了银行之间以及银行和其他信贷机构之间对高质量贷款的竞争，并加剧银行之间吸收存款的竞争。其次，资产证券化使非银行金融机构逐渐进入传统银行的业务领域，打破传统银行的垄断，使银行和非银行金融机构在传统银行业务领域展开竞争。这将增加银行资金成本、减少贷款收益。为此，银行必须不断改变经营思想和投资技术。

2．对金融体系的影响

资产证券化可以降低金融风险，可以给某一经济体金融体系带来有益影响，但在不同国家和地区不同金融市场，资产证券化带来的影响要做具体分析，有时会出现负面的影响。

巴塞尔委员会的分析报告表明，资产证券化对金融体系可能产生的影响，因各国金融体系的结构或货币政策实施方式的差异而有所不同，也因各国证券化发展阶段的不同而不同。

资产转移和证券化可以使借款人直接向最终投资者融资，从而提高金融体系的效率并增加信贷供给，但同时证券化也会降低银行在金融中介过程中的重要性，降低银行所持金融资产和负债的比例。银行重要性下降将会削弱贷款人与借款人之间的联系，特别是在银行在国民经济中占支配作用的国家和地区中，这种影响会更明显。

尽管资产证券化有超越银行系统的资本基础进行贷款的优势，但也会造成银行体系中资本总量的减少，从而增加国家金融体系的金融风险。雄厚的资本基础可以吸纳银行系统的信用损失。然而，资本基础越小，损失必然更多地由其他人分担。所以，巴塞尔委员会指出，资产证券化不一定适用所有国家，但在银行一直充当主要金融中介的国家中表现得比较明显。

第二节　资产证券化运作机制

一、资产证券化的前提条件

要保证资产证券化交易结构严谨、有效，所选择资产证券化交易的基础资产应满足以下几个条件：一是被证券化的资产能够产生稳定的可预测的现金收入流；二是资产具有较长时期的稳定的低违约率、低损失率记录；三是原始权益人对资产拥有完整的所有权；四是资产的借款人地域分布广泛，人口统计分散；五是该资产的所有权以真实出售的方式转让给特设机构；六是特设机构本身的经营有严格的法律限制和优惠的税收待遇；七是投资者具备对资产证券化的知识、投资能力和投资意愿；八是资产池中的资产达到一定的规模，从而实现证券化交易的规模经济。

以上条件中的任何一个不具备，都会使资产证券化面临很大的交易结构风险。

二、资产证券化运作程序

（一）贷款出售银行汇集资金池

巴塞尔委员会认为，证券化的第一步是形成诸如房屋抵押、信用卡应收款项或汽车贷款等同类资产组合。为了便于对资产组合的信用风险进行有效的成本分析并形成共同的支付模式，保持资产组合的同一性是必要的。证券化安排的发起人可以是银行或另一家金融机构。如果银行是发起人，它可以从自己的贷款资产中拿出一部分。实践中对购自第三方银行的资产或非银行机构的资产的证券化已成为主流。

（二）组建特别目的公司作为资产证券化的基础

特别目的公司（special purpose company 或 special purpose vehicle，SPV）是为贷款资产证券化而特设的机构，它可以是一个信托投资公司、信用担保公司、投资保险公司或其他独立法人。该机构应能获得权威性资信评估机构评定的高资信等级；该机构也可由贷款出售银行全资控股，当贷款支持的证券还本付息完成后，这一控股特设机构将自行解体。成功组建特设机构是资产证券化能够运作的基本条件和关键因素。

特设机构的核心业务就是将从原贷款银行购入的资产，进行重组、打包等技术性处理，创造贷款支持证券，使贷款资产证券化。

（三）基础贷款银行出售资产

贷款银行将资金池的资产组合出售给一家专设机构特别目的公司（SPV 或 SPC）。贷款出售业务从根本上改变了商业银行只发放贷款、不出售贷款的传统定义，使贷款和证券具有了趋同性。贷款出售主要有参与、转让和债务更新 3 种形式。

第一，参与出售是指贷款资产的买方（即特别机构）对银行贷款的借款人没有直接的权利，即对借款人还款的要求以及对借款人的检查权等贷款的附加权利不转让。一般在贷款出售协议中以此种方式隔离贷款买方与借款人的关系，参与出售形式下的特设机构必须依靠贷款出售银行收集贷款信息。第二，转让出售是指贷款出售银行将基础贷款协议的权利和义务从法律上和实际上出售给作为买方的特设机构。第三，债务更新是指贷款出售银行终止与借款人的贷款合同，再由特设机构与借款人按原合同条款重新签订合同，重新确立权利义务关系。

（四）资产重组、证券发行与管理

特设机构通过发行以资产组合为后备的证券为购买该资产提供融资。该资产现已完全成为特设机构的财产。在这一阶段，其他机构与评级机构通常会为发起人提供咨询、分析资产的信用质量和设计交易的结构。如果承销商参与该安排，证券将在出售给投资者之前先进入承销商的账户。

为使证券化得以实现，通常需要有服务商和受托人的参与。服务商（经常由发起人担任）负责收取资产组合所产生的本息还款，并将其汇予受托人。服务商为上述服务收费，此外，还通过在定期汇出该款项前用所收款项进行短期投资而获益。其服务能力与专业知识将由评级机构加以审查。发起人、服务商的信用等级以及评级机构对相关资产与证券化安排结构的评估，将会影响所需提供或安排的信用程度。

受托人代表投资者行使职能。必须对支持证券发行的资产享有优先权益，必须有能力监督包括服务商在内的交易各方的行为，定期审查有关资产组合情况的信息,监督将现金收入分配给投资者,并且在必要时公布违约事宜和采取保护投资者利益的法律行动。

三、资产证券化的关键技术

(一)破产隔离

破产隔离是证券化交易成功的重要因素,破产隔离是通过真实交易(True Sale)来实现的。在资产证券化的交易过程中,资产的转移是否构成一种真实销售,是交易的一个考核标准。在某些情况下,尽管资产转移是通过购买合同进行的,其实质是一种借贷融资,是发起人向出售者提供的抵押贷款。在这些情况下,当出售者遇到破产或清算时,已转让的资产就有遭受牵连的风险,妨碍对评级证券的正常支付。因此,真正的资产证券化交易中的资产转移必须满足:

第一,一旦履行了购买合同确定的程序、手续,资产的所有权就合法地转让给了发行人;第二,如果出售者被清算,转让给发行人的资产将不列为出售者的资产。这样,即使原始权益人破产清算,证券化资产权益也能受到保护,其产生的现金流仍将按证券化交易契约支付给投资者,达到保护投资者利益的目的。

(二)信用和流动性强化

巴塞尔委员会指出,由于投资者一般都不准备承担与贷款组合相关的所有信用风险,资产后备型证券通常由第三方银行或保险公司(有时由发起人)提供信用强化。各种不同的信用强化方式可以混合使用。最简单的强化方式是追索安排,它为资产的买方提供了当债务人到期违约时从强化方获得支付的权利。

为了确定适当的信用强化程度,需要根据组合资产的历史损失情况对信用风险进行评估。这通常会形成一个组合资产的历史违约比率,信用强化范围应等于相应资产历史违约率的几倍。此类信用强化的最常见形式是:不可撤销的信用证、第三方保险、利差账户、现金抵押账户、超额抵押以及高级—次级结构。

其中,(1)不可撤销的信用证可以是由第三方银行发出的,它为一部分资产提供担保,其担保额一般相当于预计的损失规模,常常附属于其他信用强化项目。(2)利差账户是源于资产组合所收到的利息与发行证券所支付的较低利息之间利差的存款。服务商不是将利差转给发起人,而是将收集到的所有资金转给受托人,直至利差积累至信用强化所需的水平。一旦达到了这一水平,所有将来的利差收入即可转给发起人。考虑到早期的损失,发起人一般需要提前在利差账户中存入资金。该账户是用来弥补资产组合所发生的损失的,当证券兑付后,利差账户中的所有余额均将转给发起人。(3)现金抵押账户是与必要的信用强化金额相等的存款,它是为了证券所有者的利益而持有的。当出现损失时,该账户会被提取。由发起人或第三方贷款人为该账户提前注入资金。(4)超额抵押指组合中的资产价值超出了所发证券的金额。在此类安排中,多余的抵押必须保持在一定水平上,以便提供预定的信用强化额度。如果抵押价值下降至该水平之下,信用强化者必须以新的抵押品弥补其缺口。(5)如果信用强化采用高级—次级形式,则至少要发行两类证券。高级证券优先享有相关资产的现金收入,因此,所有的损失将首先由次级证券承担,其累计金额最多相当于该类证券的总额。

一般而言,上述信用强化形式经常混合使用,可以有效弥补资产总额预期损失的几倍,因此信用强化提供者的责任与持有全部资产并无二致。当有几种信用强化形式时,它们之间按照事先确定的顺序分摊损失。当对信用强化机构适用资本要求时,这些因素亦需考虑在内。

巴塞尔委员会指出,流动性支持也是一个可供使用的发行资产后备型证券时的强化技术。流动性支持常见于资产后备型商业票据安排。这些证券发行的相应资产组合后备中包括各种应收票据。

(三)表外业务处理

在资产证券化过程之中,资产是以真实出售的方式过户给特设机构的,原始权益人已经放弃了对这些资产的控制权。因此,会计处理上允许原始权益人将证券化的资产从资产负债表上剔除并确认收益和损失。表外业务处理对商业银行意义重大。巴塞尔资本协议规定资本充足率不低于8%。采用资产证券化的表外业务处理,可以把证券化的风险资产转移到资产负债表外,降低资产负债表上的风险资产总额,提高资本充足率。

（四）清收式赎回（Clean - up Call）

新资本协议规定：清收式赎回是一种选择权，它允许发起行或服务行在资产池中的资产未被全部偿还的情况下，召回资产证券化风险敞口（如资产支持型证券）。在传统的资产证券化中，通常的做法是，当资产池余额或发行在外的证券余额下降到一定水平后，由发起人买回余下的证券。在合成型资产证券化中，清收式赎回采取的形式是规定一项条款，该条款规定原来信用保护失效。

（五）提前摊还（early amortisation）

新资本协议规定，提前摊还是指一旦实行的话，投资人有权在先前规定的证券到期日之前得到偿还。出于计算风险资本的目的，提前摊还的规定可以是有控制的，也可以是无控制的。有控制的提前摊还规定必须满足以下条件：

第一，银行必须有适当的资金、流动性计划，保证在出现提前摊还的情况下有足够的资金和流动性。第二，在交易的整个过程中，包括摊还期，应当根据每月月初的应收账款余额，按比例分摊利息、本金、风险、损失以及收回的已注销贷款。第三，银行必须设定一个摊还期，该摊还期必须足以让摊还期期初债务余额的90%得到偿还或被确认为违约。第四，偿还的速度不得快于按第三项中所列摊还期计算的直线摊还（straight - line amortisation）速度。

四、资产证券化运作中的主要机构

资产证券化的运作过程中所涉及到的主要参与者包括：贷款出售银行、服务人、特别目的公司、投资银行、评级机构、信用提高机构、受托管理人和投资人。不同的参与者在资产证券化过程中的作用不同。

（一）贷款出售银行

贷款出售银行是资产证券化的发起人和贷款的原始权益人，它负责将准备出售的贷款清分，即将还款期限、利率、性质相同的贷款汇集起来，并将贷款的有关文件在贷款出售后一并交给特设机构。

（二）特别目的公司

特别目的公司（special purpose company 或 special purpose vehicle，SPV）是为贷款资产证券化而特设的机构，它可以是一个信托投资公司、信用担保公司、投资保险公司或其他独立法人。SPV 与发起人签订合同，将拟证券化的资产转移到 SPV 的名下，实现“真实出售”。它可以确保发起人一旦发生破产，证券化了的资产将不会遭到清算，从而保障了投资者的权益。它使资产本身的回报风险与发起人的整体信用风险相分离，从而实现破产隔离的目的。为了降低资产证券化过程的风险，SPV 的经营活动受到相当严格的法律约束，除为完成证券化业务所必须的活动外，它不得从事其他活动，尤其不能发生无关的负债或提供担保；SPV 的董事会中应设有独立董事。国外的一般模式中，SPV 是由发起人设立的，并且其存续期取决于发行的证券的期限，即证券到期后，这一实体即解散。而我国香港模式是成立一家特殊证券公司，该证券公司不隶属于发起人，该公司的业务以发行资产证券和购买原始资产为主，也可在一定授权范围内对积累金进行资产管理。

（三）资金池管理公司

资金池管理公司通常是由贷款出售银行或特设机构委托的大银行来承担。其主要职能是设立专门特别账户，通过此账户收取到期已出售贷款本息，然后遵照特设机构的指令进行支付，并向特设机构提供证券化过程中收支的详细报告。资金池管理公司实际上是个无形的非实体性质的所谓公司，从本质上讲是特设机构的总财务部门。

（四）投资银行

在资产证券化过程中，投资银行充当重要角色，发行人和投资银行共同工作来确保发行结构符合法律、规章、财务、税务的要求。投资银行作为专业机构，也协同信用提高机构、信用评级机构及受托管理人促进整个工作顺利进行。最后，证券的发行工作更要在投资银行的参与下才能顺利完成。

（五）信用提高机构

信用提高机构可以由发行人或第三人担任，信用提高是减少证券发行整体风险的媒介,其目的是提高信用质量,从而提高证券定价和上市能力。信用提高由第三方提供的方式,可以是一个信用良好的银行出具信用证,也可以是一个信用很高的保险公司提供保单。

(六)信用评级机构

信用评级机构对资产支持证券信用定级并跟踪监督。信用评级是对信用风险的一种评估,它基于三条准则:发行人不履行义务的可能性;发行人承担责任的法律条款和特征(如信用提高的类型);当发生破产时,发行人能担当责任的程度。

(七)受托管理人

在资产证券化中,受托管理人是服务人和投资者的中介,也是信用提高机构和投资者的中介。当资产债务人归还本金利息时,服务人把收入存入信托机构的账户,由受托管理人把它们转付给投资者。受托管理人有责任对款项进行再投资。它也要负责确定服务人提供给投资者的各种报告是否充分,并把这些报告转给投资者。最后,当服务人被取消或不能履行其职责时,受托管理人应该并且能够取代服务人担当其职责。

(八)市场中介专业服务机构

包括证券交易机构,登记、托管、清算机构,咨询服务机构,会计师事务所,评估师事务所,律师事务所及其他中介服务机构等,为资产证券化及交易等提供专业和信息服务。

第三节　资产证券化风险管理

一、资产证券化风险种类

作为固定收入证券的一种,资产支持证券与一般债券的风险具有相似之处。资产支持证券也具有信用风险、利率风险、购买力风险、变现力风险和再投资风险。但作为一种特殊的固定收益证券,资产证券化又具有其特有的风险:

(一)提前偿付风险

提前偿付风险是指与提前偿付有关的风险。拥有资产支持证券的投资者,不知道未来的现金流量的确切数目,因为提前偿付在很大程度上影响资产支持证券的现金流量。

从投资者的角度看,提前偿付有三项消极影响:第一,可提前偿付债券的现金流量的格局难以确定。第二,因为当利率下降时,发行人要提前偿付债券,投资面临再投资风险。即当债券以购入债券时确定的收益的利率被提前偿还时,投资者不得不对所获收入进行再投资。这种不利影响也被称为紧缩风险。第三,当抵押利率高时,传递证券的利率与任何一种债券的利率将提高,但由于抵押利率提高时,提前偿付率下降,增加了以息票利率进行投资的金额,住宅所有者不愿意对他们的抵押进行再融资或部分提前偿付,而投资者希望提前偿付加速,以便能够以较高的市场利率对提前偿付额进行再融资,导致抵押传递证券的价格下降更多,这种不利影响也被称为展期风险。

(二)交易结构风险

资产证券化是一种结构融资方式,其融资成功与否及其效率大小,与其交易结构有着密切关系。从理论上说,只要参与各方恪守各自承诺所确立的合约,该结构将是一种完善的、风险分担的融资方式。但是,由于不同国家对资产出售有着不同的法律和会计规定,这一方式将面临结构风险。如果发起人的资产出售作为"真实销售"处理,证券化资产从发起人的资产负债表中剥离出去,发起人的其他债权人对这些资产没有追索权,那么,即使发起人破产,其被证券化的资产也不会作为清算对象,证券化资产的未来现金流量仍通过发行人转给债券的投资者。如果发起人的资产出售是作为一种资产负债表内融资处理的话,当发起人破产时,其他债权人对证券享有追索权,这些资产的现金流量将会转给发起人的其他债权人,资产支持证券的投资者将面临本息损失的风险。

(三)失效及等级下降风险

失效是由法律意见书指明并通常由陈述书、保证书及赔偿书支持的一种法律风险。如果一张资产支持证券被宣布失效,那么发行人就不再有对证券持有人进行支付的义务。类似地，如果一份重要的交易文件被宣布无效，那么交易机制就停止运作，而且发行人也不必拥有对它发行的证券进行清偿所必需的资金。资产证券化特别容易受到等级下降的损害，因为资产证券化交易与构成交易的基础包含许多复杂的因素，如果这些因素中的任一因素恶化，整个发行的等级就会下降，显然，交易越复杂，该资产证券化中等级下降的潜在因素越多。

（四）金融管理风险

资产证券化是金融法律发展的高峰，代表了签约、技术和结构技巧的完美组合，如果任一因素出现故障，整个交易可能会面临风险。投资者承受的金融风险来自于：交易管理风险、设备故障、结构机制风险。

1. 交易管理风险。在资产证券化中投资者在交易存续期内最依赖的两方是资产池服务公司和受托人，每一方业务的关键是不得放弃其职责。但实际上对这样一个约定提供完全的保护经常是做不到的。首先，如果投资由于一方低劣的操作而希望终止其提供服务，则找到一个替代方愿意按文件规定的价格提供服务困难很大；其次，服务公司或受托人破产可以排除责任有序地移交；再次，即使当各方完全遵守协议的条款，其操作水平的恶化也是可能发生的，由此引发交易管理风险。

2. 设备故障。证券化交易在很大程度上依赖先进而且复杂的计算机系统，当系统出现故障时很容易导致整个支付过程的延迟，引发设备故障风险。

3. 结构机制风险。结构机制风险有3种情况：首先，不充分的第一损失保护，是指虽然各方估计或核定的证券化交易结构的第一损失水平已经相当高，但对第一损失保护的数量仍然是很不充分的；其次，模糊的第一损失保护，是指证券化交易的结构可能模糊到足以使投资者相信，他们所获得的第一损失信用保护比其后来被提供的要好；再次，第一损失保护的解除，是指证券化交易的结构允许去除那些有利环境中建立的额外保护，并减少对投资者在不利环境中的保护。上述三大方面任一因素出现问题，都会诱发结构机制风险。①

---

① 沈沛，许均华，刘敏．信贷资产证券化——原理与操作技巧．北京：中国金融出版社，1998

二、新资本协议关于资产证券化风险敞口的处理

银行所面临的证券化敞口称为资产证券化风险敞口。证券化风险敞口包括资产支持证券、住房抵押贷款证券、信用提升、流动性便利、利率互换或货币互换、信用衍生产品、阶次性的信用风险转移合约等。证券化中计入发起行资产的准备金账户，如现金抵押账户，也应作为资产证券化风险敞口来处理。

（一）最低资本要求

《巴塞尔新资本协议》规定，银行必须对它们所面临的资产证券化风险敞口持有监管资本，包括提供信用风险缓释以及资产证券化交易、投资资产支持证券、自留次级档次的证券、提供流动性或信用提升等。

回购的资产证券化风险敞口将被按照自留资产证券化风险敞口来处理。

1. 扣减

当要求银行从监管资本中扣除资产证券化风险敞口时，扣减数额应当是在一级资本中扣除50%，二级资本中扣除50%。

银行应当从一级资本中扣除那些已经资本化并作为一项资产计入资产负债表，并被确认为监管资本的一部分的预期未来利差收入。这种资产被称为资产证券化框架下的“资本化资产”。

2. 隐形支持

当银行对资产证券化提供隐形支持的时候，银行至少要针对与资产证券化交易相关的资产持有资本，就如同这些资产没有被证券化一样。另外，银行应披露它提供了非合同式的支持，以及银行提供这样的支持对资本的影响。

（二）资产证券化风险敞口的标准化方法

《巴塞尔新资本协议》规定，银行如果对资产池中证券化资产的信用风险采用标准化方法，必须在资产证券化框架下使用标准法。

1. 风险权重

风险加权资产证券化风险敞口值，等于资产证券化风险敞口额乘以按照下表确定的相应的风险权重。对于表外风险敞口来说，银行应

当使用信用转换系数，然后再对转换后的数值进行风险加权。如果某一风险敞口的长期评级为B+或以下，或该风险敞口未评级，应当按照最低资本要求有关扣减的规定在资本中进行扣除。这种扣除也同样适用于除下表中A－1/P－1、A－2/P－2、A－3/P－3以外的风险敞口以及没有评级的所有风险敞口。

表7－1 长期评级种类

外部信用评级	AAA到AA－	A+到A－	BBB+到BBB－	BB+到BB－	B+到B+以下或未评级的
风险权重	20%	50%	100%	350%	扣减

表7－2 短期评级种类

外部信用评级	A－1/P－1	A－2/P－2	A－3/P－3	所有其他级别以及未评级的
风险权重	20%	50%	100%	扣减

2. 对未评级资产证券化风险敞口一般处理方法的例外情况

未评级的资产证券化风险敞口一般要扣减。但有两种情况除外：最高级资产证券化风险敞口和在资产支持商业票据中处于第二损失责任或更好地位的风险敞口。

第一，未评级的最高级资产证券化风险敞口的处理。在传统型和合成型资产证券化中，最高级的资产证券化风险敞口如果没有评级，只要任何时候都能知道资产池中资产的组成，那么持有该风险敞口或为其提供担保的银行，就可以使用对应法（look－through approach）来处理。

在对应法中，未评级的最高级风险的风险权重，等于资产池中资产的平均风险权重，并且这要接受监管部门的检查。如果银行不能确定资产池中资产的风险权重，未评级的资产应当扣除。

第二，在资产支持商业票据计划中处于第二损失责任或更好地位的风险敞口的处理方法。如果满足下列条件，那么协办行在资产支持商业票据计划中所提供的资产证券化风险敞口，即使没有评级，也不需要扣减，这些条件是：首先，风险敞口从经济意义上来说处于第二损失责任或更好的地位，第一损失责任必须能够很好地保护第二损失责任；其次，相关的信用风险必须相当于投资等级或更好；再次，持有未评级资产证券化风险敞口的机构，必须不能自留或提供第一损失责任。如果满足了这些条件，银行在适用风险权重的时候就要选择两者中比较高的权重，100%或资产池中任意资产风险权重最高的。

3. 表外风险资产的信用转换系数

《巴塞尔新资本协议》规定，为了计算风险资本，所有的表外资产证券化风险敞口都使用100%的信用转换系数。银行要根据新资本协议的有关规定，确定表外资产证券化风险敞口是否是合格的流动性便利或服务人现金透支便利。第一，对1年期内合格的流动性便利银行给予20%的信用转换系数，1年期以上的给予50%的信用转换系数。第二，合格服务行现金透支便利各国根据本国的规定执行，无需事先通知的可以无条件取消的服务人现金透支便利，可以适用0%的信用转换系数。

4. 信用风险缓释的确认

抵押、保证与信用衍生工具等方法适用于对资产证券化风险敞口获得信用风险缓释的银行。

第一，抵押。这里的抵押指的是用于防范资产证券化信用风险的，而不是指资产证券化交易的资产池中的资产。合格的抵押品限于在新资本协议信用风险缓释标准法中确认的品种，如在贷款银行的现金储蓄、黄金、经认可的外部信用评估机构评定的债券、包含在主要市场指数中的股票、部分集体投资可转让证券和共同基金单位等。

第二，保证与信用衍生工具。新资本协议所规定的有关实体提供的信用保护可以予以确认。这些实体包括国家、公共部门、银行和风险权重比交易对象低的证券公司；评级为A-级以上的其他实体。特别目的机构不能被确认为合格的保证人。

资产证券化中信用风险缓释可以比照新资本协议标准法中有关信用风险缓释计算方法计算。

（三）资产证券化的内部评级法

新资本协议规定，银行如果得到批准适用内部评级法来处理被证券化的资产，那么同样也要使用内部评级法来处理资产证券化。在资产证券化的内部评级法（IRB）中，要分别对发起行和投资行使用不同的资本计算方法。

1. K_{IRB} 的定义

《巴塞尔新资本协议》资产证券化 IRB 法中，经常要用到一个关键参数 K_{IRB}，它是一个比值。设定(a)为资产池中资产按 IRB 法计算所需要的资本，(b)为资产池中资产（如已使用和未使用承诺的和）的名义价值或相当于贷款的值，则 K_{IRB} 为(a)比(b)的比值。其中，(a)的值必须是按照最低 IRB 标准计算的，计算方法可比照新资本协议第一支柱 IRB 法相关规定。计算资本时应当反映信用风险缓释对资产池中资产的作用，并使所有的资产证券化风险敞口受益。K_{IRB} 以小数形式表示（如相当于资产池 15% 的资本可以表示为 0.15）。

在有些情况下，银行如果对资产池中的资产提取了准备金或拥有购买折扣，那么在计算上面(a)和(b)的量时，就必须使用风险敞口的总的金额，而不考虑专项准备或购买折扣。

对于发起行，除了新资本协议规定的特定情形，如银行无法使用自上而下或自下而上的方法计算 K_{IRB} 等，发起银行都要计算 K_{IRB}。

对于投资行，如有外部评级或有推测评级，就要使用以评级为基础的方法来确定资产证券化风险敞口所需要的资本。

2. 以评级为基础的方法

在以评级为基础的方法中，风险加权资产等于风险敞口值乘以下表中所列的相应的资产支持证券风险权重。

资产支持型证券 ABS（asset - backed securities）风险权重取决于：(1)外部评级或推测评级；(2)这种信用的评估是代表了长期信用评级还是短期信用评级；(3)资产池中资产的分散性；(4)该风险头寸相对于资产池规模的高级别 Q。Q 被定义为所有评级至少在 AA - 以上并且优先受偿权不在利息之前的所有头寸之和，除以资产池中总的资产额，以小数来表示。

表 7-3 ABS 风险权重（外部评级代表长期信用评级或以长期评估为基础的推测评级）

外部评级	由高分散性资产作抵押的档次的风险	基础风险权重	由非分散资产作抵押的档次的风险权重
AAA	7%	12%	20%
AA	10%	15%	25%
A	20%	20%	35%
BBB +	50%	50%	50%

续表

外部评级	由高分散性资产作抵押的档次的风险	基础风险权重	由非分散资产作抵押的档次的风险权重
BBB	75%	75%	75%
BBB -	100%	100%	100%
BB +	250%	250%	250%
BB	425%	425%	425%
BB -	650%	650%	650%
BB - 以下和未评级的	扣减	扣减	扣减

当外部评级代表的是短期信用评级,或者推断评级是基于短期评级时,要使用下表中的风险权重。

表 7 - 4　ABS 风险权重(外部评级代表短期信用评级或基于短期评级的推测评级)

外部评级（描述性）	由高分散性资产作抵押的厚档次的风险权重	基础风险权重	由非分散资产作抵押的档次的风险权重
A - 1/P - 1	7%	12%	20%
A - 2/P - 2	20%	20%	35%
A - 3/P - 3	75%	75%	75%
所有其他级别/未评级的	扣减	扣减	扣减

3. 资产证券化资本要求计算公式

新资本协议规定,资产证券化某一个档次的资本要求取决于由银行提供的指标:(1)如果资产池中资产没有被证券化情况下的 IRB 资本要求 K_{IRB};(2)该档次的信用提升水平 L 和厚度 T;(3)资产池中资产的数量 N;(4)资产池中资产加权平均违约损失率。所需资本的计算方法如下:

$$S[L]=\begin{cases} L & \text{when } L \leqslant K_{IRB} \\ K_{IRB}+K[L]-K[K_{IRB}]+(dK_{IRB}/\omega)(1-e^{\omega(K_{IRB}-L)/K_{IRB}}) & \text{when } K_{IRB}<L \end{cases}$$

其中：

$$h = (1 - K_{IRB}/LGD)^N$$

$$c = K_{IRB}/(1 - h)$$

$$v = \frac{(LGD - K_{IRB})K_{IRB} + 0.25(1 - LGD)K_{IRB}}{N}$$

$$f = \left[\frac{v + K_{IRB}^2}{1 - h} - c^2\right] + \frac{(1 - K_{IRB})K_{IRB} - v}{(1 - h)\tau}$$

$$g = \frac{(1 - c)c}{f} - 1$$

$$a = gc$$

$$b = g(1 - c)$$

$$d = 1 - (1 - h)(1 - Beta[K_{IRB}; a, b])$$

$$k[L] = (1 - h)((1 - Beta[L; a, b])L + Beta[L; a + 1, b]c)$$

在上述公式中，Beta[L；a，b]指的是L的以a和b为参数的累计分布；监管者确定的参数$\tau = 1000$，$\omega = 200$

4. **参数解释**

(1)信用提升的水平(L)

L(以小数来表示)是一个比率，等于(a)次于该档次的资产证券化风险敞口的名义值除以(b)资产池中所有资产的名义值。银行需要在考虑某一特定档次信用提升(只对某一层次证券有好处的第三方担保)之前就要确定L。资本化的资产不能包括在L中。在计算利率互换或货币互换的信用提升水平时，如果它们的优先权次于该档次，就可以用它们现在的价值(没有潜在的将来风险敞口)来衡量。如果该工具的现在的价值无法确定，在计算L的时候就可以不考虑该工具。如果对资产池中的某一资产，银行已经提取了专项准备或有购买折扣的话，该专项准备或购买折扣就可以作为信用提升来处理，并被包括在L的计算之中。

如果某一准备金账户的资金是由资产池中次于该档次的资产的现金流提供的话，它就可以被包括在L的计算中。如果准备金账户是由资产池中未来的收益提供资金的话，该账户就不能包括在L的计算中。

(2)风险敞口的厚度(T)

T也是一个比值，等于(a)利息档次的名义值除以(b)资产池中资产的名义值。如果是利率互换或货币互换，银行必须把潜在的将来风险敞口考虑在内。如果该工具的现在价值不是负值的话，那么风险敞口的值就应当是其当前价值加上现在协议所规定的加项。如果该工具的现在价值是负值的话，就只能用潜在将来风险敞口部分来度量。

(3)有效的资产数(N)

实际资产数的计算方法如下：

$$N=\frac{(\sum_i EAD_i)^2}{\sum_i EAD_i^2}$$

其中，EAD_i表示资产池中第i项资产的违约风险值。对同一债务人的多个风险应当合并(如作为一个工具来处理)。如果是再资产证券化(对资产证券化进行证券化)，该公式适用于资产池中的资产证券化的数目，而不是最先的资产池中资产的数目。

(4)资产加权平均违约损失率(LGD)

资产加权平均违约损失率的计算方法如下：

$$LGD=\frac{\sum_i LGD_i \cdot EAD_i}{\sum_i EAD_i}$$

其中，LGD_i表示对第i个债务人的全部风险敞口的平均违约损失率。如果是再资产证券化，就要对被资产化的风险敞口使用100%的违约损失率。

(5)计算N和LGD的简易方法

如果资产证券化涉及零售资产，根据监管当局的检查，在使用监管公式时，可以使用简化的形式：$h = 0$并且$v = 0$。

根据下面提供的条件，银行在计算资产的实际数目和资产加权平均违约损失率时，可以使用简化的方法。令简化计算中的C_m代表相对于最大“m”风险敞口的资产池的份额(如15%的份额对应于0.15的值)。m的水平由每家银行自己确定。如果与最大的风险敞口相关的资产组合份额C_1小于等于0.03(或资产池的3%)，那么在使用监管公式时，银行可以令$LGD = 0.50$，并令N等于下面的数值：

$$N=\left[C_1C_m+\left[\frac{C_m-C_1}{m-1}\right]\max\{1-mC_1,0\}\right]^{-1}$$

或者，如果C_1是已知的，并且小于等于0.03，那么银行可令$LGD = 0.50$，并且令$N = 1/C_1$。

5.流动性便利与合格服务人现金透支便利

新资本协议规定，如果流动性便利满足相关要求，则按照具有

100%信用转换系数的资产证券化风险敞口来处理。如果该流动性便利有外部评级,银行就可以依赖于以评级为基础的方法下的外部评级。如果该流动性没有评级,银行就要使用上述资本要求计算公式。

银行可以提供几种不同类型的流动性,可供在不同的条件下便利使用。由于在这些流动性便利中有不同的触发点,银行对资产池中的资产提供的流动性可能会重叠。如果一家银行提供的流动性出现了重叠的现象,银行就不需要为这种重叠的流动性持有双份的资本,而只需要为重叠部分的流动性持有资本就可以了。

(四)巴塞尔委员会关于资产证券化框架的修改

资产证券化是《巴塞尔新资本协议》中最复杂的一部分,国际金融界对此存在一定争议。普遍认为该部分的处理方法过于繁琐,在一致性、连贯性上存在缺陷。针对业界的反应,2004 年 1 月,委员会发布了《对资产证券化框架的变更》的文件,对监管公式方法 SF 和 K_{IRB} 进行了调整,包括对资产支持型商业票据 ABCP 的流动性便利和信用增强引入了内部评估法(IAA),但只适用于具有内部投资评级的资产支持型商业票据;简化了监管公式方法,简化后的 SF 将适用于所有未评级资产支持型商业票据的流动性便利和信用增强,并且委员会正在考虑是否设立证券化资产池中敞口的有效数量(N)的上限;银行反映对用自上而下内部评级法计算的敞口,其违约损失率高达 100% 太保守,委员会正计划制订更宽松的标准,允许银行在用自上而下法计算证券化敞口的 K_{IRB} 时,使用自己估算的违约损失率。

第四节　我国商业银行的资产证券化

资产证券化作为一种新兴的银行资产处理方式和融资工具,在世界发达国家已获得了相当发展。资产证券化在我国还处于探索、试验阶段。在经济全球化和金融一体化的历史背景下,我国商业银行资产证券化更显得紧迫和必要。

一、我国资产证券化现状

我国资产证券化起步较晚,而且资产证券化的实践先于理论的探索。到目前为止,已进行过一些资产证券化方面的个案实践。但资产证券化依然是一个比较陌生的新鲜事物。早期的证券化实践可上溯到1992年海南省三亚市丹洲小区发行的2亿元地产投资券。1996年8月,珠海市以交通工具注册费和高速公路过路费为支持发行两批共2亿美元的债券,利率分别高出美国国库券250个点和475个点,由摩根斯坦利安排在美国发行,分别获得Baa3和Ba1的评级及3倍超额认购,这是中国第一次开展证券化融资。1997年5月,重庆市政府与亚洲担保及豪盛ABS(中国)公司签订了资产证券化合作协议,这被认为是中国开展资产证券化的重大突破。1997年9月,中国远洋运输(集团)公司(COSCO)以其北美公司的未来现金交易,使COSCO在应收账款到账之前获取现金流。此项交易虽然没有向美国证券交易委员会进行登记,也没有在任何交易市场挂牌,但该项目经信用评级机构定级等事实已广为人知,这一交易需要在中国的法律之下处理应收账款并需要其他不同的监督机构,包括国家外汇管理局的参与,这一交易确认了一个事实,即中国在证券化进程中面临的法律和监督方面的问题是可以克服的。

近年来,我国金融监管部门、商业银行及大型企业对资产证券化的研究进入实质性的操作阶段,希望能够通过这种金融工具的运用来处理我国目前银行的不良资产。1999年我国相继成立了信达、东方、长城、华融四大金融资产管理公司,接受国有商业银行总计1.4万亿元的不良贷款。实践中,这四家公司在"债转股"的过程中,积极综合运用出售、拍卖、招标、资产重组、兼并收购等多种形式进行资产处置,更希望借助国外运行良好的资产证券化方式能够剥离、加速处理不良贷款。在处理不良资产时,要最大限度地保护国有资产,防止国有资产流失。在我国资本市场上尽管还没有出现严格规范意义上的资产证券化操作,但各方面都密切关注着这一广阔市场,积极探索资产证券化与我国实际相融合的途径。

二、我国建立资产证券化市场的约束性条件分析

资产证券化的引入具有十分重要的意义和相当的必要性。但是,资产证券化是一个复杂的系统工程,其成功地构建需要良好的金融环境支持。金融环境缺位不仅使资产证券化效率难以实现,还可能带来

额外的金融系统风险。下面,我们就我国建立资产证券化市场所面临的约束性条件进行分析。

(一)市场参与主体与环境约束

1. 资产证券化发起人和原始权益人资产合格性问题

并非所有的银行资产都可以证券化。根据国际金融界资产证券化交易实例分析,一种可证券化的理想资产应该具有以下特征:(1)能在未来产生可预测的稳定的现金流;(2)持续一定时期的低违约率、低损失率的历史记录;(3)本息的偿还分摊于整个资产的存活期间;(4)资产的债务人有广泛的地域和人口统计分布;(5)发起人已持有该资产一段时间,有良好的信用记录;(6)金融资产的抵押物有较高的变现价值或它对于债务人的效用较高;(7)金融资产具有标准化、高质量的合同条款。

有下列属性的资产一般不利于进行证券化:(1)服务人经验缺乏或财力单薄;(2)组合资产中资产的数量较小或金额较大的资产所占比例过高;(3)资产债务人到期一次偿付本金;(4)资产债务人付款时间不确定或付款间隔过长;(5)资产的债务人有修改合同条款的权利。

就我国资产证券化的主要资产类型来说,现有的情况是一部分基本符合要求,另一部分不符合要求。金融界普遍认为,目前达到资产证券化要求的资产包括按揭资产、对外贸易应收款和基础设施未来收益。

第一,按揭资产。目前全国按揭资产增长迅速,2000 年已占全部贷款总额的 4.43%,达到几千亿元。预计近几年还会保持上升势头。按揭对于推动我国房地产市场发展、拉动宏观经济增长具有较大作用,也是实行资产证券化的动力之一。按揭资产的质量也是符合标准的,目前不良资产比例只有 0.1%,公积金贷款的不良资产比率更低。所以,按揭资产是适宜证券化的。第二,出口应收款是另一种比较符合证券化条件的,尤其是一些比较国际化的企业的应收款。但国内应收款质量不高是亟待解决的问题。第三,基础设施未来收益作为基础资产,证券化已有成例,如珠海高速收费证券化。这一部分资产基本符合证券化条件。

发达国家资产证券化的主要资产类型除上述 3 种外,还有信用卡贷款、汽车贷款、学生贷款等。目前我国这类资产总体规模较小。但随着我国加入 WTO,这类资产尤其是汽车贷款规模将会迅速上升,是将来证券化的主要对象。

2. 机构投资者约束

金融市场上需求主体主要有个人投资者和机构投资者两类。个人投资者其投资金融工具范围基本没有限制，对于机构投资者，目前我国法律却严格界定了市场准入资格。如《商业银行法》第43条规定："商业银行在中华人民共和国境内不得从事信托投资和证券经营业务，不得向非自用不动产投资或向非银行金融机构和企业投资"；《企业债券管理条例》规定："办理储蓄业务的机构不得将所吸收的储蓄存款用于购买企业债券"，"企业发行企业债券所筹资金不得用于房地产买卖、股票买卖和期货交易等与本企业生产经营无关的风险性投资"；《保险法》规定："保险公司的资金运用，限于银行存款、买卖政府债券、金融债券和国务院规定的其他资金运用形式。"上述法律法规的规定，限制了银行开展证券经营业务，使特别目的公司（SPV）难以用资产支持证券的发行收入购买银行贷款的各种资产；界定了保险资金不能用于购买资产支持债券等。这些限制成为我国发展、培育资产证券的瓶颈。

3. 市场化环境

利率市场化、证券市场的流动性是另一项约束条件。我国金融市场利率还没有真正放开，国家只允许银行在很小幅度内浮动贷款利率，存款和按揭则完全执行国家规定利率。这约束了资产证券化的定价。利率非市场化特征不利于资产证券的实行。

企业债券市场几乎停顿，严重影响了这一市场的流动性，不利于资产证券化的定价参照和流动性溢价的获得。

（二）特别目的公司（SPV）的法律约束和监管约束

SPV作为发起人与投资者之间的中介，是证券化交易结构的核心和破产隔离的必要手段。我国资产证券化还没有真正实施，有关SPV的组织形式、注册、资本额限制、税收、法律地位等尚无明确规定。SPV法律规定存在盲点，这使资产证券化的核心本质——风险隔离机制无法真正实现。另外，在法律规定的监管方面，如果是银行资产证券化，会涉及到人民银行、银监会、证监会3个监管主体；如果是企业或项目资产证券化，可能涉及到计委、商业部、财政部等；若是国有资产，还涉及到国有资产管理部门等。管理部门众多将使资产证券化的审批、运作十分困难。

从我国现有法律环境来看，以信托公司作为载体的资产证券化方案遇到的法律障碍相对小些。信托公司具有很强的财产隔离功能，其财产隔离功能受到2001年颁布实施的《信托法》的强力支撑，《信托投资公司管理办法》和《资金信托管理暂行办法》中也有相应规定。信托公司所特有的财产隔离机制符合资产证券化运行机制的本质要求，可以作为SPV载体。问题的另一个方面是，《信托法》的司法解释和实施细则还没有出台，存在许多细节不明确之处。而且，现行法律存在着冲突需要予以协调。

（三）税收约束

我国现行税法、财务会计制度中没有关于资产证券化的税务及财务表外处理依据。从国外资产证券化税收方面的制度化做法看，税收问题主要有原始权益人、SPV公司和投资者三方面因素。

首先，原始权益人将资产出售给SPV时所得收益要计入其损益表中，原始权益人需缴纳所得税、营业税和印花税，税率即使很低，也可能给交易带来巨大的障碍。其次，对于SPV纳税问题，目前我国只有合伙企业和个体工商企业不征收实体层面的所得税，如果SPV被认定为公司，则对于来自于原债务人的利息所得不可避免的要纳税。因此，SPV的纳税问题只有在其企业性质和法律地位确定后，才能进一步确定。第三，对于投资者纳税问题，投资者在持有过程中所收的证券利息是否付税，在变现过程中的变现收益是否支付所得税没有做出相应规定。我国会计制度中对于资产证券化表外处理的规定也是一片空白。第四，根据《中华人民共和国印花税暂行条例》的规定，产权转移书据需纳印花税。因此，资产证券化的产权转移应该属于征税对象。即使规定中只设定了万分之五的税率，也是一个较大的负担，因为资产证券化的交易规模通常较大。①

总之，我国目前的经济金融环境离证券化的效率条件的要求还存在距离。从国际上看，每一个发展证券化的国家都通过专门的法律来帮助和规范证券化，而且每一个证券化参与主体都形成自己关于证券化的政策和程序。资产证券化在我国是项全新的业务，我们通过借鉴

① 李传全．中国创立资产证券化市场的约束条件分析．www.chinasecuritization.com

其他国家和地区推进资产证券化的经验和教训,逐步解决法律上的冲突和填补法律上的空白,在现有条件的基础上建立资产证券化市场是可能的。

三、建立我国资产证券化市场的探讨

(一)建立政府主导型的资产证券化市场

资产证券化是一种市场行为,但离不开政府的有力支持。在我国资产证券化发展的初期,要由政府牵头综合协调金融、经济、法律、税收、会计等各有关部门。通过制定优惠政策和有关法律法规,完善监管体系,建立高效、安全的市场机制和交易规则,按照国际惯例进行财务监管和风险控制。在政府的推动下建立起资产证券化运行主体,运用强有力的政府力量完成制度变迁。

制定有关法律法规尤为重要。资产证券化需要经过发起、特设机构设立与证券化资产流通三个过程,每个过程中,都必须要有相应乃至专门的法律法规予以保证。目前,现行《证券法》、《公司法》、《企业债券管理条例》、《企业债券发行与转让办法》等法律和行政法规,都没有对证券化问题做出任何规定,找不到资产证券化的任何法律依据。所以,政府应组织各职能部门加快资产证券化立法进程,保障这项技术在我国的进一步开展。

(二)成立特别目的公司(SPV)

新资本协议第一支柱规定,资产证券化中要建立为特定目的而组建的公司、信托机构或其他类似的实体。其业务范围限于完成特别目的机构的任务,其结构在于将特别目的机构同发起人或资产出售人的信用风险分离开来。根据巴塞尔委员会这一要求,考虑到SPV作为发起人与投资者的中介机构的特殊性和重要性,应由政府出面组建特设机构。特设机构的资产业务可参照新资本协议的相关规定予以明确。应由资信良好的国有银行及实力雄厚的国家级券商发起设立,在资产证券化交易的整个过程中,投资银行(券商)充当财务顾问、承销商、协调人、组建特设机构等重要角色。

（三）规范发展我国的资产评估业和资信评级业

新资本协议第一支柱关于资产证券化风险敞口处理，具体规定了使用外部信用评估的操作要求、标准化方法和内部评级法。我国目前还不具备实施新资本协议这些规定的条件，但这是国际金融界发展方向，所以我国必须尽早狠抓资产评估业和资信评级业等信用体系基础建设，着重培养几家在国内具有权威性的、在国际上具有一定影响力的资信评级机构，满足资产证券化乃至经济整体的发展需要。目前，当务之急是要建立一套社会认可的资产评估保证体系，并确保这套体系能得以贯彻实施。在这方面，可以通过引进国际著名评级机构的技术经验，加强对外交流合作来加快我国资产评级机构成熟的进程。

（四）充分发挥资产管理公司作用

成立专门资产管理公司负责资产证券化运作，处理银行不良资产，发行银行资产支持的证券是国际上通行的做法。我国于1999年成立了4家资产管理公司，重点实施对国有重点企业的债转股运作。我们认为应充分发挥资产管理公司的职能作用，在建立我国资产证券化市场中利用好这一平台，既化解国有商业银行信贷风险，又运用投资银行手段，支持国有大中型企业摆脱困境。

由于受到法律法规的限制，现阶段我国资产管理公司资产处置的手段仍停留在拍卖、转让、租赁等方式上，在资产处置效率方面仍存在一定的缺陷。前期各资产管理公司纷纷推出了资产证券化方案，但由于法律法规的不完善，目前上述方案的操作均遇到了一定障碍。现阶段，要结合资产证券化的理念和我国资产管理公司的实际情况，抓住我国信托业重新清理整顿和信托业“一法两规”颁布实施的契机，在一定范围内进行资产证券化试点，以通过资产证券化加快促进不良资产的处置。待条件成熟后，应允许证券挂牌交易。金融监管当局应规范贷款的一级市场，为提高资产证券化运作效率奠定基础。国家应允许扩大投资者范围，对于达到一定级别的证券，应允许保险、财务公司、基金、银行进行投资。

2003年1月23日，中国信达资产管理公司与德意志银行签订了资产证券化与分包相结合的不良资产处置合作协议，首开中国资产管理公司利用外资并在境外进行不良资产证券化的先河。同年6月，中国华融资产管理公司又成功推出了账面价值 132 亿元的不良资产处置信托项目。这一项目借鉴资产证券化交易模式,通过以债权资产设立信托、转让信托受益权的方式,成功实现了加快处置资产、提前回收部分现金的目的,被称之为“准资产证券化”。中国华融资产管理公司这一资产处置信托项目开创了新的模式,充分说明了不良贷款通过有效组合可以作为资产证券化的基础资产,利用信托交易模式实现资产变现和融资目的。

第八章

绩效考核与资本配置

我们已在《巴塞尔新资本协议》框架下探讨了信用风险、市场风险和操作风险的相关内容。对于国际金融界所面临的无法回避和转移的三大风险，商业银行在保留和吸收的基础上，要开发、运用更有效的技术规避可能的损失。所以，有必要进行资本配置，用资本来预防经营中发生的损失对银行造成的影响，保证银行的正常运转。

第一节　风险管理绩效考核 RAPM 模型

银行资本配置的目的是为抵御风险、实现股东价值最大化，所以资本配置的依据是银行各个业务部门的绩效，绩效考核则是资本配置的核心问题之一。当然，绩效考核的目的还有通过评估为投资机会选择提供指导等。

传统的商业银行绩效考核指标包括资产收益率、股权收益率、营业利润率、银行净利差率、非利息净收入率、银行利润率等。这种绩效考核指标体系由于没有将风险因素考虑在内，所以对银行的绩效考核是不全面的。近年来，发达国家商业银行逐渐将风险因素引进绩效考核体系，开发了许多内部风险模型来满足各种业务需要。应用最为广泛的就是风险调整业绩测度 RAPM 模型及其所包含的 RAROC 模型。

巴塞尔委员会对国际金融界广泛应用的风险模型进行了调查，确认了模型有如下可能的用途：基于绩效的奖励；客户盈利性分析；按照风险进行定价；投资组合的主动管理；组织结构决策。下面着重介绍 RAPM 模型和模型中的 RAROC 模型。

一、风险调整业绩测度 RAPM 模型

RAPM（ risk adjusted performance measurement ）模型是一个总的概念，涵盖了所有依据获取回报时产生的风险而调整回报的方法。近十余年来，RAPM 模型在国际金融界得到了广泛的应用。然而，RAPM 模型的确切涵义却没有一个权威性的界定，任何一个使用或设计 RAPM 模型的商业银行或其他金融机构或金融咨询公司往往会根据自己的研究、理解，对模型做出定义。尽管如此，所有 RAPM 技术有一个共同点，以对风险状况（一项资产、一笔交易、一项业务等）的内部衡量为基础，通过一定形式的风险调整，比较已经投资的资本的回报率。

国际上各金融机构和咨询公司,基本上是通过对未来结果的潜在波动性的统计分析来判断这种风险水平的。所使用的统计分析工具就是风险价值(VaR)计量方法。

RAPM 模型一般公式为:RAPM =〔(期望)收益率 - 成本 - 预期损失〕÷ VaR

RAPM 模型和监管模型之间的主要区别是,RAPM 模型充分运用了 VaR 法等统计分析技术,而监管模型则使用一个固定的风险权重计量潜在的价值变化。RAPM 模型比监管模型更精确。最常用的 4 种 RAPM 模型是:

1. 风险调整资产回报率 RORAA (return on risk adjusted assets)。1998 年巴塞尔委员会在资本协议中使用了这一方法。RORAA 模型采用了资产收益率比率,但不同于 ROA(资产回报率)不加区分地罗列所有资产,而是依据资产的相对风险程度,在计算时乘以相应参数。

其基本定义公式为:RORAA =(期望)收益率 ÷ 风险调整资产

2. 资产的风险调整回报 RAROA (risk adjusted return on assets)模型。RAROA 模型以 ROA(资产回报率)为基础,通过在回报中扣除风险因素来进行风险调整。因此,如果在任意一年内,对公司的一笔贷款有 1% 的概率违约,则必须从产生的回报中减掉 1% 的贷款额。

其基本定义公式为:RAROA =〔(期望)收益率 - 风险调整因子〕÷ 资产

3. 风险调整资本回报率 RORAC(return on risk adjusted capital)模型。模型以常用的资本收益率为出发点,在分母上用内部计算的风险资本来代替监管资本,这种方法比 RORAA 涵盖范围更广泛,经济资本既包括不以资产为基础的风险,也包括资产负债表外产品和外汇交易头寸的风险。

其基本定义公式为:RORAC =〔(期望)收益率 - 风险调整因子〕÷ 风险资本

4. 资本的风险调整回报率 RAROC(risk adjusted return on capital)模型。这种模型与 RORAC 模型一样基于资本回报率,不同的是在分子上调整风险而不是在分母上。

这 4 种常用的 RAPM 模型可以分成两组,第一组是以资产为基础的,源自银行业比率;第二组模型则使用了更广泛的概念,资本收益率而非资产收益率。在每一组中,两模型的差别是在分子上调整风险还是在分母上。4 种模型中使用最为广泛的是 RAROC 模型，下面我们会详细介绍。这 4 种方法虽然各有差异，但其本质是相同的，都是以特定交易业务的现值的潜在的波动性为基础，经过风险调整后，对银行及各业务部门的绩效进行评估。

二、资本的风险调整回报率 RAROC 模型

（一）资本的风险调整回报率 RAROC 概念

资本的风险调整回报率 RAROC 模型，是国际先进商业银行用于经营管理的核心技术手段。20 世纪 70 年代末，美国银行家信托集团（又称信孚银行，1999 年被德意志银行收购）首创产生了 RAROC 技术，最初的目的是为了度量银行信贷资产组合的风险和在特定损失率下为限制风险敞口必须的股权数量。此后，许多大银行纷纷开发 RAROC 模型，以确定银行商业运作所需要的股权资本数量。RAROC 模型问世以来，改变了传统上银行主要以账面股本收益率（ROE）或股东回报为中心考察经营业绩和进行管理的模式，更深入更明确地考虑风险对银行这类特殊企业的巨大影响。20 世纪 90 年代后期，这项技术在不断完善的过程中得到国际先进商业银行的广泛应用，逐渐成为当今金融理论界和实践上公认的最核心最有效的经营管理手段。

《中国银行业监督管理委员会商业银行市场风险管理指引》指出：长期以来，衡量企业盈利能力普遍采用的是股本收益率（ROE）和资产收益率（ROA）指标，其缺陷是只考虑了企业的账面盈利而未充分考虑风险因素。银行是经营特殊商品的高风险企业，以不考虑风险因素的指标衡量其盈利能力，具有很大的局限性。目前，国际银行业的发展趋势是采用按经风险调整的收益率，综合考核银行的盈利能力和风险管理能力。按经风险调整的收益率克服了传统绩效考核中盈利目标未充分反映风险成本的缺陷，使银行的收益与风险直接挂钩、有机结合，体现了业务发展与风险管理的内在统一，实现了经营目标与绩效考核的统一。使用按经风险调整的收益率，有利于在银行内部建立良好的激励机制，从根本上改变银行忽视风险、盲目追求利润的经营方式，激励银行充分了解所承担的风险并自觉地识别、计量、监测和控制这些风险，从而在审慎经营的前提下拓展业务、创造利润。

在不确定性是惟一不变因素的现在，银行为有效利用昂贵又有限的资本，最大程度减少风险，普遍应用 RAROC 模型以补充原有的没有考虑风险因素的股权收益率模型。

资产组合理论中风险收益比率被定义为：$(R_p - r_f)/\sigma_p$，其中，R_p是资产组合平均收益；r_f表示无风险利率；σ_p表示资产组合收益的标准差，该比率就是著名的夏普比率。

具体到银行领域，RAROC 可以被认为是银行业务部门的夏普比率。RAROC 的基本表达是：

$$RAROC = (NR - EL) / CaR$$

其中，NR 为净收益；EL 为预期损失；CaR 为风险资本（= VaR + 非预期信用损失 + 操作风险损失）。

《中国银行业监督管理委员会商业银行市场风险管理指引》中确定的 RAROC 计算公式是：

RAROC =（收益 - 预期损失）/经济资本（或非预期损失）

这两个公式本质是一样的，表述不同而已。风险资本（Capital at Risk，简称 CaR）也译作经济资本，我们在本章第三节会详细介绍。

（二）RAROC 基本公式子项计算方法

1. 净收益

净收益是 RAROC 公式中最为简单的一项，它是指扣除所有成本（包括直接成本和间接成本）后的净值。

2. 预期信用损失

我们在信用风险章节中探讨了预期损失均值的计算问题。预期损失（EL）的均值是由预期违约频度（EDF）、违约损失率（LIED 或 LGD）、潜在信用风险（PCE）三部分的平均值计算得出。即 EL = PCE × EDF × LIED。我们进一步探讨预期损失的计算。

我们设定 E_P为时间段 P 内交易的预期敞口，P 可以是任意一段时间，但通常以年为时间单位；R_E为预期回收率（回收率主要依赖债务的等级，如果债务是优先债务或保险债务则回收率相对较高）；M 为用来计算预期损失的时间段数目，M 的取值一般等于交易的期限（如对于一个 7 年期的互换，M＿7），则预期损失可由下式计算得出：

$$EL = (1 - R_E) \times \sum E_P \times LGD / M$$

3. 风险资本

风险资本由市场风险 VaR、非预期信用损失、操作风险损失组成。

(1)市场风险 VaR。RAROC 模型中的 VaR 和作为市场风险测量的 VaR 之间并没有根本的区别，惟一的差别是时间范围的不同。RAROC 关注的是年度收益率，而不是一天持续期下的潜在损失。(2)非预期信用损失。它是指对超过预期信用损失的一种估计，通过违约率和回收率的统计分布(往往不是正态分布)，取一定置信水平上的最大损失值而得到的，即信用损失最大值与预期信用损失之差。(3)操作风险。操作风险测量十分困难，根据《巴塞尔新资本协议》，操作风险衡量有单一指标衡量法、标准化方法、高级计量法 3 种方法，据此求出操作风险大小。

RAROC 基本公式中三项子项求出后，就可以计算出 RAROC。

(三)RAROC 模型的原理

RAROC 模型原理在于：银行业务发展所带来的风险可以分解为三个层次的损失，即预期损失、超出预期平均水平的非预期损失以及超出银行正常承受能力以外的异常损失(Catastrophe Loss/CL)。其中预期损失是在一般正常情况下银行在一定时期可预见到的平均损失。这类损失要通过调整业务定价和提取相应的准备来覆盖，从业务的收益中作为成本来扣减掉。

非预计损失，好比贷款在经济不景气的条件下，发生不能偿付的情况超出了一般正常情况下的损失水平，这些增多的问题贷款就是非预期损失。这部分损失银行必须有充足的资本来覆盖，作为最后的防线，保证银行在不利的情况下也能正常经营。经济资本就是这道与银行实际承担的风险直接联系的风险防线。

异常损失则是指超出银行正常承受能力的损失，通常有发生概率极小但一旦发生损失巨大的特点。如“9.11 事件”或突发战争等。这部分损失银行一般无法做出更有效的准备，一旦发生意味着银行面临倒闭的风险；通常通过压力测试和情景模拟等手段予以关注，并制订相应的应急计划谋求生存。

由于资本是最为稀缺和最为昂贵的资源(与股东账面资本回报要求相联系，国际上通常以税前 25% 或税后 15% 为标准)，因此银行管理者必须对经济资本进行管理，既要保证有充足的经济资本覆盖风险，又要保证经济资本的使用是经济的、有效的，即能够用在最能为银行带来收益且风险相对较小的地方。

（四）RAROC 模型在实际中的应用

RAROC 模型已成为许多国际先进商业银行核心的管理手段，对银行的整个经营发展发挥着重要的作用。首先，计算 RAROC 不仅可以度量一项业务提供的附加价值，其附加价值是对业务单位考核的基础，同时还可以有效避免业务单位管理人员的寻租行为。其次，商业银行宏观进行资本分配和设定经营目标的管理措施时，最高管理层通过 RAROC 模型在确定了银行对风险的最大可承受能力的基础上，进行资本有效配置；将股东投资回报要求转化为对银行总体和各个业务线的明确目标，用于业务的审批和绩效的考核。第三，在单个业务层面，RAROC 是业务决策的依据，可以衡量一笔业务的风险与收益是否匹配，决定该笔业务做与不做，同时据以做出业务定价。第四，银行在考虑单个业务的风险和组合效应之后，依据对组合资产的 RAROC 测算和动态检测，衡量各类组合的风险收益是否平衡，并对 RAROC 指标恶化或有明显不利趋势的组合资产及时采取措施处理，谋求银行总体在可接受风险下收益的最大化。

三、风险调整业绩测度（RAPM）模型的局限性

RAPM 模型是通过对未来结果的潜在波动性的统计分析来判断风险的，资产波动法固有的一些局限势必波及 RAPM 模型。具体说就是：

1. RAPM 模型高度依赖相关性及其他统计参数度量风险，极易导致得出的测量结果之间存在较大差异。巴塞尔委员会在进行内部风险模型测量市场风险调查时，委托国际上几家领先银行计算试验的组合头寸的风险价值，得到的结果相差较大。巴塞尔委员会进一步指定了置信区间和持有期，不同的观察期得到的单个风险因素及其相关性仍然导致了风险价值数据的巨大差异。

2. 实际中有时信用风险与市场等风险是叠加产生的。RAPM 模型可以对每一种风险都计算出一个风险价值，但要在高层次将单个风险合理地加总（如把信用风险与市场风险相加）仍是个难题。违约率通常以年为期间，而用以确定风险模型的持有期通常是贷款到期前的剩余

时间。即使风险类别间的各种相关性假设都正确,同样的基础风险也会有不同的结果。

3. 以前瞻性为基础的模型方法假设所有的风险因素都是可以识别、建模的,如在交易部门,假设所有的波动都源于敞口头寸的敏感性。但即使是持有很少量头寸的交易账户(如纯粹是为了造市),也会由于市场容量和流动性等因素而造成巨大的收入波动。

4. 对精确性的追求暗含着“过度杀伤”(overkill)风险。首先,模型应用需要高性能的计算机和高级精算师,必然增加计算能力和数学分析的成本;其次,数学家们引入模型的越来越细的间隔尺寸,会给银行高层管理者带来虚假的精确性。

第二节　资本成本与股东价值

银行在资本配置中,通过引入资本成本、股东价值等概念,一方面可以在事后就已经发生的风险承担进行绩效评估,另一方面可以在事前就是否承担某一风险、承担风险程度和承担风险条件做出正确决策。

一、资本成本的估算

马克维茨等人提出的资产组合管理理论、资本资产定价模型(CAPM)是现代资产组合理论的基础理论之一和现代金融数学的基石。它指出了在特定资产的预期收益与该资产所承担风险之间的关系,并用收益率的标准差表示该资产所承担的风险。CAPM 的主要思想是,资本的成本等于无风险利率加风险溢价的一个乘数。即:

$$R_i = R_f + \beta(R_m - R_f)$$

其中,R_f表示无风险利率,类似于国债利率,基本上没有违约风险;R_m表示市场风险溢价,相当于一个典型的投资者较之投资无风险利率产品时,能够从股票市场取得的超额回报;β 是描述单只股票随大盘变动而变动的参数,反映的是投资者购买该股票时同时承担的系统性风险。虽然投资者可以通过投资多样化分散掉单个股票的特定风险,但无法分散掉与整个股票市场有关的系统性风险。β 值越大,表明该股票价格随市场变化而变化的幅度就越大,其风险也越大。

现代资产组合理论认为,资产组合面临的风险可分为系统性风险和非系统性风险。系统性风险是与整体经济运行(如通货膨胀、经济危机等)相关的风险,非系统性风险是与资产自身特性相关的风险。多样化的投资可以降低直至消除资产组合的非系统性风险,而系统性风险因与整体经济运行有关,是不能通过多样化的投资消除的。理论上说,一个由足够多的资产构成的资产组合只有系统性风险,市场组合就可以认为是这样的一个组合。CAPM 模型对资产的定价是对该资产的系统性风险的定价(非系统性风险是得不到市场回报的)。

在一个所有投资者都遵循资产组合理论并达到均衡的市场上,给定资产或资产组合的收益由无风险收益和风险补偿共同组成。

$$\beta_P = cov(R_M, R_P) / \sigma_M^2$$

$cov(R_M, R_P)$ 是资产组合 P 与市场组合 M 的协方差,σ_M^2 是市场组合的风险(也就是系统性风险),β_P可以衡量资产组合的系统性风险。

β 系数的预测方法较多,常用的有以下 3 种:第一种,在资本市场发达的国家,目前已有专门机构通过收集、整理证券市场的有关数据、资料,计算各种证券的 β 系数,以便出售给需要的投资者。第二种,估测证券 β 系数的历史值。用历史值代替下一时期证券的 β 值。历史的 β 值可以用某一段时期内证券价格与市场指数之间的协方差对市场指数的方差的比值来估算。第三种,用回归分析法估测 β 值。假定某年度的 β 系数与上一年度的 β 系数之间存在着线性关系。即:$\beta_t = \alpha_0 + \alpha_1 \beta_{t-1}$。

通过许多年度 β 值的积累和回归,便可估计出上式中的 α_0和 α_1,这样就能计算出下一年度证券的 β 值,即:$\beta_{t+1} = \alpha_0 + \alpha_1 \beta_t$。

CAPM 模型在资本风险和资本成本之间建立了一种直截了当的关系。由于股东承担了额外的投资风险,资本成本除了应该包括与无风险利率对应的资本费用成本外,还应该包括与额外风险对应的风险补偿。资本承担的风险越大,其机会成本就越高。①

资本成本理论与我们前面章节里介绍的风险价值(VaR)和风险收益理论共同构成银行资本管理理论整体,三者缺一不可。其中,风险价值(VaR)是度量银行风险资产的标准;资本风险收益理论主要体现在 RAROC 体系中,经风险调整的资本回报率,确定银行商业运作所需要的

① 赵先信. 银行内部模型和监管模型. 上海:上海人民出版社,2004

股权资本数量;资本成本则是资本结构的决定性因素。①

二、股东价值增加值(Stock Value Added,SVA)

股东价值等于企业未来的现金流以平均资金成本折现后的现值减去企业负债。例如,假设将投资收益扣除经营费用后的净收益记为R,设预期损失为EL,经济资本占用为K,经济资本的保本回报率为m(k),则股东价值的增加值为:

$$SVA = R - EL - m(k) \times K$$

股东价值增加值明确地指出银行开展业务的目的,是为了股东利益最大化,在此目的下,它是衡量一项业务是否为股东创造价值乃至创造了多大价值的工具。SVA概念的提出主要是考虑以下几方面:(1)价值体现为未来收益的现值,不是账面价值;(2)未来预期收益体现为现金流量,不是会计利润;(3)未来预期现金流具有不同程度的风险;(4)资本具有成本,市场已把资本成本反映在对银行股票的估计之中;(5)银行股权内在价值受预期未来现金流规模、持续期限和稳定性、资本成本和投入资本规模的影响。

股东价值在实际应用中的具体步骤:(1)在考虑历史表现、经营规划、竞争力等的前提下,确定预期的财务指标,如销售增长率、毛利率、投资额等;(2)将这些指标转化为预计年度现金流量值,并按银行资金成本率进行贴现,以获得每个部门的价值;(3)将每个部门的价值加总,确认总数大致等于银行市值;(4)通过评价各个部门的现金流量,计算得到在特定时期内公司的预期年度SVA;(5)用每年年末实际结果计算实际SVA。方法同上,只是将估计数用实际数替代;(6)计算实际值与期望SVA的数值之间的差异,如果结果为正,表明部门业绩良好。在用SVA来衡量部门价值标准的情况下,为了调动部门经理的积极性,董事会可以与指数化期权结合,对SVA目标进行折扣,设立一个略低于期望SVA的初始标准。实际上,在对部门经理设置的奖励计划中,初始目标往往比预定目标低20%,目的是促进部门经理实现SVA的最大化。同时,为提高SVA的科学性,鼓励投资者创造出长期增加价值的机会,SVA的评价期限应延长,比如3年,银行可以保留一部分激励报酬用做未来

① 姜波. 商业银行资本充足率管理. 北京:中国金融出版社,2004

业绩不佳时的保险。

股东价值增加值将财会概念上的价值与经济价值区分开来，可以使银行更准确地评价各项业务。银行的资本配置系统有效性的最终检验标准就是，能否为股东创造价值以及能否将业绩评估的正确信息传递给银行管理者，这一理念为我国国有商业银行股权改革的必要性提供了新的注解。

第三节　风险资本配置

商业银行的经营活动能为投资者带来投资回报，但盈利的同时也承担着一定的风险。这就需要用资本来预防经营中可能出现的资本金风险，通过掌握资产的风险分布状况，有针对性地配置经济资本，并对资本合理定价，以补偿成本与风险。

分配经济资本的目的从金融监管当局角度看，《巴塞尔新资本协议》明确规定："不仅要保证银行有充足的资本来应付业务中的所有风险，而且还鼓励银行开发并使用更好的风险管理技术来监测和管理风险。"这其中一个重要内容就是解决非预期损失的资本金保障问题，要用一定的资本抵补商业银行经营活动中的未预期损失。

一、资本配置的原则

（一）监管资本与经济资本

1. 监管资本与经济资本的区别

监管资本（regulatory capital）是按金融监管当局的要求计算的资本，包括核心资本和附属资本（见本书第三章相关内容）。资本充足率中的资本即指监管资本。从监管资本的角度出发看，其对银行资本金风险控制具有非常重要的作用。其一，监管资本可吸收包括风险损失在内的经营亏损，维护银行的正常经营，为银行避免破产提供缓冲的余地；其二，充足的资本有助于树立公众对银行的信心，向银行的债权人显示实力；其三，以监管资本为基础计算的资本充足率，是监管当局限制银行风险承担行为、保障市场稳健运行的重要工具。监管资本是银行监管的核心指标之一。

银行经济资本（economic capital）是基于银行全部风险之上的资本，因此又称为风险资本（capital at risk）。是一种虚拟的、与银行风险的非预期损失等额的资本。经济资本不是真正的银行资本，是商业银行的管理层内部评估产生的。巴塞尔委员会在《关于市场风险的补充文件》中提出了银行配置资本的问题，把对资本的要求直接和风险的衡量联系起来，从而确立经济资本定义。

经济资本由银行管理者从内部来安排和认定风险缓冲，反映了股东价值最大化对银行管理的要求；监管资本由监管当局从银行外部来认定风险缓冲，反映了监管当局对股东的资本要求。

2. 经济资本及其分配在银行风险控制中的作用

银行的风险来自于不同的部门、分行和业务，银行的各个部门、分行和各项业务因承担风险而面临潜在的损失，这种损失又分为预期损失和非预期损失，它们都要求被补偿或消化，以维持银行的稳健运营。预期损失以呆账准备金的形式被计入了银行经营成本，并在银行提供的产品的价格——如贷款利率中得到了补偿，已不构成真正的风险。非预期损失是真正的风险，它需由银行的资本来消化，这是由资本的功能和非预期损失的波动性所决定的。

经济资本本身取决于各部门、分行或各项业务的风险，或非预期损失的实际数值，因此对之进行分配非常科学。一方面，各个部门、分行或各项业务存在多少风险，就有多少非预期损失，就应该分配等额的经济资本；另一方面，各部门、分行或各项业务占用多少经济资本，就意味着承担了多少风险；各部门、分行或各项业务的经济资本的利润率，实际上就是"真实风险的利润率"，以该利润率为基础对各部门、分行或业务进行评价就充分考虑了风险因素。

首先，经济资本直接反映银行的风险状况，通过对经济资本进行分配，在清楚地显示各部门、分行和各项业务的风险水平的同时，实现资本与风险的匹配；其次，在经济资本分配的基础上，通过资本利润率指标对各部门、分行和各项业务的评价，既考察其盈利能力，又充分考虑了该盈利能力背后承担的风险；再次，经济资本成为银行确定其风险控制边界的基础，经济资本作为一种虚拟资本，当它在数量上接近或超过银行的实际资本（即监管资本）时，说明银行的风险水平接近或超过其实际承受能力，这时银行应通过增加资本金总量或控制调整资产规模结构等方法，规避风险。

经济资本实际上是风险的非预期损失的另一种名称,同时,经济资本又具备资本的消化风险损失的性质,这种性质以经济资本不超过实际资本为前提。经济资本与实际资本的比较,是银行确定风险边界的基础。以此为基础确定的风险边界,既能有效控制风险,又充分考虑了银行的业务发展和资产扩张。

一定的经济资本不可能永远吸收非预期损失。从金融实践经验看,可供参照的风险期限,可以是正常市场条件下头寸的清算时间、头寸的到期日或交易时间,也可以参照监管当局的相关规定。一般来说,为与会计基础保持一致,大多数机构都采用1年作为风险期限长度。

(二)资本配置的原则

理想的资本配置应建立在通过资产组合真正了解银行风险分布状况的基础上,就是要了解各种风险的概率分布、各种风险来源的银行敞口有多大以及这些敞口是怎样相互影响的、银行对风险的容忍程度。在此基础上,采用自上而下的原则分配经济资本。①

分配经济资本时,首先要确定整个银行经济资本的总量。通常采用VaR法、压力实验方法和混合方法确定银行的整体风险资本;其次根据不同的风险计算配置到各种风险上所需的资本及分配到各业务单位、各分支机构、各种产品和交易上的资本。

二、风险定价

(一)以资本资产定价模型为基础的风险定价

风险是有价值的,风险投资应该获得相对于风险的风险补偿。在对风险价值进行具体的量化估计上,马克维茨提出的资本资产定价模型为解决这一难题奠定了基础。该模型以资产的β系数为反映资产风险水平的基本指标,指出投资的风险补偿与该资产的β系数和市场组合的风险回报成直接的正比例关系。模型反映了投资的回报与风险成正比的基本投资规律。

风险定价基本顺序是:给定相关的费用水平和资本成本或成本水

① 章彰编著.商业银行信用风险管理.北京:中国人民大学出版社,2002

平，计算应该产生的收益水平，然后在此基础上设定目标的风险价格水平。

设：敞口规模为A；债务资金成本为i(%)，包括信用风险溢价；分配的债务资金为D；经营费用为OC(%)；预期损失为EL(%)；分配的经济资本为RC(K) = K；经济资本成本为k(%)；目标的风险价格水平为$\bar{r}$，则$\bar{r}$应产生非负值的股东价值增加额SVA。可用下式表示：

$$SVA = \bar{r} \times A - i \times D - EL \times A - OC \times A - k \times K \geqslant 0$$

上式适用于所有的风险敞口。实践中，在组合管理框架下综合考虑组合多样化对风险分布的影响，通过资产证券化以及信贷衍生产品等金融工具，对组合内风险敞口进行准确定价，可以使银行实现组合风险收益的最优化。但组合管理中的风险定价与单一敞口的风险定价相比具有多变性，十分复杂。这里我们介绍两种衍生金融工具的定价方法。

(二)衍生金融工具定价方法

1. 二项式期权定价(BOPM)模型

二项式期权定价模型(binomial option pricing model, BOPM)的基本假设是每一时期末股票(代表基础资产)价格的变化只有或升或降到可知状态的两种可能。在这一假设条件下，BOPM运用组合复制(portfolio replication)的方法和无风险套利不存在的市场均衡原理推导出期权定价公式。组合复制是指投资者通过特定的组合投资完全复制另一种资产或组合在未来的风险和回报的特征。期权的价格由下面公式决定：

$$C_0 = hS_0 - B$$

其中，C_0为该买入期权的当前价格；S_0为股票的当前价格；h为对冲比，即完全对冲卖出一个单位的买入期权所应购入的股票的数量；B为以无风险利率r借入资金的数量的现值。

$$h = (C_u - C_d)/(S_u - S_d)$$

其中，C_u、C_d、S_u、S_d分别表示在期末两状态下，期权和股票到期的价格，u、d分别表示价格上升和下降两状态。

$$B = PV(h S_d - C_d)$$

上面两公式含义是，无套利机会的均衡市场应使期权的定价满足，投资者在买入一个期权同时通过无风险利率借入资金，买入一定数量股票完全对冲风险的投资者的最终总收益为零。

BOPM 模型在给出股票价格、期权履约价格、无风险利率和股票价格的波动性后，就可以确立期权的价格。

2. **布莱克·舒尔茨期权定价模型**

布莱克·舒尔茨期权定价模型是欧式买入期权模型。该模型假设：(1)股票在期权有效期内不支付红利；(2)股票回报率的波动服从正态分布，且标准差是稳定不变的；(3)股票价格的变化是连续的，而不是跳跃的；(4)不考虑税收和交易等因素。在这些假设条件下，欧式买入期权的价格为：

$$C_0 = S_0 N(d_1) - Xe^{-rT} N(d_2)$$

这里，$d_1 = [\ln(S_0/X) + (r + \sigma^2/2)T]/\sigma\sqrt{T}$

$$d_2 = d_1 - \sigma\sqrt{T}$$

其中，C_0 为买入期权的当前价格；S_0 为股票的当前价格；X 为期权的履约价格；r 为年无风险负利率；T 为距期权到期的时间，以年表示；σ 为股票收益的波动性，即标准差；N(d) 为服从标准正态分布，小于 d 的概率。

布莱克·舒尔茨期权定价模型的推导和证明非常复杂。模型包括了所有其他因素对期权价格的影响，而且基本上比较直观地反映了欧式买入期权价格随股票当前价格、股票标准差、无风险利率水平和期权到期时间等因素上升而上升，随期权履约价格的上升而下降的一般规律。

总之，衍生金融工具的迅速发展为银行风险管理带来了新的有力工具，解决了长期以来投资者对期权合约价格难以合理衡量的难题，当然它本身也成为金融风险管理的重要对象。

三、设定银行总体风险限额

(一)风险限额体系

为约束和指导业务单位的风险承担，促使银行的风险管理承担更贴近目标 RAROC 和 SVA 的计划，增进股东价值，在实践中普遍对银行的风险承担设立风险限额，实行限额管理。

一般来说，商业银行市场风险限额管理主要包括三方面内容：(1)根据银行的资本实力、股东目标和风险偏好、监管规定等，确定银行总体风险水平以及相应的抵御风险损失的风险资本限额;(2)根据对各业务部门或交易员的风险测量结果,以及其他因素在各层次间进行风险资本限额分配;(3)根据分配的风险资本限额对各业务部门乃至每一笔交易的风险进行监控,并进行动态的分配调整。

商业银行总体风险限额的确定是一项复杂的工作,它需要综合各方面的信息,如银行资本实力、股东风险偏好、未来市场形势、监管要求以及公司投资收益预期等。理论上确定风险资本可以使用 VaR 法、情景分析与极端测试三者相结合的方法,但这些定量方法仅仅确定了市场风险资本,信用风险与操作风险并没有考虑进去。在银行总体风险资本确定上,国际金融界还有关键问题有待解决。

(二)国际金融界确定总体风险限额所面临的困难

确定总体风险限额是银行资本配置的基础。在确定银行总体风险限额和风险资本时,国际金融界面临着建立全面风险模型方面的共同难题。澳大利亚国家银行 Chris Matten 分析指出,金融界面临着模型开发、定义和使用的持有期等方面的困难。

1. 三大风险模型开发应用距离过大

我们在前三章中分别介绍了信用风险建模、市场风险建模和操作风险建模。比较三种风险模型发展程度,市场风险模型比较完善,信用风险模型有待进一步丰富,操作风险建模则处于初期、简陋状态。如果资本配置工具只是用来分配一个已事先确定的资本数额,现有工具还能够满足实际应用需要。但要用于确定整个银行实际资本需要时,模型发展现状满足不了三种风险模型加总的实际需要。尽管这方面的技术发展很快,但要用标准化和成熟的模型来确定银行整体资本需求的数量,国际金融界还有漫漫长路要走。

2. 定义上的问题

这些不同的风险模型能否简单地加总得出总资本需求,这是国际金融界目前面临的另一个资本配置难题。美国联邦储备委员会课题组系统研究了美国主要银行的信用风险评估及内部资本分配过程,研究结果表明,大部分银行都有自己独立的内部风险建模方法,用以根据不同的风险(信用风险、市场风险、操作风险)配置资本。即独立计算每种风险对应资本,然后把结果进行加总。各银行知道这样简单加总与各风险类别内的组合法不一致,体现出技术上的局限性。但这种方法仍然很实用,因为不同风险类别间的关系是不可量化的。简单加总前提是假设信用、市场和操作风险之间是完全相关的,即三种风险中同时发生极端事件。实践中三种风险同时发生极端事件概率极低,并且正确估计不同种类风险之间的相关性也是非常困难的。所以,简单加总是一种谨慎的、十分保守的做法。

3. 使用的持有期

市场风险涉及的都是具有高度流动性的工具,头寸即使不在几个小时之内,也能在几天轧平。但在银行信贷业务中正常情况下很难提早终止贷款,所以信用风险的暴露需要几年时间,尽管证券化资产市场的发展已经使信用风险更接近市场风险。通常的方法是假设持有期为1年,可是这种方法会低估信用风险、高估市场风险。还有一种方法是先设定一个合理的市场风险资本持有期间,再确定其为1年中任一时点的最大值或是平均值。

针对风险模型加总面临的困难,大多数银行从实际情况出发,根据经验和判断估计资产组合的分散化效应,选择了渐进式确定银行资本配置的道路。这些银行没有直接建立一个完善的RAPM模型,而是先从一个覆盖主要风险的模型(如信用风险)开始,然后再逐步扩展到其他风险领域,渐进式地加以完善。对一些难以量化的风险,有的银行会采取相当主观的方法予以解决,如大通曼哈顿银行的模型,该模型在操作风险中加入了一个并非由数学推导出的系数,而代表了银行管理层对不同业务中操作风险费用的最好猜测。这种方法比选用一个充满隐含假设的统计模型的方法要强。在风险模型发展水平差距较大的实际情况面前,这是一种较为适用的变通做法。需要关注的是,通过对业务设立不同的风险因子,会在事前影响到管理人员对不同业务的偏好,也直接关系到事后的业绩评估,不恰当的设定会带来消极后果。国际金融界在资本配置上的摸索,必然促进风险模型加总课题的突破。

四、资本配置过程

目前国际金融界资本配置一般分四个阶段:第一,制定银行整体风险管理战略。银行管理层从金融市场实际情况出发,根据白身业务类型偏好,以风险组合确定资本水平,制定是高风险/高收益战略还是稳定的低风险战略。第二,设定各项业务资本目标。这一阶段中,通过采取自下而上的风险资本模型为各项业务设定资本目标，并运用自上而下的收益波动模型，帮助自下而上的风险模型来检验银行的整体风险。同时确定各项业务的目标经济利润和监管资本限额。第三，优化银行整体资本成本。银行资金管理部门全面考虑银行所需资本额和使用时间，规划银行实际可用资本，科学地设计资本组合，实现资本成本最优化。第四，确定实际资本收益。这一阶段中，银行要计算实际资本收益，并根据环境变化、业务超额完成或未完成目标等情况来调整资本计划。①

五、资本配置的方法

目前，越来越多的银行开始采用 RAROC 的概念来对业务单元进行资本配置及绩效评估。银行首先根据各业务部门的申请和 RAROC 结果初步确定风险资本分配方案，一定时间后重新进行 RAROC 测量，对于 RAROC 低于平均水平的部门减少其风险资本，对于 RAROC 高于平均水平的部门，增加其风险资本。RAROC 计算公式为：

风险调整后的资本利润率（RAROC）=（利润 - 预期损失）/经济资本 =（收入 - 支出 - 预期损失）/经济资本。

据此确定银行各业务部门的风险价值及经济资本优化分配方案。

《中国银行业监督管理委员会商业银行市场风险管理指引》指出：在单笔业务层面上，RAROC 可用于衡量一笔业务的风险与收益是否匹配，为银行决定是否开展该笔业务以及如何进行定价提供依据。在资产组合层面上，银行在考虑单笔业务的风险和资产组合效应之后，可依据 RAROC 衡量资产组合的风险与收益是否匹配，及时对 RAROC 指标呈现明显不利变化趋势的资产组合进行处理，为效益更好的业务腾出空间。在银行总体层面上，RAROC 可用于目标设定、业务决策、资本配置和绩效考核等。高级管理层在确定银行能承担的总体风险水平，即风险偏好之后，计算银行需要的总体经济资本，以此评价自身的资本充足状况；将经济资本在各类风险、各个业务部门和各类业务之间进行分配（资本配置），以有效控制银行的总体风险，并通过分配经济资本优化资源配置；同时，将股东回报要求转化为对全行、各业务部门和各个业务

① 姜波．商业银行资本充足率管理．北京：中国金融出版社，2004

线的经营目标，用于绩效考核，使银行实现在可承受风险水平之下的收益最大化，并最终实现股东价值的最大化。

与传统的资本收益率指标不同的是，RAROC 指标的分母采用的是经济资本，分子中扣除了预期损失。由此计算的资本利润率指标，既考察了银行的盈利能力，又充分考虑了该盈利能力背后承担的风险。RAROC 指标把银行的风险与收益紧密联系在一起，使银行风险管理和业务发展的成果体现为一个简单的数值，有利于银行管理者建立高效、自动运转的风险控制机构。

上述 RAROC 计算公式看起来很简单，但实际应用则涉及一系列风险管理技术手段的配套。包括资产负债管理、内部资金转移定价手段用以确定银行资金成本；信用评级确定预期损失；风险价值（VaR）、风险资本（CaR）和风险组合管理确定经济资本等。除这些风险管理手段外，还涉及相关的财务管理手段，所以 RAROC 是一项核心工具，它整合各种风险管理共同构成了全面风险管理体系的完整内容。

西方商业银行资本配置方法还有几种，分别是根据敞口分配、根据敞口乘以违约概率分配、根据敞口和概率变化分配、根据模拟每个企业的损失后分配、根据每个企业增量资本分配、模拟损失和增量资本混合法分配。这些资本分配方法都要求有大量的计算做支撑。目前我国商业银行因技术、制度等因素制约，还难以借鉴。

第九章

依据《巴塞尔新资本协议》要求强化信息披露

为促进有效监管、提高金融体系的安全性和稳定性，巴塞尔委员会在新资本协议中引入了市场纪律机制，透过信息披露让市场力量来促进银行稳健、高效经营以及保持充足的资本水平。市场纪律与资本充足率、监督检查共同构成新资本协议基本框架。

信息披露在新资本协议出台前的监管框架和银行经营中就存在了，是现代公司治理结构研究重大进展在银行监管领域的具体体现。《巴塞尔新资本协议》充分肯定了市场具有迫使银行有效合理分配资金和控制风险的作用，要求银行建立信息披露制度，就银行的资本结构、风险状况、资本充足状况等关键信息的披露做出了具体规定。

第一节　信息披露对促进银行安全性和稳健性的作用

一、信息披露制度概述

信息披露(disclosure)主要是指公众公司以招股说明书、上市公告书以及定期报告和临时报告等形式，把公司及与公司相关的信息，向投资者和社会公众公开披露的行为。上市公司信息披露一般有两个来源，一是强制性信息披露，即根据国家法律法规的规定上市公司所必须要进行的信息披露；二是上市公司进行的各种形式的自愿性信息披露，如广告宣传等。

信息披露最早出现在英国议会1844年通过的“股份公司注册、设立和管制法案”中。1929～1933年美国经济大萧条，直接促生了系统地强制性信息披露，所颁布的《证券法》、《证券交易法》迫使上市公司必须全面、公允、及时地披露信息，要求上市公司接受市场纪律约束。目前世界绝大多数国家证券法中对信息披露均有相关规定，涉及证券上市发行和交易的全过程。

上市公司信息披露的内容种类繁杂、数量较大，一份年报的正文一般不低于50页，加上各种附注和附表则超过100页。信息披露内容总的来说有两类：(1)投资者判断公司经营状况、财务状况所需的信息。如公司的年报、中报和季报，关联交易、管理报酬披露等。(2)对股价有重大影响的事项。主要包括重大事实(material facts)、重大变化(material change）和重大信息（material information）等。

上市公司信息披露应该遵循的原则是：（1）信息披露的完整性、准确性和及时性；（2）对公司所有股东公平和平等对待；（3）采用国际公认的会计和审计准则。

二、市场纪律和披露的益处

理论上，一个稳健和经营良好的银行应该能够从提供广泛、准确、相关和及时的财务状况及业绩、管理和控制风险的能力的信息中获得益处。这样的银行能够比那些未能提供充分披露的银行更加有效地利用资本市场。

巴塞尔委员会1998年在《增强银行透明度》文件中指出，如果市场参与者能够将所获得的信息作为各种经济决策的依据，他们应该能够从披露中获益。各种高质量的公开披露能够提高其做出相关决策的能力。首先，使他们能够更加准确地评价银行的财务状况和业绩；其次，增加银行所披露的信息的可信度；第三，通过披露风险测度方法的定性和定量化的信息等方式，展示银行监测和管理其风险敞口的能力；第四，减少市场的不确定性。

1. 市场纪律机制的基础

市场参与者的决策可以通过多种方式激励银行以有效的和审慎的方式开展业务，使市场约束发挥作用。银行利益相关者出于对自身利益的关注，在掌握银行信息和对信息进行判断的基础上必要时会采取一些措施，保护其自身利益、影响银行的经营成本和市场竞争力，促进银行强化管理、降低风险。例如，投资者可以出售风险敞口增加较快的银行所发行的可交易金融工具，对这些金融工具的价格产生下降的压力，并对该银行未来筹集的资金的价格产生负面影响。市场的利益相关者判断风险相对较低、稳健和管理完善的银行，则会获得较为宽松的经营条件。

市场参与者也可以通过调整价格以外的交易条件而提供约束的激励机制。例如，减少或缩小与风险敞口增加的银行的业务总量和范围；要求这些银行提供更多的担保品。同样，存款人也有动机从那些被认为不安全的银行提走不投保和部分投保的资金。在最严重的情况下，市场会拒绝按任何条件与不稳健的银行进行新的交易，使其不能补充存款到期后的资金缺口，甚至不能迅速地将其资产变现，增加该银行无法偿还其到期债务的风险。

2. 信息披露敦促银行强化管理

信息披露可使市场纪律更早并且更有效地发挥作用，使银行有积极性以审慎的和有效的方式开展业务。银行业务和风险敞口处于透明状态，市场参与者将采取各种监督行动，就能够有力地激励银行的管理层改进风险管理做法和内部控制。

3. 减少金融市场波动的严重性

透明度不仅是有效市场约束的前提条件，对于金融稳定也有益处。市场波动在信息流动不顺畅的情况下可能会比较严重，好信息或无信息已持续相当一段时间后突然出现负面消息，会引起市场波动幅度较大。如果披露是持续的，市场纪律机制就能够及时有效地发挥作用，使市场参与者能够不断地获得有关信息，因此不会对当前的信息做出过分的反映，减轻了市场波动的严重性。

从商业银行的角度看，公开披露使市场更有能力在市场紧张的情况下区分稳健的银行和脆弱的银行，有助于限制市场波动对整个银行体系的影响。倾向于隐瞒或明显拖延披露问题的银行，会比及时和均衡地披露信息的银行更容易遭受市场的过激反映。

加强信息披露还有助于市场准确地评价和比较各家银行的风险及收益前景，使资本在银行之间有效地配置；有利于更多的股东有效地参与银行管理，使公司治理过程更具有透明度；公开披露能够加强特定监管措施的实施，如要求银行披露是否遵守风险管理的稳健做法的监管指导等，使银行能够审慎运作。

三、有效的公开披露

（一）实现透明度所面临的制约因素

实现银行透明度目前实践中存在着许多制约。巴塞尔委员会在《增强银行透明度》文件中，要求金融监管当局在制定有效的披露标准时应充分考虑到这些问题，既做到披露的信息能带来恰当的透明度，同时市场也能对披露的信息做出理性的反应。这些制约因素有：

1. 各国保密制度与信息披露的矛盾

世界许多国家和地区都制定了保密法律法规。比如我国制定了专门的《保守国家秘密法》,在《反不正当竞争法》、《商业银行法》等单行法律中也有相关规定。各国保密法规无疑会限制银行披露单个客户信息的能力。此外,详细披露银行客户的个体信息及银行风险管理的技术与战略,会显著降低银行在这些领域投资的价值。公开披露标准需要在市场参与者了解银行管理好坏的需要和保护银行自有数据价值的需要之间进行平衡。

2. 内在风险与隐患的牵制

将银行风险状况公诸与众面临着内在风险。例如,信贷资产组合具有内在的信用风险与隐患,因而对银行核心业务价值进行的评估不可能完全准确。因此,一家银行在任何时点的财务实力、在会计期间的财务业绩都有一定程度的不确定性,而这两方面的指标是评价银行风险的关键因素。此外,一家银行对风险的偏好及其内部控制的好坏对于评价该银行的风险状况极其重要,但这方面的信息难以有效传达,所以直接影响透明度。

3. 不同国度会计数据缺乏可比度

由于技术原因,以及会计、法律、财政及政治等因素的影响,各国的会计标准及披露标准存在显著差异,因此难以对财务信息进行跨国比较。即使各国的标准相似,实际运用中对原则的解释与判断还有较大的自由度。这也会导致各国数据之间缺乏可比性的问题。

(二)实现市场约束

1. 市场参与者因素

信息披露能否有效地促进银行的安全与稳健,还取决于市场参与者能否基于披露的信息采取促进金融稳定的措施,市场参与者不一定会采取这样的措施。例如,如果股东、债权人及市场总体上认为,当一家银行出现困难时,政府会允许其不披露、部分披露甚至披露误导的信息,那么他们就不会相信公开披露的信息。在这种情况下,市场参与者可能向评级公司、媒体或传闻寻求二手信息,以弥补可靠的公开信息的匮乏。由于商业银行在一国国民经济中的重要作用,国家金融监管当局和政府往往设置安全网防止银行严重亏损导致社会动荡。致使市场参与者相信自己在银行的经济利益会受到国家保护,这种情况下,公开披露施加市场约束的作用就比较有限。

2. 市场参与者风险承受程度因素

债权人及股东等市场参与者对风险的承受能力存在着差别。例如,一家银行的资本受到侵蚀已经处于破产的边缘,那么股东可能在经济上有动机容忍或推动银行采取高风险战略。因为如果这种高风险战略遭受失败,股东也不会遭受额外的损失,但如果高风险战略获得成功,股东的收入会大大增加。因此,股东得到银行披露的信息后,可能没有动机对其施加约束。

3. 银行内部因素

市场约束实现还取决于银行内部的激励结构。银行董事会在市场约束压力下,会督促高级管理层审慎经营,并逐级将审慎经营政策贯彻到银行最基层。这一链条存在几个薄弱环节:如对管理层及员工的最终制裁(解雇)可能与股东受到的最终制裁(遭受的损失)在严重性上不相称。这使得银行管理层为追求报酬方面的好处,而有动机去承担不恰当的风险。在一定市场条件下,银行不得不向管理层及员工提供的报酬安排可能与银行长期的财务健康不完全一致。

第二节 高透明度信息的定性特征

巴塞尔委员会将银行透明度定义为能够让使用者准确评价银行财务状况和业绩、业务活动以及与之有关的风险的及时、可靠的信息的公开披露。定义中有助于提高银行透明度的信息所应具有的定性特征包括:全面性、相关性、及时性、可靠性、可比性、实质性。

一、全面性

巴塞尔委员会要求,银行要使市场参与者及其他信息使用者能够对银行进行有意义的评估,信息就必须全面。一般来说这意味着银行应对许多业务和法人实体的信息进行汇总、并表,并予以评估。

当金融市场经济主体的业务受到不同监管者的监管,或者有些分支机构未受到监管时,监管者应该与被监管机构讨论,如何才能更有效地获取能够全面、及时反映与被监管机构总体业务有关的风险的信息。银行监管者应努力获得被监管机构总体业务的并表信息,同时要意识到各分支机构之间存在着法定界限,并且需要掌握一家并表银行集团的各主要业务和各主要实体的摘要信息。

二、相关性和及时性

相关性是指信息必须与使用者的决策需求相关才是有用的。信息有助于市场参与者评价及预测对银行的投资、贷款或其他债权的风险及收益时，或有助于评估银行未来的财务表现和财务状况时，信息对市场参与者具备相关性。信息有助于监管者评价银行运营的稳健程度时，才对监管者具备相关性。

及时性是指只有及时的信息才具备相关性。市场参与者只有经常、及时地获取信息，才能真正了解一家商业银行，包括其风险状况和风险管理情况。

三、可靠性与可比性

巴塞尔委员会认为，可靠的信息必须能够反映事件、交易的经济实质，而不仅仅反映其法律形式。信息应是可以证实的、中立的（即无实质的错误或偏向）、审慎的和全面的。由于遗漏可能会导致信息失误或失真，在兼顾实质性和成本费用的情况下，保证信息的全面性尤为重要。

实际操作中，在有些情况下银行可能不得不在相关性和可靠性之间进行权衡选择。如收益预测这样的前瞻性信息可能相关性很强，但可靠性不足，而历史信息则恰恰相反。在目前银行风险状况变化迅速的情况下，及时性对于信息的相关性而言至关重要。但是，外部审计作为确保信息可靠的主要手段之一，可能会迟延信息的发布。

信息应具备的另一种主要特性是可比性。监管者、市场参与者以及其他信息使用者需要信息在各机构之间、各国之间以及各时期之间具有可比性。因此，银行在不同时期应使用一致的会计政策和程序。除非有合适的理由（如会计标准发生了变化），不应改变会计政策及程序。并且，一旦会计政策发生了变化，就应该披露这些变化及其影响。信息在各银行之间、各国之间具有可比性，可以使信息使用者比较不同银行的财务状况及经营成果。信息在不同时期之间具有可比性则是判断银行财务状况和业务发展趋势的必要条件。为便于进行趋势分析，财务报告应该提供前一时期或更多历史时期的数据进行比较的数值信息。

四、实质性

巴塞尔委员会要求，银行财务报告应该对每一实质性项目单独反映和列示。实质性信息是指如果遗漏或发生错误，则会改变或影响使用者依此所做的评价或决定的信息。未披露的非实质性信息则可能用于内部风险管理以及监管评价。被监管机构及其重要的附属机构应该能够得到这些信息，监管者也应能够使用这些信息。

第三节 新资本协议关于信息披露的具体要求

一、新资本协议关于信息披露的总体考虑

（一）披露要求和指导原则

巴塞尔委员会要求使用新资本协议的银行应遵守信息披露的要求。各国监管当局可以采用一系列方法要求银行实施披露。在某些方法论的使用或某些工具及交易的认可方面，新资本协议披露要求将作为标准。

新资本协议第三支柱是对第一支柱最低资本要求、第二支柱监督检查的补充。巴塞尔委员会通过建立一套披露要求以达到促进市场纪律的目的，披露要求将便于市场参与者评价有关适用范围、资本、风险、风险评估程序以及银行资本充足率的重要信息。

（二）恰当披露与会计披露

1. 恰当的披露

巴塞尔委员会认识到，各国监管当局规定披露要求的权限不同。市场纪律可以提供安全和稳健的银行环境，监管当局要求银行以安全和稳健的方式经营。考虑到安全性和稳健性，银行在监管报告中要按本国监管当局的要求提供信息，一些国家和地区金融监管当局可根据本国情况将这些信息全部或部分地对外公布。此外，监管当局加强披露要求的方法各不相同，从通过“道义劝告”与银行管理层进行对话（以

期改变其今后的经营)，到批评或罚款。

除上述一般性的管理方法外，新资本协议也规定了一些特殊的方法。如将披露作为第一支柱中获得较低风险权重或采用特殊方法的前提，客观上提供了直接的制裁措施。

2. 与会计披露的相互关系

新资本协议信息披露要求与会计准则要求披露相比，会计准则要求披露的范围更加广泛。巴塞尔委员会将新资本协议第三支柱的披露限定在银行资本充足率的披露，不与会计准则宽泛的要求相矛盾。并充分考虑各国保密法规等因素。

银行管理层有权决定披露的媒体和地点。如果根据会计或证券监管部门上市的要求进行披露，银行可以采用它们的披露方式，披露其中未包含的第三支柱要求的内容。在这种情况下，银行应解释会计或其他披露与监管要求的披露之间的实质性差别。

对于不是会计准则或其他规则要求的披露，银行管理层可以根据各国监管当局的要求，选择通过其他方式(如公众容易登录的互联网网页，或银行监管当局公开发布的监管报告)提供第三支柱的有关信息。

承认会计或其他的披露要求，有助于理解披露的有效性要求。例如，年度财务报告中的信息通常都是经过审计的，与它同时公布的其他材料也必须与审计报告保持一致。另外，根据其他披露框架要求(如证券管理部门对上市公司的要求)所公布的附加材料，为保证有效性通常都经过充分的审查。

(三)重要性与频率

1. 巴塞尔委员会对信息重要性的定义是如果信息缺乏或虚假信息会改变或影响信息使用者的评估或决策，这样的信息就是重要性信息。信息重要性这一定义与国际会计准则和许多国家的会计标准是一致的。银行需要采用定性的方式结合特殊环境，判断金融信息使用者进行经济决策时，是否将某条信息看作重要信息。为提高信息披露的可操作性，巴塞尔委员会没有对披露设定具体限制。巴塞尔委员会认为，用户测试是实现有效披露的基础。

2. 关于信息披露的频率，巴塞尔委员会认为应该每半年进行一次。但下列情况除外：有关银行风险管理目标及政策、报告系统及各项口径的一般性概述的定性披露，每年一次。考虑到新资本协议增强风险敏感度、在资本市场上更频繁地报告的总体趋势,大的国际活跃银行和其他大银行(及其分支机构)必须按季度披露一级资本充足率、总的资本充足率及其组成部分。另外,如果有关风险或其他项目的信息变化较快,银行也要按季度披露这些信息。

(四)专有信息与保密信息

巴塞尔委员会认为,专有信息具有以下特点:如果与竞争者共享这些信息,会导致银行在这些产品和系统的投资价值下降,并进而削弱其竞争地位。有关客户的信息经常都是保密的,这些信息作为法律协定、对手关系的一部分对外提供,将会影响银行对外公布的有关客户库信息,以及内部安排的详细情况,如使用的方法论、估计参数、数据等。在一些例外的情况下,第三支柱要求披露的某些项目,或事关专有或属于保密信息,对外披露会严重损害银行的地位,这种情况下银行可以不披露具体的项目,但必须对要求披露的信息进行一般性披露,并解释某些项目未对外披露的事实和原因。

二、巴塞尔委员会关于信息披露的要求与建议

新资本协议规定,总体信息披露原则是银行应具备一套经过董事会批准的披露政策,政策应涉及银行决定披露内容的方法和对于披露过程的内部控制。另外,银行应有专门的程序评估披露的适当性,包括对有效性和频率的评估。

关于信息披露的内容,巴塞尔委员会建议的银行应在定期公布的财务报告及其他公开披露中提供及时的信息,以便于市场参与者对银行做出评价。信息披露的具体内容包括以下几个方面:

(一)适用范围

第三支柱适用于使用新资本协议的银行集团最高层次并表。集团内单个银行的披露,通常不必按照新资本协议中的要求进行披露,但是如果集团公司认为集团内某银行需要披露一级资本充足率和总资本充足率,该银行资本充足率的披露要按照下面的要求进行,以便银行在集团内部转移资金或资本时,应遵守资本协议和其他限制。

1. 定性披露

通过对集团内部实体的描述,从会计并表和监管并表的角度,简要

介绍两者存在的不同。这些集团内部实体包括:证券、保险和其他金融子公司,商业性子公司,在保险、金融和商业实体的大额少数股权投资。

(1)全面并表的实体。遵照会计并表原则规定的主要子公司列表,如国际会计准则27号。(详见本书附录)

(2)按比例并表的实体。遵照会计并表原则规定的子公司列表,如国际会计准则31号。(详见本书附录)

(3)作扣除处理的实体和产生盈余资本的实体。遵照会计准则规定的主要子公司列表,并作相应扩展(实体的扩展或实体信息的扩展),如国际会计准则27、32号。(详见本书附录)

(4)既未并表又未扣除的实体(如投资按风险加权处理)。

定性披露还包括集团内资金或监管资本转移的限制或主要障碍。

2. 定量披露

(1)并表集团的资本中所包含的保险子公司的盈余资本的总额(采用扣减或其他方式定量披露)。盈余资本是指在下属未并表子公司的盈余资本,是在这些实体中的投资总额与监管资本要求之间的差额。

(2)未并表所有子公司(如做扣除处理)的总资本缺口,以及这些子公司的名称。资本缺口是指实际资本与监管资本的差额。集团中扣减的任何资本缺口及在这些子公司的投资,不包含在总的资本缺口中。

(3)公司在保险实体的股份总额(如当前账面价值),这些股份不是从资本中扣减,而是采用风险加权处理,或是按照集团内部的其他方法;这些实体的名称;注册国或所在国;在这些实体的股权比例,如在这些实体中的投票权与股权比例不同,也要披露。另外,简要说明采用这种方法与采用扣除或集团内部其他方法对监管资本的定量影响。

(二)财务业绩

委员会认为,市场参与者和监管当局都需要银行财务业绩方面的信息。银行经营业绩信息,尤其是盈利能力及一段时间内利润的变动情况,对预测银行财务状况将来可能发生的变化,及将来支付存款、偿还债务、发放股息以及保持资本增长的能力,都是很必要的。银行近期及以前的损益情况及其构成有助于判断其未来的财务业绩和现金流量,同时有助于评价银行的资源利用效率。有用的财务信息包括:财务业绩的基本数量指标、收入支出细分以及管理层对财务业绩的讨论和分析。

掌握银行的收入细分及相应支出情况对于评价其财务业绩至关重要。只有掌握了这一信息，才能评价银行的收益质量，分析一家银行年度盈利能力变化的原因，以及比较不同银行的财务业绩。典型的财务业绩信息包括反映银行按性质、功能将收支情况进行归类的损益表。损益表通常包括利息收入及支出、手续费及佣金、其他非利息收入、经营费用、贷款损失费用、任何特别项目、税收及净收入。损益表附注提供了主要收入支出项目更详细的信息，为评价银行的可持续盈利能力，披露年内收购事件和业务停运对银行的影响是很重要的。主要的数据和比率包括平均股权收益率、平均资产收益率、净利差(净利息收入除以平均生息资产)以及成本收入比率。

业务及地区分部信息有助于分析银行以前的经营情况及预测经营前景。如果银行披露不同类型业务和地区在整个业绩中所占比例，财务信息的使用者可以更好地了解银行的整体财务业绩。这种信息尤其可以帮助使用者评估银行业务的多样化程度、可能有较高风险的特定业务和地区的贡献，同时可以方便了解重要的变化(如地区动荡)对银行整体的影响。

银行管理层比局外人对业务有更详细的了解。因此，管理层通过讨论银行本年财务业绩的主要影响因素，解释上年和本年业绩的差异，及讨论对银行未来财务业绩将产生重大影响的因素等等，将极大地帮助市场和监管者。

(三)财务状况

市场参与者和监管者需要了解银行财务状况的信息。银行财务状况的信息在预测公司是否可以履行到期债务和财务承诺时非常有用。资产、负债、承诺、或有负债和股东资金的性质(包括其到期日和重新定价结构)及其在某一时点的金额与在某一时期的平均数，可以帮助评估银行的流动性和偿还能力，从而最终评估银行的财务实力及其变化趋势。关于银行贷款损失的准备金计提和冲销及其是如何决定信息的，对评估该银行承担这些损失的能力十分重要。

为了评估银行的财务状况，最基本的是将资产、负债和股本进行分类。财务状况的信息传统上包括资产负债表，它区分了不同的资产、负债和股本来源。资产负债表通常包括贷款、交易证券、投资证券、有形固定资产(如房地产)、无形固定资产(如商誉)、短期债务和长期债务等项目。表外项目的披露通常包括表外交易的名义数额和公允价值或重要信息，以及关于承诺和或有负债的信息。在资产负债表的附注中，还包括与使用者需要相关的资产负债表项目的其他信息，如（交易账户、贷款、存款和其他项目的）公允价值。关于资本结构披露见下表：

表 8－1　资本结构

定性披露	(a)	简要介绍所有资本工具的主要特征及情况，特别是创新、复杂或混合资本工具的情况
定量披露	(b)	一级资本总量，并单独披露以下内容： 实收资本/普通股； 资本公积； 在子公司股本中的少数股权； 创新工具； 其他资本工具； 保险公司的盈余资本； 从一级资本中扣除的商誉及其他扣除项
	(c)	二级资本和三级资本的总额
	(d)	一级资本和二级资本的扣除额
	(e)	合格资本总额

关于资本充足率的披露见下表：

表 8－2　资本充足率

定性披露	(a)	对银行针对日前和木来业务，评估资本充足率的方法进行简要论述
定量披露	(b)	信用风险的资本要求： 标准法或简单标准法下的资产组合； IRB 法下的资产组合； 公司（包括监管应对标准之外的专业贷款）、主权和银行； 个人住房抵押贷款； 合格的循环零售贷款； 其他零售贷款； 资产证券化风险敞口

续表

	(c)	IRB 法下股权投资风险的资本要求： 市值法下的股权投资； 简单风险权重法下的股权投资； 内部模型法下银行账户中的股权投资(使用 IMA 法计算银行账户股权风险敞口的银行)； PD/LGD 方法下的股权投资
	(d)	市场风险的资本要求： 标准法； 内部模型法——交易账户
	(e)	操作风险的资本要求： 基本指标法； 标准法； 高级测量法
	(f)	总资本充足率和一级资本充足率 集团最高层次的并表； 主要银行子公司(根据资本协议的规定，单独计算或次级并表)

(四)风险管理战略和措施

市场参与者和监管当局需要了解银行管理风险和控制风险的战略和政策。风险管理是评估一家银行未来的业绩、状况和管理有效性的重要因素。

巴塞尔委员会认为披露的信息可以包括对以下问题进行的讨论：风险管理的总体理念、总体政策和方法，风险如何产生，风险如何管理和控制，以及是否使用衍生产品管理风险。讨论风险管理结构、风险计量和监测(如模型、风险价值、模拟、信用评级和资本分配等)、监测过程、模型生效过程、压力测试、后台测试、减轻风险工具的使用(抵押/担保、轧差协议、对资产集中进行的管理)、限额(如信贷限额、市场风险限额)以及对风险敞口的定期检查等。

在风险管理方法不断进步的情况下,银行要保持透明度面临挑战。银行应该努力地持续提供有用的信息,这样公众可以理解各个时期采用的风险管理技术和方法。

(五)风险敞口和评估

市场参与者和监管机构需要了解银行风险敞口的定性和定量信息,包括风险管理战略及其有效性。这些信息和银行财务状况的披露信息一起,可以反映这家机构的财务实力和生存能力,以及最终反映在遇到压力时继续营业的能力。银行的风险状况(即它在一个特定时点表内和表外业务中固有的风险)及其承担风险的愿望,反映了其财务状况的稳定程度和其潜在收入对市场情况变化的敏感程度。另外,了解银行风险敞口的性质和程度可以帮助评估一家银行的收益相对于其承担的风险水平是否适当。

披露有关风险的信息有助于评估未来现金流的数额、时间和把握性。由于银行经营所处的金融市场环境不断发生变化,以及不断增加的全球竞争和技术创新的影响,银行风险状况可能很快地变化。因此,财务信息使用者需要的计量风险敞口的指标在时间推移后仍有意义,并且准确反映了对市场情况变化的敏感性。

1. 定性披露的总体要求

新资本协议要求,银行必须对每类单独的风险领域(如信用风险、市场风险、操作风险、银行账户利率风险、股权风险),描述风险管理的目标和政策,包括:(1)策略和过程;(2)相关风险管理职能的结构和组织;(3)风险报告和测量系统的范围和特点;(4)规避和缓释风险的政策,监测规避/缓释工具持续有效性的策略和过程。

2. 信用风险

对银行而言,信用风险是最重要的风险敞口。信用风险的总体披露向市场参与者提供了银行总体信用风险敞口的一系列信息,有关资本评估技术的披露提供了风险敞口的特性、资本评估方法的信息,以及评估所披露信息可信度的数据。

(1)信用风险会计政策和做法

巴塞尔委员会认为银行应提供信用风险产生的每个相关领域的会计政策及做法的信息,包括贷款、投资、流动性/融资管理和资产管理业务(如信托)。这些信息还应包括计量和确定信用风险敞口的政策和方法。信息披露应描述会计政策较之于前几年的任何变化,银行应披露其用于确定专项和普通风险损失准备金的会计政策和方法,解释所运用的关键假设。

(2)信用风险管理

银行应披露其业务所涉及信用风险特点的定性信息以及描述信用风险在这些业务中是如何产生的;其信用风险管理职能结构的管理、结构和组织的信息;其信用风险管理和控制政策及做法的定性信息;其管理逾期和受损资产的技术和方法的有关信息;披露其使用信用评分机制和信用组合风险计量模型的信息。

(3)有关 IRB 法的信息披露

新资本协议的一个重要内容,是采用 IRB 法评估信用风险所需的监管资本。对于不同的水平,银行可以自行决定监管资本计算中所采用的参数。在这一部分中,有关 IRB 法的一系列披露,有助于向市场参与者提供有关资产质量的信息,另外,这些披露对市场参与者评估银行面对风险所持有的资本水平是很重要的。定量披露分为两类:一类针对风险敞口和评估的分析,一类针对实际的结果(提供披露信息可信度指标的基础),同时辅之以定性披露。定性披露框架提供了 IRB 法的假设背景信息、风险管理框架中采用的 IRB 系统及验证 IRB 结果有效性的方法。披露框架有助于市场参与者评估 IRB 银行的信用风险敞口、IRB 框架的总体应用和适用性,保护专有信息,同时不重复监管当局确认银行 IRB 框架细节的工作。

信用风险定性、定量披露的具体内容见下列各表:

表 8-3 信用风险:所有银行的总体披露

定性披露	(a)	与信用风险有关的总体定性披露要求包括: 逾期及不良贷款的定义(出于会计的目的); 专项和一般准备的计提方法和统计方法的描述; 银行信用风险管理政策的论述。

续表

定量披露	(b)	信用风险敞口的总额,即会计冲销后不考虑信用风险缓释技术的影响,如抵押和净扣,按照主要信用风险敞口类进行划分的一段时期的平均值。(1)根据会计准则进行划分,例如,可以划分为贷款、承诺和其他非衍生表外风险敞口;证券;场外衍生产品。(2)如果平均值是根据会计准则或所使用的特殊方法的要求予以披露,那么采用的方法也应披露。(3)若期末头寸能够代表银行的当期风险头寸,就不需披露平均风险敞口。
	(c)	风险敞口的地域分布,根据主要信用风险敞口的类别进行划分。地域可以包括单独的国家、国家组织或国家内部的地区。银行可以根据资产组合的地域管理方法来定义这里的地域。将贷款分配至各个地域应采用具体的标准。
	(d)	风险敞口的行业或交易对手分布,按主要信用风险敞口类别进行划分。
	(e)	整个资产组合按剩余合同期限进行分类,按主要信用风险敞口类别进行划分。
	(f)	每个主要行业或交易对手的: 逾期及不良贷款的总额,鼓励银行提供逾期贷款的账龄分析; 专项和一般准备; 专项准备的计提额,当期冲销额。
	(g)	按照主要地域划分的损失和违约贷款量,如果可能,相关的专项和一般准备。未按地域划分的一般准备,应单独披露。
	(h)	贷款损失准备变化的调整。调整按专项和一般准备分别显示,信息包括:各类准备的描述;准备的期末余额;准备的期初余额;本期准备冲销额;本期用于预计的可能贷款损失的准备;汇率差、业务合并、并购和子公司调整等其他调整,包括两种准备间的转移;准备的结算。已直接计入损益表的冲销和重置应单独披露。

表 8-4 信用风险:标准法和 IRB 法监管风险权重下资产组合的披露

定性披露	(a)	标准法下的资产组合: 所选用外部评级机构和出口信用评级机构的名称,选用的原因和变化情况; 机构采用的风险敞口类型; 描述将公开评级结果转换为银行账户可比资产的过程; 机构对每个风险档设置的评级符号。如银行遵守监管当局发布的标准映射,该条信息不需披露。

续表

定量披露	(b)	标准法下的风险敞口，银行每个风险档的余额（评级和未评级的）和扣减额； IRB 法监管风险权重下的风险敞口（高波动性商业房地产，按照监管修订的的标准确定的专业贷款产品和简单风险权重法下的股权），银行和每个风险档的敞口余额。

表 8-5　信用风险：IRB 法下资产组合的披露

定性披露	(a)	监管当局对方法的认可/监管审批的过渡期。
	(b)	对下面内容的解释和检查： 内部评级系统的结构，以及内部、外部评级的关系； 除用于 IRB 计算资本外，其他使用内部估计值的情况； 管理和识别信用风险缓释技术的过程； 评级系统的控制机理，包括独立性、问责制的介绍和评级系统的检查。
	(c)	内部评级过程的简述，分 5 类资产组合单独提供： 公司（包括中小企业、专业贷款和购入的公司应收账款）、主权和银行； 实体，如果银行对银行账户中的股权投资使用 PD/LGD 法，这里仅需要将其作为单独资产组合进行披露； 个人住房抵押贷款； 合格的循环零售贷款，在下面的定性披露和定量披露中，银行应区分合格的循环零售贷款敞口和其他零售贷款敞口进行披露，除非这些资产组合的规模不大（与总体信用风险敞口相比），并且每个资产组合的风险轮廓极其相似，导致单独的披露无法帮助使用者理解银行零售贷款业务的风险轮廓； 其他零售贷款。 对于每类资产组合的概述，应包括： 资产组合中包括的敞口类别。 评估、验证 PD、IRB 法下资产组合的 LGD 和 EAD 的定义、方法和数据，包括得出这些变量的假设。此项披露不需要对模型进行全面描述，简述各变量的定义以及估算和验证定量风险披露中各变量的方法。5 个资产组合都要进行这项披露，银行应说明每个资产组合中与估算变量相比办法的主要差别。 根据违约参考定义确定为实质性的偏差，包括资产组合中受到这些偏差影响的主要部分。

续表

定性披露风险评估	(d)	总体信用风险敞口(已提款加上未提款部分的EAD)占IRB法下被暴露的百分比。
	(e)	除零售贷款外的每一类资产组合,下面披露的PD、LGD和EAD应反映第一支柱提及的抵押、净扣和保证/信用衍生工具的影响: 对不同的PD级(包括违约)的风险敞口的介绍(贷款余额和未提款承诺项下的EAD,股权余额)以便考虑信用风险的区别。贷款余额和未提款承诺的EAD可以用这些披露的组合表示。如果为了披露银行对各PD级进行了累计,应根据IRB法中PD等级的分布进行代表性划分。 使用IRB高级法的银行,每一个PD级的违约加权平均LGD(百分比)。 使用IRB高级法的银行,未提款承诺的总额和违约加权平均EAD。银行只需对每个资产组合估算一个EAD,但是,如果银行认为需要,为对风险进行更有意义的评估,可以根据各类EAD的未提款风险敞口,披露跨类的EAD估计值。 对零售贷款组合,任选下列一项披露。通常银行应对非零售贷款组合进行披露,但是,如果银行认为按不同的EL级进行披露有助于读者区分信用风险,也可以选择这样的分级披露方式。如果银行为披露进行了内部各级的汇总,本处都应按IRB法采用的分级进行划分。 对资产库的总体披露; 对足够多的EL级资产库风险敞口的分析(贷款余额和承诺项下的EAD),以便考虑信用风险的区别。
定量披露:历史结果	(f)	前期每个资产组合的实质性损失(如冲销和专项准备),与以前的差别,概述前期影响损失的主要因素,银行的违约率或LGD、EAD是否高于平均值。
	(g)	银行根据较长时期的实际结果做出的估计。至少应包括由一段时期内每个资产组合实际损失得出的损失估计信息,以便于有效地评估内部评级法对每个资产组合的评价结果。如果可能,银行应进一步分解,对照上面定量风险评估披露的估计值,提供PD的分析。采用IRB高级法的银行,提供LGD和EAD的分析。

表 8－6　股权投资：银行账户头寸的披露

定性披露	(a)	有关股权风险的总体定性披露要求包括： 预期资本收益与实际收益间的差别，实际收益受到包括关系和策略原因等其他目标的影响； 评述有关银行账户中股权估价和会计的重要政策，包括所采用的会计方法和估价方法，含影响计算的重要假设和操作，以及操作中的重要变化。
定量披露	(b)	表内的投资额，以及这些投资的公允价值；对于证券，如果股票价值和公允价值之间存在实质性的差异，比较公开上市股票价值。
	(c)	投资的种类和特点，包括可以划分的：上市交易的；私人持有的。
	(d)	报告期内因售出或流动所产生的累计的实现收益（损失）。
	(e)	未实现或潜在的重估收益（损失），一级资本/二级资本中包括的其他资本。
	(f)	按适当股权组划分的资本要求，包括银行的方法论，以及任何监管过渡性或有关监管资本要求的累计量和股权投资种类。

（4）集中度信息披露

银行应披露判断信用风险集中度的政策和方法，对每一集中的信用风险，应披露该信用风险集中占总风险的比重和该信用风险敞口的大小。这些披露应与保密要求相一致。信用风险显著集中的产生与单个借款人或对手方、关联借款人或借款人集团、特殊经济部门或特殊国家和地区有关。

（5）信用风险缓释技术披露

银行应披露信用风险缓释技术信息，包括抵押、担保、信用保险和法律上可执行的轧差协议。

信用风险缓释标准法和 IRB 法的披露中，银行至少应该披露下述有关信用风险缓释技术的内容，采用这些缓释技术的目的可降低资本要求。银行还可以披露不以降低资本要求为目的的风险缓释工具的相关信息。信用风险缓释披露详见下表：

表 8－7　信用风险缓释：标准法和 IRB 法的披露

定性披露	(a)	有关信用风险缓释技术总体的定性披露要求，包括： 银行利用表内表外净扣的政策、规程和程度标示； 抵押估价和管理的政策和规程； 对银行持有的主要抵押类别的简述； 保证人/信用衍生交易对象的主要类别和它们的信用情况； 采取缓释技术中（市场或信用）风险集中的信息。
定量披露	(b)	对标准法和 IRB 法下单独披露的信用风险资产组合，被下列覆盖的敞口（净扣后）： 合法的金融抵押品； 其他合法的 IRB 抵押品； 折扣前。
	(c)	对标准法和 IRB 法下每个单独披露的资产组合，保证信用衍生工具覆盖的敞口（净扣后）。

表 8－8　资产证券化：标准法和 IRB 法下的披露

定性披露	(a)	与资产证券化（包括合成的）有关的总体定性披露要求，包括下列内容： 银行与资产证券化业务有关的目标； 资产证券化过程中银行扮演的角色，每个过程中银行的参与程度。资产证券化过程如：发起行、投资行、服务行、信用提升行、商业票据便利类资产承办行、流动性提供行、掉期提供行。
	(b)	综述银行资产证券化活动中的会计政策，包括： 交易是出售还是融资； 销售收益的认可； 评估留存利润的重要假设； 如果其他会计政策未做出规定（如衍生工具），对合成性资产证券化的处理。
	(c)	资产证券化中使用的外部评级机构的名称，每个机构使用的资产证券化敞口的种类。

续表

定量披露	(d)	资产证券化框架下(按照传统型和合成型进行划分),银行资产证券化的各类风险敞口余额。如信用卡、家庭股权、汽车等。如果发起行的资产证券化交易不涉及任何资产证券化风险敞口,那么此类交易应单独列出,但只需在第一年报告。
	(e)	资产证券化框架下银行证券化的风险敞口: 证券化的不良贷款/逾期资产总额; 按风险敞口划分,银行当期认定的损失。
	(f)	按敞口种类划分,银行持有人或买入的各类资产证券化风险敞口数额。如信用卡、家庭股权、汽车等。
	(g)	按风险权重档划分,银行持有或买入的资产证券化风险敞口数额。扣除的风险敞口应单独披露。资产证券化交易中使用标准法的银行,应基于标准风险权重档进行分析。
	(h)	分别按发起行权益和投资者权益,披露证券化敞口的累计余额。
	(i)	对当年资产证券化业务进行综述,包括被证券化的敞口,以及各类资产出售的认定收益或损失。

银行应披露使用信用风险衍生工具和其他重新分配风险工具的定性和定量信息。在新资本协议中,合成资产证券化结构中采用的信用衍生工具,应排除在信用风险缓释披露之外,包括在资产证券化有关的披露中。

(6)信用质量披露

银行应按主要资产种类披露全部信用风险敞口,以反映各类资产的受损或逾期数量;应披露专项、普通和其他风险准备金,这些准备金应按主要资产种类进行披露;应披露信用损失准备金变动情况的对账表;应披露由于信贷质量下降而(根据初始协议条款确定)停计利息收入和其他合同现金流量的信用风险敞口;应披露年度内信用风险敞口重组的概要信息。

(7)收益

银行应提供收入、净收益和资产回报率的信息。为了准确评估银行的财务状况,特别是相对于其信用风险敞口的收益额,银行应提供综合收益表和分析报告,包括会计期间的收入和开支的细项。

3. 市场风险

和信用风险一样,银行应提供市场风险敞口的定性定量信息。市场风险来源于市场上各种价格（如利率、汇率以及股票和商品价格）发生变化的可能。银行对不同类别市场风险的披露应和这些风险敞口程度大小相一致。

巴塞尔委员会认为，由于利率风险与银行的关系密切，管理者应详细提供有关对利率敏感的资产和负债以及表外风险敞口的性质和大小的定量信息。银行报表上的披露包括固定和浮动利率项目的分类和净利差收益。其他有用的披露包括资产和负债的久期和有效利率。这些披露也应标明资产和负债，以及与之相关的收益和损失。

银行资产和负债的利率敏感度也应得到披露。例如，披露当利率发生一定变化（上升或下降）时对资产、负债和经济股本的影响，可以为计量总体风险敞口提供有益的简要指标。

为便于了解外汇风险，银行应提供不同货币外汇风险敞口集中情况的总括数据，按已对冲和未对冲区分。同时应披露其在国外的附属机构的投资信息（外汇转换风险），并以有关外汇风险敞口性质的讨论，这些敞口每年变化的情况，外汇转换的影响，外汇交易对收益的影响和风险管理（对冲）战略的有效性等，对这些定量信息加以补充。

对大机构而言，风险价值（VaR）或风险盈利（EaR）的披露可以提供市场风险敞口的总体数据。一般来说，VaR 和 EaR 披露适用于利率和外汇风险，但这些模型也可以用来概括股票和商品风险敞口。和这些模型相关的特别披露包括每日、每周和每月的风险敞口数，最大值、最小值和期末值。为了帮助使用者理解这些模型生成的信息，计算时使用的假定（如置信度和适用区间）也应披露。另外，披露报告期内每日的利润或敞口的历史数据，可帮助理解风险敞口的变化。

新资本协议关于市场风险披露详见下表：

表 8－9　市场风险：使用标准法银行的披露

定性披露	(a)	市场风险的总体定性披露要求，包括标准法覆盖的资产组合。
定量披露	(b)	下列的资本要求： 利率风险； 股权头寸风险； 外汇风险； 商品风险。

表 8-10　市场风险:对交易资产组合使用内部模型法(IMA)银行的披露

定性披露	(a)	市场风险总体的定性披露要求,包括 IMA 覆盖的资产组合。
	(b)	IMA 法覆盖的每个资产组合: 使用模型的特点; 对资产组合压力测试的简述; 简述检验/确认内部模型和模拟过程精确性和一致性的方法。
	(c)	监管当局接受的范围
定量披露	(d)	对 IMA 法下的交易资产组合: 累计风险值 VaR; 报告期和期末的高、低和平均风险值; 通过对事后检验结果中重要指标的分析,比较 VaR 的估计值和实际值。

4. 操作风险

银行应提供操作风险敞口的定性、定量信息。新资本协议关于操作风险披露要求详见下表:

表 8-11　操作风险

定性披露	(a)	除总体披露要求外,银行认为合格的操作风险资本评估办法。
	(b)	简述银行采用的 AMA,以及银行测量方法中考虑的相关内部因素和外部因素。如果部分使用 AMA,采用的各种方法的范围和覆盖范围。
定量披露	(c)	使用 AMA 法的银行,使用保险前、后的操作风险资本要求。

（六）会计政策

市场参与者和监管当局需要了解银行制定财务报告所使用的会计政策。会计政策、做法和程序在各个国家不尽相同,在同一个国家的不同银行间也不相同。因此,会计信息的使用者需要了解会计科目是怎样制定的,以便正确解释这些信息。对制定财务报告的重要会计政策进行披露使使用者能够可靠地评估银行报告的经营状况和业绩。

会计政策的披露应包括基本会计原则，会计政策、做法的变化，并表的原则，资产受到损害时的确认政策和方法，受损害资产的收入确认，不良贷款的损失确认，建立特殊和一般贷款损失准备金的政策，收入确认，定价政策（交易证券、投资证券、贷款、有形固定资产、无形固定资产、负债等），确认和取消政策，证券化，外汇转换，贷款费用，升水和贴水，回购协议，证券借出，建筑、固定资产，以及所得税和衍生产品（对冲、非对冲、衍生产品的损失）方面的政策。

（七）业务、管理和公司治理的基本信息

为了准确评估银行对财务状况和业绩以及风险和风险管理战略的披露情况，市场参与者和监管当局需要了解有关银行业务、管理和公司治理的基本信息。这些信息有助于为了解银行的业务活动提供适当的角度和背景。例如，管理层关于银行在其竞争市场上所处位置的讨论，它的战略和达到战略目的的步骤等对评估银行的前景十分重要。

银行的法律和管理结构所表现出的组织状况，为了解银行的主要业务活动及其应对市场变化的能力提供了信息。另外，这些信息还是银行效率和整体实力的指标。因此，披露董事会结构（如董事会规模、董事会下设委员会和成员资格）、高级管理结构（责任和汇报渠道）和基本的组织结构（业务群组结构、法律实体结构）是必要的。另外，还应提供有关董事和高级管理人员资格和经验的信息。这些信息可以帮助评估银行在遇到压力时的表现，或在经济或竞争环境发生变化时如何应对。

有关银行激励机制的信息，包括其报酬制度（例如管理人员报酬数目，业绩奖金和股票期权的使用），可以帮助管理者和职员承担过度风险的动力。其他有用的信息还包括关于管理层和职员报酬政策和理念的讨论、董事会成员在确定工资政策上的作用，及工资金额。

另外，银行应提供与附属机构及关联方交易的性质和数目。这些信息有助于辨别对银行财务状况和业绩将产生正面或负面影响的各种关系，以及评估银行附属机构对银行财务业绩有多大的影响。

第四节　我国商业银行信息披露

我国商业银行信息披露状况与巴塞尔委员会所要求的披露标准对

照,差距是显而易见的。银行业的信息披露处于起步阶段,对于风险信息的披露尤其不充分。在银行业信息披露上,金融监管机构和商业银行还有很长的路要走。

我国商业银行信息披露的内容,在2002年5月人民银行颁布的《商业银行信息披露暂行办法》中做了有关规定。在《会计法》、《商业银行法》、《资本充足率管理办法》、《金融企业会计制度》、《金融保险企业财务制度》、《企业会计准则》、《股份有限公司会计制度》等法律、法规、规章和其他规范性文件中,也有比较分散的规定。

2000年11月14日,中国证监会发布了《公开发行证券公司信息披露编报规则》第1~6号,对金融企业上市发行的信息披露做了特别规定,其中包括《商业银行招股说明书内容与格式特别规定》。主要强调商业银行对其不良资产、表外项目、内控制度、特殊风险因素等方面的信息披露等。

归纳上述法律、法规、规章和其他规范性文件,我国商业银行信息披露现行规定内容主要有:

一、风险管理目标和政策

我国商业银行应披露以下内容:风险管理的总体战略;相关风险管理工作的组织结构;报告和计量风险的范围、种类;防范风险的政策及具体实施措施。

二、并表范围

商业银行应披露计算资本充足率的并表范围,并逐项披露下述内容:参加并表的金融机构;未参加并表的金融机构。商业银行如存在既未并表又未扣除的金融机构也要披露。

三、资本和资本充足率

商业银行应逐项披露资本情况:

(1)核心资本的期末数,具体包括:实收资本或普通股;资本公积;盈余公积;未分配利润;少数股权。(2)附属资本的期末数,具体包括:重估储备;一般准备;优先股;可转换债券;长期次级债务。(3)资本的期末数。(4)资本的扣除项,包括:商誉;商业银行对未并表银行机构的资本投资;商业银行对非自用不动产、对非银行金融机构和企业的资本投资。(5)核心资本的扣除项,包括:商誉;商业银行对未并表银行机构资本投资的50%;商业银行对非自用不动产、非银行金融机构和企业资本投资的50%。(6)长期次级债务的期限、条件及偿还次序。(7)报告期内重大资本投资行为。

商业银行应说明银行的资本规划和资本充足率的评估方法,重点披露影响资本充足率的有关因素,并逐项披露下述内容:

(1)表内风险加权资产总额;(2)表外风险加权资产总额;(3)风险加权资产总额;(4)市场风险资本要求;(5)未并表的核心资本充足率和资本充足率;(6)并表后的核心资本充足率和资本充足率。

四、信用风险和市场风险

(一)信用风险

商业银行应披露信用风险管理、信用风险敞口、信贷质量和收益的情况等内容。具体包括:

(1)信用风险管理和控制政策;(2)信用风险管理的组织结构和职责划分;(3)计算信用风险权重时使用的外部评级公司的名称、依据和一致性;(4)信用风险敞口期末数;(5)不良贷款的期初数、期末数;(6)一般准备、专项准备和特种准备的计提方法和统计方法;(7)一般准备、专项准备和特种准备的期初数、本期计提数、本期回收数、本期核销数、期末数;(8)抵押品确认的主要原则及内部确定的抵押品与贷款本金之比;(9)有关保证贷款管理原则。

《商业银行招股说明书内容与格式特别规定》要求商业银行应按照中国人民银行的要求,采取5级分类标准进行资产质量披露,披露不少于最近3年的总负债、存款总额、长期存款及同业拆入总额、贷款总额、正常贷款、逾期贷款、呆滞贷款和呆账贷款。

(二)市场风险

商业银行应披露因市场利率、汇率变动而产生的风险,分析利率、汇率的变化对银行盈利能力和财务状况的影响,说明本行的市场风险管理策略。具体包括:(1)市场风险管理和控制政策;(2)交易账户中受利率影响的各类金融工具及股票所涉及的风险;(3)商业银行全部的外汇风险和商品风险;(4)汇率、利率的变化对银行盈利能力和财务状况的影响。

（三）操作风险

商业银行应披露由于内部程序、人员、系统的不完善或失误、外部事件造成的风险，并对本行内部控制制度的完整性、合理性和有效性做出说明。

商业银行还要披露其他可能对本行造成严重不利影响的风险因素。

五、商业银行财务会计报告

商业银行应按照有关规定披露本行财务会计报告。商业银行财务会计报告由会计报表、会计报表附注和财务情况说明书组成。

商业银行披露的会计报表应包括资产负债表、利润表（损益表）、所有者权益变动表及其他有关附表。

在会计报表附注中商业银行应说明：(1)会计报表编制基础不符合会计核算基本前提的情况。(2)本行的重要会计政策和会计估计，包括会计报表编制所依据的会计准则、会计年度、记账本位币、记账基础和计价原则；贷款的种类和范围；投资核算方法；计提各项资产减值准备的范围和方法；收入确认原则和方法；衍生金融工具的计价方法；外币业务和报表折算方法；合并会计报表的编制方法；固定资产计价和折旧方法；无形资产计价及摊销政策；长期待摊费用的摊销政策；所得税的会计处理方法等。(3)重要会计政策和会计估计的变更；或有事项和资产负债表日后事项；重要资产转让及其出售。(4)会计报表中重要项目的明细资料，包括按存放境内、境外同业披露存放同业款项；按拆放境内、境外同业披露拆放同业款项；按境内、境外同业披露同业拆入款项；应付利息计提方法、余额及变动情况；银行承兑汇票、对外担保、融资保函、非融资保函、贷款承诺、开出即期信用证、开出远期信用证、金融期货、金融期权等表外项目，包括上述项目的年末余额及其他具体情况。

在财务报表审计方面，为保证商业银行遵守信息披露规定，提高审计结果的严肃性，《商业银行招股说明书内容与格式特别规定》对商业银行提出了等同于B股上市公司的要求。要求商业银行聘请有金融机构审计经验的、具有执行证券期货相关业务资格的会计师事务所，按中国独立审计原则，对其依据中国会计和信息披露准则和制度编制的法定财务报告进行审计。还应增加审计内容，主要包括：损失准备的提取及不良资产的处置情况、重大表外项目及其对财务状况和经营结果的影响、不同经营业务及经营区域的资产质量、获利能力和经营风险、法定财务报告与补充财务报告间的主要差异等。

六、公司治理与年度重要情况

商业银行应披露下列公司治理信息:年度内召开股东大会情况;董事会的构成及其工作情况;监事会的构成及其工作情况;高级管理层成员构成及其基本情况;银行部门与分支机构设置情况。

商业银行披露的本行年度重要事项,至少应包括下列内容:最大10名股东名称及报告期内变动情况;增加或减少注册资本、分立合并事项;其他有必要让公众了解的重要信息。

为严格监督金融企业建立内部控制制度,《商业银行招股说明书内容与格式特别规定》要求,申请上市的商业银行应建立健全内部控制制度,并在招股说明书中专设一部分,对其内部控制制度的完整性、合理性和有效性做出说明。商业银行应委托聘请的会计师事务所对其内部控制制度及风险管理系统的完整性、合理性和有效性进行评价,提出改进意见,并以内部控制评价报告的形式做出报告。

七、例外情况

中国银行业监督管理委员会颁布的《商业银行资本充足率管理办法》,允许银行无需对银行的专有信息或保密信息进行详细披露,但银行应对部分未披露的事实和原因进行解释,如可能,应对这些信息进行一般性披露。

所谓专有信息,国际通用做法是指:如果与竞争者共享某些关于消费者、产品或系统的信息会导致银行在这些产品、系统上的投资贬值,进而破坏其竞争力,这样的信息就称为专有信息。但是专有信息的概念不能成为提高银行透明度的障碍。银行的风险状况不属于专有信息。①

巴塞尔委员会将市场纪律作为新资本协议的三大支柱之一,把对银行信息披露的强调提高到相当高的水平。银行信息披露既要考虑强化市场约束、规范经营管理的因素,又要考虑到信息披露的安全性与可行性。我国国有商业银行由于资产质量低下的问题尚未得到根本好转,风险管理尤其是资产风险评估制度尚未完善,信息披露制度一直存

① 刘明康主编.商业银行资本充足率管理办法释义.北京:经济科学出版社,2004

在较大缺陷,屡次受到国际金融组织的强烈批评。关于我国银行信息披露制度与巴塞尔委员会要求标准的距离,以及信息披露制度中存在的问题,我们已在第二章中做了介绍,这里不再赘述。随着《巴塞尔新资本协议》的实施,我国银行业要根据新资本协议的要求对银行风险管理制度与程序、资本构成、风险披露的评估和管理程序、资本充足率等关键信息,准确核算并及时披露,提高我国商业银行信息披露制度的管理水平。

第十章

借鉴巴塞尔委员会系列文件要求强化银行公司治理

1998年4月，经合组织（OECD）成立了由成员国、“七国集团”、世界银行、国际货币基金组织、国际清算银行、证监会国际组织代表组成的“公司治理特别小组”，并于1999年5月发表了《公司治理原则》。旨在协助各国政府评估和改进本国公司治理方面的法律、制度和管理机制框架，为在建立良好的公司治理过程中起重要作用的股票交易所、投资者、公司和其他各方提供指导和建议。

巴塞尔委员会十分关注公司治理问题，在已经发布的若干专题性文件中一直强调公司治理对银行的重要性，这些文件包括：《利率风险管理原则》（1997年9月），《银行机构的内部控制制度框架》（1998年9月），《增强银行透明度》（1998年9月）和《信用风险管理原则》（1999年7月发布征求意见稿）。1999年9月，巴塞尔委员会发布了《健全银行的公司治理》文件，着重指出经合组织公司治理原则对银行的作用，强调银行和监管机构对委员会所发布的文件中有关公司治理问题予以关注。

第一节　银行公司治理

一、公司治理概述

（一）公司治理的含义、产生和意义

1. 公司治理定义

公司治理（Corporate Governance）又译为公司管治或公司督导，是现代企业制度中最重要的组织机构。国际上关于公司治理有多种定义，经合组织的文件将公司治理定义为：公司管理层、董事会、股东和其他利益相关人之间的一整套关系。公司治理也为公司提供了一个架构，通过这一架构制定公司的目标，确定实现目标以及监管实施的措施。良好的公司治理应当能够提供适当的激励，使董事会和管理层追求有益于公司和股东的目标，也能提供有效的监督，从而激励公司更有效地利用资源。

《中国银行良好公司治理机制宣传手册》中将公司治理定义为“是一种据以对工商业公司进行管制和控制的体系。它明确规定了公司各

个参与者的责任和权利分布，并且清楚地说明决策公司事物时所应遵守的规则和程序，同时它还提供一种用以设置公司目标的结构，以及达到这些目标和监控运营的手段”。

2. 公司治理的产生

公司治理的产生是与股份有限公司的出现联系在一起的，其核心是基于所有权和经营权的分离、所有者与经营者的利益不一致而产生的委托与代理关系。现代公司的控制权掌握在两种人手中，一种是不持有公司的股份或仅持有微不足道的股份的公司管理层；另一种是作为控股股东的控股公司。由于管理层不拥有或只有很少的股份，公司利益的大小与其自身利益没有太大的关系，因此，管理层掌握公司的控制权，就有可能追求自身利益最大化而偏离公司利益最大化的目标，在经济学上这个问题被归纳为代理问题（An Agency Problem or A Principle - agent Problem）。

由于代理问题而发生了企业组织内部出现包含组织成员在内的利益冲突。主要包括：多数股东与少数股东之间的冲突；管理者与非执行董事之间的冲突；债权人与股东的冲突；以及雇员和管理者、董事、股东在雇用条件，尤其是薪金和其他激励措施等事项上的冲突等。公司治理的出现就是为了解决这些冲突。

3. 公司治理的意义

世界银行前任行长沃尔芬森（James D. Wolfenson）在论述公司治理的重要性时指出：“对世界经济而言，完善的公司治理和健全的国家治理一样重要。”

公司治理之所以如此重要，根本原因在于良好的公司治理是现代市场经济和证券化市场健康运作的微观基础。一个完善的公司治理体系能够吸引资本流入，增强银行和其他企业的融资能力，促进资源的有效配置和经济增长。良好的公司治理还有利金融体系的稳定，增强抗风险的能力。同时，机构投资者的发展壮大，亚洲金融危机的爆发，从客观上推动了全球公司治理的兴起。

（二）商业银行公司治理的基本原则

经合组织（OECD）《公司治理原则》主要包括：股东的权利及保护；各类股东的平等待遇；雇员和其他利益相关者的作用；公司结构和运作的及时披露和透明度以及董事会对股东和公司承担的责任。

（三）股东的权利

1. 股东的基本权利

股东的基本权利包括：股权登记；股份转让；在及时、规范的基础上获得与公司有关的信息；参与股东大会并投票；选举董事；分享利润。

有关公司基本变化决议的参与权与充分获知权，包括：修订公司章程；批准增资发行；事实上导致公司出售的特别交易。

一般股东大会的参与权与投票表决权：有权获知包括投票程序在内的一般股东大会的规则；及时、充分获得有关一般股东大会日期、地点、议程以及有关待决问题的信息；在合理限制的前提下，对董事会的质询权和对议事内容的提案权；亲自或缺席投票。

股东如对公司的控制与其股权不相称，公司应披露资本结构与安排。

公司控制权市场应以有效、透明的方式运作：在资本市场中规范公司控制权的转让、特别交易、公司重要资产出售的规则与程序应明确规定并公开；交易价格应公开；反收购的机制不能用以逃避对管理责任的追究。

关于股东的权利，我国《公司法》中没有集中规定，而是散见于不同的条款中。综合我国现行法律、法规、规章、实施细则中有关股东的权利义务方面的规定，我国股东享有的权利主要包括：(1)出席股东大会的权利；(2)表决权；(3)选举权与被选举权；(4)检查权；(5)股利分配权；(6)剩余财产分配请求权；(7)股份转让权、质押权和补发股票权以及其他权利。关于股东大会的权限，我国《公司法》第102条、103条作了相应的规定。

2. 股东的公平待遇

公司治理框架应确保包括小股东、外国股东在内的所有股东获得公平的待遇。任何股东皆有权就损害他们的权利的行为获得有效的赔偿。

同股同权：(1)在每一类别的股票中，所有的股东皆有同样的投票权；在购买股票前，所有的投资者都可获得有关所有类别股票投票权的信息；有关投票权的任何变化皆应经股东投票表决。(2)股票的保管人、受托人应以股票受益所有人同意的方式投票。(3)一般股东大会的程序与议程应考虑所有股东的公平待遇问题。

禁止内幕交易与滥用自营交易。

应要求董事会成员、经理披露公司交易中的任何重要利益或影响公司利益的事项。

(四)利益关系人(Stakeholders)在公司治理中的作用

公司治理应承认利益关系人的合法权利,鼓励公司与利益关系人积极合作。

应尊重利益关系人的合法权利;利益关系人的合法权利受到损害,可获得有效赔偿;允许利益关系人参与增强公司运作的机制;利益关系人有获得相关信息的途径。

(五)披露与透明度

公司治理框架应确保及时、准确地披露所有有关公司重要问题的信息。

(六)董事会的职责

公司治理框架应当确保公司战略的实施、董事会对管理人员的有效监督,以及董事会对公司与股东职责的履行。

董事会成员应在充分获得信息的基础上,诚信、尽职地开展工作,并为公司与股东的利益最大化而努力;当董事会的决定可能有差别地影响不同股东的利益的时候,董事会应当公正地对待所有的股东;董事会应当遵守法律,并考虑股东的利益。

董事会应当发挥的重要功能有:(1)审查与指导公司战略、主要经营活动、风险政策、年度预算与经营方针;安排经营目标;监督决议实施与公司经营;审查主要资本支出,收购与资产剥离。(2)任命、监督、更换高级管理人员,并支付报酬;审查公司继续经营方案。(3)审查高级管理人员与董事的薪水,确保正式的、透明的董事提名程序。(4)审查与处理管理人员、董事会成员与股东之间的潜在利益冲突,包括公司财产与有关当事人交易的滥用。(5)确保包括独立审计师在内的公司会计与财务报告制度的完善;确保控制公司适当制度的运行,尤其要确保风险监管、财务控制与遵守法律的适当制度的运行。(6)监督公司治理运作的效率,并根据需要做出必要的改变。(7)审查信息披露与交流的程序。

董事会应能独立做出公司事务的判断和决定,尤其要独立于管理人员做出客观的判断。董事会应考虑安排充足的独立董事,以对有潜在利益冲突的任务进行独立的判断。比如财务报告、董事会提名、高级管理人员与董事的薪水等问题。

二、银行公司治理

巴塞尔委员会指出:银行是经济体系的重要组成部分。它们为企业提供融资,为大众提供基本的金融服务,并承担支付功能,此外,人们期待一些银行在市场条件困难时提供贷款和满足流动性需求。银行体系对国民经济的重要性体现在银行业是一个受到特殊监管的行业并受到政府安全网的保护。因此,银行具有强健的公司治理极为重要。

(一)银行公司治理主要内容

从银行业角度看,公司治理包括董事会和高级管理层管理银行的业务经营和日常事务的方式,这将影响银行如何:(1)设定公司目标(包括对股东的经济回报);(2)经营日常业务;(3)考虑被承认的利益相关人员的利益;(4)确保银行经营活动和经营行为符合安全、稳健运营的要求并与法律、法规保持一致;(5)保护存款人的利益。

在巴塞尔委员会已颁布的《利率风险管理原则》、《银行机构的内部控制制度框架》、《增强银行透明度》、《信用风险管理原则》和《健全银行的公司治理》等文件中,委员会强调作为公司治理要件的战略和技术应包括:

公司价值准则、行为规则及其他行为适当的标准,以及确保这些价值准则、规则和标准实施的体系;

明确的公司策略,以计量公司业绩和个人贡献;

清晰的职责和决策权限,包括建立从个人到董事会的审批等级体系;

董事会、高级管理层和审计机构之间的交流和合作机制;

强有力的内部控制体系,包括内部和外部的审计职能,独立于经营体系的风险管理职能和其他制衡制度;

对有可能产生较大利益冲突的风险敞口的特殊管理,包括与关联贷款人、大股东、高级管理层或公司内部重要的决策人(如交易员)的业务关系；

对高级管理层、经理和雇员的激励体系，包括经济和管理上的激励，如薪酬、升职或其他认可方式；

公司内部和公司与公众之间适当的信息流动。

（二）银行公司治理结构中的监督

巴塞尔委员会指出，不同国家存在不同的公司治理结构的事实表明，没有对结构性问题的"放之四海而皆准"的答案，有关方面的法律也不需要完全一致。因此，稳健的治理可以不考虑银行形式而在各种银行实施。银行的组织结构中至少应有4种监督，以确保存在适当的制衡：(1)董事会或监事会监督；(2)不参与日常经营的个人监督；(3)不同业务领域的直接监督；(4)独立的风险管理和审计。此外，重要的工作人员应当称职。国有银行有调整银行的战略、目标以及银行的内部治理结构的空间，因此，稳健公司治理的一般原则对国有银行也是有益的。

（三）银行公司治理对风险管理效果的影响

《巴塞尔新资本协议》的推出，对发展中国家来说，一方面要适应、运用新资本协议中复杂的风险计量、管理技术，另一方面要高度重视新资本协议实施所必需的制度基础。处于经济转型中的我国商业银行，尤其是四大国有商业银行，制度性风险甚于技术性风险。商业银行建立现代企业制度显得更加紧迫、突出。

在风险管理层次上，我国商业银行应建立完备的风险管理流程、风险管理政策、授权体系、风险管理文化、风险管理架构等，做好新资本协议实施的制度性基础工作。

第二节　稳健公司治理的必备要素

各国监管当局对银行存在稳健的公司治理极为关注。巴塞尔委员会认真吸收了各国处置银行公司治理问题的监管经验，并对避免出现这些问题提出了建议和要求。对银行公司治理来说，这些要求是十分重要的。

一、确立贯彻全行的战略目标和价值准则

银行经营不能没有战略目标和指导性的价值准则。因此，董事会必须制定指导银行经营活动的战略目标，设立经营的根本方针，为自身、高级管理层和雇员确立价值准则。价值准则应鼓励及时、直率地讨论问题。特别值得注意的是，价值准则应当禁止外部交易和内部往来活动中的所有腐败和贿赂行为。

董事会必须确保高级管理层切实执行了政策，禁止（或严格限制）有损于公司治理质量的行为或关系，如：（1）利益冲突；（2）对管理人员和雇员的贷款以及其他形式的自我交易行为（例如，对内部人的贷款必须以市场价格并限制于某几种贷款，应当向董事会提交内部人员贷款情况报告，同时内部人贷款应受到内部审计部门和外部审计师的审计监督）；（3）以更优惠的条件对待关联方和有特殊利益的实体（例如，以特别优惠的条件提供贷款，弥补交易损失，不收取佣金）。

银行必须建立有效的程序使得董事会能够监控管理层的行为是否与既定政策相一致，并确保违反政策的行为被报告给相关的管理部门。

二、全行各岗位的职责界定明确并得到实施

董事会要清楚地界定自身和高级管理层的权利和主要责任，否则不明确或者混乱交叉的职责界定可能导致过慢或者不积极地反应，而使银行问题更加严重。高级管理层负责为各层次的管理人员界定职责，但必须认识到管理人员以银行的经营业绩向董事会负责。

三、确保董事会成员称职

（一）董事会运行的独立性

董事会对银行经营和财务的稳健性负有最终责任。董事会成员必须及时、充分地获得信息以对管理层的表现作出判断，应当有多数有效的董事能够对公司的经营管理作出独立判断，这种独立不仅包括对管理层的独立，也包括对大股东和政府的独立。董事会中应包含非本银行管理人员合格董事，或者银行有与经营管理机构相分离的监事会或审计委员会，这些都有利于增强独立性和客观性。此外，这些成员能够

从其他企业带入新的视角，这些新视角可能会为管理机构制定战略提供指导(如对当地状况有更透彻的认识)。在银行面临经营压力时，合格的外部董事可以为其经营管理提供专业性意见。董事会应当定期评估自身表现，发现存在的问题，并尽可能采取相应纠正措施。

为保证董事会的独立性，国际上先进银行根据巴塞尔委员会的要求普遍提高外部董事在董事会中的比重，引进独立董事制度。如美国运通公司董事会16名董事中就有12名外部董事，其中独立董事为5名。美国花旗集团董事会的17名董事中有13人来自外部，美国十大投资银行的董事会中外部董事占68.4%。我国管理层已经开始重视董事会的独立性，并引进独立董事制度。

(二)董事会强化银行公司治理的成功经验

巴塞尔委员会认为，董事会具备下列条件时有助于加强银行公司治理:(1)理解其监督的职能及对银行和股东的“忠诚义务”;(2)承担“制衡”职能而非管理银行的日常运营;(3)敢于向经营管理层提问并要求得到坦率的解释;(4)借鉴其他机构的稳健做法;(5)提供冷静的建议;(6)不过分扩展其活动范围;(7)在与其他组织交易或在其他组织任职时避免利益冲突;(8)与高级管理层和内部审计人员定期会面以制定和审批政策，建立信息渠道以及时对经营目标的实现情况进行监督;(9)在无法提供客观建议时不参与银行决策;(10)不参与银行日常经营管理。

(三)特殊职能委员会的作用

巴塞尔委员会通过总结各国经验，认为银行董事会建立一些特殊职能的委员会会强化银行公司治理机制。

1. 风险管理委员会

监督高级管理层对风险的管理状况，这些风险包括信用风险、市场风险、操作风险、法律风险和其他风险。(其职责应当包括定期从高级管理层取得风险敞口和风险管理的信息)

2. 审计委员会

监督银行的内部审计和外部审计工作，决定内部审计人员和外部审计人员的任职和解职，审查和批准审计范围，并且经常性地取得审计报告，确认管理层是否根据审计意见及时采取了适当的整改措施，以堵塞内部控制漏洞，纠正与既定政策和法律、法规不一致的行为等。委员会中包含具有银行或财务专业知识的外部人员有利于增强其独立性。

3. **薪酬委员会**

监督高级管理层成员和其他重要管理人员的薪酬，确认其薪酬是否与银行的企业文化、经营目标、战略和控制环境相一致。

4. **提名委员会**

评估董事会的有效性，拟定董事的换届和选聘程序。负责挑选董事候选人，提交董事会和股东会最终决定。为了避免关系网和裙带关系，提名委员会越来越普遍地只由独立董事组成。

除巴塞尔委员会在《健全银行的公司治理》中所提到的四个专业委员会，还有治理委员会、执行委员会、合规性委员会等其他类型的专业委员会。

四、确保高级管理层实施有效的监督

高级管理层是公司治理结构的重要组成部分。正如董事会监督高级管理层一样，高级管理层监督部门经理。即使在一些非常小的银行，重要的经营决策也必须由两个以上的人共同做出（双人控制原则）。经营管理过程中必须避免出现以下情形：

高级管理人员过分卷入部门的经营决策；

被任命管理某一部门的高级管理人员缺乏相应的专业技术或知识；

高级管理层由于不愿意失去有业绩的重要雇员而在对他们的监督上畏首畏尾。

高级管理层由对银行负责的、居于核心地位的管理人员组成。高级管理层应当包括财务总监、分部领导和审计部门负责人。高级管理层的组成成员必须有相应的技能使得银行的经营处于其控制之下，同时应管理好相应领域的重要雇员。

五、有效发挥内部和外部审计人员的作用

在公司治理过程中审计是至关重要的。审计对强化银行董事会和高级管理层监督和管理职能具有重要作用。所以银行董事会和高级管理层要做到：(1)充分认识到审计的重要性并统一全行认识；(2)采取措施增强审计人员的独立性并提高其地位；(3)及时、有效地使用审计

成果;(4)审计部门负责人直接向董事会或者审计委员会报告,以确保审计的独立性;(5)开展外部审计,以评估内部审计的有效性;(6)及时纠正审计发现的问题。

董事会应当认识到并承认内部审计和外部审计作为其监督手段的重要性。特别值得注意的是,董事会应当充分利用审计来检验高级管理层提供的银行经营和财务状况信息的准确性。

六、确保薪酬制度和银行的道德观念、经营目标和战略以及外部环境相一致

薪酬制度与经营战略缺乏联系会导致不良后果,会鼓励银行管理人员可能以数量或短期利润来衡量业绩,而不考虑长期或短期的风险。这一点在交易员和信贷管理人员身上表现较为明显,但其他支持保障部门人员的表现也可能受到负面影响。

董事会应当审批高级管理层和其他重要管理人员的薪酬,并应确保其薪酬与银行的企业文化、目标、战略和控制环境相一致,以确保高级管理层和其他重要管理人员为银行利益最大化服务。

为避免银行管理人员从事高风险经营,薪酬应当在符合银行一般经营政策范围的基础上,力求避免过分依赖短期表现,例如短期交易的收入。

七、公司治理的透明度

巴塞尔委员会《增强银行透明度》文件指出,如果缺乏透明度,将很难把握董事会和高级管理层是否对他们的行为和表现负责。当股东、交易对手和普通公众不能从银行获得有关其结构和目标的充分信息时,他们将难以判断银行董事会和高级管理层的有效性。

第三节　银行稳健公司治理的外部因素

一、支持稳健公司治理的环境因素

建立健全商业银行的外部治理机制,强化市场监督和社会监督作用,进而强化商业银行内部治理并弥补内部治理机制的不足和缺陷,对商业银行意义重大。

巴塞尔委员会指出，建立良好公司治理的责任主要在银行董事会和高级管理层。但是，外部许多其他方式能够提升公司治理水平。包括：(1)政府通过法律；(2)证券监管者、证券交易所通过披露和上市要求；(3)审计机构通过传达到董事会、高级管理层和监管机关的审计要求；(4)银行业协会通过行业原则和协议，以及公布稳健的做法等均可促进银行公司治理的强化。

许多法律问题的解决也有利于提升银行公司治理水平，如对股东权利的保护，合同的强制执行，包括和服务供应商的合同；界定治理角色；确保银行在一个没有腐败和贿赂的环境下运行；确保经理、雇员和股东利益一致的法律、法规(或其他措施)。所有这些都有助于提升健康的经济和法律环境，支持稳健的公司治理和相关监管措施。

发展银行业产品与服务市场，既可以降低所有者与经营者之间信息不对称的程度，还可以更加客观地评价经营者的努力程度与经营能力，并以此为基础对银行经理层进行奖惩与任免。客观、准确地评价银行经营者的努力水平和经营能力，必然大大激发经营者努力工作的积极性，促进银行公司治理乃至各项业务更好地开展。

二、监管机构

巴塞尔委员会指出，监管机构应当认识到公司治理的重要性及其对银行业绩的影响，应当要求银行建立适当制衡的组织结构。同时，监管应当强调责任和透明度。监管机构应当确定银行董事会和高级管理层是否全面地履行了所有义务和职责。

银行董事会和高级管理层最终对银行业绩负责。因此，监管机构应当尤其保证银行存在适当的治理，并提请管理层注意他们在监管中发现的问题。当银行承担了其不能计量或控制的风险时，监管机构应当要求董事会负责并采取纠正措施。监管机构应当时刻注意银行经营管理是否有恶化的迹象。它们必须对银行发布稳健公司治理的指引，采取事前行动以避免风险的发生。他们在发布有关其他问题的指引时应当考虑到公司治理问题。

稳健的公司治理考虑所有利益相关人员的利益，包括存款人。由于存款人的利益通常被忽视，监管者有必要认定银行从事的业务没有损害存款人的利益。

第四节　进一步优化我国商业银行公司治理结构

一、我国商业银行公司治理存在的问题

完善的公司治理是保证商业银行进行正确决策、防止出现重大决策失误的制度保障。从我国商业银行公司治理实际情况看，商业银行主体——四大国有商业银行在长期的发展中，形成了国有资本的代表权和银行内部经营管理权不分、内部管理松弛的局面。在公司治理方面存在着一些问题，具体表现在以下几个方面。

1. 管理结构复杂、政企不分

作为我国商业银行主体的四大国有商业银行，国家是惟一的出资人，按理说这种产权结构的安排，产权关系应该是明确的。由于国家对其产权相关职责的行使是借助各级政府与政府相关部门来实现，实际中形成复杂的银行管理结构：在业务监管上由人民银行、中国银行业监督管理委员会行使金融监管当局的职责；在出资人上，由财政部作为国有资产的代表负责；在涉及高级管理人员的经营违法犯罪上，由中国银行业监督管理委员会负责；作为国有企业，国有商业银行必须接受国家审计署审计；作为现代企业制度建设的一项内容，国有商业银行的经营还必须接受国有金融机构监事会的监督等。这一复杂的银行管理结构形成的后果就是产权制度上占有权、使用权、支配权和收益权等各种责权利边界不清，银行外部监督重叠和低效，国有商业银行内部成本上升等。并且，政府作为一种社会组织形式，从本质上讲不是一种经济组织，却拥有纯经济性质的权利以及法律行政等超经济权利。这就决定政府对国有商业银行控制主要是超经济的行政控制，出资者的经济控制与管理权异化为行政控制权，在产权约束问题上超经济强制大于经济约束，外部输入性强制大于内部自主性。这是国有商业银行政企不分的根源。

2. 股份制商业银行股东与股东大会方面

综合分析我国上市商业银行股东和股东大会制度现状，这一制度并没有发挥充分的作用。其原因是：(1)在股权分散的情况下，一个小股东在投票决定对银行的决策赞成与否之前，为做出理智的判断而获

得信息的成本，要大于因投票获得的利益。因此，一个理智的股东就会对积极行使投票权保持冷漠的态度；(2)在股权分散，股东各自独立的情况下，每个股东都希望其他股东积极行使监督权而使自己获利，结果无人行使监督权；(3)如果某些股东，尤其是大股东，为自己的利益行使监督权，结果受益的却是全体股东，而自己付出的成本又无法得到补偿，这种不公平的情况会使其怠于行使自己的权利。

3．董事会方面

在现代企业中，董事会被认为是公司治理结构的核心。在我国，董事会也发挥着同样重要的作用，但在商业银行中“董事会空壳化”的情况十分严重。

(1)董事会缺位导致治理结构缺乏制衡。

四大国有商业银行中，只有中国银行和建设银行有董事会。受特定的社会政治体制安排，国有独资商业银行中的党委，实际行使着类似董事会的部分决策职能，国有独资商业银行中根本不存在现代商业银行制度意义的有效董事会制度，从而使其治理结构的相互制衡机制和决策的科学性缺乏应有的组织保障。

国内的10家股份制商业银行的董事，基本上都是股东单位按比例分配委派的，即董事会全由内部董事组成。董事会本来有决策和监督经理层的功能，而在董事会被内部人控制的情况下，董事会一方面无法独立做出决策，另一方面也不可能自己监督自己。

(2)董事会人选行政主导和刚性问题。

长期以来，我国国有商业银行实际上是政府的一个出纳职能部门。由于银行机关化的长期影响，国有商业银行对于董事会人选，基本上采用行政化的干部考核任用制度。董事会和高级管理人员的选拔注重候选人的非商业经历和记录，而不论其有无商业经验。导致的后果虽然经营业绩考核的重要性在提高，但业绩比较容易“做”出来，即使业绩不好也以底子薄、经营环境差以及政府干预等因素搪塞。

商业银行董事长兼任行长(总经理)的情况很普遍。这一状况导致了公司决策个人专断现象突出。董事长兼任总经理在美国也比较普遍，但美国上市公司具有完善的独立董事制度等监督体制，我国目前还缺乏这样的监督机制。

(3)董事会结构单一。

在我国的公司董事中，一方面缺乏独立董事，另一方面也没有建立完善的专门委员会,这使得董事会的各项职能只能混同行使,尤其是审计和薪酬决定的权能混同,在董事会内部缺乏相应的制约机制。

4. 缺乏有效的激励与约束机制

由于我国国有独资商业银行的行政化特点,所以对其业绩的考核也存在很大的缺陷。同时,由于国有独资商业银行中控制权与剩余索取权严重分离,银行管理者的工资基本上比照国家机关的规定,而其他一些收入的发放可能在某种程度上偏离其业绩。特别在业绩考核不够科学、薪酬发放还不够规范的条件下,很难形成有效的激励机制。此外,产权和公司治理存在的明显缺陷也导致国有独资商业银行的内部控制存在一些突出的问题。在单一的产权结构和行政化构架的体制下,健全公司治理与其说是基于单一产权结构的动力,还不如说是来自于官员的行政压力,这可能也是长期以来内部控制体系建设一直不尽如人意的制度原因。

除上述问题外,美国德勤公司(Deloitte Touche Tohmatsu)在世界银行技术援助项目《中国国有商业银行公司治理结构》的最终报告中指出,我国国有商业银行治理改革中所面临的关键问题包括:(1)宏观的改革问题。国有商业银行为国有大中型企业提供的贷款,许多企业无法偿还,形成国有商业银行大量呆坏账;利率控制限制了国有商业银行根据自身的信贷分析进行定价的能力;为保持存款人对国有商业银行的信心,客观上制约了国有商业银行按照国际会计准则和银行业标准充分披露财务状况的能力;为保证就业和社会稳定,国有商业银行冗员众多,无法试图迫使借款的国有企业破产。(2)法人治理架构问题。诸如缺乏透明度和责任制、政治体制等。(3)国有商业银行改单议程问题。主要有保持财务稳健、进一步提高商业化、改善控制等。所有这些来自国有商业银行内外部的力量,迫使国有商业银行必须进行改革,改善公司治理结构,以应对日益激烈的竞争以及全球金融服务行业的一体化。

二、完善我国商业银行公司治理机制

巴塞尔委员会《加强银行组织的公司治理》文件,从银行价值取向、战略目标、责权划分、管理者相互关系、内控体系、特殊风险监控、激励机制和信息透明等八个方面阐述了良好的银行公司治理机制应具备的要素。我国商业银行构建良好的公司治理机制,就要借鉴经合组织(OECD)、巴塞尔委员会等国际组织关于公司治理的意见和国际先进经验,结合当前我国商业银行的公司治理实际情况,建立我国商业银行现代企业制度。我国商业银行当前公司治理应着重抓好以下几方面工作:

(一)股东大会与所有者权益

1. 完善股东大会制度。股份制商业银行针对股东大会制度没有充分发挥作用的现实,需要从完善股东大会的投票表决制度入手,使股东大会真正发挥股份制企业最高权力机构的作用。(1)建立和完善委托投票制度,对此我国《公司法》虽有规定但不完善,应借鉴经合组织(OECD)、巴塞尔委员会等国际组织的有关要求,吸收发达国家关于表决权信托的规定,在我国完善投票征集制度。(2)为了加强小股东投票的力度和影响力,必须在股东大会对董事会的选举中引入累计投票制。并应建立配套的通讯投票公正监督制度,以保证投票的公正性。要规范股东大会的运行机制,防止"一股独大"和损害中小股东利益的行为。通过进一步明确股东大会的议事规则、运作程序等措施,充分发挥股东大会作为商业银行最高权力机构的作用。

关于国有独资商业银行所有者权益问题,目前管理目标的多元化和对银行要求的多元化是银行管理效率低下、经营不善的重要原因之一。因此,要使国有商业银行的所有者——国家的代表由多元化转变为单一,把国有商业银行多个管理部门重组,简约化为一个机构代表,统一管理相关利益的权利与要求,把有关要求转换为明确的国有商业银行经营目标。这点是能否成功地实现国有商业银行法人治理的关键。

针对国有商业银行中因为所有者(委托人)和管理者(代理人)的作用缺乏明确的定义和区分而形成的委托代理问题,就要从明确国家利益相关方的利益、分离国有商业银行的所有权和管理权、创建指导和控制代理人的机制入手予以解决。

2. 建立专家委员会。基本途径有两条:一是引进外部非执行(独立)董事以增强董事会的权威性和独立性,并建立独立董事评价制度。二是设立专门委员会。从目前的实际看,独立董事受到供给源、社会声誉机制缺乏的制约,将难以充分发挥作用。而专门委员会的作用将大于独立董事的作用,主要包括风险管理委员会、审计委员会、薪酬委员会和提名委员会。专门委员会的建立将使董事会对公司高级管理层的领导和监督具体化。真正发挥董事会在公司治理中的核心作用。

3. 优化对银行高级经营管理人员的激励与约束,防止剩余索取权与控制权的错位。由于银行高级经营管理层事实上拥有对商业银行资源的投票权、支配权和决策权,他们是否会积极运用本身的经营管理才能(“企业家精神”)为银行创造利润,在很大程度上影响到银行或者银行分支机构的经营管理状况。因此,必须以适当的形式(如相对较高水平的、与业绩挂钩的奖金;认股权等等),给予这些高级经营管理人员以一定的剩余索取权,建立起有效的激励机制。

有效激励机制的建立首先要有明确的业绩考核与评价体系,准确衡量决策机构、管理人员以及员工个人对于银行所做的贡献。在科学衡量业绩的基础上,改变原有的基数分配、按人员分配以及按级别分配的做法,推进隐性福利货币化,根据业绩和贡献进行激励,将高级管理人员收入与部门业绩挂钩、将员工收益与银行的长期效益联系起来等,形成现代商业银行以工资、奖金、社会保险、公积金以及股权等多种方式在内的、科学的收入分配新机制。同时,进一步强化内部控制体系建设,加大对经营结果的监控、考察和评估,促使银行高级管理层对经营后果承担一定的责任(如风险金等方式),从而抑制“廉价经营权”的广泛存在对银行经营效率的侵蚀。通过良好的内部审计以及监督、处罚制度,实现激励和约束的对等。

(二)优化董事会的运行机制

我国商业银行在强化公司治理上,应以优化董事会的运行机制为突破口完善治理机制,力求治理结构优化效用最大化。

重点要建立和规范董事会的运行机制,这是提高治理机制的关键环节。(1)要规范董事会成员的构成和选聘程序,确保专家治理和适当的规模。(2)要保持董事会的独立性。这方面可借鉴美国、加拿大银行公司治理的经验。如前所述,美国花旗集团董事会的17名董事中有13人来自外部,美国十大投资银行的董事会中,外部董事占68.4%。董事会某些方面的决策,特别是涉及到对经营班子的考核评价、奖惩、薪酬政策等方面均主要由独立董事做出决定。加拿大蒙特利尔银行制定的“董事会批准与监控指引”,规定了贷款和或有负债审查程序、一定数额以上的投资、资产负债管理、融资管理、增资计划和财务预算等需董事会批准,衍生金融工具、利率风险和货币风险敞口的管理、审计方案、内部控制等事项需事后向董事会报告。(3)要明确董事会的职责,设立执行董事,并建立独立的评价机制。可以由监事会聘请管理咨询公司对董事长和董事会成员进行绩效评估，并由监事会向股东大会报告并向董事会反馈结果。(4)提供董事所需要的信息，以利于决策。(5)董事会应就对银行经营管理层的监督和激励形成定期评估的机制，并至少要满足几个通用的标准：至少要每年评估一次；评估需要分析银行的年度以及长远表现，并且与竞争者进行横向比较；必须通过行长个人目标和银行目标来判断其业绩的优劣；行长必须对自己的业绩表现做出自我评价；行长必须与外部董事直接沟通并能够有机会表达自己的反应。(6)董事长与总经理或行长职责应当分开，以确保权力的平衡，避免权力不受约束。(7)在董事会中设立相应的专业委员会，这些委员会可以包括公司治理委员会、薪酬委员会、风险管理委员会、审计委员会等。

(三)成立国有独资商业银行监事会

要借鉴国际惯例和管理经验，根据我国法律法规的有关规定建立国有商业银行监事会。监事会成员由独立董事和商业银行内部审计人员构成，或主体由国家职能部门委派，其余在银行职工代表中选举产生。监事会的职责是：对董事和经理人员是否依法履行职责以及有无损害银行利益的行为进行监督；协助管理层制定良好的商业战略；负责内部审计；对全面风险管理问题提出意见；确保披露的会计和财务报表的一致性；向出资人报告公司的活动等。

(四)配套完善风险管理机制和内部控制机制

配套完善风险管理机制和内部控制机制，从而在科学的法人治理结构上建立全方位的风险管理框架。商业银行作为经营风险的专业机构，治理结构的优化与完善只是为商业银行的风险管理创造了一个较好的基础，要真正提高商业银行的风险控制能力和核心竞争力，还需要商业银行进行内部风险管理机制和内部控制机制配套改革。

1. 建立清晰的发展战略目标和具有指导性的企业文化价值观。

根据巴塞尔委员会的相关要求，董事会必须建立清晰的发展战略目标和具有指导性的企业文化价值观，使全行的经营行为能够得到统一。

一个好的大银行战略必须要容纳四个基本要素：银行产业的未来发展方向；银行现有的和潜在的竞争优势；贯彻盈利的公司价值理念；明确的阶段性目标。战略目标不应该只代表高层管理人员的观点，而且应该深入人心，成为指导银行行动的最高目标。

银行的价值取向包含了及时坦率地讨论问题，特别是要禁止内部、外部交易中的腐败、贿赂行为。董事会应该保证高级管理人员实施严格限制或禁止削弱银行公司治理的行为，如利益冲突、人员内部交易、对与银行有关系的各方提供优惠贷款条件等。应该建立起这样的程序以保证董事会能监督有关政策的实施，一旦发生偏差，及时向管理层报告。

2. 重组业务流程，形成矩阵组织结构。

商业银行应该按照矩阵式管理的要求，将科层式的内部经营系统改造成垂直化、集约化的经营系统，提高对市场的反映能力和对风险的识别能力。

银行各种业务相连便组成一个流程。业务流程是一组共同为顾客创造价值而又相互关联的活动。由于银行经营的货币、信用具有同质性，银行与银行的差别实际上源于各自的业务流程，银行的核心能力便渗透在业务流程中，业务流程由此成为建立竞争优势最重要的因素之一。银行业务流程的重组有三个步骤：(1)明确业务种类。做核心业务，非核心业务尽可能剥离或外包；(2)细分工作岗位及其要求，编制详细的业务岗位责任制度；(3)以价值最大化为原则整合流程。每一项业务都应带来价值增值，业务流程也就成为一条价值链。业务流程重组的目的就在于发现哪些业务项目增值最大，发现最有效率的业务归属和传递程序，实现银行部门之间、员工个人之间的职责分明。

业务流程必然要打破原有的组织机构格局，所以调整组织结构要做到有利于开拓业务、有利于量化考核、有利于防范风险、有利于简化管理和机构层次。

3. 建立垂直化的风险管理系统，独立评估信贷风险。

建立直属董事会的风险控制委员会，对全行面临的信用风险、市场风险、流动性风险、操作风险等进行全面评估、监测、计量与控制，防止风险管理失控。

公司治理结构既要满足商业银行控制风险的需要，又要满足监管当局进行审慎监管的需要。使商业银行内部数据采集和传送更加及时、准确，实现商业银行内部数据传送和监管当局数据采集的衔接，以利于监管当局进行非现场监管。

4. 加强内部控制体系和制度的建设。

一是在实行董事会直接管理稽核委员会或部门的同时,引入外部审计部门实施对内部审计的再审计,通过外部审计对内部审计的有效性进行交叉审核,实现对内控机制的再监督。要注重引入外部专业机构,对银行内控制度和风险管理系统的完整性、合理性和有效性进行评价。确保内部控制体系的有效性。二是在体制上必须使监督检查机构的独立性和权威性进一步增强,对分支行实行财务经理和稽核经理派驻制度,业务上相对垂直、独立、科学、有效,向董事会和一级法人负责。三是在技术上,采纳国际公认的会计及审计准则,适应金融全球化和经济一体化的整体趋势。四是在稽核制度建设上,建立和完善稽核基本制度、建立反馈整改制度、稽核评价制度、稽核结果报告制度。在稽核方式上,由复核式转变为对制度完善和部门自律情况的再监督。

(五)健全商业银行外部治理机制

由于对商业银行实施并购成本很高,所以通过控制权市场对商业银行进行外部约束,一般来说难度很大。完善我国国有独资商业银行的公司外部治理机制可从以下方面着手:一是与银行高级管理人员的职业化相适应,大力发展经理市场,促进银行管理人员之间充分竞争,真正实现银行管理的职业化;二是强化资本市场的作用,努力发挥资本市场对于商业银行的约束作用;三是强化独立和外部审计机构的作用,加强对商业银行的审计监督;四是完善有关的法律制度,对商业银行进行严格的法律约束。

附录一:

实施《巴塞尔新资本协议》的具体考虑(节录)

(巴塞尔委员会)

Implementation of Basel II: Practical Considerations

概述和摘要

A. **本文件的目标**

2004年6月,委员会公布了《资本计量和资本标准的国际协议:修订框架》(以下称"巴塞尔新协议")。虽然巴塞尔新协议为全世界的各类银行设计了各种可供选择的方法,但是委员会也承认,如果要求所有非十国集团国家的所有监管当局在近期内实施新协议框架,可能是不合适的,因为还有许多其他监管工作要做。国际货币基金组织和世界银行也认为,今后进行金融系统评估时,如果一国不执行巴塞尔新协议框架,评估的标准就不是巴塞尔新协议。而是依据该国采用的监管标准,以及该国对其制定的监管标准的执行情况,以及遵守巴塞尔委员会的《有效银行监管核心原则》有关规定的情况。

巴塞尔新协议的目标是:强化审慎资本要求、监管当局监督检查和市场约束,进一步提高风险管理水平和促进金融稳定。因此,委员会鼓励各国监管当局在制定实施巴塞尔新协议的时间表和方法时,要根据其国内银行系统的情况认真考虑巴塞尔新协议框架所带来的益处。考虑到资源和其他条件的限制,可以计划在2006年以后实施巴塞尔新协议。但是,即使在2006年底以后还没有完全执行巴塞尔新协议的最低资本要求,各国监管当局也应该先考虑执行巴塞尔新协议中的监管当局监督检查和市场约束的主要内容。各国监管当局还应该确保,不执行巴塞尔新协议的银行应该受到审慎的资本监管、稳健的会计政策和损失准备金计提政策的制约。

许多非委员会成员国的监管当局已经开始评估巴塞尔新协议框架对本国的银行业的适用性,并且计划向巴塞尔新协议过渡。为了推动这项工作,委员会成立了一个工作组(其成员主要来自非十国集团国家)，旨在评估巴塞尔新协议实施中遇到的各种问题，以帮助这些国家决定是否需要以及何时实施巴塞尔新协议，为各监管当局向新协议框架过渡提供具体建议。2003年上半年工作组进行了这项工作。这些建议中的很多方面在本文中做了概述。虽然本文的很多内容依据的是工作组某些成员的经验，但是本指引并没有针对任何国家或特定类型的银行系统。实际上，本文中的建议可以适用于不同的国家和地区；也可以作为监管当局与银行业之间的交流基础。另外本文不打算对巴塞尔新协议规则进行解释。

本文的结构如下，第一部分罗列各种政策考虑，即权衡巴塞尔新协议实施和与其他的本国工作重点之间的成本和收益。第二部分讨论应用巴塞尔新协议时应该考虑的各种因素，涉及各种具体的方法，以及哪些银行将执行新协议框架。第三、四和五节更加详细地讨论实施第一、二和三支柱。第6和第7部分陈述巴塞尔新协议实施可能给法律和监管框架带来的变化、资源和培训需要。每部分的关键内容要点如下。

B. 各国银行监管的工作重点

各监管当局特别是在资源稀缺的国家需要在巴塞尔新协议实施和其他监管工作重点之间找到适当的平衡。此方法认为，巴塞尔新协议的目标不是简单地强制遵循一套新的资本规则，而是奠定坚实的基础，提高风险管理水平和资本充足率，强化市场约束，促进金融稳定。

在采用巴塞尔新协议以前，各国应该考虑的一项重要内容就是，是否已经建立了良好的监管制度。各监管当局可能需要评估本国或本地区成功实施巴塞尔委员会基本核心原则(包括其"先决条件")的程度，核心原则可以作为巴塞尔新协议的工作基础。金融系统评估项目或单独的基本核心原则评估可以为此项基础工作提供必要的投入。各监管当局还需要评估现有的法律，监管方面的基础工作，人力资源情况，现行的信息披露制度，以及公司治理状况，会计制度和损失准备金计提方法。

对于许多监管当局而言，评估本国工作重点会影响到巴塞尔新协议中几种方法的选择，特别是本国或本地区各银行理应在近期可能实施方法。在其他国家或地区，监管当局也许希望推迟实施巴塞尔新协议，近期工作重点是致力于继续强化前文所述基础工作。随着时间的推移，各监管当局应该考虑为本国或本地区的银行提供巴塞尔新协议中规定的风险敏感度更高的方法，来进行资本监管。

C. 决定执行巴塞尔新协议的银行和方法

适当的资本充足率框架应该确保银行系统的安全和稳健，并且鼓励其不断改进风险评估。正如上面所提到的那样，有效实施巴塞尔新协议要求各国监管当局在实施过程中要符合本国的实际情况。有效实施巴塞尔新协议并不要求本国或本地区的所有银行都采用巴塞尔新协议。对于本国或本地区的非国际活跃银行，各监管当局可以维持现行的资本评估制度，或采用一种简化的制度。此方法认为，高级法并不是所有国家和地区的所有银行的最终目标。

对于相对复杂的大型国际活跃银行，工作组鼓励各监管当局确保：随着时间的推移，他们能够为这些银行选用更加高级的方法创造机会，以及为这些银行选用巴塞尔新协议中风险敏感度更高的资本计量方法创造机会，有助于促进银行、监管当局和市场的整体目标实现，并且进一步促进银行系统的安全和稳健发展。

一旦决定实施巴塞尔新协议，监管当局需要确定可以选用巴塞尔新协议中的哪些方法，以及哪些银行采用巴塞尔新协议框架。第二节列出了监管当局对其银行是采用巴塞尔新协议中的相对简单的方法或者相对高级的方法所需考虑的因素，制定银行采用巴塞尔新协议的标准，以及与实施日期有关的问题。

D. 实施三大支柱的具体步骤

实施新协议需要银行和监管当局投入大量的资源。因此，希望采用巴塞尔新协议的银行和监管当局必须认真考虑其战略，并采取必要的步骤确保其及时和平稳实施。首先各监管当局将确定拥有自主权的领域，并把这些和其他监管思路通报银行。所有二大支柱应该实施，因为这三大支柱对于监管资本框架的成功是同样重要的。一些国家或地区制定了一些条例，并部分地融合了第二支柱和第三支柱中的概念。这样的话，可能仅需要做出小幅度的调整。但是，在其他国家或地区，第二支柱和第三支柱可能需要通过立法程序进行修改，这是监管当局需要考虑的。各监管当局必须评估银行对巴塞尔新协议中所有内容的准备程度，并在过渡期内与银行不断进行对话，以解决实施中的问题。监管当局还需要准备额外的指引，指导银行和检查人员如何评估本国或本地区银行业遵守巴塞尔新协议标准的情况。本文第三、五节讨论这些和其他实际问题。

E. 各国立法修改

在许多国家，巴塞尔新协议需要修改法律和监管程序。监管当局需要评估所需修改的范围，所要遵循的步骤，进行修改的时间跨度。在许多情况下，可能需要经过议会或其他咨询程序。第六节讨论这些问题。

F. 监管资源和培训

训练有素的员工是关键，关系到能否完善监管结构和成功实施巴塞尔新协议。在某些情况下，现有员工的技能需要提高。在其他情况下，将需要把"万事通"型人才转变为"专家型"人才。监管当局还应该识别和解决非人力资源方面的需求。例如，改进监管当局或中央银行的监管报告和信息技术系统。这些工作可能包括使用创造性方法来吸引、提高和留住合格人才。在实施巴塞尔新协议过程中，各监管当局还可能任用外部审计师、内部审计师和顾问。在外包监管工作的过程中，监管当局要密切关注这些人的工作质量。第七节重点讨论这些问题。

第一节　评估本国监管工作重点

A. 引言

在决定在某国是否实施巴塞尔新协议时，监管当局需要权衡实施巴塞尔新协议框架和其他本国监管工作重点之间的成本和收益。不管选择何种资本监管框架，监管当局都需要评估促进银行系统安全稳健的核心基础设施的有效性。对于某些监管当局而言，此项评估可能意味着，本国或本地区的银行可望在近期内采用巴塞尔新协议方法。在其他国家和地区，监管当局也许希望推迟实施巴塞尔新协议，并把近期工作重点致力于强化基础工作。

B. 基准的资本充足率、监管和信息披露体制

巴塞尔新协议的主要目标是，通过使用相互加强的三大支柱，鼓励银行提高风险管理水平。虽然银行在准确计量重大风险和维持适当的资本充足率方面负有主要责任，但是巴塞尔新协议认为，对于银行的资本充足性和风险管理或银行系统的安全稳健而言，第一支柱最低资本要求不是惟一的解决办法。第二支柱下强有力的以风险为本的监管当局监督检查以及早期干预，第三支柱规定的市场约束是对最低资本要求的有益补充。

如上所述，某些国家和地区的监管当局也许希望维持现行的最低资本要求方法，并且集中精力建立完善的监管当局监督检查框架，同时强化市场约束，这与第二支柱和第三支柱中的原则一致。从某些国家遵守巴塞尔委员会基本核心原则的情况看，充分地显示了需要加强的监管领域，以符合最低监管要求。但是，在信息披露和市场约束方面可能需要另行制定指引。这些问题的讨论见后面。

在评估巴塞尔新协议是否适合本国或本地区时，监管当局需要考虑的另一个相关问题是，实施后的跨境影响。例如，监管当局必须评估：法律和监管框架是否能够促进有效的跨境监管、信息交流、合作和协调。这些问题在第二节B和第六节中有进一步的论述。

监管框架

除了努力遵循巴塞尔核心原则外，各监管当局（包括那些选择仍然执行老协议的）也应该逐步转向风险为本的监管制度。具体一点，监管当局应该尽可能地把工作重点转移到：检查银行的风险管理程序的质量和正确评估风险敞口的能力。但是，对于许多国家而言，评估银行信贷组合的每笔贷款仍将是有效监管的重要内容。而且，监管制度应该组合使用非现场和现场检查，定期报告，与高级管理层和董事会举行座谈会。监管方法的不断进步，是评估银行按照巴塞尔新协议进行内部评级的先决条件。

所有银行应该关注开发评估资本要求的程序，制定维持资本水平的战略，这符合第二支柱中包含的原则。监管当局则应该审查这些工作。资本水平和程序应该适应银行的风险状况、业务经营和控制（原则1）。相应地，监管当局应该与银行就这些程序开展对话（原则2）。此类对话的一个重要方面是激励复杂程度不同的银行进一步考虑他们如何评估和管理资本水平。监管当局还应该确保，银行持有的资本超过法定最低额度，并且有早期干预程序来防止资本下滑至最低额以下（原则3和4）。

信息披露管理制度

及时准确披露银行的财务信息促进了市场约束，通过允许市场参与者评估银行的业务和业务中固有的风险，并采取相应行动，信息披露会进一步激励银行审慎经营，并促进金融稳定。建立在充分的公开信息披露基础之上的市场约束，有效地补充了监管当局的工作，鼓励了银行维持稳健的风险管理制度和做法。

根据上面这些目标，监管当局应该要求银行进行定期的公开信息披露，并且做到及时、准确且没有重大遗漏，有利于形成有效的市场约束。为了保持公开信息披露的可靠性，应该建立稳健的内部控制制度和风险管理制度,并且辅之以有效的外部和内部审计。

在许多国家,实施巴塞尔新协议和相关的第三支柱规定是一种自然进化,因先行的信息披露体制符合这些目标。在其他国家,监管当局也许希望首先集中精力,就所有银行的信息披露标准及应用达成一致。这也许可以作为一个较好的起点来促进市场约束。此类信息披露标准可以划分为以下6大类:

财务经营业绩;

财务状况(包括不同级别的资本、清偿力和流动性);

风险管理战略和做法;

风险敞口(包括信用风险、市场风险、流动性风险、操作风险、法律风险和其他风险);

会计政策;

基本业务,管理和公司治理信息。

今后,监管当局应该与银行、投资者和其他财务信息的使用者开展积极对话。通过此种对话,监管当局可以评估这些当事人的信息需求,评估提高市场约束有效性的工具,以及适当调整信息披露要求的标准。

C. 法律监管基础和良好的公司治理

一些法律和监管条件必须先得到满足才能支持有效监管。这些先决条件分布在巴塞尔核心原则第1、6、8、21和22条,涉及监管当局的独立性、充足的资源、适宜的监管和补救权力,以及适宜的法律框架(包括保护监管人员)。

此外,采用国际公认会计准则,一致、真实和审慎的资产评估规则,反映真实偿还期望的贷款损失准备金计提政策,所有这些都是必要的,这样才能确保资本比率(按照老协议或新协议计算)真实地反映银行的资本充足率。

监管当局还应该尽量鼓励银行稳健开展业务和推行良好的公司治理做法。巴塞尔新协议强调稳健的风险管理政策和公司治理之间的关系。例如,信用风险的内部评级法规定了稳健风险评估程序、完善的内控和较好的透明度要求。因此,董事会和高级管理层应该了解和指导银行的全面风险管理和经营。监管当局应该确保,不管采用何种资本计量方法,所有银行都实行良好的公司治理方法。

D. 人力资源

拥有优秀的人才是成功实施巴塞尔新协议的关键。这可能涉及雇用更多称职的职员以及强化培训项目。对于实施巴塞尔新协议中的高级法的国家而言，在实施巴塞尔新协议以前，银行和监管当局的职员需要掌握定量分析知识和技能，以便了解银行的评级系统、模型和资产评估战略。即使采用巴塞尔新协议中的简单法，银行和监管当局的工作人员也许都需要在信用风险缓释和操作风险以及第二支柱项下的资本充足率评估等方面提高技能。

第二节　决定巴塞尔新协议的应用范围

A. 引言

对于那些选择采用巴塞尔新协议的国家和地区，监管当局需要确定：(1)银行在一定期间内选用新协议框架中的哪些方法；(2)哪些银行选用新协议框架。有关这两个问题的讨论见下面。

做出这些决定是一个反复的过程，主要依据针对大银行设定的定量和定性标准，以及评估巴塞尔新协议中不同方法的成本和收益。这一过程还需要考虑：(1)监管当局与银行之间对话的结果，包括银行评估其对巴塞尔新协议要求的准备情况；(2)监管当局准备情况分析；(3)选择的方法对资本水平的总体影响；(4)公平竞争问题。

监管当局应该及时将其实施巴塞尔新协议的范围和时间计划进行公布。在某些国家和地区，在经过适当的立法咨询程序之后，这些计划必须转换为更加正式的法律规定。

B. 巴塞尔新协议中的各种方法

一个国家可能拥有许多规模不同以及风险管理做法各异的国内银行和国际银行，因此，各国可以提供几种方法用于计算资本要求，并且每种方法与风险管理的复杂程度相适应。但是，监管当局必须明白，决定资本充足率时使用不同的方法，可能会造成对同一类别的业务的资本要求不同。

在决定采用巴塞尔新协议中的哪些方法时，各监管当局应该采用适合其特殊情况且符合其目标的战略。采用不同方法可能导致资本要求上会出现差异，监管当局必须考虑下列因素：

银行体系的结构，要考虑在本国营业的银行的组合。例如，某一国家或地区仅有国内、非国际活跃银行，而另一国家或地区仅有外国银行的分行和子行，那这两个主体的监管当局所要考虑的因素肯定明显不同。

一个需要考虑的重要因素是银行业的复杂程度。如果本国或本地区有许多复杂、国际活跃银行，则监管当局应该把工作重点放在：通过高级法把资本要求及其对应的风险更加紧密地联系起来。另一个要考虑的因素是银行监管基础的完善程度和能力，以及监管当局监管更加复杂和高级的信用风险和操作风险资本充足率方法的能力。

必须审查资本充足率监管的主要监管目标和战略。这些包括提高银行业的资本充足率水平，鼓励采用更好的风险管理技术，引入操作风险资本，为所有银行营造公平的竞争环境，以及提高监管标准和强化市场约束。虽然这些目标可能相互补充，监管当局仍然应该根据本国目标来把以上这些工作分出轻重缓急。

监管当局必须考虑拟推行的资本充足率管理办法对开发新的银行产品和服务的影响，例如，国内债券市场的发展。此外，由于资本监管要求与经济资本的评估值和相应风险的吻合程度不同，资产证券化、衍生工具和其他表外业务也许因不同的市场激励机制而发展不同。

监管当局还必须评估母国和东道国之间的关系，包括监管人员对其他监管当局评估工作的依赖程度，特别是高级法的审批和持续监控。

在评估以上这些方面后，一些银行监管当局也许仅仅允许银行采用老巴塞尔协议或巴塞尔新协议中相对简单的方法来计量信用风险和操作风险，而另一些监管当局则将鼓励其某些或全部的银行从1988年的老协议直接过渡到巴塞尔新协议中更加高级的方法。在做决定时，各监管当局应该注意，巴塞尔新协议旨在：通过鼓励银行使用更加高级的方法来不断促进其提高风险管理水平。虽然在某一特定国家或地区的某些银行也许不能马上采用高级法，但是监管当局仍应考虑：他们目前考虑的各种方法的选择是否允许并鼓励银行今后使用高级法。

C. 决定执行巴塞尔新协议的银行的标准

在决定哪些银行适用巴塞尔新协议时，监管当局需要考虑以下因素：

银行的规模（即：在银行系统中所占的资产份额）；

业务的性质和复杂程度；

重大活动或业务的参与程度（例如结算清算业务，或占有相当大份额的零售业务）；

国际业务（即：持有海外资产/海外收入的比例）；

与国际市场的联系；

银行的风险状况和风险管理能力；

其他监管问题，例如可以用于初始验证和持续监控的资源，资本要求敏感度的提高和巴塞尔新协议方法执行过程中所增加的监管复杂性之间的利弊。

监管当局可能在全国范围内详细考虑这些因素，例如，对某些因素（如：资产规模）可能规定最低的数量标准。但是，必须注意这些标准应与定性评估和监管者的主观判断结合同时使用。因此，出于保持银行业务的安全与稳健考虑，在必要或适当的情况下，监管当局应该有权要求某些机构采用巴塞尔新协议。这样，监管当局或许决定，在本国或本地区，所有银行可以选择巴塞尔新协议中的所有方法。

D. 在选择采用巴塞尔新协议中何种方法时所要考虑的因素

在决定采用某一特定方法进行资本监管时，监管当局应注意不能被银行所左右，因为银行要尽量降低监管资本要求。同时，银行和监管当局必须评估巴塞尔新协议和老巴塞尔协议之间的实际差距，评估由老到新的成本和收益。各监管当局应该特别考虑：巴塞尔新协议中增加的风险管理要求，以及与简单的资本充足率计算方法相比风险管理改进可能带来的好处。在评估分别向低级法和高级法过渡时，主要影响决策的因素如下：

巴塞尔新协议中的简单法

使用外部评级

在许多国家，企业接受评级数量少和缺乏国内评级机构这些问题，可能导致难以实施标准法（特别是公司债权）。如果使用外部评级，监管当局应该需要根据巴塞尔新协议规定的资格标准来评估评级机构的稳健性和可靠性。

监管当局需要确定：是否有能力（包括人力资源，资金预算和时间）来履行职责，本国或本地区内是否有成熟的市场约束与之相配套。在公司能够用不正当手段获得较好评级时，本国或本地区监管的基础设施应该保证监管人员能够处理由此可能引发的问题。

监管当局还应该与银行讨论，监控外部评级或国家风险评级结果的变化的计划，以及这些评级结果如何反映在资本计算系统中。

监管当局决定的风险权重和估计值的适用性

在委员会内，巴塞尔新协议计算中使用的监管当局估计值（例：零售资产组合中一些债权的标准风险权重、如住房抵押贷款的风险权重，内部评级初级法中某些重要参数的监管当局估计值)是最低值。这些估计值依据的是委员会成员国的历史数据。因此,各国监管当局应该评估此类风险敞口的历史损失数据,看这些估计值是否适用于本国或本地区。

信用风险缓释技术

在评估使用巴塞尔新协议中简单法的成本和收益时,监管当局应该考虑:巴塞尔新协议中银行可以使用的额外的信用风险缓释技术的相关程度。这取决于在某一特定国家用作抵押的额外的合格工具,抵押物执行的法律基础是否有效,抵押品市场的深度以及是否存在较多类型的担保,包括提供信用衍生工具。

操作风险

操作风险资本要求不是可有可无,而是巴塞尔新协议的一个重要部分。简单法(基本指标法、标准法或替换标准法)执行起来相对简单(最后两类需要银行能够将总收入按业务系列进行适当分解)。

在考虑采用巴塞尔新协议时,监管当局应该了解操作风险资本的影响,并且在制度上鼓励银行使用合适的方法来计量操作风险,并且确保银行为此类重要风险持有足够的资本。

第二支柱和第三支柱

甚至在开始实施第一支柱之前,各监管当局就应该实施第二和第三支柱中的重要原则。这样,在考虑银行是否采用巴塞尔新协议时,不能仅仅考虑第一支柱的问题。监管当局必须考虑需要做的其他工作以及可以获得的好处,以便遵守第二和第三支柱中的规定。这取决于银行业务的性质,以及目前风险为本的监管制度的实施情况。在评价这些因素时,监管当局应该考虑银行评估内部资本充足率的能力,以及进行资本评估审查的准备情况。

计划采用巴塞尔新协议的银行还必须按照第三支柱进行适当的信息披露。监管当局必须确保,在允许银行采用巴塞尔新协议以前,监管当局有权要求银行执行此类信息披露。

逐步采用高级法

在巴塞尔新协议中规定的各种方法中,信用风险的内部评级法和操作风险的高级计量法(统称为"高级法")把资本要求最紧密地与对应风险联系起来。由于高级法主要依赖银行内部评级,因此银行应满足一套严格的标准,提高风险估计值的精确度,并且帮助银行在内部建立适当的控制和监督环境。采用这些方法还可能引发第二和第三支柱中的某些额外的义务。决定哪些银行可以使用高级法时,要求评估许多因素,包括银行的风险状况,业务的性质,以及满足这些方法的规定的能力。对于内部评级法,监管当局还必须评估风险权重函数的适用性。这些函数是根据在委员会成员国观察到的资产相关性数据制定的。在内部评级法曲线中,违约概率和用于抵补非预期损失的资本之间的关系反映了成熟市场的经验。如果历史上损失较高,则这些国家需要较高的资本要求。

在某些国家或地区,如果监管当局允许让所有银行选择高级法,在考虑申请高级法的银行是否满足最低规定时,这些因素就需要加以考虑。

E. 确定实施日期

影响实施时间表的一个主要因素是:银行系统和监管当局的准备状况。工作组认为,实施相对简单的方法最好在同一天由所有适用的银行执行,且选定的日期要尽早提前公布。

在考虑国内情况和资源限制的前提下,工作组还鼓励各监管当局尽早让合格银行选用高级法。这样做会鼓励单家银行改善风险管理制度,以及促使其今后利用这些高级法。工作组认为,银行采用高级法可以逐步进行,因为银行和其监管当局的准备状况会日益改善。

第三节　实施第一支柱的具体步骤

本节列出了按照第一支柱规定做好准备工作所应该先后采取的步骤。第四节和第五节讨论第二支柱和第三支柱的准备工作。

A. 各国拥有自主权的领域

巴塞尔新协议规定了一些领域,各监管当局需要决定具体的定义、方法,或希望实施的最低标准。在做出这些决定时,各监管当局使用的标准应该利用国内市场的做法和经验,并且与新协议框架的目标一致。

除了对具体的各国自主权领域做出规定外,各监管当局需要制定审慎标准和规则来使巴塞尔新协议中的各项原则具有可操作性。例如,按照标准法,各监管当局应该评估:住宅抵押贷款的35%的风险权重是否适用本国或本地区的历史损失数据,同时也要考虑符合什么样的“严格审慎标准”才有资格适用35%的风险权重。打算实施内部评级法的监管当局还应该制定具体的标准和程序来审批和认证内部评级法。

B.决定巴塞尔新协议的定量影响

首先，必须弄清楚所选择的资本计量方法对巴塞尔新协议单家银行和整个银行系统资本要求的影响。最初的评估可以按照第三次定量影响分析的思路进行。分析应该达到以下目标：

为银行提供完全可操作的规则；

评估规则对银行资本比率的影响，集中关注引起重大变化的因素；

允许银行评估巴塞尔新协议引起的变化对整体风险状况的影响；

通过与监管当局持续对话，与银行讨论出现的问题，确保新协议规则解释的正确性和一致性。

如果影响分析表明，所选用的方法会改变银行总体资本水平（按单个银行和整个银行系统），监管当局需要确保，所发生的变化，对银行和整个银行体系而言是合适的。这样的话，银行应该制定合适的资本计划作为第二支柱的一部分。在规划采用新协议框架和发现资本来源过程中，各监管当局需要与银行共同决定切合实际的时间表以便调整资本水平。

C.评估银行做法和准备情况

引言

银行和监管当局需要进一步了解银行的做法和实施中的问题，这一点很关键，特别是使用高级法时。因此，在最后决定使用何种方法之前，监管当局需要：

了解有关银行现行风险管理做法和内部资本评估方法；

让银行和监管人员更加明白，新的最低资本标准和其实际上对风险管理的影响；

评估银行对巴塞尔新协议的准备情况，包括识别重要的差距和实施方面的挑战；

向国内立法部门通报情况，并且编制监管指引。

监管当局必须为实现以上这些目标制定全面的程序。这些程序应该包括与银行的双边对话，以及对更大范围的一些问题的讨论。

与银行的双边对话

监管当局可以使用许多方法，包括自我评估，专门走访，以及同行比较。

监管当局应该找出一些银行来进行全面审查，并集中关注每家银行的内部做法，对巴塞尔新协议的准备情况和主要的实施问题进行审查。被挑选的银行最好是打算向巴塞尔新协议过渡的银行。

作为第一步,监管当局可以要求此类银行进行非正式的自我评估,即是否符合巴塞尔新协议规定的最低要求。这些评估应该构成银行与监管当局之间持续对话的一部分。

这些审查应该通过专门的走访进行,并与对银行的正式的现场检查分开。此方法将区分这些探索性走访与正式检查的本质区别,并且鼓励银行和监管当局之间实事求是地交换意见。

监管当局可以让每一次审查集中关注某一特定领域。例如,内部评级法审查可以集中关注:(1)评级系统结构,(2)量化方法,(3)数据和信息技术,(4)控制和监督体制,(5)审批。根据银行的结构,这些咨询的内容可以涵盖各类资产(例如,分开审查公司贷款组合和零售贷款组合)或跨越资产类别。

监管当局需要识别这些审查需要的监管资源。由于重点是评价现行做法,就需要专家的参与,包括需要信贷专家,数学分析专家和巴塞尔新协议政策专家以及机构专家。同样,很有必要聘请银行相关领域在评估方面的人才(包括信贷专家、信息技术、数学专家和集团风险管理人员)。

在审查过程中需要重点考虑的是:让监管队伍可以广泛地接触各类银行。这种横向比较允许监管成员评估各银行的各种做法,并且藉此可以评估每家银行满足最低资本要求的能力。

监管当局应该制定一种程序,向银行反馈审查过程中和结束时的有关情况。当然,虽然这些审查的一项主要目标是识别各种实施问题,监管当局仍应了解,在目前这个阶段,对每一个实施问题,没有一个现成的答案。

更多的工作

监管当局应该运用更多方法来评价国内银行体系中的各种做法,并且促进与业界就实施问题进行对话。这一过程非常有益,一方面有助于良好做法的推广,另一方面为监管当局提供了有价值的信息。

监管当局应采取一系列交流的方法:演讲、会议、双边会谈和借助媒体。交流策略应该适合巴塞尔新协议实施计划,并且与监管当局的预期目标保持一致。

D. 让银行为巴塞尔新协议做准备

银行管理层负责制定和改善风险管理系统,但是监管当局能够并且应该促进各种改进,这样就鼓励银行使用巴塞尔新协议中的高级法。这些工作应该依据银行和监管当局之间就实施巴塞尔新协议中的主要问题进行的对话进行。

下面的部分将详细讨论对监管工作可能特别有用的两个领域，即在帮助改进银行做法方面（特别是信用风险的内部评级制度）。

数据采集

使用高级法的银行需要确定能够计量风险的主要因素。巴塞尔新协议标准允许银行有一定的灵活性，只要银行能够证明外部数据与自己风险敞口的相关性，就可以依赖各种来源的数据。不管来源如何，只有高质量的数据才能实现有效的内部风险评估。从一个更广的风险管理角度，使用此类数据使银行能够评价其风险评估系统的表现，并保持一致性和可操作性。

银行可能需要大量修改其内部制度，以进行适当的数据采集和修改报告要求。这些变化可能需要把各种制度进行整合、修改和需要新软件。银行将需要审查必要的系统变化，并且制定现实的实施时间表来进行此类修改。

监管当局应该继续鼓励银行认真考虑数据需求，充分理解银行为了取得那些数据的风险估计值而使用的技巧。实际上，银行应该已经建立（或正在积极建立）“数据仓库”，使得银行在长时间内能够采集、储存和利用损失方面的统计数据。

在不同贷款组合、银行、国家和风险类别之间，数据的可获得性不尽相同。监管当局应该鼓励私人机构来进行信用信息共享和评估联合数据与银行内部历史数据的可比性。当一个国家或地区的银行采集数据的时间不长时，共享数据特别有用。在这些情况下，监管当局和银行需要考虑保密问题。银行和监管当局共同努力推动数据采集。例如，委员会的《操作风险损失量化调查》，为各银行在该领域开展数据采集工作提供了一个有用的框架。

促进风险细化

如果合适，监管当局可以依赖现行的监管工具例如贷款分类制度。贷款分类制度是内部评级制度的起点。在这方面，贷款分类制度可能特别有用，如：(a)鼓励细分次级和可疑贷款、正常贷款；(b)区分借款人和贷款之间的不同特点；(c)按不同的风险特征细分资产类别（例：公司贷款与零售贷款）。

E.起草监管指引和检查人员指引

根据上面工作中搜集的信息，监管当局最好为银行和检查人员另行准备指引。对银行的指引可以概括为:根据本国市场和本国的历史数据,有关高级法量化的原则标准如何解释。对监管人员的指引可以进一步阐述:检查人员如何评价银行遵守这些标准的情况。此类指引将提高监管工作的透明度,保证各银行在使用巴塞尔新协议中各种方法时的一致性。

F. 审批程序

监管当局必须向银行通报向各种方法过渡的审批程序。作为该程序的一部分,银行应该对其内部系统进行深入的自我评估,并且制定全面计划来改进那些系统,以符合选定方法的规定。此类计划至少应该涵盖:对主要差距的评价,填补这些差距所需要采取的行动,负责具体行动的人员,贯彻落实所需的资源和时间表。这些实施计划在向高级法过渡过程中起关键作用。

监管当局还应该把其预期目的通报给银行:银行应该何时开始按老协议和新协议来双轨计算资本要求。这一过程还将有助于银行和监管当局比较计算得出的资本要求,并且帮助双方识别突出的实施问题。监管当局应该建立一种机制,分析这些双轨运行的结果,向银行反馈并且利用这些信息来形成自己的实施计划。

G. 监管当局之间的信息共享

各国监管当局之间要进行对话,这样才能互相交流实施中的问题和可能的解决办法,才能共享对如何评估内部风险管理程序的切实可行的见解。这样的对话将确保不同国家和地区之间的评估工作更趋一致,使得巴塞尔新协议的实施更具有可比性。委员会已经开始在核心原则联络组中的非十国集团监管当局和委员会成员国之间进行信息交换工作。委员会鼓励通过类似的方式加强对话,以及在母国和东道国监管当局之间进行双边对话,交流各自对自己在协议实施中的作用的期望。

在跨境银行监管过程中,这样的双边信息共享将特别重要。委员会已经公布高级原则来初步解释母国和东道国监管当局如何交流和共享信息。在协调监管外国银行的子行时,有必要同时考虑母国和东道国监管当局的观点。实际上,合作的需要将主要取决于各家银行的实施方案。监管当局之间的谅解备忘录可以是实现这些目标的一种方法。

第四节 实施第二支柱的实际影响

A. 原则1

概述

第二支柱的原则1要求银行制定一套程序,来评估与其风险状况相适应的整体资本充足率,要求银行制定维持资本水平的战略。银行应该建立全面的框架来识别、计量和报告所有重要的风险,并且系统客观地评估这些风险和分配相应的资本。第二支柱下应该考虑的风险是那些第一支柱中没有完全处理或涉及的风险(例如:信用集中风险,银行账户中的利率风险,流动性、业务、战略和声誉风险)。银行的外部因素(例如:商业周期效应)也应该列入第二支柱中。

这样的资本充足性评估程序可能给许多银行带来挑战,特别是如果这些银行目前的风险管理是建立在单一基础之上的,并且没有制定程序来全面考虑这些风险,并与资本充足率挂钩。如果这样,在实施巴塞尔新协议准备阶段,银行和监管当局之间有必要进行对话。这种对话将鼓励复杂程度不一的银行修改其内部有关资本充足率的评估程序。

资本充足率评估程序(CAAP)

委员会认为,用于评估资本充足率的具体方法的性质将取决于银行的规模、复杂性和业务战略。采用高级法的大型银行可能逐步使用经济资本模型。小型非复杂的银行可以选择更多以主观判断为主的方法来计算资本,而不采用高级复杂的内部风险评估程序。无论如何银行应该能够证明:其内部资本目标的制定是有充分依据的,并且符合其风险状况。例如,非复杂银行可能希望:

进行资本水平的同业对比分析;

制定保持资本水平的内部政策,应该考虑的因素包括:贷款增长预期,未来的资本来源和资金运用,分红政策;

评估风险识别的内部程序;

审查定性风险要素,例如控制环境;

评估非预期事件解决方法,包括制定增加资本来源的应急计划;

进行压力测试,考虑银行经营所在国家或地区的具体风险,以及考虑经济周期的具体阶段(例如:经济或工业下滑,经济衰退的影响,市场风险或流动性缺口);

银行的资本充足率评估程序还应该鼓励良好的公司治理，遵循老巴塞尔协议以来以及新协议中委员会认可的各项标准；

董事会和高级管理层应该充分了解风险和计量风险的技术，并且应该审查和审批整体的风险管理文化、风险承受能力和风险政策；

银行的风险状况和资本要求，以及健全的内部控制情况，应该定期报告给董事会和高级管理层；

风险管理和资本政策框架应该经董事会审批，并且由高级管理层监督；

银行应该考虑在银行内部设立正式的组织，诸如"资本管理政策委员会"(由具有适当专门知识的高级管理层成员担任负责人)，来对资本问题进行全面的指导和指引。

B. 原则 2

按照原则 2，监管当局应该审查和评估银行的内部资本充足率评估程序和资本政策，以及银行监控和确保遵守监管要求的资本比率的能力。如果监管当局对这一过程的结果不满意，就应该采取适当的监管行动。审查时应该考虑每家银行的性质、规模和复杂程度。具体说来，监管当局应该：

确保银行的分析考虑了所有重要的风险。应该有一套程序来审查风险管理和控制系统的质量，董事会对资本充足评估计划的了解程度，银行内部日常决策运用资本充足率评估的程度(即："使用"测试)。

监管当局应该确定，银行选择的目标水平和银行资本构成是否全面，是否与目前的经营环境有关；资本水平是否得到了高级管理层的适当监控和审查；资本的实际水平和构成是否适合银行业务的性质和规模。监管当局还应该考虑：银行在确定资本水平时，对非预期事件的解决方法。

在执行过程中，监管当局应该比较银行实际持有的资本和按要求应该持有的资本金额：

按照第一支柱；

按照银行自己的评估(涵盖所有风险)；

根据监管当局对资本的评估，考虑对原则 3 和 4 的监管方法(详见下面)。

监管当局将定期审查银行的资本充足率评估程序。对于大型银行，此类审查一般是一年一次。但是，审查的广度和深度可能每年不同。

监管当局的反应

监管当局必须具备当对银行的资本充足率评价计划的结果不满意时的应对方法。应该制定多种不同的方法,来解决已经发现的弱点。这些方法包括要求银行强化风险管理或改善内部控制,实施资本恢复计划,限制银行的业务或分红,以及要求增加资本(相关讨论,详见下面的原则4)。所有这些方法应该在法律上得到保证。

交流监管当局的期望

监管当局的资本评估程序应该让银行清清楚楚、公开透明,并纳入到持续的监管计划中。监管当局还应该通报其期望银行在资本充足率评估程序中考虑的各种因素(例:银行是否应该对亲经济周期效应提供缓冲资本;使用标准法的银行是否对资本充足率进行一定的标准压力测试)。监管当局应该有权执行此类计划。

C. 原则3

按照第二支柱的原则3,监管当局应该要求银行经营时超过最低资本比率,并且要求银行持有超过最低标准的资本。监管当局应考虑银行经营的具体风险,银行经营所在国家或地区的情况,风险管理质量,第一支柱中没有充分涵盖的风险是否得到了适当处理。

监管当局有一系列方法来遵守这项原则但是没有惟一的"正确"方法。监管当局应该向银行通报其方法和具体的要求。例如,这些方法包括:

要求本国或地区的所有银行遵守统一的8%以上的资本比率;

建立业界统一的触发比率(trigger ratio),低于此比率则要求采取越来越严格的整改措施;

根据银行的风险状况和风险管理能力,制定每家银行特定的目标比率;

评估银行自己目标(必须超过第一支柱最低值)的程序和审批同意此程序的标准。

D. 原则4

原则4阐述:监管当局应该寻求早期干预,防止资本水平下滑至低于与银行风险状况相适应的最低水平,并且如果资本没有维持或恢复,则应该迅速采取补救措施。

通常,监管当局应该能够依赖其维持"安全和稳健"的命令来满足这项原则。在一些国家，监管当局还可以明确地依法进行早期干预(例："迅速纠错行动"管理制度)。应该有明确的法律规定保护监管人员在决策过程中免受不当干预的指控，但是在特定的情况下，也应该提供一定的监管灵活性。

各监管当局应该明确：在一家银行的资本水平下滑至最低要求时，所需要采取的工作步骤。例如，作为出发点，监管当局应该要求银行提供资本恢复计划及其时间表。加强对银行的监控应该是顺理成章的事。监管当局还应该了解，资本的下降是否预示着潜在的问题(例如：管理不善)，是否需要采取整改行动。如果资本没有维持住或恢复到位，监管当局可以要求银行采取补救行动。这些内容详见委员会的论文：《处理脆弱银行的监管指引》(2002年3月)。

第五节 第三支柱实施的实际意义

按照巴塞尔新协议的第三支柱，委员会期望通过要求银行进行信息披露来鼓励市场约束，即让市场参与者来评估资本充足率。银行应该在新协议实施的时候，遵守第三支柱的有关规定。

A. 所要求信息的披露

关于额外的信息披露以及如何实施的问题，监管当局应该与银行进行对话。在一些情况下，必要的信息记载于银行的风险管理系统中，并且作为资本充足率计算的输入参数。在其他情况下，为了满足其他的会计和监管规定，信息已经被公开披露。

对于不是强制要求的，或不是会计或其他外部报告义务要求的信息披露，银行可以通过多种方法披露信息，例如通过向公众开放的因特网址或向银行监管当局呈送的公开监管报告。只要可行，应该鼓励银行在一个地方提供所有的信息，或标明在哪里可以找到信息。银行还必须确认：为了产生所需要的信息，报告和信息系统所需要做出的修改。

银行需要制定由董事会批准的正式的信息披露政策，对信息披露程序实施内部控制，并且制定一套程序来评估信息披露的适当程度，包括审批和披露的频率。外部审计师审核信息真实性的作用也应该尽早考虑。

B. 确保遵守第三支柱规定

各监管当局在制定第三支柱实施计划时，需要适合本国或本地区的具体法律和程序环境。计划应该考虑的问题包括:银行系统的规模和范围,银行的复杂程度,会计标准的发展阶段,证券上市规定,监管部门的力量和能力,银行可以选用巴塞尔新协议中的哪些方法。此计划应该明确第三支柱规定的范围,根据巴塞尔新协议中各种方法,识别主要的差距和需要解决的问题,对重要的规定形成书面文件,制定分步的路线图,向银行和公众明确通报各种规定。

监管当局必须评价其实现第三支柱中信息披露规定的权力。一些监管当局能够要求银行在安全稳健的基础上进行第三支柱的信息披露,其他监管当局可能需要法律或条例的支持。监管当局还必须培养技能和专长,以利用第三支柱的信息披露。这些包括分析和审查信息披露的能力,使信息披露成为有效的管理工具。这些工作可能需要对人力资源和技术进行额外投资。

监管当局需要制定一套程序,来要求银行遵守信息披露规定。这些可能包括:

审查信息披露,并且作为监管当局评估银行管理的因素;

运用监管报告收集所需要的信息,这样有助于监控银行遵守有关规定的情况;

公布银行业遵守各种信息披露规定情况的调查报告,例如 BCBS 调查报告,这样鼓励市场监控银行的合规性;

由高级官员发表讲话,强调信息披露的重要性;

使用标准的监管工具(包括迅速纠错行动)来确保银行遵守信息披露规定;

加强引导,使市场参与者明白信息披露规定,以及没有披露时的做法。

第六节　审查和调整法律和监管框架

A.引言

为了实施巴塞尔新协议,很有可能要做一些法律和监管方面的修改并且修改的幅度将取决于巴塞尔新协议的实施范围(选用何种方法以及银行的覆盖面)、现行制度中存在的差异、法律和监管传统和做法。由于进行这些修改所需的时间可能相当长,各监管当局应该尽快着手这项工作。具体一点,各监管当局需要评估:(a)需要修改的范围;(b)

需要遵循的步骤(例:议会或咨询程序);(c)进行修改所需的时间跨度。

本节重点介绍了实施三大支柱的每一项可能引发的一些法律问题。今后,银行的做法肯定会继续发展变化。因此,立法工作要有一定的灵活性,以便将来必要时对监管框架进行修改和做出调整。

B.监管结构

主要问题包括:监管当局的权力范围和权力大小,监管当局是否有权要求银行采用巴塞尔新协议。在许多情况下,此事相对简单,但是,在采用新的条例之前,通常需要进行咨询和测试。由于监管当局的监管权力通常在银行法中有规定,因此这种权力的任何扩张或修改都可能需要经过国会批准。

C.第一支柱

主要问题如下:

法律框架是否完善并足以确保信用风险缓释技术的有效性(即:贷款担保的标准,担保登记和没收抵押品);

向监管当局提供信息的规则是否到位,并足以满足其获得内部数据和风险管理制度运作的详细信息的需要,且可以容易地对这些方面进行临时检查;

监管当局是否有权力定期检查银行的评级系统;

在防止主要的操作风险(欺诈,计算机瘫痪所造成的债务及类似的风险)时银行采用的法律保护。

D.第二支柱

监管当局是否有足够的法律和监管权力来实施第二支柱中的4项原则;

监管当局是否有足够权力要求单个银行执行较高的资本要求;

监管当局是否有足够的干预权力来要求强制执行;

监管当局是否负有主要责任;

法律和监管框架是否能促进有效的跨境监管信息交流、合作和协调。

E.第三支柱

监管信息保密的公法规则和银行保密的私法规则是否允许第三支柱中设想的公开信息披露。

验证公开披露的信息的法律和监管制度是否足够完善和全面。例如，在定期审计之外，监管当局是否可以进行核实检查。

第七节　评估资源和培训需求

成功实施巴塞尔新协议的关键是拥有训练有素的员工。监管当局应该制定资源开发战略，让监管人员熟悉在本国或本地区采用的方法。监管当局还应该识别和解决非人力资源方面的要求（例如改进监管当局或中央银行的报告和信息技术系统）。

A. 积聚和开发内部资源

由于银行业的不断创新，许多监管当局可能需要更加重视专项检查，即按机构类型进行专项检查，以及按照风险分类和产品类型进行专项检查。

对于负责巴塞尔新协议高级法审批和监控的人员，风险专家和数学专家需要充分了解银行的内部评级系统和模型，以便了解进行初始验证和监控合规情况。这需要很高的专业知识，包括统计、模型技术和评估、模拟和压力测试。

其他监管人员可能需要集中精力来理解与巴塞尔新协议中各种方法有关的概念、方法和风险，培养在分析中使用定量数据的能力，力求基本了解资本评估和计量程序。

培训需要适应不同学员的需求，可以采取几种不同的形式，如：脱产培训，自学计划，由监管人员、业界人士和外部现场检查人员以及经济学家和内部政策专家参加的会议。各监管当局还可以利用外部资源或共同合作满足资源和培训要求。这些包括：

监管当局和银行联合进行咨询，研究和评估采用巴塞尔新协议后可能产生的影响，以及监管当局和被监管机构之间的技术能力；

培训提高技能，包括通过多边机构的支持。在这方面，金融稳定学院计划在2004年提供网上课程，并且预计其今年的50个研讨会和培训项目中有一半以上是针对巴塞尔新协议的；

在金融系统监管和开发方面的技术援助所需的资金或许可以由FIRST（一个多方捐助的5300万美元项目）提供资金支持；

监管当局需要使用具有创造性的方法来吸引、培养和留住合格的人才。这些可能包括：(a)与其他国家的监管当局（有银行机构在两国或两地经营）建立合作安排；(b)建立一种向私营部门委派监管人员和从私营部门招募监管人员的机制。

B. 评估第三方介入的可能性

监管当局也许希望第三方(例如外部审计师、内部审计师和顾问)来帮助其进行巴塞尔新协议项下某些工作。在监管的过程中,各监管当局需要密切关注第三方所做工作的质量。依赖这些第三方工作的程度由各国自己决定。在这方面影响决策的因素包括:

每个第三方部门所处的发展阶段;

如何兼顾依赖与完整、公正、客观和独立;

如果某些职责外包,监管当局保持权力和获得技能的能力。

当依赖外部审计师、内部审计师或顾问时,要考虑的一些重要因素如下:

外部审计师

需要考虑的主要问题包括:

必须有相当成熟的全国会计和审计的标准及框架,并且与通行的国际做法一致。公司的最低资格要求应该是:有专门提供金融服务或有专门从事银行业务的部门,并具备充足的资源,有能力对其员工进行培训和提高员工技能,以便胜任其工作。可以与一家或数家国际公司保持联系,以便在必要时由其提供援助。

为了确保承接此类审计的各类公司之间的做法和标准的一致性,在开始执行任务前,监管当局应该与审计师会面,讨论审计的范围,共享一切互利的信息。

应该考虑举行三方会议(银行、外部审计师和监管当局),并在会上提出结论和所发现的问题,并决定适当的行动计划。

内部审计

随着巴塞尔新协议的实施,内部审计将参与其中多项程序,包括审核数据输入的准确性,审计信贷部门的业务,评估银行的资本评估程序。在评估内部审计的有效性时,监管当局需要考虑:

外部审计依赖内部审计的程度;

内部审计报告的质量,董事会和高级管理层使用报告结论的程度;

使用风险为本(而不是传统的检查为本)的方法来进行内部审计的程度;

内部审计部门的独立性。

顾问

顾问可以为巴塞尔新协议实施中的某些内容提供专门知识。他们还可以在不同银行以及国家或地区推行"最佳做法"。在考虑依赖顾问时，监管当局应该评估下列问题：

在履行监管职责时，要兼顾独立性、专业技能以及保密需要；

可能产生的利益冲突，因为系统稳定性和盈利性的不同监管/咨询目标；

人员的规模和能力，国内和国际影响力，专业知识范围，公司的薪酬和业务记录。

附录二：

巴塞尔委员会《利率风险管理与监管原则》

概要

1. 1997年9月，巴塞尔委员会发布了一份关于利率风险管理原则的文件，这是委员会致力于处理国际银行监管问题工作的一部分。在制定这些原则过程中，委员会借鉴了成员国监管指引的内容，采纳了银行业对征求意见文件（1993年4月发布）的意见，也采纳了对征求意见文件草稿的意见。此外，该文吸收了巴塞尔委员会发布的衍生产品业务指引中的许多原则，这些业务在有关市场风险的资本标准模型的定性参数中得到了反映。本文是1997年文件的修订版（曾经于2001年1月和2003年9月公开征求意见），目的是辅助《新资本协议》第二支柱中有关银行利率风险的处理方法。本概要尤其能反映出原则12至15及附录C和D的修订内容。

2. 本文中原则1至13是利率风险管理的普遍性原则，与是否为交易账户头寸还是非交易账户头寸无关。这些原则涉及利率风险的管理机制，包括经营策略的制定、银行账户及交易账户中资产与负债的组合搭配、内部控制系统等，并特别回答了利率风险管理过程中有效计量、监测及控制利率风险的必要性问题。另一方面，原则14和15则专门阐述了银行账户利率风险的监管处理方法。

3. 这些原则是根据许多国际性银行现行做法总结出的普遍原则。当然，具体运用在一定程度上取决于各家银行的业务范围及其复杂性。在《新资本协议》中，这些原则构成了对国际活跃银行的最低标准。

4. 各国监管当局在监测和处理利率风险时所采用的确切方法，将取决于一系列因素，包括其现场与非现场监管技巧、在监管中利用外部审计的程度等。委员会所有成员都同意：本文所列原则应当用于评估银行利率风险管理的充分性和有效性，用于评估银行账户利率风险的大小，用于培育监管当局处理上述风险的能力。

5. 如同在其他领域一样,完善的控制至关重要。关键是,银行应具有全面的风险管理机制,以便有效地识别、计量、监测和控制利率风险,同时这一机制受到董事会和高级管理层的适度监督。根据成员国的经验及委员会在已出版文件中制定的原则,本文对上述要素进行了逐一阐述。

6. 本文列出了监管当局评估银行利率风险管理的若干原则。本文坚决赞成,银行内部计量系统应尽可能成为监管当局计量和处理利率风险的基础。这一原则对监管当局评估银行内部计量系统是否完善具有指导作用,同时对监管当局如何在断定银行内部计量系统不完善的情况下,获得有关银行账户利率风险信息具有示范作用。

7. 尽管委员会目前没有对银行账户利率风险提出强制性资本要求,但所有银行必须拥有足够的资本以抵御风险,包括利率风险。如果监管当局认定,银行抵御利率风险的资本不足,就必须要求银行降低风险水平或增加资本,或二者兼为。监管当局应当特别关注"异常值银行"(即在遭受标准的利率冲击或类似情况后,经济价值下跌超过一级和二级资本之和20%以上的银行)的资本充足性。各监管当局也可决定提高对整个银行系统的资本要求。

8. 委员会将不断评估是否需要更加标准化的计量方法,并将在今后某一时期重新考虑这类方法。委员会知道业内计量和管理利率风险的方法在不断发展变化,对于现金流量和重新定价日期都不确定的产品,如许多与住房抵押有关的产品和零售存款方面,尤其如此。

9. 委员会现在向各国监管当局发送本文件,相信这些原则能够提供一套有用的利率风险监管框架。从更普遍的意义上讲,委员会要强调的是,完善的利率风险管理对银行的审慎经营和促进整个金融体系的稳定都很重要。

10. 委员会在本文第三节到第十节中提出了以下15条原则。监管当局将运用这些原则,评估银行利率风险管理的充分性和有效性,评估银行的银行账户利率风险,以及针对这种风险制定监管措施。

董事会及高级管理层对利率风险的监控

原则1:为履行其职责,银行董事会应审批有关利率风险管理的战略和政策,并确保高级管理层采取必要的步骤,按既定战略和政策,监测和控制这些风险。银行应定期向董事会报告利率风险头寸,以便董事会按照其关于银行可承受的风险大小的指引,来评估此类风险的监测与控制情况。

原则2:高级管理层必须确保,银行有效地管理其业务结构和承担的利率风险,确保银行为控制和限制这些风险制定了适当政策与程序,确保银行具有足够的资源来评估和控制利率风险。

原则3:银行应对负责管理利率风险的个人和委员会提出明确要求,并确保风险管理机制重点岗位的职责分离,避免潜在的利益冲突。银行应设立责任明确的风险计量、监测和控制部门,充分独立于银行建立头寸的部门,并直接向高级管理层和董事会报告。较大或较复杂的银行应指定一独立的部门,专门规划和管理银行的利率风险计量、监测和控制。

完善的风险管理政策和程序

原则4:银行制定明确的、与其业务活动性质和复杂程度相一致的利率风险政策和程序,十分重要。这些政策应在并表基础上采用,在各级附属机构中实施,尤其是各附属机构间存在可能的法律差异和现金流动障碍时。

原则5:银行应识别新产品和新业务中的风险,并确保在引入新产品和开展新业务前,制定相应充分的程序和控制措施。董事会或由其授权的委员会,应事先审批重大的保值或风险管理计划。

风险计量、监测及控制部门

原则6:银行应具备利率风险计量系统,这种系统应覆盖各种重要的利率风险,并能按银行的业务范围评估利率变动的影响。风险管理经理和银行管理层,应清楚地了解系统采用的各项假设条件。

原则7:银行须建立和执行操作限额以及其他做法,将风险头寸控制在符合内部政策的水平以内。

原则8:银行应计量在市场压力下(包括重点假设条件失效)承受损失的程度,并在制定和评审利率风险政策和限额时加以考虑。

原则9:银行须具备充分的计量、监测、控制和报告利率风险头寸的信息系统,应及时向董事会、高级管理层和相关业务经理提供报告。

内部控制

原则10:银行须具备利率风险管理机制方面完善的、内部控制系统,定期独立地评审内部控制系统的有效性,是该系统的一个基本组成部分,必要时还应对该系统进行修改或升级。此类评审的结果,应报送有关监管当局。

向监管当局提供的信息

原则11:监管当局应从银行获得足够且及时的信息,以评估银行的利率风险水平。信息应恰当地包括:银行资产负债表内外各类项目的期限与币种情况,以及其他有关因素,如交易与非交易业务的区别等。

资本充足率

原则12:银行须持有与其承担的利率风险相适应的资本。

利率风险的披露

原则13:银行应公布其利率风险水平及其管理政策。

银行账户利率风险的监管处理方法

原则14:监管当局须评估:银行的内部计量系统,是否充分反映其银行账户的利率风险。如果其内部计量系统不能充分反映利率风险,银行须按所要求的标准加以改进。为便于监管当局监测不同机构的利率风险头寸,银行须提供其内部计量系统的计量结果,以标准的利率冲击对经济价值的影响统一计量。

原则15:如果监管当局断定,银行持有的资本,与其银行账户的利率风险水平不相适应,应该考虑采取纠正措施,要求银行降低风险水平,或增加一定数额的资本,或二者兼为。

Ⅰ.利率风险的来源与影响

11.利率风险是指:利率的不利变动给银行财务状况带来的风险。对银行来说,承受这种风险是正常的,它可以成为创造利润与股东价值的重要来源。然而,过度的利率风险会对银行的收益和资本构成严重威胁。利率的变化将改变银行的净利息收入和其他利率敏感性收入与营运支出,从而影响到银行的收益。利率的变化还将影响到银行资产、负债和表外工具的内在价值,因为未来现金流的现值(有时还包括现金流本身)也随利率变动。因此,按照审慎原则,对利率风险加以有效管理,对于银行的安全与稳健是相当重要的。

12.在提出利率风险管理的原则之前,应简要介绍一下利率风险的来源与影响。为此,下文阐述了银行通常所面临的利率风险的主要形式,包括重新定价风险、收益率曲线风险、基准风险和期权性风险,并分别做了详细介绍。其中还介绍了评估银行利率风险大小时最常用的两种方法:收益分析法和经济价值分析法。顾名思义,收益分析法着重分析利率变化对银行近期收益的影响,而经济价值分析法则注重于利率变化对银行净现金流现值的影响。

A. 利率风险的来源

13. 重新定价风险:作为金融中介机构,银行会遇到多种利率风险,其中最主要、最常见的利率风险源于银行资产、负债和表外业务中到期日(就固定利率而言)与重新定价(就浮动利率而言)的实施时间差。虽然此类重新定价的错配对银行业务十分重要,但利率变动时,它们会给银行的收入和内在经济价值带来意外波动。例如,如果银行以短期存款作为固定利率长期贷款的融资来源,一旦利率上升,银行就将面临由此带来的未来收入的减少与内在价值的降低。这是由于在贷款期限内,其现金流是固定的,而融资的利息支出却是可变的,在短期存款到期后会增加。

14. 收益率曲线风险:重新定价的错配也会影响银行收益率曲线的斜率与形状。当收益率曲线的意外移位对银行的收入或内在经济价值产生不利影响时,就形成了收益率曲线风险。举例来说,假设以5年期政府债券的空头为10年期政府债券的多头进行保值,那么,如果收益率曲线变陡的话,即便已经对收益率曲线上的平行变动作了保值,该多头的10年期债券的内在经济价值也会骤然下降。

15. 基准风险:另一种重要的利率风险(通常称之为基准风险)来自于:对重新定价特征相似的不同工具进行利息收支调整时,会出现的不完全对称的情况。利率变动时,这些差异会给到期日和重新定价频率相似的资产、负债和表外业务之间的现金流及收益利差带来意外的变化。假如一家金融机构用1年期存款提供一笔1年期贷款,贷款按照1个月美国国库券利率每月重新定价一次,同时1年期存款按照1个月伦敦同业拆借市场利率每月重新定价一次。在这种情况下,该机构就面临着两种基准利率的利差发生意外变化的基准风险。

16. 期权性风险:另外一种越来越重要的利率风险,来自于很多银行资产、负债和表外业务中所包含的期权。一般而言,期权赋予其持有者买入、卖出或以某种方式改变某一工具或金融合同的现金流量的权利,而非义务。期权可以是单独的工具,例如场内(交易所)交易期权和场外合同,也可以包含于其他标准化工具之中。虽然银行在交易与非交易账户上都使用场内和场外期权,但包含期权的工具通常是在非交易业务中使用。它们包括含有择购或择售条款的各类长期与中短期债券、允许借款人提前还款的贷款和允许存款人随时提款而通常不收任何罚金的各种无期限存款工具。如果不加以有效管理的话,此类期权性工具会由于其不对称的支付特征，而给卖主带来极高的风险，因为无论是直接的还是内含的期权，一般都是在对持有人有利而对卖主不利时才得以执行。更有甚者，如今越来越多的期权品种带有极高的杠杆效应，这会进一步扩大期权头寸对公司财务状况的影响（包括有利和不利影响）。

B. 利率风险的影响

17. 如上所述，利率变动会给银行的收益和经济价值造成不利影响。这就形成了评估银行利率风险状况的两种不同又相辅相成的分析方法。

18. 收益分析法：在收益分析法中，分析的重点在于利率变动对账面或报告收益的影响。这是很多银行计量利率风险的传统方法。收益变化是分析利率风险的关键，因为收益减少，甚至亏损会降低一家银行的资本充足率，并动摇市场的信心，从而直接威胁到该银行的财务稳健状况。

19. 在这方面，传统上人们最为关注的是净利息收入（即总利息收入与总利息支出之差）。这既反映了净利息收入在银行收益总额中的重要地位，同时也反映了它与利率变动之间存在的直接明显的联系。但是，随着银行业务中手续费和其他非利息收入的增加，另一种注重净收入总额（包括利息与非利息收支）的方法，已变得越来越普遍了。来自贷款服务和各种资产证券化项目等业务的非利息收入，对市场利率变动十分敏感，且相互关系复杂。例如，一些银行为不动产抵押贷款组合提供收取本息和贷款管理的服务，并按其管理的资产总量收费。当利率下降时，不动产抵押贷款提前还款，会导致这些银行的服务费收入减少。此外，即便是交易服务费等传统的非利息收入来源，对利率也越来越敏感。这种敏感性增强的现象，促使银行管理层和监管当局都在从更广的角度来分析：市场利率变化对银行收益的潜在影响，并在测算不同利率环境下的预期收益时考虑这些因素。

20. 经济价值分析法：市场利率的变动也同样会影响到银行资产、负债和表外业务头寸的经济价值。因此，银行的经济价值对利率波动的敏感度，对于银行的股东、管理层和监管当局等方面十分重要。一种工具的经济价值代表着：按照市场利率折算的、其预期净现金流量的现值。依此推算，银行的经济价值可被视为：预期净现金流量的现值。这里，预期净现金流量等于资产的预期现金流量，减负债的预期现金流量，再加上表外业务头寸的预期净现金流量。在这种意义上，经济价值分析法是一种反映银行净值对利率波动的敏感度的方法。

21. 由于经济价值分析法关注的是：利率变动对所有未来现金流量现值的潜在影响，因此，与收益分析法相比，它能够对利率变动的潜在长期影响进行更为深入全面的评估。这种深入评估是很重要的，因为收益分析法所注重的近期收益的变动，可能无法准确地显示利率波动对银行整体状况的影响。

22. 隐性损失：收益分析法和经济价值分析法所讨论的都是利率的未来变动会对银行的财务业绩产生何种影响。银行在测算它愿意并且有能力承担的利率风险时，还应考虑到过去的利率可能对未来业绩造成的影响。特别是由于过去所发生的利率变动，不以市价计值的工具可能已经包含着一定的隐性盈亏了。它们会随着时间的推移，而逐渐反映到银行的收益之中。例如，对于在利率低迷时发放的长期固定利率贷款，如果它是近期以利率更高的负债重新融资的话，在其剩余贷款期内，将给银行带来损失。

Ⅱ. 稳健的利率风险管理做法

23. 稳健的利率风险管理包括：在管理资产、负债和表外业务头寸时，遵循以下四个基本原理：

董事会和高级管理层的妥善监控；

完善的风险管理政策和程序；

妥善的风险计量、监测和控制系统；

全面的内部控制和独立的审计。

24. 银行使用上述原理的具体方式取决于：其资产负债的构成、业务的性质、复杂程度以及利率风险水平。因此，对不同的银行来说，适当的利率风险管理做法的内涵，会有很大的不同。例如，如果银行的业务相对简单，高级管理层积极参与日常运作的具体工作，那么也许可以依赖于较基本的利率风险管理方式。但是，那些业务种类繁多的大银行，就可能需要更为完善、更为正规的利率风险管理方法，以满足其广泛的金融业务需要，并为高级管理层提供监督和指挥日常运作所需的信息。而且，此类银行采用的较复杂的利率风险管理方式，还需要充分的内部控制，其中包括审计或其他适当的监控机制，以确保高级管理层在监控政策和限额的执行情况时，掌握全面的信息。风险计量、监督和控制人员的职责，必须与业务决策者和经营者有充分的分离，保持足够的独立,以避免利益冲突。

25. 委员会认为,利率风险与其他风险一样,均应在包括附属机构的并表基础上来进行监控。与此同时,银行应当充分认识到各附属机构之间的任何法律差异和可能的现金流动障碍,并相应调整其风险管理程序。尽管并表有助于全面综合计量风险,但由于附属机构之间的头寸可能会相互抵消,因此,并表也有可能低估风险。这主要是因为依照会计惯例,并表时理论上允许此类头寸抵消,而实际上由于法律或操作上的限制,银行并不能这样处理而从中受益。管理层应当了解:并表方式在这种情况下,低估风险的可能性。

Ⅲ. 董事会和高级管理层对利率风险的监控

26. 银行董事会和高级管理层的有效监督,对于稳健的利率风险管理机制是至关重要的。有关人员必须了解:在利率风险管理中,他们所承担的责任,并且必须恰当地发挥监控与管理利率风险的作用。

A. 董事会

原则1:为履行其职责,银行董事会应审批有关利率风险管理的战略和政策,并确保高级管理层采取必要的步骤,按既定战略和政策,监测和控制这些风险。银行应定期向董事会报告利率风险头寸,以便董事会按照其关于银行可承受的风险大小的指引,来评估此类风险的监测与控制情况。

27. 董事会负有了解银行所承担的利率风险的性质和水平的最终责任,它应审批各类与银行利率风险有关或有影响的业务战略和政策,应审查银行有关利率风险的整体目标,并应就银行所能承受的利率风险水平提出明确的指导意见。董事会还应对明确利率风险管理授权与责任分工的政策进行审批。

28. 相应地,银行董事会负责审批银行关于利率风险的总体政策,并确保管理层采取必要措施,以识别、计量、监测和控制这些风险。董事会或董事会的专门委员会,应定期审查详尽且及时的有关信息,从中了解和评价高级管理层对这些风险的监控是否符合银行的既定政策。此类审查应定期进行,但如果银行持有大量复杂工具头寸,则应频繁进行审查。此外,董事会或其某一委员会,应定期对影响银行利率风险状况的重大利率风险管理政策和整体业务战略加以重新审查。

29. 董事会应鼓励在其成员与高级管理层之间,以及高级管理层与银行其他人员之间,讨论银行的利率风险和风险管理程序。董事会成员并不需要详细了解关于复杂的金融工具、法律事务或者发达的风险管理技术等方面的专业知识，但是他们有责任确保高级管理层对银行所承担的风险有全面的了解，并确保银行拥有掌握必要的风险评估和控制技术的人员。

B.高级管理层

原则2：高级管理层必须确保，银行有效地管理其业务结构和承担的利率风险，确保银行为控制和限制这些风险制定了适当政策与程序，确保银行具有足够的资源来评估和控制利率风险。

30. 高级管理层负责确保银行具备管理其长期与日常利率风险的适当政策与程序，并要确保在管理与控制该风险方面，有明确的授权与责任分工。管理人员还负责保持：

适当的风险头寸限额；

计量风险的适当系统与标准；

头寸定值与业绩衡量的标准；

全面的利率风险报告与利率风险管理审查机制；

有效的内部控制。

31.向高级管理层提供的利率风险报告，应有汇总信息和详尽的辅助资料，以便管理层能够评估：银行对市场条件及其他重大风险因素变动的敏感性。高级管理层还应定期审查银行的利率风险管理政策和程序，以确保其妥善性和稳健性。高级管理层还应鼓励和参加与董事会成员就风险管理、报告和管理程序进行的讨论，并视银行的规模和复杂程度，鼓励和参加与风险管理人员进行的有关讨论。

32.管理层应确保：从事利率风险分析和管理活动的人员，具备与银行业务的性质和范围相称的技术知识和从业经验。银行应拥有足够的人力资源来管理上述业务，并能应付主要人员临时不在岗的情形。

C.管理利率风险的责任与授权分工

原则3：银行应对负责管理利率风险的个人和风险管理委员会提出明确要求，并确保风险管理机制重点岗位的职责分离，避免潜在的利益冲突。银行应设立责任明确的风险计量、监测和控制部门，充分独立于银行建立头寸的部门，并直接向高级管理层和董事会报告。较大或较复杂的银行应指定一独立的部门，专门规划和管理银行的利率风险计量、监测和控制。

33.银行应确定从事利率风险管理各项工作的人员和委员会。在利率风险管理过程中，高级管理层应明确划分制定规划、执行规定和风险计量与报告各项工作的权责界限。高级管理层还应合理保证银行的所有业务及全部利率风险，均被纳入风险管理程序。

34. 银行应注意确保对风险管理的关键岗位实行充分的责任分离，以避免潜在的利益冲突。管理层应确保存在足够的防范措施，尽可能减少从事风险业务的人员对风险管理程序的关键控制职能产生不当影响，诸如对政策与程序的制定与执行、向高级管理层报告风险和后台业务部门等。此类防范措施的性质与范围，应与银行的规模和结构保持一致，并适应银行利率风险的规模和复杂程度、其交易与承诺的复杂程度。较大或较复杂的银行，应有独立部门来负责设计并管理银行利率风险的计量、监测与控制。该部门的控制职能（如对风险限额的管理），是整个内部控制系统的组成部分。

35. 从事利率风险计量、监测和控制的人员，应充分了解整个银行所面临的所有利率风险。

Ⅳ. 完善的风险管理政策与程序

原则 4：银行制定明确的、与其业务活动性质和复杂程度相一致的利率风险政策和程序，十分重要。这些政策应在并表基础上采用，在各级附属机构中实施，尤其是各附属机构间存在可能的法律差异和现金流动障碍时。

36. 银行应当有限制和控制利率风险的明确政策与程序。这些政策不仅应限制和控制银行在并表基础上的整体风险，而且必要时还应限制和控制银行各附属机构和其他部门的风险。此类政策与程序应说明有关利率风险管理决策的责任分工，并明确定义获得授权的工具、保值战略和建立头寸的机会。利率风险政策还应说明，银行可承受的利率风险水平的定量参数。如果可能的话，还应进一步规定各种工具、资产组合与业务的限额。银行应定期审查所有的利率风险政策，必要时加以修改。对于政策、限额和授权的例外情况，管理层应制定必要的专门的程序和审批方案。

37. 管理层可以发布一份政策说明，规定银行可以使用哪些工具和从事哪些业务。同时它也表明管理层对并表和各级法人机构所要求的风险限度。该说明应明确指定可使用工具的名称或特征，并阐述其使用目的，同时明确列出接受某些工具、管理资产组合以及控制银行整体利率风险的整套操作程序。

原则5:银行应识别新产品和新业务中的风险,并确保在引入新产品和开展新业务前,制定相应充分的程序和控制措施。董事会或由其授权的委员会,应事先审批重大的保值或风险管理计划。

38.银行应事先对新产品、新业务加以认真研究,确保了解其利率风险特征,并将其纳入风险管理程序。在分析某一产品或业务是否会导致新的利率风险因素时,银行应当清楚,一种工具期限的改变、重新定价或还款条件的变化,对其利率风险特征都会有明显的影响。试举一个简单的例子:购买并持有一种30年长期国债的决策,会给一家原先将其投资期限限制在3年以内的银行,带来利率风险战略上的重大变化。同样,如果一家专门从事短期固定利率商业贷款的银行,开始涉足长期固定利率不动产抵押贷款,它就应当了解,许多不动产贷款产品都允许借款人随时提前还贷,并且不收或只收极少罚金,这其中就包含着期权性风险。

39.在引入一种新产品、采取新的保值或建仓策略之前,管理层应确保:已制定了适当的操作程序和风险控制系统。董事会或其指定的专门委员会,也应在重大的保值和风险管理举措出台之前进行审批。采用新工具或新策略的提议,应包含下列内容:

对新产品或新策略的介绍;

对进行稳健有效的产品或业务的利率风险管理,所需资源的说明;

分析新业务对于银行整体财务状况和资本水平的意义;

计量、监测和控制该产品或业务风险的程序。

V. 风险计量、监测及控制部门

A. 利率风险计量

原则6:银行应具备利率风险计量系统,这种系统应覆盖各种重要的利率风险,并能按银行的业务范围评估利率变动的影响。风险管理经理和银行管理层,应清楚地了解系统采用的各项假设条件。

40. 一般而言,银行应建立评估利率变动对其收益和经济价值影响的利率风险计量系统,但应视各银行具体的业务范围与复杂程度而定。这种系统应该对银行目前的利率风险状况进行有意义的计量,并能够发现可能产生的任何过高风险。

41.计量系统应:评估与银行资产、负债和表外业务头寸相关的所有重大利率风险;使用公认的财务概念和风险计量技术;具有对假设条件和参数的书面说明文件。

42. 一般来说，任何计量系统最好都包括银行所有交易和非交易业务形成的利率风险头寸。这并不排除对不同业务使用不同的计量系统和风险管理方法，但对各种产品和业务的利率风险，管理层应该有整体概念。

43. 银行的利率风险计量系统应分析包括重新定价风险、收益率曲线风险、基准和期权风险在内的所有重要的利率风险来源。在很多情况下，银行业务量最大的利率风险特征，将决定其整体风险状况。尽管应对银行的所有业务进行风险分析，但对集中性业务应当特别注意。对可能严重影响银行总体风险的工具，即使其不存在集中性问题，利率风险计量系统也应对其进行严格处理。显性或隐性期权特征较明显的工具，也应受到特别注意。

44. 计量利率风险对收益和经济价值影响的技术有许多种，从简单计算，到用当期持有额进行静态模拟，到运用能反映未来潜在业务的动态模型的复杂技术，繁简各异。

45. 计量银行利率风险水平最简单的技术是：采用到期日/重新定价排列表法，根据到期日（固定利率下）或距其下次重新定价所余时间（浮动利率下），将利率敏感性资产、负债和表外业务头寸排列在“各时段”中。根据这些排列表，可以计算出：收益和经济价值对于利率变动的简单的利率敏感指标。当利用该方法评估当期收益的利率风险时，通常称之为“缺口分析法”。某一“时段”上的缺口是：在该时段内到期的资产，减负债加表外业务头寸，缺口的大小表明银行的重新定价风险敞口。

46. 通过规定每一时段的敏感度权重，到期日/重新定价法还可用来分析利率变动对银行经济价值的影响。该权重通常是根据对每一时段内资产与负债的持续期的估算而得出的。其中，持续期被定义为：利率水平出现小的波动时，某一头寸的经济价值将产生的百分比变动。这种以持续期估算出的权重，可以与到期日/重新定价法共同使用，以大致估测在市场利率产生一系列变化时，银行的经济价值会出现何等变动。

47. 许多银行，特别是运用复杂金融工具或面临其他众多风险的银行，使用的是一种比简单的到期日/重新定价法更为复杂的利率风险计量体系。这类模拟技术一般是：通过模拟未来的利率变动及其对现金流量的影响，来详细估算利率变动对收益和经济价值的潜在影响。在静态模拟中，所估算的是完全来自银行当期表内外头寸的现金流量。在动态模拟法中，模拟则是建立在更为详尽的假设条件之上，即：关于利率未来走势和届时银行业务活动的预期变化的假设。这类更为先进的技术，考虑了支付流与利率之间的相互作用，因而能够更好地反映隐性或显性期权的效果。

48. 无论采用何种计量技巧，其实用性都要依赖于其中的假设条件是否合理，及利率风险模型中的基本方法是否准确。在设计利率风险计量系统时，银行必须确保其利率敏感性头寸的细节，应与这些头寸的复杂程度和固有风险相一致。例如，在运用缺口分析时，利率风险计量的准确程度部分取决于汇总头寸所分属的时段数目。很明显，将较长时段内的头寸/现金流量加总，就意味着准确度会下降一些。在实践中，银行在确定汇总程度和使计量方法尽量简洁时，必须考虑到这样做对估算其准确性会有多大不利影响。

49. 无论利率风险估测是与收益还是与经济价值相联系，它都会以某种形式，使用对未来利率走势的预测。出于风险管理目的，银行必须将对其资产负债持有额构成一定风险的重大利率变动纳入考虑的范围。银行应当考虑到各种可能出现的情况，包括总体利率水平变动，以及不同利率之间关系改变的潜在影响（即收益率曲线风险和基准风险）。在确定利率可能出现的变动时，不妨使用模拟等技术。统计技术也可以发挥重要作用，帮助评估与基准风险或收益率曲线风险有关的相关性假设。

50. 有关目前头寸及时而完整的数据，也是风险计量程序的一个重要组成部分。银行应确保将表内、外业务形成的所有重要头寸和现金流量，都及时纳入计量体系。如果可能，数据中应包括有关各种工具和合约的票面利率或现金流量的信息。对数据的人工调整均应清楚地予以书面记录，并且调整的性质和原因应该一目了然。因预期的提前还款或提前兑付，而调整预期现金流量，尤其应当有充分的理由，而且应对此类调整加以审查。

51. 在分析利率风险计量体系的结论时，重要的一点是，风险管理者和银行管理层必须充分了解：体系中所包含的各种假设条件。使用复杂的模拟技巧时尤其要特别谨慎，以免出现貌似精确，但其特定假设和参数却经不起推敲的结果，即所谓的“箱子”。关键的假设应获得高级管理层与风险管理人员的认可，而且至少每年要重估一次；必须如实记录其假设条件，同时理解它们的重要性。对于在分析较复杂的工具与期限不固定的工具的利率敏感性时所使用的前提条件，应当予以极为严格的记录与审查。

52. 在计量利率风险时，需要特别注意另外两个方面，即如何处理实际期限与合同期限不符的头寸和如何处理以不同币种表示的头寸。例如，储蓄和短期存款可以有合同期限，也可以是开放式的，但存款人在这两种工具上一般有权随时提款。此外，银行常常不愿依照市场上的利率变化而改变此类存款的利率。这些因素使计量利率风险变得更为复杂，因为当利率波动时，头寸的现值以及其现金流量的时间都会改变。在银行的资产中，不动产抵押贷款和不动产抵押类工具的提前还款特征，给这些头寸的现金流量带来了时间上的不确定性。作为本文的有机组成部分，附录1详细阐述了这些问题。

53. 银行持有的不同币种头寸，使银行面临着每一币种的利率风险。由于各币种的收益率曲线不同，银行一般需要估算每一币种的风险头寸。如果银行有必要的技术和经验，多币种风险敞口又很大的话，它可以选择在风险计量系统中使用适当的方法，以各币种利率间的相关性为假设条件，对各币种的风险敞口进行汇总。使用相关性假定来计算风险总量的银行，应定期审核这些假定的稳定性和准确性。银行还应测算当此类相关性不存在时，潜在风险的大小。

B. 限额

原则7：银行须建立和执行操作限额以及其他做法，将风险头寸控制在符合内部政策的水平以内。

54. 利率风险管理的目标是，银行将可能的利率波幅内的利率风险，限制在其自行设定的范围之内。利率风险限额与风险指南为实现这一目标提供了手段。这种管理制度，应为银行的利率风险整体水平划定界限，必要时还应能够为各个产品组合、业务或部门规定限额。限额制度应确保任何超出原定水平的风险头寸，都将立即引起管理层的注意。适当的限额会帮助管理层控制利率风险，研究有关的机遇与风险，以及监控超越原定风险限额的实际活动。

55. 银行的风险限额，应与其利率风险计量方法保持一致。利率风险汇总限额，明确说明银行可以承受的利率风险总量，该限额应由董事会审批并定期复审。此类限额应与银行的规模、业务复杂性、资本充足率及其计量与管理风险的能力相一致。根据银行资产负债的性质和其业务的复杂程度，还可以按业务部门、资产组合种类、工具类型或具体的工具设定风险限额。银行应根据资产负债的特点（包括银行各种利率风险的来源），来确定限额规定的内容。

56. 突破限额必须立即向有关的高级管理层进行通报。应当制定明确的政策，规定高级管理层如何获知这类问题，以及采取何种对策。最重要的是要说明哪些限额是绝对不能突破的，而哪些在某种特定情况下（对此须有明确规定）是可以暂时突破的。在这方面，选择较为保守的限额是比较合适的。

57. 无论其总体水平如何，限额均应与银行计量利率风险的方式保持一致，必须针对市场利率变动对银行的收益和股本的经济价值的潜在影响。从收益角度考虑，银行应对净收入和净利息收入的可变性制定限额，以充分评估非利息收入对银行利率风险的影响。此类限额一般明确规定银行在特定利率环境下可承受的收益水平波动性。

58. 反映利率对银行股本经济价值影响的限额，其形式应与相关头寸的规模以及复杂程度相一致。如果银行从事传统的银行业务，并且很少持有长期金融工具、期权、期权型工具和随市场利率变化而出现大幅价值波动的其他工具，那么，对持有量规定简单的限额也许就足够了。然而，对于较复杂的银行来说，可能会需要设立关于银行股本金经济价值估计值变动的更详尽的限额制度。

59. 利率风险限额可以根据市场利率的特定变化来制定，例如在一定幅度内的上升或下降。制定限额所用的利率变动，应能代表可能出现的严峻形势，这方面应考虑到利率的历史波动情况和管理层处理风险所需要的时间。银行也可以根据从利率统计分布得出的计量结果来制定限额，例如可以用收益风险法或经济价值风险法。同时，情景分析应考虑到，包括期限不对称风险、收益率曲线风险、基准风险和期权风险在内的，银行所有可能的利率风险来源。只考虑利率平移的简单情景分析，可能不足以识别这些风险。

C. 压力测试

原则8：银行应计量在市场压力下（包括重点假设条件失效）承受损失的程度，并在制定和评审利率风险政策和限额时加以考虑。

60. 利率计量系统也应支持关于严峻的市场条件对银行影响的评估。压力测试的设计，应提供对银行政策或头寸危害最大的各种条件的信息，并使其适应银行的风险特性。压力测试所设定的情景，可以包括：利率总水平的突发性变动、主要市场利率之间关系的变动（即基准风险）、收益率曲线的斜率和形状发生变化（即收益率曲线风险）、主要金融市场流动性的变化或市场利率波动性的变化。此外，压力测试预案还应包括：关键业务假定和参数失灵的情况。对非流动性工具和合同期限不确定工具的假设条件进行压力测试，对了解银行的风险状况极为关键。在进行压力测试时，必须特别注意集中性工具或市场，因为此类头寸在市场压力较大的情况下，可能会很难变现或冲销。银行除了要考虑较有可能出现的事件之外，还应考虑到接近极限的"最糟"情况。银行管理层和董事会应定期检查压力测试的设计与结果，并确保银行制定了必要的应急计划。

D. 利率风险的监测与报告

原则9：银行须具备计量、监测、控制和报告利率风险头寸的充分的信息系统，及时向董事会、高级管理层和相关业务经理提供报告。

61. 充分、准确、及时的管理信息系统，对于管理利率风险是十分必要的。它一方面可以为管理层提供信息，另一方面可以监督董事会政策的执行情况。风险数据必须定期报告，并将当前的风险状况与既定的政策限额进行比较。此外，还应将过去所做的预测或风险估测值与实际结果加以比较，以找出现有模型中的缺陷。

62. 详细介绍银行利率风险状况的报告，应由董事会定期审议。虽然为董事会和各种管理层准备的报告，依银行利率风险状况的不同，可以分为许多种类，但它们至少应包括下列内容：

银行总风险头寸概况；

说明银行遵守政策与限额情况的报告；

主要的假设，例如，无到期日存款的支取情况和提前还款信息；

压力测试的结果，包括在主要假定与参数失灵的情况下，所做的压力测试的结果；

对利率风险政策、程序和利率风险计量系统完善程度进行审查的结论，其中包括内部审计师、外部审计师和聘请的咨询专家发现的问题。

VI. 内部控制

原则10：银行须具备利率风险管理机制方面完善的内部控制系统，定期独立地评审内部控制系统的有效性，是该系统的一个基本组成部分，必要时还应对该系统进行修改或升级。此类评审的结果，应报送有关监管当局。

63. 银行应当设立适当的内部控制,以确保其利率风险管理程序的完整性。这些内部控制应是,该银行整个内部控制系统的一个有机组成部分。它们应有利于提高银行日常运作的有效性和效率,提高财务和监管报告的可靠性,以及促进银行在相关的法律、法规和内部政策方面的合规性。有效的利率风险内部控制系统包括:

强有力的控制环境;

能够充分识别和评估风险的流程;

设置诸如政策、程序和方法等控制手段;

完备的信息系统;

不断审查执行政策和程序的情况。

64. 在内控政策和程序方面,应当重视批准程序、风险限额、对账、审查和其他为合理确保实现利率风险管理目标而设置的机制。稳健风险管理程序的许多因素,包括风险计量、监测和控制职能,都是有效的内部控制系统的主要组成部分。银行应当确保,内部控制系统的所有内容都是有效的,包括那些并不直接属于风险管理程序的内容。

65. 此外,定期评估和审查,是利率风险管理程序内控系统中的一个重要因素。这包括确保有关人员严格遵守既定政策和程序,并确保既定程序能够实现既定目标。此类审查和评估还应涉及:可能影响控制的有效性的重大变动,如市场条件、人员、技术和利率风险头寸限额执行情况的变化,并应确保管理层对突破限额的情况采取适当措施。管理层应确保所有此类审查和评估,均由独立于所审查领域的人员定期执行。当内部控制需要修正或完善时,应有一定的制度以确保能够及时采取行动。

66. 对利率风险计量系统的审查,应包括对所使用的假定条件、参数和方法的评估。该审查应设法了解、测试并记录目前的计量程序,评价系统的准确性,并就如何解决已发现的问题提出建议。如果计量系统包括一个或更多的子系统或程序,审查就应包括旨在确保子系统对接良好,且在重要方面相互一致的检验。审查结果及改进建议,应及时报送高级管理层和/或董事会,并及时采取行动。

67. 银行重新评估其风险计量方法和模型的频率和范围,在一定程度上取决于:其头寸及业务活动的利率风险程度、市场利率变动幅度和性质,以及计量和管理利率风险方面技术创新的速度与复杂性。

68.银行(尤其是风险构成复杂的银行)最好由一个独立的机构(如内部或外部审计师)定期审查其风险计量、监督与控制部门。在有些情况下,银行应向监管当局提交外部审计师或其他外部机构撰写的报告。重要的是,外部审计者应当确保,该银行的风险计量系统足以识别表内外所有重大的利率风险因素。在进行风险评估时,审计人员应注意下列因素:

(1)利率风险的数值,如:

各种产品的数量和价格敏感性;

在各种利率变动(包括收益率曲线发生扭曲变化)的条件下,收益和资本的脆弱性;

包括基准风险和期权性风险等其他形式的风险,对收益和经济价值的影响程度。

(2)利率风险管理的质量,如:

银行的内部计量系统,是否适应银行及其业务的性质、范围与复杂程度;

银行是否有负责设计和管理风险计量、监测和控制系统的独立的风险控制部门;

董事会和高级管理层是否积极参与风险控制工作;

有关利率风险的内部政策、控制与程序,是否有正式书面文件,并得以执行;

风险计量系统的各项假设条件是否有明确的档案记载,数据处理是否准确,数据汇总是否正确可靠;

机构内是否有足够的、能够进行稳健的风险管理的人员配置。

69.如果独立审查是由内部审计师进行的,则建议银行定期将风险计量、监督和控制部门交给外部审计师审查。

Ⅶ. 向监管当局提供的信息

原则11:监管当局应从银行获得足够且及时的信息,以评估银行的利率风险水平。信息应恰当地包括:银行资产负债表内外各类项目的期限与币种情况,以及其他有关因素,如交易与非交易业务的区别等。

70.监管当局应定期获得充分的信息,评估各银行的利率风险头寸。为了最大限度地降低提交报表的负担,利用内部管理报告是获得此类信息的最好方法,也可是银行提交的标准报告、现场检查或其他形式。对不同监管当局而言,信息的具体内容可能各不相同,但须包括:

原则14中规定的、标准的利率冲击分析方法得出的结果。监管当局至少应该有足够的信息来确定和监测重新定价错配问题严重的银行。内部管理报告中的信息(如到期日/重新定价缺口、收益及经济价值模拟预估值和压力测试结果),对此特别有用。

71. 监管当局可能需要收集有关实际到期日与合同到期日不同的头寸的信息。根据大量的对使用不同假设条件、情景分析及压力测试的银行的内部模型结果进行评审,也能获得大量信息。

72. 开展不同币种业务的银行,会面临各币种的利率风险。因此,监管当局将要求银行分别分析不同币种的风险,特别是存在实质性币种风险头寸时。

73. 另一个问题是,如何评估银行整体的利率风险。是否应将银行的交易账户(按市价计值)和银行账户(通常不按市价计值)分开处理。一般规定是,任何计量系统都应将源自银行所有业务(包括交易业务和非交易业务)的利率风险纳入其中。这并不排斥对不同业务,使用不同的计量系统和风险管理方法。然而,银行管理层应全面了解各产品和业务部门的利率风险。监管当局也许会要求获得更多的关于银行如何计量交易和非交易业务风险,并将其纳入一个计量系统的具体信息。监管当局也应确保,银行交易与非交易业务的利率风险,得到妥善的管理和控制。

74. 监管当局只有定期和及时得到相关信息,才能对利率风险进行有意义的分析。由于传统银行业务的风险变化,没有交易业务风险变化快,因此,对许多银行而言,关于传统银行业务的季度或半年度报告就够了。附录2(属本文的有机组成部分)详细介绍了监管当局在设计具体的报表系统时会考虑的一些因素。

Ⅷ. 资本充足率

原则12:银行须持有与其承担的利率风险相适应的资本。

75. 利率变化会使银行面临损失风险,在极端情况下,会威胁银行的生存。除充分的制度和控制措施外,资本对于缓释和应对风险可起到重要作用。作为完善的管理体制的一部分,银行应将其承担的利率风险水平(不论是交易业务风险还是非交易业务风险)纳入对资本充足率的全面评估,但目前还没有这样的普遍认同的方法。在实施业务战略过程中,如果银行承担了大量风险,就应划拨大量资本专门应对这种风险。

76. 如果利率风险源于银行的交易业务，该类风险的监管资本处理方法已在《市场风险补充规定》中列明。如果利率风险源于银行的非交易业务，监管处理方法（包括资本要求和其他监管工具）在本文原则 14 和 15 中列明。

Ⅸ. 利率风险的披露

原则 13：银行应公布其利率风险水平及管理政策。

77. 向公众披露的主要目的是，便于市场参与者评估银行的交易账户与银行账户中的利率风险状况。巴塞尔委员会已建议，将披露利率风险信息作为新资本协议整体评审的一部分。

Ⅹ. 银行账户利率风险的监管处理方法

原则 14：监管当局须评估：银行的内部计量系统，是否充分反映其银行账户的利率风险。如果其内部计量系统不能充分反映利率风险，银行须按所要求的标准加以改进。为便于监管当局监测不同机构的利率风险头寸，银行须提供其内部计量系统的计量结果，以标准的利率冲击对经济价值的影响统一计量。

78. 监管当局应评估：银行账户利率风险的内部计量系统，对于安全和稳健地管理风险是否充分，是否足以用于监管当局评估资本充足率。根据银行业务的性质与规模的不同，用于内部计量系统的方法也多种多样。此类评估，可以通过检查内部和外部审计结果来完成，也可通过现场检查来实现。

79. 银行的内部系统须符合以下标准（这些标准是对原则 6 中要点的充实）：

（1）银行的内部系统，必须评估所有与资产负债表内外银行账户头寸有关的重大利率风险，为此，须准确包括所有对利率敏感的银行资产负债表内外项目。

（2）银行的内部系统须使用通行的财务概念和风险计量技术。并且，须能够以收益分析法和经济价值分析法计量风险。出于监管目的，而监测银行账户中的利率风险，应以经济价值分析法计量出的风险为基础。

（3）银行内部系统使用的（关于利率、到期日、重新定价及隐性期权及其他有关的）输入数据，已经充分明确了（与银行头寸的性质及复杂性相符），以便相当准确地描绘出经济价值或收益的变化。

(4)银行内部系统的假设条件(用于将头寸转变为现金流量)应设定合理,归档恰当,经久稳定。这对于某些资产与负债项目(实际到期日与合同到期日或重新定价日大相径庭)和新产品,十分重要。假设条件的重大修改应由管理层解释、书面存档和审批。

(5)银行需将利率风险计量系统,纳入银行日常风险管理。该系统的结果应当用于向高级管理层和董事会说明利率风险水平。

(6)下文第81段定义的利率冲击(或相当的参数)分析方法,已被适当地纳入该系统。

80.如果监管当局断定,银行的内部计量系统不能充分反映银行账户中的利率风险,当务之急是要求银行使该系统达到规定标准。在此过程中,银行须按银行监管当局要求的格式,向监管当局提供有关其银行账户中利率风险的信息。在对风险做出自己的估计时(使用相同的标准的利率冲击框架),监管当局可能会用到这些信息。

81.标准的利率冲击分析方法,原则上由各银行决定,但应建立在以下情况基础上:

对于以十国集团成员货币计值的风险头寸,(a)向上和向下200基点的收益率曲线平移利率冲击,或(b)在以1年(240个工作日)为持有期、观察年度至少为5年的情况下,观察到的利率变化的第1和第99个百分位数。

对于以非十国集团成员货币计值的风险头寸,(a)与在以1年(240个工作日)为持有期、观察年度至少为5年的情况下,所观察到的某非十国集团成员货币利率变化的第1和第99个百分位数相吻合的收益率曲线平移利率冲击,或(b)在以1年(240个工作日)为持有期、观察年度至少为5年的情况下,观察到的利率变化的第1和第99个百分位数。

82.很多银行将面临不止一个币种的利率风险。在这种情况下,对各种达到或超过银行账户资产或负债5%的币种,银行应进行类似的分析(使用根据上一段规定计算出的利率冲击)。为确保对所有银行账户都有分析,其余的风险头寸应该汇总且进行200基点冲击分析。

83.200基点的平移利率冲击分析相对简单,其弱点是:忽略了通过情景分析(包括收益率曲线扭曲、倒置及其他相关情景分析)本来也许可以反映出的风险头寸。如前所述,这种替代情景分析,是利率风险整体管理的必要组成部分。监管当局仍希望:银行在评估利率风险时,根据其承担风险的水平和性质，进行多种情景分析。

原则15：如果监管当局断定，银行持有的资本，与其银行业务账户的利率风险水平不相适应，应该考虑采取纠正措施，要求银行或降低风险水平，或增加一定数额的资本，或二者兼为。

84. 银行须持有应对其所承担利率风险水平的资本。监管当局应特别注意"非正常值银行"（即在遭受一次标准的利率冲击或等值情况后，银行账户中的利率风险导致经济价值下跌超过一级和二级资本之和20%以上的银行）的资本充足性（如原则14所规定）。

85. 如果监管当局断定资本不充足，所做出的反应将取决于多种因素，但结果须使得银行根据具体情况，或增加资本，或降低已经计量到的风险水平（例如，通过套期保值或重组银行账户），或二者兼为。

附录1

利率风险计量技术

1. 本附录简要介绍了，在计量利率变动给收益和经济价值带来的风险时，银行所使用的各种技术。这些技术，有依据简单的到期日与重新定价表格所做的计算，有根据当期表内外头寸所做的静态模拟，也有相当复杂的动态模型技术，这些模型假定了在利率环境变化后银行及其客户的行为变化。其中有些方法可同时从收益和经济价值两个角度计量利率风险头寸，有的往往只能从一个角度计量。此外，上述各种方法反映不同利率风险头寸的能力也有差异：最简单的方法主要是要反映源自到期日和重新定价错配的风险，而更复杂的方法是要更容易地反映全部风险头寸。

2. 如上所述，以下介绍的各种计量方法，在准确合理地计量利率风险头寸时，各有所长和所短。理想的利率风险计量系统，应考虑到所有利率敏感性头寸的具体特点，并且能详细反映利率的所有潜在变动。但在实际中，计量系统体现了简单化的一面，这与理想境界不同。例如，在某些方法中，不同头寸被加总到几大类中，而不是单独模型化，导致利率敏感性估计值存在一定程度的计量误差。同样，各种方法能够容纳的利率变动情况是有限的，有时只能假定收益率曲线的平移，有时无法考虑利率的不完全相关。最后，各种方法反映许多头寸和工具中固有的期权性的能力也不相同。以下部分将说明：各种主要的利率风险计量技术的简化特征。

A. **重新定价法**

3. 计量银行利率风险的最为简单的技术是：到期日/重新定价法。它将银行的利率敏感性资产、负债和表外业务头寸，依据其到期日（对固定利率工具而言）或距下一次重新定价日前的时间（对浮动利率工具而言），列入若干事先定义的时段之中。对于缺乏确定的重新定价期的资产与负债（如活期存款或储蓄账户），或实际到期日可能与合同到期日不一致的资产与负债（如可提前偿还的住房抵押贷款），则根据银行的判断和以往经验，置入相应的重新定价时段中。

(a) 缺口分析

4. 简单的到期日/重新定价法，可用于简单计算收益和经济价值对利率变动的利率敏感性。在使用这一方法评估当期收益的利率风险时，通常被称为缺口分析。缺口分析是银行计量利率风险最早的方法之一，目前银行界仍在广泛使用这一方法。在评估收益风险头寸时，以各时段的利率敏感性资产，减去相应的利率敏感性负债，便得出相应时段的重新定价"缺口"。用这一缺口乘以假定的利率变动，得出这一利率变动对净利息收入变动的大致影响。该分析中所使用的利率变动幅度，可依据很多因素确定，包括历史经验、潜在未来利率变动的模拟值，以及银行管理层的判断等。

5. 当给定时段的负债大于资产（包括表外业务头寸）时，就会出现负的或负债敏感性缺口。这意味着，市场利率上升，会导致净利息收入下降；反之，正的或资产敏感性缺口意味着，银行的净利息收入会因利率水平下降而减少。

6. 这些简单的缺口计算，可以用各时段中资产和负债的平均利息的情况来补充。这些情况可用来解释缺口计算的结果。例如，可以用平均利率计算：在给定时段中，到期或重新定价头寸所形成的净利息收入的大致水平，从而为缺口分析所显示的收入变化提供了评估尺度。

7. 尽管缺口分析是评估利率风险时常用的方法，但它仍有很多不足。首先，缺口分析没有考虑一个时段中各种头寸特点的差异。尤其是，它假定给定时段中，所有头寸均同时到期或重新定价。这一简化做法，可能会随着一个时段中加总程度的提高，而严重影响估值的精确性。再有，缺口分析忽视了由于市场利率水平变化，而导致的不同利率间利差会出现不同的情况（基准风险）。此外，它没有考虑，因为利率环境变化，而可能引发的支付时间的变化。因此，它未能解释与期权有关的头寸导致的收入敏感性差异。由于上述原因，缺口分析仅仅是对选定的利率变动导致的净利息收入的实际变动，做出的粗略估测。最后，大多数缺口分析未能反映非利息收支的变动情况，而这种变动是当期收入的一个潜在而重要的风险来源。

(b)持续期

8.通过对各时段都使用敏感性权重，到期日/重新定价法也可用来评估利率变动对银行经济价值的影响。这些权重一般是根据各时段中资产和负债的持续期的估值得出。持续期用于计量：在给定的小幅利率水平变动情况下，头寸的经济价值的百分比变动。它反映了有关工具在合同约定的到期日之前，现金流量的时间和规模。一般而言，有关工具的到期日越长，或下一次重新计价日越久，并且到期日之前支付的金额越小(如息票支付)，则持续期越大(绝对值)。持续期越大，表示给定的利率水平变动，对经济价值的影响会更大。

9.按持续期确定的权重，可与到期日/重新定价法合并使用，大致计算出在给定的市场利率水平变化情况下，银行经济价值的变化。具体说来，置入每一时段的头寸，已被假定了一个"平均"持续期。将各假定的平均持续期乘以假定的利率变动，便得出每一时段的权重。在某些情况下，置入同一时段的不同头寸的权重也不同，反映出利率和到期日的广泛差异(例如，对资产有一个权重，而对负债又有另一权重)。此外，不同的时段有时也可使用不同的利率变动，以反映出收益率曲线上利率波动的差异。对所有时段的加权缺口进行加总后，便生成在一给定利率变动情况下，导致的银行经济价值变化的估值。

10.另外，通过计算出所有资产、负债和表外头寸精确的持续期，银行可测算市场利率变化的影响，从而更精确地推算出银行的净头寸，而不是将测算的平均持续期权重用于给定时段的所有头寸。这样做可消除加总头寸/现金流量时产生的潜在误差。还有一种有所变化的方法，即根据具体的市场利率变动情景分析中，各种假定工具市场价值的实际百分比变化，设计各时段风险权重。这一方法(有时称为有效持续期法)能更好地反映市场利率的显著变动导致的价格非线性变化，从而避免持续期法的一个主要局限。

11.根据标准持续期法得出的测算值，可大致说明较不复杂银行，所面临的经济价值变化风险。但这些测算值普遍关注的只是利率风险头寸的一种形式，即重新定价风险。结果，不能反映源于同一时段不同利率间关系变化(基准风险)的利率风险。此外，由于此类方法对每一时段使用平均持续期，测算值不能反映由于利息和支付时间的不同，而产生的头寸实际敏感性差异。最后，计算标准持续期的简化假设条件意味着这一方法不能很好地反映期权风险。

B. 模拟方法

12. 很多银行（特别是使用复杂金融工具，或通过其他方式形成风险构成复杂的银行）采用了比简单到期日/重新定价法更为高级的利率风险计量系统。通常，这些模拟技术包括：通过模拟利率的未来走势及其对现金流量的影响，而将利率变化对收益与经济价值的潜在作用进行的详细评估。

13. 在某种意义上，模拟技术可视为到期日/重新定价法的延伸和提炼。但模拟法通常对各类资产负债表内、外头寸进行了细分，并对由各类头寸引起的本息支付及非利息收支，做出了具体假设。此外，这些模拟技术还可包括：各种不同的、更精确的利率环境变化，如收益率曲线斜率与形状的变化，由蒙特卡罗模拟算出的利率情景等等。

(a) 静态模拟

14. 在静态模拟中，评估了仅由银行当期表内外头寸导致的现金流量。对于收益风险的评估，则根据一种或多种假定利率变动情景进行模拟，测算出特定时期的现金流量及由此形成的收入流。这些模拟通常（虽然不总是）包括收益率曲线的相对简单的移位或倾斜，或不同利率间的利差变化。在银行持有头寸的全部预计期限内，对得出的现金流量进行模拟并折成现值后，便可测算出银行经济价值的变化的估计值。

(b) 动态模拟

15. 在动态模拟方法中，引入了关于未来利率走势以及在此期间银行业务预期变化的更为详尽的假设。例如，模拟可包括：关于银行调整其管理的利率（如储蓄存款利率）策略的假设，关于银行客户行为（例如从活期存款和储蓄存款提款）的假设，关于银行将面临的未来业务流（新贷款或其他交易）的假设。此类模拟使用了这些关于未来业务和再投资战略的假设，来预测预期的现金流量，来预估动态收益和经济价值结果。这些更为复杂的技术考虑到了支付流与利率的动态交互作用，更好地反映隐性或显性期权的影响。

16. 与其他方法一样，以模拟为基础的利率风险计量技术，有赖于基本假定条件的有效性和基本方法的准确性。复杂模拟的结果，必须主要根据模拟的关于未来利率的假设的有效性和银行及其客户的行为的假设来评估。由此产生的一个主要担心是，此类模拟会成为“黑箱”，使人们错误地相信测算值的精确性。

C. 其他问题

17. 计量利率风险最困难的任务之一，就是如何处理实际到期日与合同到期日（或合同没有表明到期日）不同的头寸。在资产负债表的资产方，此类头寸可包括：住房抵押贷款和与住房抵押贷款有关的证券（均可提前还款）。在有些国家，借款人无需或只需支付少量罚款，便可提前偿还住房抵押贷款。这样，造成了与此类工具相关的现金流量在时间上的不确定性。尽管人文因素（如死亡、离婚或工作变动）和宏观经济条件也会引起提前还款规律的波动，但提前还款的不确定性，多数还是由于借款人对利率变动所做的反应。一般说来，利率下降时，借款人会对贷款重新进行较低成本的融资，从而会增加提前还款的数量。反之，当利率出乎意料地上升时，提前还款率一般较低，因此，银行持有的住房抵押贷款量大于预期，而且贷款利率低于现行利率。

18. 在负债方，此类头寸包括所谓的无到期日存款，例如活期存款和储蓄存款（存款人常常不用交罚金便可决定提款）。由于存款人所得利率与市场普遍利率水平的变动关系不密切，使得这类存款的处理更为复杂。事实上，出于管理此类存款的总量的特定目的，银行可以，而且的确主导了这些存款的利率。

19. 在计量利率变动对当期收益和经济价值造成的风险时，如何处理隐含期权的头寸，是一个值得特别关注的问题。此外，所有计量利率风险的方法，都存在这一问题，包括：从简单的缺口分析法到最复杂的模拟技术。在到期日/重新定价法中，银行通常假定可能的支付时间和支取头寸，而后相应地将余额"洒放"到各时段内。例如，它可假定，某一30年期的住房抵押贷款组合，在整个贷款期内，在给定的数年内，会有一定比例的贷款提前偿还。结果，住房抵押贷款余额的大部分原本属30年的时段，将被摊入更短的时段中。在模拟法中，可以采用更为复杂的行为假定，例如使用根据期权作调整的定价模型，来更好地预估不同利率环境下现金流量的时间和规模。此外，模拟法还可包括：银行关于未来对由其管理的无到期日存款利率的假定。

与计量利率风险的其他要素一样，利率风险预估的质量取决于关于到期日不确定的头寸的未来现金流量的假设的质量。银行通常根据此类头寸以往的表现，来确定这些假定。例如，可用经济计量或统计分析来研究以往利率变动时，银行持有的资产和负债的的反应。这种分析，对于评估无到期日存款的行为尤为有用，因为它是受到诸如银行客户的构成、当地或区域市场条件等银行特有因素影响的。同样，银行可用提前还款统计模型（银行自行开发的内部模型或购买的外部开发的模型），来预期与住房抵押贷款有关的现金流量。最后，银行的管理部门和业务部门的投入，也有重要影响，因为这些部门了解业务或重新定价战略的预计变化，这些变化会影响到期日不确定头寸的未来现金流量。

附录2

监管当局对利率风险的监测

1. 本附录简要介绍了监管当局在收集和分析银行利率风险信息时，所考虑的一些因素。如正文第Ⅶ节所述，监管当局应及时获得评估银行利率风险头寸的充分信息。这些信息可通过现场检查、银行定期报送报表或其他方式获得。

2. 各监管当局收集的信息内容可能各有不同，但有些监管当局可采用按剩余到期日或距下次重新定价时间，来收集银行头寸资料的报表系统。依照这种方法，银行可将利率敏感性资产、负债及表外业务头寸，按一系列重新定价时段或到期日来分类。以下两节将讨论：监管当局在确定报表系统的时段数目和头寸分类汇总时，应注意的一些问题。最后一节将介绍：监管当局分析从报表系统获得的信息时，也许希望考虑的一些常用方法。

A. 时段

3. 如果报表系统收集信息的截止时间为下一重新定价时间，那么所选时段的数目及种类，应使监管当局能够发现：在重新定价时出现的潜在而重大的错配情况。但根据各国市场上不同银行贷款和投资做法与经验的不同，各国所规定的时段数目和范围，也可有实质性的差异。

4. 监管分析是否有用，取决于报表系统记载头寸及现金流量的到期日的精确性。分析利率敏感性时，仅了解某一工具何时到期，是不够的。其实，关键的因素是这种工具何时重新定价。因此，本节的重点是重新定价，而非到期日。对于重新定价时间明确的现金流量，最为精确的方法是，使用确切的重新定价日期。但凡对时段中头寸/现金流量进行加总，都意味着信息损失，准确度降低。因此，重新定价时间序列中时段的数目，反映了达到必要准确度的决定，和追求更高精确性的代价。监管当局在开发能够满足其特定需要的报表系统时，可将《资本协议市场风险补充规定》的标准方法中的重新定价时间序列作为出发点。

监管当局当然也可对报表中的细项做一般性调整,或针对银行业务的性质或不同的报表格式需要,做出个别调整。

B.项目

5.与时段相似,不同的监管当局对于资产和负债的细分,也会不同。报表系统应包括所有利率敏感性资产、负债和表外头寸的信息,还应按工具的特定类型,识别已经或可能具有实质性不同的现金流量特征的工具的余额。应特别注意实际重新定价时间与合同到期日不一致的项目,例如储蓄存款和一些国家的住房抵押贷款。附录1有关于这些问题的更详细的信息。如果头寸量很大,应单独报告,以便评估银行资产负债表中包含的期权风险。

6.如果银行进行交易活动,则利率风险分析的难度会更大。一般说来,计量系统最好能包括:银行所有业务的利率风险(交易和非交易业务风险)。这并不排除:对不同的业务,使用不同的风险计量系统和风险管理方法。但管理层应综合了解,各产品和业务部门中存在的利率风险。监管当局可能会允许银行综合管理其利率风险,在整体报告中加总交易与非交易业务头寸。但注意到以下一点相当重要:在许多国家,交易账户与传统银行账户所使用的会计准则是不同的。按这些会计准则,如果银行账户中的利润尚未实现,则不可用来弥补交易账户的亏损。再有,与银行账户不同,交易账户单独管理,风险时段划分与银行业务也不同(更短),因此交易资产组合的构成,每周乃至每天都会有很大变化。这意味着,为给定日期所做的套期保值,会在若干天之后消失。因此,监管当局应对开展大量交易业务的银行的管理方式和信息系统进行评审,并应获得必要的信息,以确保交易及非交易业务中的利率风险能得到适当的管理与控制。

C.监管分析

7.根据上述要求设计的报表系统,可为监管当局提供灵活的利率风险分析工具。监管当局可运用这些基本信息,对银行的风险状况和风险头寸进行自己的评估。

8.对于收益率曲线平移、趋缓或趋陡的情况,或根据统计概率或最糟情形分析测出的、不同规模的利率变化导致的收益率曲线倒置情况,此类评估有助于深入了解在这些情况下银行的风险头寸状况。对于外币风险较大的银行,分析不同币种利率相关性的假定条件的差异,是有益的。对于有实际到期日的工具,监管当局可分析一些不同于银行所用的假定条件。

9. 监管当局定量分析的重点,可以是利率变动对当期收益的影响,也可以是对银行经济价值的影响。关于每一时段资产和负债平均收益率的信息,对其分析工作会有用处,除头寸数据外,监管当局也会收集此类信息。

10. 监管当局既可逐一进行利率风险分析,也可使用旨在识别风险过高的非正常值银行的更广泛的系统进行分析,这取决于监管当局的整体方法。

11. 上述利率风险评估方法,与将复杂的利率风险简化为一个数字的报表系统相比,能够使监管当局更深入地了解银行的风险状况。从而,监管当局更加熟悉风险计量对于基础假定条件变化的敏感性。评估机制还会带来与很多定量结论同样深刻的收获。

12. 无论监管当局独立进行定量分析的程度如何,银行自己的利率风险计量(无论体现为基本监管报表形式,不足银行风险管理的专门评估),是监管程序的一个重要组成部分。对银行的内部模型进行评审,可了解很多情况,但困难也很多,因为大量假设和建模技术相当重要,而且需要对监管当局保持透明。要使监管当局收到的信息最大限度地发挥作用,这种信息应说明:在各种利率变动和市场反应的假定条件下,银行表内外主要的资产和负债导致的风险状况。最后,任何定量分析,都应有一个对内部管理报告的评估作为补充,以便更深入地了解管理层对风险的评估和管理、管理层计量风险头寸的方法、在提交给监管当局篇幅有限的报表信息中没有反映出来的因素等。

附录3

标准的利率冲击分析方法

1. 为便于监管当局监测不同银行的利率风险头寸,银行应提供其内部计量系统的计量结果,并且以一次标准的利率冲击,对经济价值相对于资本的变化程度统一表述。本附录给出了:关于选择标准的利率冲击的技术背景。在选择利率冲击时,遵循了以下指导原则:

利率冲击,应反映利率承受相当压力的非同寻常的环境;

利率冲击的规模应足够显著,能够反映银行资产与负债中的隐含期权和凸性,这样才可以揭示有关风险;

利率冲击分析方法应直接明了,便于实际运用,应能包容单一利率路径模拟模型中的不同方法,和银行账户头寸风险价值模型(依赖统计

数据)中的不同方法;

基本方法应分析以十国集团成员货币计值风险头寸的利率冲击,和以重要的非十国集团成员货币计值风险头寸的利率冲击;

基本方法应可调整,便于非十国集团成员监管当局在其辖区内运用这种方法。

2. 根据这些原则,拟议的利率冲击分析方法应该基本上由银行决定,并且将基于以下情形:

对于以十国集团成员货币计值的风险头寸,(1)向上和向下200基点的收益率曲线平移利率冲击,(2)在以1年(240个工作日)为持有期、观察年度至少为5年的情况下,观察到的利率变化的第1和第99个百分位数。

对于以非十国集团成员货币计值的风险头寸,(1)与在以1年(240个工作日)为持有期、观察年度至少为5年的情况下,所观察到的利率变化的第1和第99个百分位数大体上相吻合的收益率曲线平移利率冲击,(2)在以1年(240个工作日)为持有期、观察年度至少为5年的情况下,观察到的利率变化的第1和第99个百分位数。

3. 考虑潜在利率冲击时,分析了若干十国集团成员的利率的历史数据变动情况。选择的是1年持有期(240个工作日),因为这样较为实际,并且多数机构在1年内能够对头寸进行重组或套期保值,从而在利率过度波动时,可以缓释经济价值的损失的进一步扩大。5年的利率变动观察值,需要至少6年的历史数据,来滚动计算1年持有期利率差异。例如,5年前的第一个观察值,须根据6年前的利率情况来计算第一次利率变化。

4. 5年历史数据观察期(6年的数据),被认为能够反映出最近的和相关的利率周期。这一长度的观察期所要求的数据,对银行而言也便于管理,银行可将这些数据用于:风险价值模型,或用于以非十国集团成员货币计值的、平移利率冲击方法的自我评估。在设定非同寻常和利率受压的情景分析中,置信区间为99%时利率冲击规模预计不会被超过。这样做,被认为是充分的。

5. 在评估十国集团利率冲击数据时,多数币种的利率变动的第1和第99个百分位数,是大致可比的,尤其是到期日较长者。200个基点的利率上下平移冲击,似乎足以反映十国集团币种的利率波动。建议的冲击是否合适,需视利率环境是否出现实质性变化,而不断进行监测和重新校准。重要的是，校准平移利率冲击，使之与使用标准参数（99%置信区间、1年的持有期、5年的观察值）的更复杂的统计方法所得出的冲击相符。这并不排斥使用更具创新色彩的风险计量系统。这种方法也允许银行，在持有非十国集团成员的大量头寸时，利用这些参数自行计算合适的利率冲击，也便于新兴市场和其他非十国集团成员的监管当局推导出适合各自国情的简单利率冲击。

6. 到目前为止，这一分析方法暗含以下假定：银行只承担以母国货币计值的风险。但许多银行将面临不止一种币种的利率风险。在这种情况下，银行应对各种达到或超过银行账户资产或负债5%的币种，进行类似的分析（使用根据上述方法之一计算出的利率冲击）。为确保对所有银行账户都有分析，剩余的风险头寸均应该汇总并且进行200基点冲击分析。

7. 200基点的平移利率冲击分析相对简单，其弱点是：忽略了通过情景分析（分析收益率曲线扭曲、倒置及其他）也许可以反映出的风险头寸。如本文其他地方所述，这种替代情景分析法是利率风险整体管理的必要组成部分。监管当局仍希望：银行在评估利率风险时，根据其承担风险的水平和性质，进行多种情景分析。

8. 尽管更为细致的利率情景分析可分析出某些基本的风险特征，但对于目标较为简单的监管当局而言（目的是找出利率风险水平很高的银行），使用简单的平移冲击分析方法就可以了。这一方法也注意到，当不能认识到对某些种类资产和负债（如核心存款）的假定条件的主观性与错误，而过度注重计量系统某一方面的细节时，可能出现不实的精确性。尽管风险计量的其他方面也受到了密切关注，但利率风险模型中的主观方面，往往主导风险计量的结果与结论。

附录4

标准框架举例

本附录举例说明了一个标准框架版本的方法和计算过程。其他方法和计算也同样适用，这取决于有关银行的具体情况。这一框架的用途仅限于监管报告，而不是内部风险管理的充分内容。

A. 方法

银行资产负债表中的头寸，可按以下原则置入到期日方法中：

（a）所有对利率变动敏感的银行资产负债表内外项目（包括所有的利率衍生产品）均被置入到期日序列，该序列包括若干足够大的时段，能够反映一国银行市场利率风险的实质。附录2讨论了有关时段的选择问题。超过银行账户资产或负债5%的币种，使用单独的到期日序列。

(b)表内项目按账面价值计算。

(c)固定利率工具按距到期日的余期处理，浮动利率工具按距下一次重新计价日的余期处理。

(d)发生笔数多而单笔金额较小的业务(如分期偿还的贷款、住房抵押贷款等)会导致实际的计算问题，因而可按符合统计原理的评估方法处理。

(e)处置核心存款的最长期限为5年。

(f)对于实际到期日或重新计价日，不同于合同到期日或重新计价日的其他项目，各国监管当局将提供置入时段指引。

(g)衍生产品将转换为相应的有关工具头寸。考虑的金额为基础工具或名义基础工具的本金。

(h)期货和远期合同(包括远期利率合约)，将同时按一个空头和一个多头处理。期货或远期利率合约的到期日，为交割或执行合同之前的那段时期，或可能加上有关工具的期限。例如，一份六月份3个月的利率期货的多头(四月份买入)，将被视作一个到期日为5个月的多头，和一个到期日为两个月的空头。

(i)掉期将按两个具有相应到期日的名义头寸处理。例如，一项银行获得浮动利率、支付固定利率的利率掉期，将被视作一个到期日等于下一次利率固定之前时期的浮动利率多头，和一个到期日等于该掉期合同剩余期限的固定利率空头。不同币种掉期分开在相应币种的到期日序列中处理。

(j)期权按标的工具或名义标的工具的得尔塔等值金额处理。

B. 计算过程

计算过程包括5个步骤：

(a)第一步是，抵消各时段中的多头、空头头寸，在每一时段生成一个空头头寸或多头头寸。

(b)第二步是，以一个用于反映不同时段内头寸对于假定的利率变动的敏感性的因子，对生成的多头、空头头寸进行加权。表1中列出了每一时段的加权因子。这些因子根据200基点收益率曲线平移的假定得出，同时也假定了头寸修改后的持续期都位于每一时段的中间，收益率为5%。

(c)第三步是，加总加权后的头寸，多头、空头头寸彼此抵消，得出给定币种的银行账户的净空头或净多头加权头寸。

(d)第四步是，通过加总不同币种的净短和净长加权头寸，计算整个银行业务的加权头寸。

(e)第五步是，将整个银行账户的加权头寸与其资本挂钩。

表1. 各时段的加权因子(计算过程中的第二步)

时段	时段中点	修改后的持续期	假定的收益率变化	加权因子
1个月以下	0.5个月	0.04年	200基点	0.08%
1-3个月	2个月	0.16年	200基点	0.32%
3-6个月	4.5个月	0.36年	200基点	0.72%
6-12个月	9个月	0.71年	200基点	1.43%
1-2年	1.5年	1.38年	200基点	2.77%
2-3年	2.5年	2.25年	200基点	4.49%
3-4年	3.5年	3.07年	200基点	6.14%
4-5年	4.5年	3.85年	200基点	7.71%
5-7年	6年	5.08年	200基点	10.15%
7-10年	8.5年	6.63年	200基点	13.26%
10-15年	12.5年	8.92年	200基点	17.84%
15-20年	17.5年	11.21年	200基点	22.43%
20年以上	22.5年	13.01年	200基点	26.03%

附录三：

巴塞尔委员会《操作风险管理与监管的稳健做法》

(一)营造适宜的风险管理环境

如果对操作风险不了解、欠管理(实际上存在于各种银行业务与经营活动中),可能会导致部分风险不被识别而失控。董事会与高级管理层都有责任营造这样一种公司文化,即将有效的操作风险管理与坚持稳健的营运控制确立为重中之重。当一家银行的文化以高标准的道德操守严格要求各级管理者时,操作风险的管理才会最为有效。董事会与高级管理层应通过各种活动和言语,努力促进这种公司文化的建立,使全体员工在从事银行业务中遵守统一的行为规范。

原则1:董事会应了解本行的主要操作风险所在,把它作为一种必须管理的主要风险类别,核准并定期审核本行的操作风险管理系统。该系统应对存在于本行各类业务中的操作风险进行界定,并制定识别、评估、监测与控制/缓释操作风险所应依据的原则。

这里所称的管理结构包括董事会和高级管理层。关于董事会和高级管理层的职能,各国的立法和管理框架存在重大差异。在某些国家,董事会主要(如果不是全部)负责监督执行机构(高级管理层、一般管理层),以确保后者完成任务。由于这个原因,在某些情况下,它被称为监事会,这就是说董事会没有行政职能。在其他国家,董事会职权较广,负责制定银行管理层的整体工作框架。由于这些差异,本文中使用的术语“董事会”和“高级管理层”,并不是去确定它们的法律结构,而是把它们当作一家银行的两个决策职能机构。

董事会应批准在全行范围内采用操作风险管理系统,并将操作风险作为一种主要风险来管理,以确保银行的安全与稳健。董事会应为高级管理层就这些原则制定明确的指引,并核准其拟定的相应政策。

操作风险管理系统应建立在对操作风险的适当定义之上,该定义应列明本行操作风险的具体构成。该系统应通过制定具体的风险管理政策、操作风险管理行动的先后顺序(包括向银行外转嫁操作风险的程度和方法)，以阐明本行对操作风险的喜好和容忍度。该系统还应包括具体的政策规定，列明本行识别、评估、监测和控制/缓释风险的方法。一家银行操作风险管理系统的规范与复杂程度应与其风险状况相称。

董事会应负责建立一个能够有效执行操作风险管理系统的管理架构。由于操作风险的管理在很大程度上依赖于内控的完善与否，因此董事会应对管理层的职责、权限与报告制度做出明确的规定，这一点至关重要。此外，操作风险控制、业务操作和后台服务等部门间的职责与报告渠道也应分离，以避免出现利益冲突。管理系统还应在关键程序上做出明确规定以便于操作风险的管理。

董事会应对本行的操作风险管理系统进行定期检查，以应对由于外部市场变化和其他环境因素导致的操作风险以及与新的产品、业务、系统相关的操作风险。检查的另一目的还在于，探寻适宜本行业务、系统和程序的操作风险管理的最佳业界做法。如有必要，董事会还可根据相关分析对本行的操作风险管理系统进行修订，以便将主要操作风险纳入管理系统之中。

原则 2：董事会要确保本行的操作风险管理系统受到内审部门全面、有效的监督。内审部门必须拥有一支独立运作、训练有素、业务精良的内审队伍。内审部门不应直接负责操作风险的管理。

银行应有完善的内审制度，以使本行的经营方针和各项规章制度得以有效实施。董事会应(直接地或通过审计委员会间接地)确保审计的范围和频度与本行的风险状况相适应。内审部门应定期检查本行的操作风险管理系统是否由上至下得到有效贯彻。

由于内审部门负责对操作风险管理系统的监督，因此董事会必须确保审计部门的独立性。如果内审部门直接参与到操作风险的管理过程中去，则其独立性就会大打折扣。内审部门可以向操作风险管理人员提供有价值的意见，但本身不应直接负责操作风险的管理。委员会发现，在现实情况中，有些银行(特别是小银行)的内审部门可能会负责最初阶段的操作风险管理方案的制定。如有银行存在这种情况，则应将操作风险的日常管理职能及时从内审部门转移出去。

原则 3：高级管理层应负责执行经董事会批准的操作风险管理系统。该系统应在银行内各部门得以持续的贯彻执行，并且各级员工也应了解自己在操作风险管理中的责任。高级管理层还应负责制定相关政策、程序和步骤，以管理存在于银行重要产品、活动、程序和系统中的操作风险。

管理层应将董事会建立的操作风险管理系统转化成为具体的政策、程序和步骤，以便于不同业务部门贯彻落实和对照检查。虽然各级管理者要在各自的权限内负责相关政策、程序、步骤和监控的适宜性与有效性，高级管理层必须对各职能部门的责权关系和上下级报告关系做出明确的界定，以使各部门对自身的权限与职责始终保持清晰的认识，并调动足够的资源对操作风险进行有效的管理。此外，高级管理层在对风险监控程序的适用性进行评估时，还应将各部门的业务政策本身所固有的风险纳入到考虑范围之内。

高级管理层应确保本行的业务经营是由一批拥有必要的经验、技能和资源的称职员工来承担，而且负责本行风险监控与合规性检查的员工必须拥有独立于其所监控的部门的权力。管理层应确保所有在存在重大操作风险的岗位工作的员工都清晰了解本行的操作风险管理政策。

高级管理层应确保负责操作风险管理的员工与负责信贷、市场和其他风险的员工，以及本行内诸如负责购买保险和联系外仓业务的人员进行有效的沟通，否则很可能会导致全行风险管理出现真空或职责重叠。

高级管理层要确保银行的薪酬政策与其对风险的喜好相适应。鼓励员工偏离既定政策（如超过规定的限额）的薪酬制度会弱化银行的风险管理过程。

对文件控制质量和交易处理方式也需特别注意。有关政策、程序和步骤（特别是与支持巨额交易量的先进技术相关的），必须形成书面文件并传达到所有相关员工。

（二）风险管理：识别、评估、监测和缓释/控制

原则4：银行应该识别和评估所有重要产品、活动、程序和系统中固有的操作风险。银行还应该确保在引进或采取新产品、活动、程序和系统之前，对其中固有的操作风险已经经过了足够的评估步骤。

风险识别对后续开发可行的操作风险监测和控制系统至关重要。有效的风险识别要同时考虑内部因素（例如银行的结构、银行业务的性质、银行人力资源的素质、组织机构的变化、员工的流动性）和外部因素（如行业的变化和技术的进步）。这些因素可能对银行目标的实现造成重大不利影响。

在识别绝大多数潜在的不利风险的同时，银行还应该评估自身对这些风险的承受能力。通过有效的风险评估，银行可以更好地掌握其风险状况和最有效地使用风险管理资源。

银行用于识别、评估操作风险的工具可能包括：

自我风险评估：银行对其经营和业务中一系列可能蒙受的潜在操作风险进行评估。这一过程属于内部驱动并且经常通过列出清单和使用工作组的形式来识别操作风险环境的优劣。例如，记分卡把定性评估转换成定量指标，这样就可以对不同的操作风险类别进行相对排序。某些分数对应的风险可能仅与某类特别业务系列有关，而另一些分数可能对应许多类业务系列的风险。分数可能根据固有风险来定，也可能根据缓释风险的控制措施来打分。另外，银行可以用记分卡，即根据各部门在管理和控制各类操作风险方面的业绩，来决定经济资本的分配。

风险对应关系：在这一过程中，各业务单位、机构职能部门或程序流程都与风险类别之间建立起对应关系。这一行动可以暴露弱点所在，并且有助于突出后续管理行动的重点。

风险指标：风险指标是指用来考察银行的风险状况的统计数据和指标（通常是财务方面的）。对这些指标要进行定期（逐月或逐季）审查，以提醒银行有关风险可能的变化。这些指标可能包括失败交易的次数、员工流动比率、错误和遗漏的频率和严重程度。

计量：一些公司已经开始使用许多方法来量化其操作风险程度。例如，银行历史损失记录的数据可以用于帮助评估银行蒙受操作风险的程度以及开发缓释/控制风险的政策。充分利用这些信息的有效方法之一是建立一种制度来系统跟踪和记录每项损失事件的频率、严重性和其他相关信息。一些公司还已合并使用内外部损失数据、方案分析和风险评估因素。

原则5：银行应该制定一套程序来定期监测操作风险状况和重大损失风险。对积极支持操作风险管理的高级管理层和董事会，应该定期报告有关信息。

一套有效的监测程序对充分管理操作风险至关重要。定期监测行为有利于快速发现并且纠正管理操作风险的政策、程序和步骤中的缺陷。迅速发现和处理这些缺陷可以大大减少损失事件的频率和严重程度。

除监测操作损失事件外，银行应该明确适当的指标，以便为将来损失增大的风险提供早期预警。这样的指标（通常被称为关键风险指标或早期预警指标）应该具有前瞻性，并且可以反映操作风险潜在的原由，例如快速增长、推广新产品、员工流动、交易中断、系统检修等等。如果这些指标都设有门槛值，那么一套有效的监测程序可以帮助明确识别各项重大风险，并且促使银行对这些风险采取适当的行动。

监测的频度应该反映所包含的风险以及操作环境变化的频率和性质。监测应该是银行业务活动的不可分割的一部分。这些监测活动的结果应该写入定期的管理层和董事会报告之中，就好比由内部审计和风险管理职能部门进行合规性检查一样。由监管当局撰写的报告内容应包括监测方面的情况，并且如果适宜的话，应该内部抄报给高级管理层和董事会。

各业务单位、集团内职能部门、操作风险管理办公室和内部审计等相关机构应该定期向高级管理层呈送报告。操作风险报告内容应该包括内部财务、操作和合规性数据以及有关决策的事件和情况的外部市场信息。报告应该分发给相应的各级管理层以及可能受到影响的银行内有关单位。报告应该充分反映所有识别出的问题，并且应该提议对突出的问题及时采取纠错行动。为了确保这些风险和审计报告的有效性和可靠性，管理层应该定期核实报告制度和内部控制在总体上的及时性、准确性和相关性。管理层还应该使用外部人员（审计师、监管者）撰写的报告，以便评估内部报告的有效性和可靠性。对报告要进行分析，以便改善目前的风险管理业绩以及开发新的风险管理政策、步骤和做法。

一般说来，董事会应该收到足够的高层信息以便使他们了解银行的整个操作风险状况并专注于重大和具有战略意义的业务。

原则6：银行应该制定控制和缓释重大操作风险的政策、程序和步骤。银行应该定期检查其风险限度和控制战略，并且根据其全面的风险喜好和状况，通过使用合适的战略，相应地调整其操作风险状况。

控制行动针对的是银行已经识别出的操作风险。对于所有已经被识别的重大操作风险，银行应该决定是采用合适的步骤来控制和缓释风险，还是忍受风险。对于那些不能控制的风险，银行应该决定是否接受这些风险，减少相关业务活动程度，或完全停做此类业务。银行应该制定控制程序和步骤，并且制定一套书面的制度以确保遵循有关风险管理系统的内部政策。原则要素可以包括如下：

高层审查银行朝着预定目标的进展情况；

检查遵守管理控制措施的情况；

审查、处理和解决违规问题的有关政策、程序和步骤；

确保有一套相应管理层责任明确的成文的审批和授权制度。

虽然一整套书面正式的政策和步骤很关键，但是更需要一种强有力的促进稳健风险管理的控制文化。董事会和高级管理层都有责任建立强有力的内部控制文化，因为控制措施是银行正常业务活动不可分割的一部分。控制措施与正常业务活动的有机结合可以使银行对变化的情况做出快速反应，并且避免发生不必要的成本。

一个有效的内部控制系统还要求职责的适当分解，而且在划分责任时应避免利益冲突。如果职责划分给某些个人或一个小团体时出现利益冲突，这些人就可能会隐藏损失、错误或不当行为。因此，潜在的利益冲突领域应该被识别、减少，并要经受独立的认真监测和审查。

除了职责分解之外，银行还应该确保制定了其他内部做法来适当控制操作风险。这些做法的实例包括：

密切监测遵守指定风险限度或门槛的情况；

对接触和使用银行资产的记录进行安全防卫；

确保员工拥有适当的技能和培训；

识别某些回报似乎与合理预期不符的业务系列或产品（例如：某种低风险、低收益的交易活动出现高回报，就要怀疑是否如此回报的取得源自内部控制违规）；

定期对交易和账户进行复核和对账。

最近几年，因为没有执行此类做法已经导致某些银行发生了重大的操作风险损失。

操作风险更加明显的领域包括：银行从事新业务或开发新产品（特别是这些业务活动或产品与银行的核心业务战略不符）、进入不熟悉的市场、在远离总部的地区从事的业务。在上述情况中，公司没有保证其风险管理控制基础设施跟上业务活动的增长速度。近几年发生的几起金额最大、影响最广的损失事件或多或少地存在上述情形。因此，银行必须确保：如果此类情形存在，则要特别关注内部控制行为。

一些重大操作风险发生的概率虽低，但潜在的财务影响却非常大。而且，并非所有的风险事件都能够被控制（例：自然灾害）。风险缓释工具或方案可以用来减少此类事件的风险、频率和严重性。例如，对那些具有迅速并且明确的支出特点的业务，保险单可以用来转嫁低频率、很严重的损失风险，而这种损失风险可能是由于错误和遗漏、证券的有形损失、雇员或第三方欺诈以及自然灾害而引起的第三方索赔。

然而，银行只能把风险缓释工具作为补充手段，而不能代替全面的内部操作风险控制。建立快速识别和纠正合法操作风险错误的机制可以大大地减少风险。还应该认真考虑风险缓释工具（诸如保险）真正减少风险、把风险转嫁到其他业务或领域甚至产生一种新风险（如法律风险或交易对手风险）的程度。

对适当的处理技术和信息技术安全进行投资，对于风险缓释也很重要。然而，银行应该明白，自动化增加可以把高频率、低数额的损失转换为低频率、高数额的损失。后者的原因可能是由内部因素或超出银行直接控制的因素（如外部事件）造成的损失或长时间的服务中断。此类问题或许给银行造成严重困难，并且可能损害一家机构从事主要业务活动的能力。正如下面原则7所讨论的，银行应该建立灾难恢复和业务连续方案来应对这种风险。

银行应该制定政策来管理与外仓行为有关的风险。业务外仓可以减少机构的风险状况，因为它可以把相关业务转给具有较高技能和规模的其他人来管理。然而，银行借助第三方的力量并不能减少董事会和管理层确保第三方的行为安全稳健并且遵守相关法律的责任。业务外仓应该有严谨的合同和服务协议做基石，以确保外部服务提供者和银行之间责任划分明确。而且，银行需要管理与外仓安排有关的后续风险，包括服务中断。

根据业务活动的规模和性质，银行应该了解任何潜在缺陷对其经营和客户的潜在影响，这种缺陷是指供应商和其他第三方或集团内部服务供应者提供服务的缺陷，包括营业中断和潜在的业务失败或外部合同方违约。董事会和管理层应该确保各方的期望和义务规定明确、理解无误并且具有可操作性。外部供应方的责任限度以及因其错误、疏忽和其他操作失败而对银行进行财务补偿的能力应该被明确地列入风险评估的一部分。银行应该进行初始尽职测试并且监测第三方供应商的业务（特别是那些缺乏银行业规范环境从业经验的），银行还应该定期审查这一过程（包括尽职重估）。对于关键业务，银行可能需要考虑应急方案，包括外部替代方的可行性以及可能在短期内转换外部合同方所需要的资源和成本。

在某些情况下，银行可以决定是否保留一定水平的操作风险或自我防范那种风险，如果风险重大，那么保留或自我防范风险的决定在机构内应该是透明的，并且与银行的整体业务战略和对风险的喜好相吻合。

原则7：银行应该制定应急和连续营业方案，以确保在严重的业务中断事件中连续经营并控制住损失。

由于存在银行不可控制的因素，当银行的物资、电讯或信息技术基础设施严重受损或不可用时，可能导致银行无力履行部分或全部业务职责，结果给银行带来重大经济损失，或通过诸如支付系统等渠道而造成更广的金融系统瘫痪。这种可能性的存在要求银行建立灾难恢复和业务连续方案，即考虑银行可能遭受的各种可能的情形，方案还应该与银行经营的规模和复杂性相适应。

银行应该识别那些迅速对恢复服务至关重要的关键业务程序，包括那些依赖外部供应商或其他第三方的业务。对于这些程序，银行应该明确在中断事件中恢复服务的替代机制。应该特别关注恢复电子或物理记录功能，因为这是恢复业务必备的。如果这样的记录是由非现场设施进行数据备份的话，或当银行的营业必须搬迁到一个新地点时，则要注意这些地点与受到影响的营业保持足够的距离，以便减少主要记录及设施与备份同时瘫痪的风险。

银行应该定期检查其灾难恢复和业务连续方案，以保证与其目前的经营和业务战略吻合。而且，对这些方案要进行定期测试，以确保银行在低概率的严重业务中断事件发生时能够执行这些方案。

（三）监管者的作用

原则8：银行监管者应该要求所有的银行，不管其大小，制定有效的制度来识别、评估、监测和控制/缓释重大操作风险，并且作为全面风险管理方法的一部分。

监管者应该要求银行开发操作风险管理系统，并遵循本文中的指引且与银行的规模、业务复杂性和风险状况相适应。考虑到操作风险对银行的安全与稳健构成威胁，监管者有责任鼓励银行开发和使用更好的技术来管理这些风险。

原则9：监管者应该直接或间接地对银行有关操作风险的政策、程序和做法进行定期的独立评估。监管者应该确保有适当的机制保证他们知悉银行的进展情况。

监管者独立评估操作风险的内容应该包括以下：

银行风险管理程序的有效性，以及有关操作风险的全面控制环境；

银行监测和报告其操作风险状况的方法，包括操作风险损失数据和其他潜在操作风险指标；

银行及时有效解决操作风险事件和薄弱环节的步骤；

银行为保证全面操作风险管理程序的完整性的内控、审查和审计程序；

银行努力缓释操作风险的效果，例如使用保险的效果；

银行灾难恢复和业务连续方案的质量和全面性；

银行根据其风险状况和其内部资本目标（如果适合的话），评估操作风险的整体资本充足率水平。

如果银行是一家金融集团的一部分，监管者应该努力确保它已经制定了一些步骤来保证操作风险的管理适宜于整个集团并且得到有机结合。在执行此类评估时，有必要根据现有步骤与其他监管者进行合作和信息交流。一些监管者或许会选择外部审计师来完成这些评估程序。

监管检查中发现的缺陷应该通过一系列行动来处理。监管者应该挑选最适合银行特殊情况和经营环境的工具。为了使监管者及时收到有关操作风险的信息，可以提出直接与银行和外部审计师建立报告机制（例如，银行内部有关操作风险管理的报告可以定期呈送监管者）。

考虑到目前许多银行的操作风险综合管理程序还处于制定之中，监管者应该积极鼓励持续的内部开发努力，并且监测和评估银行的近期进展和未来的制定计划。对各银行的努力进行比较并且反馈给各银行来改进各自的工作。而且，如果发现某些开发努力效果不佳的原因属实，应对这样的信息进行归纳总结以供计划制定之用。此外，监管者应该集中关注银行在操作风险管理过程中与组织机构有机结合的程度，以确保有效的业务系列操作风险管理，保证交流畅通并且责任明确，鼓励积极的自我评估当前做法和思考可能的风险缓释良策。

（四）信息披露的作用

原则10：银行应该进行足够的信息披露，允许市场参与者评估银行的操作风险管理方法。

附录四：

国际会计准则第27号
合并财务报表和对附属公司投资的会计

（1989年4月公布，1994年11月格式重排）

范围

1．本号准则适用于编制与呈报受母公司控制的企业集团的合并财务报表。

2．本号准则亦适用于母公司单独编制的财务报表中对附属公司投资的会计处理。

3．本号准则替代国际会计准则第3号“合并财务报表”，但不替代该准则中对联营企业投资的会计处理的部分（见国际会计准则第28号“对联营企业投资的会计”）。

4．国际会计准则前言中所称的“财务报表”一词包括了合并财务报表。因此，合并财务报表应根据国际会计准则编制。

5．本准则不涉及：

（1）关于企业合并及其对合并的影响，包括对企业合并所产生的商誉在内的会计处理方法（见国际会计准则第22号“企业合并”）；

（2）对联营企业的会计处理方法（见国际会计准则第28号“对联营企业投资的会计”）；

（3）对合营企业投资的会计处理方法（见国际会计准则第31号“合营中权益的财务报告”）。

定义

6．本号准则所使用的下列术语，具有特定的含义：

控制，在本号准则中，是指具有支配一个企业的财务和经营政策，以便从其经营活动中获取利益的能力。

附属公司，是指被另一个企业（称为母公司）控制的企业。

母公司，是指拥有一个或多个附属公司的企业。

集团，是指母公司及其所有附属公司。

合并财务报表，是指将集团视作单个企业呈报的财务报表。

少数股权，是指附属公司的净经营成果和净资产中不直接归属，亦不通过附属公司间接归属母公司的部分。

合并财务报表的呈报

7. 除第8段所提到的母公司之外，母公司均应编制合并财务报表。

8. 一个本身完全被其他企业拥有的母公司，不需要呈报合并财务报表。在母公司几乎被其他企业完全拥有的情况下，如取得少数权益所有者的同意，也不需要呈报合并财务报表。这类母公司应说明不编制合并财务报表的理由，以及在其单独编制的财务报表中关于附属公司会计处理的基础。公布合并的财务报表的名称和注册办事处也应予以揭示。

9. 母公司财务报表的使用者通常关心并需要获知集团整体的财务状况、经营成果和财务状况的变动情况。合并财务报表满足了使用者的这种需要，它以揭示单个企业的财务信息的方式来揭示集团的财务信息，而不考虑各个经济实体之间的法律界限。

10. 一个本身完全被其他企业拥有的母公司，可以不呈报合并财务报表。因为其母公司不一定有这样的要求，而其他使用者的需要又完全可以通过其母公司的合并财务报表得到满足。在有些国家，一个几乎被另一企业完全拥有的母公司，如已取得少数权益所有者的同意，也可以免予呈报合并财务报表。几乎完全拥有通常是指母公司拥有90%或以上的表决权。

合并财务报表的范围

11. 一个提供合并财务报表的母公司应合并所有的附属公司，不论是国外的还是国内的，但第13段所指的附属公司除外。

12. 合并财务报表应包括由母公司控制的所有企业，但不包括由于第13段所述原因而排除在外的附属公司。如母公司直接或通过附属公司间接控制一个企业过半数的表决权，即可认为存在控制权，除非在特殊情况下，能清楚地表明这种所有权并不构成控制。如符合以下条件，即使当母公司拥有另一企业半数或半数以下的表决权，也存在着控制权。

(1) 根据与其他投资者的协议，拥有半数以上的表决权；

(2) 根据法规或协议，拥有统驭企业财务和经营政策的能力；

(3) 有权任免董事会或类似管理机构的大部分成员；

(4) 在董事会或类似管理机构的会议上，有权投多数票。

13. 附属公司在下列情况下不列入合并的范围：

(1) 由于收购和持有附属公司是专门为了在近期内出售，因此控制是暂时的；

(2)附属公司长期在严格限制条件下经营,严重削弱了它向母公司转移资金的能力。

对于这类附属公司,应视同投资,按国际会计准则第25号"投资会计"进行核算。

14.有时,附属公司会因其经营活动不同于集团的其他企业而被排除在合并范围之外,根据这些理由将其排除在外并不合理,因为对这些附属公司进行合并,同时在合并财务报表中对附属公司不同的业务加以进一步的揭示,可以提供更好的信息。例如,国际会计准则第14号"按分部报告财务信息"所要求做出的揭示,有助于说明集团内不同经营业务的重要性。

合并的程序

15.在编制合并财务报表时,母公司及其附属公司的财务报表采用将资产、负债、权益、收入和费用等相同项目逐项相加的方式进行合并。为了使合并财务报表将集团视作单个企业来提供财务信息,应采取以下步骤:

(1)抵消母公司对各个附属公司投资的账面金额和母公司占各个附属公司权益中的份额(见国际会计准则第22号"企业合并",该准则也阐述了对合并所产生商誉的处理方法);

(2)确定予以合并的附属公司报告期内净收益中的少数权益,以此调整集团的收益,以便得出应归属母公司股东的净收益;

(3)确定予以合并的附属公司净资产中的少数权益,并在合并资产负债表中与负债和母公司股东权益分开列示。净资产中的少数股权包括:

①根据国际会计准则第22号"企业合并"计算的最初合并的金额;

②在合并日以后少数股东应占权益的份额的变动。

16.将附属公司的留存利润分配给母公司时,母公司或附属公司的应付税金应根据国际会计准则第12号"所得税会计"进行核算。

17.集团内往来余额、集团内交易以及由此产生的未实现利润应全额抵消。由集团内交易产生的未实现亏损也应报销,除非成本不能收回。

18.集团内往来余额和集团内交易,包括销售收入、费用和股利,应全额抵消。由集团内交易产生的,包括在诸如存货和固定资产等资产的账面金额中的未实现利润,也应全额抵消。在计算资产账面金额时扣除的,由集团内交易形成的未实现亏损也应抵消,除非成本不能收回。由于抵消集团内交易形成的未实现利润和亏损而产生的时间性差异,应根据国际会计准则第12号"所得税会计"进行会计处理。

19.如果用于合并的财务报表按不同的报告日编制,对于发生在这些日期与母公司财务报表的日期之间的重大交易或其他事项的影响应进行调整。在任何情况下，报告日之间的差距应不超过3个月。

20. 在编制合并财务报表时所使用的母公司和附属公司的财务报表，通常应按同一日期编制。当报告日不同时，附属公司出于合并的目的，通常采用与集团相同的日期编制财务报表。在不能这样做时，如差距不超过3个月，可以按不同的报告日编制财务报表。根据一致性原则的要求，报告期的长短和报告日的差距，在各期之间应当相同。

21. 编制合并财务报表，对在相似情况下相同的交易和其他事项，应采用统一的会计政策。如不能采用统一的会计政策来编制合并财务报表，应当说明这一情况，同时应说明在合并财务报表中采用不同会计政策的项目的比例。

22. 在很多情况下，如果集团的某一成员，对类似情况下的相同交易和事项，采用了不同于合并财务报表所采用的会计政策，其财务报表在用于编制合并财务报表时，应作适当的调整。

23. 附属公司的经营成果，应从购买之日起并入合并财务报表。根据国际会计准则第22号“企业合并”，购买日是指对所购买的附属公司的控制权实际上转移至购买者的日期。所处置的附属公司的经营成果，直到处置日才应包括在合并财务报表中，处置是指母公司停止控制附属公司的日期。处置附属公司的收入，与其在处置日的资产扣除负债后的账面金额的差额，应在合并损益表中确认为处置附属公司的利润或损失。为确保财务报表在各个会计期间的可比性，通常需要提供关于购买和处置附属公司对报告日的财务状况，报告期经营成果的影响，以及对上期相应金额的影响的补充资料。

24. 对某一企业的投资，应从该企业不再属于附属公司的定义范围，并且也不成为国际会计准则第28号“对联营企业投资的会计”所定义的联营企业之日起，根据国际会计准则第25号“投资会计”进行核算。

25. 停止成为附属公司之日的投资的账面金额，应作为以后的投资成本。

26. 少数股东权益在合并财务报表中，应与负债和母公司的股东权益分开列示。集团收益内的少数股东权益也应分别列示。

27. 在予以合并的附属公司中，少数股东应占的亏损可能超过少数股东在附属公司中的权益。超过的部分以及应归属少数股东的亏损，除了少数股东有约定义务并能够弥补的亏损以外，应冲减多数权益。

如附属公司以后报告利润，所有这些利润均应分配给多数股东，直至以前由多数股东承担的少数股东的亏损额已收回为止。

28. 如果附属公司拥有发行在外的累积优先股，并且为集团外部所持有，不论股利是否已宣布发放，母公司应在调整附属公司优先股的股利之后，计算其利润或亏损的份额。

在母公司单独编制的财务报表中对附属公司投资的会计

29. 在母公司单独编制的财务报表中，对合并财务报表已包含的附属公司的投资，应当采用如下其中一种方法进行处理：

(1)采用国际会计准则第28号"对联营企业投资的会计"所规定的权益法进行核算；

(2)根据母公司关于长期投资的会计政策，以成本或重估价列示(见国际会计准则第25号"投资会计")。

30. 对未纳入合并范围的附属公司的投资，在母公司单独编制的财务报表中，应根据国际会计准则第25号"投资会计"，视同投资进行核算。

31. 在很多国家，母公司都单独编制财务报表，以满足法律或其他要求。

揭 示

32. 除第8段和第21段所要求的揭示外，还应揭示下列事项：

(1)在合并财务报表中重要附属公司的名单，包括名称、注册国家或居住国、所有权的比例，以及所持表决权的比例(如果它与所有权的比例不同的话)；

(2)合并财务报表中的以下事项(如适用的话)：

①附属公司不合并的理由；

②母公司与未直接拥有或者未通过附属公司间接拥有半数以上表决权的附属公司之间的关系的性质；

③直接拥有或通过附属公司间接拥有半数以上表决权，但由于缺乏控制权而不是附属公司的企业的名称；

④购买或处置附属公司，对报告日的财务状况、报告或经营成果以及对前期相关金额的影响；

(3)在母公司单独编制的会计报表中，对附属公司核算的方法的说明。

生效日期

33. 本号国际会计准则，对从1990年1月1日或以后开始的会计期间的财务报表生效。

附录五：

国际会计准则第31号合营中权益的财务报告

（1990年12月公布，1994年11月格式重排）

范围

1.本号准则适用于合营中权益的会计处理，以及在合营者和投资者的财务报表中对合营资产、负债、收入和费用的报告，而不论合营活动是在何种结构或形式下发生的。

定义

2.本号准则所使用的下列术语，具有特定的含义：

合营，是指双方或多方从事共同控制的某项经济活动的合同约定。

控制，是指某项经济活动的财务和经营政策，藉以从中获取利益的能力。

共同控制，是指合同约定的对某项经济活动共同享有的控制。

重要影响，是指参与某项经济活动的财务和经营决策的权力，但不控制或共同控制这些政策。

合营者，是指合营的某一方，并且是对合营具有共同控制权的一方。

合营的投资者，是指合营的某一方，但不是对合营具有共同控制权的一方。

比例合并法，是指这样一种会计和报告方法，根据这种方法可以将合营者在共同控制实体各项资产、负债、收入和费用中所占的份额与合营者财务报表中的类似项目逐项合并，或是在合营者财务报表中作为单独的项目予以报告。

权益法，是指这样一种会计和报告方法，根据这种方法可以将合营者在共同控制实体中的权益最初按成本记录，以后按购买后合营者所占共同控制实体净资产的份额的变动进行调整。损益表反映了合营者在共同控制实体的经营成果中所占的份额。

合营形式

3.合营有很多不同的形式和结构。本号准则将其分为三大类别：共同控制的经营、共同控制的资产和共同控制的实体，这些都符合合营的定义。

所有的合营都具有以下特点：

(1)两个或两个以上的合营者受合同约定的约束；

(2)合同约定建立了共同控制。

合同约定

4. 合同约定的存在，使涉及共同控制的权益与投资者具有重要影响的对联营企业的投资区分开来(见国际会计准则第28号"对联营企业投资的会计")。没有合同约定建立的共同控制的活动，不是本号准则所指的合营。

5. 合同约定可由多种方式证明，例如，合营者之间的合同或讨论纪要。在某些情况下，这类约定列入合营的章程或其他规定中。合同约定不论采取何种形式，它通常是书面的，并且涉及下列事项：

(1)合营的活动、期限和报告责任；

(2)合营董事会或类似管理机构的任命以及合营者的表决权；

(3)合营者的出资；

(4)合营者所占合营产品、收入、费用或业绩的份额。

6. 合同约定对合营建立了共同控制。这样的要求确保任一合营者都不处于单方面控制合营活动的地位。合同约定列明，对合营目标至关重要的决策要求得到合营者的一致同意，而有的决策只要求得到规定的多数合营者的同意。

7. 合同约定可能指定一个合营者为合营的经营者或管理者。经营者并不控制合营，而是根据合营者按合同约定确定的并且交给经营者的财务和经营政策进行运作。如果经营者拥有统驭经济活动的财务和经营政策的能力，就控制了合营。那么，这种合营就成为经营者的附属公司而不再是合营。

共同控制的经营

8. 有些合营的经营涉及对合营者的资产和其他资源的使用，而不是建立一个公司、合伙企业或其他实体，或独立于合营者自身的财务结构。各个合营者使用自己的不动产、厂房和设备，拥有自己的存货。每个合营者还产生自己的费用和负债，筹集自己的资金，这也是其自己的责任。合营的活动可以由合营者的雇员随合营者的类似活动一起进行。合营协议通常规定在合营者之间分配销售共同产品的收益以及共同产生的费用的方法。

9. 共同控制经营的一个例子,是两个或两个以上的合营者结合其经营活动、资源和专长,来共同制造、推销和发售某一特定的产品,例如飞机。制造过程的不同部分是由各个合营者完成的。各个合营者承担其自己的成本,分享飞机销售的收益,这种份额由合同约定来确定。

10. 关于在共同控制的经营中的权益,合营者应在单独编制的财务报表中列明,并在合并财务报表中确认以下事项:

(1)其所控制的资产和其所产生的负债;

(2)其所产生的使用和在合营销售货物或提供劳务的收益中所占的份额。

11. 由于资产、负债、收入和费用已在合营者单独编制的财务报表中确认,从而也已在合并财务报表中确认。因此,当合营者在呈报合并财务报表时,对这些项目不必做出调整或采取其他合并程序。

12. 合营本身可能不需要有单独的会计记录,从而也就不需要编制财务报表。但是,合营者可以编制管理报表,以便使他们可以评价合营的经营业绩。

共同控制的资产

13. 有些合营涉及合营者共同控制并且往往是共同拥有一项或多项资产,提供或购置这些资产是为了供合营所用,并为合营者获取收益。每个合营者可以分享这些资产的产出,负担所发生的费用的约定份额。

14. 这些合营不涉及建立公司、合伙企业或其他实体,或与合营者本身独立的财务结构。每一合营者通过其在共同控制的资产中的份额来控制在未来经济利益中的份额。

15. 石油、天然气和采矿业的很多活动涉及共同控制的资产。例如,一些产油公司可能共同控制和经营一条输油管道。每一合营者使用该管道来运输自己的产品,并为此按约定的比例分担该管道的经营费用。共同控制资产的另一例子是,两个企业共同控制一项物业,各自获取一份租金,并承担一份费用。

16. 关于共同控制的资产中的权益,合营者应在单独编制的财务报表中列明,并在其合并财务报表中确认下列事项:

(1)其在共同控制的资产中的份额,按资产的性质分类;

(2)发生的负债;

(3)为了合营而与其他合营者共同发生的负债的份额;

(4)销售或使用在合营的产品中所占的份额而产生的收益,以及在合营所发生的费用中所占的份额；

(5)发生的与合营中权益有关的费用。

17.关于在共同控制的资产中的权益，每一合营者应将下列事项记入其会计账目，并在单独编制的财务报表中列明，并在合并财务报表中确认下列事项：

(1)在共同控制的资产中的份额，按资产性质分类而不是作为一项投资。例如，在共同控制的输油管道中的份额应归类为不动产、厂房和设备；

(2)发生的任何负债。例如，为其资产份额融资而发生的费用；

(3)在与其他合营者共同发生的与合营有关的负债中其所占的份额；

(4)销售或使用在合营的产品中所占的份额而产生的收益，以及在合营发生的费用中所占的份额；

(5)发生的与合营中权益有关的费用。例如，与为合营者在资产中的权益融资有关的费用，以及与出售在产品中的份额有关的费用。

由于资产、负债、收入和费用已在合营者单独编制的财务报表中确认，从而也已在合并财务报表中确认，因此，合营者在呈报合并财务报表时，不必对这些项目进行调整或采取其他合并程序。

18.对共同控制的资产的会计处理反映了合营的实质和经济现实，往往也反映了合营的法律形式。合营本身单独设置的会计记录可能只限于合营者共同发生，并根据他们所约定的份额最终由合营者承担的那些费用。合营可能不编制财务报表，但可以编制管理报表，以便评价合营的经营业绩。

共同控制的实体

19.共同控制的实体是一种涉及建立公司、合伙企业或其他实体的合营，在其中每个合营者拥有一份权益。除了合营者之间的合同约定确立了对该实体的经济活动的共同控制之外，该实体的经营方式与其他企业相同。

20.共同控制的实体控制着合营的资产，发生负债和费用，并赚取收益。它可以用自己的名义签订合同和为合营活动筹集资金。每一合营者有权分享共同控制实体的成果，尽管有些共同控制实体也涉及分享合营的产品。

21.共同控制实体的一个常见的例子，是两个企业为了合并经营在某一特定行业中的业务，而将有关的资产和负债转入共同控制的实体中。另一例子是企业在外国与该国的政府或其他机构相联合，建立一个由该企业和该国政府或机构共同控制的独立实体，并开始经营业务。

22. 很多共同控制的实体在实质上与被称为共同控制的经营和共同控制的资产的那些合营相似。例如，合营者可能出于税务或其他原因，将一项共同控制的资产，如输油管道，转入共同控制的实体。与此类似，合营者也可能把将要共同经营的资产提供给共同控制的实体。有些共同控制的经营还涉及建立共同控制的实体来处理特定方面的业务，例如，产品的设计、推销、发售和售后服务。

23. 共同控制的实体和其他企业一样，根据国家有关的规定和国际会计准则，保持自己的会计记录，编制和呈报财务报表。

24. 每一合营者通常向共同控制的实体提供现金或其他资产。这些资产应记入合营者的会计账目，并在合营者单独编制的财务报表中确认为一项对共同控制的实体的投资。

合营者的合并财务报表

基准处理方法 比例合并法

25. 在合并财务报表中，合营者应采用比例合并法的两种报告形式之一来报告其在共同控制的实体中的权益。

26. 在合并财务报表中报告在共同控制的实体中的权益，至关重要的是合营者应反映合同约定的实质和经济现实，而不是合营的特定结构或形式。在共同控制实体中，合营者通过其在合营的资产和负债中的份额来控制其在未来经济利益中的份额。如果合营者采用了第28段所述的比例合并法的两种报告方式之一来报告其在共同控制实体的资产、负债、收入和费用中的权益，合同约定的实质和经济现实就在合营者的合并财务报表中得到反映。

27. 采用比例合并法，意味着合营者的合并资产负债表包括了其所占共同控制的资产的份额以及其所占共同负责的负债的份额。合营者的合并损益表则包括了其所占共同控制的实体的收入和费用中的份额。适用于比例合并法的许多程序与对附属公司投资的合并程序相似，国际会计准则第27号“合并财务报表和对附属公司投资的会计”对此作了规定。

28. 比例合并法可以采用不同的报告形式。合营者可以将所占共同控制的实体的各项资产、负债、收入和费用的份额与在其合并财务报表中的类似项目逐项合并。例如,合营者可以将其所占共同控制的实体的存货的份额和合并集团的存货合并,将其所占共同控制的实体的不动产、厂房和设备的份额和合并集团的相同项目合并。另一种方法是合营者可以在合并财务报表中单列项目反映其所占共同控制的实体的资产、负债、收入和费用的份额。例如,合营者可以将其所占共同控制的实体的流动资产的份额作为合并集团流动资产的一部分单独反映,将其所占共同控制的实体的不动产、厂房和设备的份额作为合并集团的不动产、厂房和设备的一部分单独反映。两种报告方式的结果都是报告相同金额的净收益以及各大类资产、负债、收入和费用。两种方式本号准则都可以接受。

29. 不论采用何种方式进行比例合并,都不直接通过其他负债或资产的扣减来抵消资产或负债,或者通过其他费用或收益的扣减来抵消收益或费用,除非存在抵消的合法权利,并且抵消反映了资产变现或负债结算的预计情况。

30. 合营者应自停止共同控制某一共同控制的实体之日起停止采用比例合并法。

31. 合营者应自停止分享对共同控制的实体的控制之日起停止采用比例合并法。发生这种情况的例子有,合营者出售其权益,或共同控制的实体受到外部限制而不再能够达到其目标。

允许的备选处理方法

权益法

32. 在合并财务报表中,合营者应采用权益法报告其在共同控制的实体中的权益。

33. 有些合营者采用国际会计准则第28号"对联营企业投资的会计"中所阐述的权益法,报告其在共同控制的实体中的权益。那些认为不宜将控制项目和共同控制项目予以合并的人士支持采用权益法,那些认为合营者对共同控制的实体具有重大影响但不是共同控制的人士也支持采用权益法。本号准则不推荐采用权益法。因为比例合并法更好地反映了合营者在共同控制的实体中的权益的实质和经济现实,即对合营者所占未来经济利益的份额的控制。但是,在报告共同控制的实体中的权益时,本号准则允许将权益法作为一种允许备选的处理方法加以采用。

34. 合营者应自其停止对共同控制的实体分享共同控制或不再具有重大影响之日起中止采用权益法。基准和允许的备选处理方法例外。

35. 合营者应根据国际会计准则第25号"投资会计"将下列权益视

作投资进行会计处理：

(1)为了在近期内出售而取得和持有的在共同控制的实体中的权益；

(2)长期处于严格限制的条件下经营，并且向合营者转移资金的能力受到严重削弱的共同控制的实体中的权益。

36.如果只是为了在近期内出售而取得和持有在某一共同控制的实体中的权益，不论是比例合并法还是权益法都不宜采用。如果共同控制的实体长期在严格的限制条件下经营，向合营者转移资金的能力受到严重削弱，也不宜采用这些方法。

37.自共同控制的实体成为合营者的附属公司之日起，合营者应根据国际会计准则第27号“合并财务报表和对附属公司投资的会计”来核算其权益。

合营者单独编制的财务报表

38.投资者在合营中的权益如果没有共同控制，应根据国际会计准则第25号“投资会计”予以报告。如投资者对合营具有重要影响，应根据国际会计准则第28号“对联营企业投资的会计”予以报告。

39.在很多国家，合营者呈报单独的财务报表以满足法律或其他要求。编制这种单独的财务报表是为了满足多方面的需要，其结果是在不同的国家中采用不同的报告实务。因此，本号准则未表明倾向于某一具体处理方法。

合营者和合营之间的交易

40.当合营者向合营提供或出售资产时，对产生于该交易的那部分利得或损失的确认应反映交易的实质。如资产为合营所留用，并且合营者已转移了资产所有权的重大风险和报酬，合营者应确认的只是可归属其他合营者的权益的那部分利得。如果提供或出售资产带来了流动资产可变现净值的降低或长期资产账面金额非暂时性的减少的证据，合营者应确认损失的全部金额。

41.如果合营者为合营购买资产，在将该资产出售给独立的第三方之前，合营者不应确认其所占产生于该交易的合营利润中的份额。合营者应按确认利润相同的方式，确认其应占产生于这些交易的损失的份额。但是，如果损失代表了流动资产可变现净值的降低或长期资产账面金额的非暂时性的减少，就应立即予以确认。

在投资者财务报表中对合营中权益的报告

42. 投资者在没有共同控制的合营中的权益，应根据国际会计准则第28号“对联营企业投资的会计”予以报告。

合营的经营者

43. 合营的经营者或管理者应根据国际会计准则第18号“收入”来核算取得的管理费。

44. 合营者中的一位或若干位可以作为合营的经营者或管理者。鉴于这种职责，通常应向经营者支付管理费。该管理费应由合营作为费用予以核算。

揭 示

45. 根据国际会计准则第10号“或有事项和资产负债表日以后发生的事项”，合营者应与其他或有事项的金额分开揭示下列或有事项的总额，除非损失发生的可能性很小。

(1) 合营者发生的与其在合营中权益有关的或有事项，以及其在与其他合营者共同发生的或有事项中的份额；

(2) 合营者可能承担责任的在合营本身的或有负债中的份额；

(3) 由于合营者对其他合营者的负债可能承担责任而发生的或有事项。

46. 根据国际会计准则第5号“财务报表应揭示的信息”，合营者应与其他承诺事项分开揭示与合营中权益有关的下列承诺事项的总额：

(1) 与合营中权益有关的合营者的资本承诺，以及在与其他合营者共同产生的资本承诺中其所占的份额；

(2) 合营者在合营本身的资本承诺中的份额。

47. 合营者应揭示在重要合营中的权益的清单和说明，以及在共同控制的实体中拥有所有权的比例。采用比例合并法逐项报告形式或采用权益法报告在共同控制的实体中的权益的合营者，应揭示与合营中权益有关的各项流动资产、流动负债、收益和费用的总额。

48. 由于没有附属公司而不提供合并财务报表的合营者，应揭示第45、46和第47段所要求的资料。

49. 由于没有附属公司而不编制合并财务报表的合营者，应如同提供合并财务报表的那些合营者一样，提供关于在合营中权益的资料。

生效日期

50. 本号国际会计准则，对从1992年1月1日或以后开始的会计期间的财务报表生效。

附录六：

国际会计准则第32号金融工具:揭示和呈报

（1995年6月）

目的

风云变幻的国际金融市场,导致了各种金融工具的广泛使用,从诸如债券之类的传统初级工具,到诸如利率掉期之类的各种形式的衍生工具,不一而足。资产负债表表内和表外金融工具对企业财务状况、经营业绩和现金流量具有相当的重要性,本号准则的目的,是为了增进财务报表使用者对这一重要性的了解。

本号准则对表内金融工具的呈报规定了某些要求,并指出了应予以揭示的关于表内(已经确认)和表外(未经确认)金融工具的信息。呈报准则涉及到金融工具在负债和权益之间的分类,有关利息、股利、损失和利得之间的分类,以及金融资产与金融负债应予以相互抵消的情况等。揭示准则涉及到关于影响与金融工具有关的企业未来现金流量的金额、时间和确定性的因素,以及适用于这些工具的会计政策等方面的信息。此外,本号准则还要求揭示这样一些信息,包括企业使用金融工具的性质和范围、它们所服务的业务目的、与它们有关的风险,以及管理当局控制这些风险所使用的政策等。

范围

1.本号准则应在呈报和揭示关于各种已经确认和未经确认的金融工具方面的信息时加以应用。但下列项目除外:

(1)对附属公司的权益,其定义见国际会计准则第27号“合并财务报表和对附属公司投资的会计”;

(2)对联营企业的权益,其定义见国际会计准则第28号“对联营企业投资的会计”;

(3)合营中权益,其定义见国际会计准则第31号“合营中权益的财务报告”;

(4)雇主和计划中对雇员就业后各种福利包括退休金所承担的义务,见国际会计准则第19号“退休金费用”以及国际会计准则第26号“退休金计划的会计和报告”;

(5)在雇员股票认购权和股票购买计划下雇主应承担的义务;

(6)由保险合同所产生的义务。

2.虽然本号准则不适用于企业对附属公司的权益,但却适用于母公司的合并财务报表中所包括的所有金融工具,不管这些金融工具是由母公司还是由其附属公司持有或发行的。类似地,本号准则还适用于在合营中持有或发行,并且直接包括在合营者财务报表或通过比例合并包括在合营者财务报表中的金融工具。

3.保险合同,是指保险人承担在某一特定期间内发生或发现的事件或情况所产生的可认定损失风险的合同,包括死亡(在年金保险的情况下涉及年金保险受益人的生存)、疾病、残废、财产损失、对他人造成伤害和业务中断等。然而,当金融工具采用了保险合同的形式但是却主要涉及到金融风险(见第43段)的转移时,例如,由保险或其他企业签发的某些金融再保险合同和担保投资合同等,本号准则的条款还是适用的。具有保险合同义务的企业,在呈报和揭示与这些义务有关的信息时,应考虑应用本号准则的条款是否合适的问题。

4.具体涉及到某些金融工具的其他国际会计准则,包含了额外的呈报和揭示方面的要求。例如,国际会计准则第17号"租赁会计"和国际会计准则第26号"退休金计划的会计和报告",就分别加入了对融资租赁和退休金计划投资方面的特别揭示要求。此外,其他国际会计准则的某些要求,特别是国际会计准则第5号"财务报表应揭示的信息"和国际会计准则第30号"银行和类似金融机构财务报表应揭示的信息"的一些要求,也适用于金融工具。

定义

5.本号准则所使用的下列术语,具有特定的含义:

金融工具,是指能对一家企业产生金融资产同时又能对另一家企业产生金融负债或权益工具的任何合同。

金融资产,是指属于以下各项的任何资产:

(1)现金;(2)从另一家企业收取现金或其他金融资产的合同性权利;(3)在潜在有利的条件下与另一家企业交换金融工具的合同性权利;(4)另一家企业的权益工具。

金融负债,是指具有下列合同性义务的任何负债:

(1)将现金或其他金融资产交付给另一家企业的合同性义务;

(2)或在潜在不利的条件下与另一家企业交换权益工具的合同性

义务。

权益工具,是指能够证明企业资产扣除其所有负债后的剩余权益的任何合同。

货币性金融资产和金融负债(也称为货币性金融工具),是指可以收到或需要付出固定金额或可确定金额的货币的金融资产和金融负债。

公允价值,是指熟悉情况和自愿的各方在一项公平交易中,能够将一项资产进行交换或将一项负债进行结算的金额。

市场价值,是指在一个市场上,由于使用金融工具应获得的或者由于购买金融工具应付出的金额。

6. 在本号准则中,"合同"是指两方或两方以上的各方之间所签订的这样一份协议,它具有清楚的但又是签约各方几乎无法避免的经济结果,因为这种协议通常具有法律上的强制性。合同,在这里是指金融工具可以采用各种形式,并且不一定需要采用书面形式。

7. 在第5段的定义中,"企业"一词包括个人企业、合伙企业、公司团体和政府代理机构等。

8. 在对金融资产和金融负债的定义部分中,本身已包含了金融资产和金融工具的词语,但这些定义并不是循环的。当存在着交换金融工具的合同性权利或义务时,用以交换的工具就会产生金融资产、金融负债和权益工具,可以建立一连串的合同性权利或义务,但它最终将导致现金的收取或支付,或者是权益工具的购买或发行。

9. 金融工具既包括初级工具,例如,应收账款、应付账款和权益证券等,也包括衍生工具,例如,金融期权、期货、远期合约、利率掉期和货币掉期等。衍生金融工具,无论已经确认或未经确认,只要满足金融工具的定义,就应按本号准则处理。

10. 衍生金融工具产生了某些权利和义务,这些权利和义务具有在签约各方之间将所依据的初级金融工具所固有的一个或一个以上的金融风险,转移到衍生金融工具上面的效果。在合同开始时,衍生金融工具不会导致所依据的初级金融工具的转移。即使在合同到期时,这种转移也不一定发生。

11. 诸如存货、不动产、厂房和设备之类的实物资产以及诸如专利权和商标权之类的无形资产,不是金融资产。对这类实物资产和无形资产的控制,可以创造产生现金流入或增加其他资产的机会,但不会产生收取现金或其他金融资产当前的权利。

12. 诸如预付费用之类的资产，因为其未来的经济利益是收取货物或劳务，而不是收取现金或其他的金融资产，因此，它们不是金融资产。类似地，诸如递延收入和大多数担保债务之类的项目也不是金融负债，因为与它们有关的可能的经济利益的流出是交付货物和劳务，而不是交付现金或其他金融资产。

13. 不具有合同性规定的负债或资产，例如，作为法定要求的结果而由政府征收的所得税等，既不是金融负债，也不是金融资产。所得税会计在国际会计准则第12号“所得税会计”中涉及。

14. 不涉及金融资产转移的合同性权利和义务，不属于金融工具的定义范围。例如，由商品期货合同产生的某些合同性权利（义务），只能通过收取（交付）非金融资产得以了结。类似地，由租用某项实物资产的经营租赁所产生的合同性权利（义务），也只能通过收取（交付）劳务得以了结。在以上两种情况中，一方收取非金融资产或劳务的合同性权利以及另一方相应的义务，并不会为任何一方产生收取、交付或交换金融资产的当前的权利或义务。

15. 实施合同性权利的能力或满足合同性义务的要求，可能是绝对的；在未来事件发生时，它可能是偶然的。例如，金融担保是放款人从担保人那里取得的收取现金的合同性权利，如果借款人无力偿还，担保人相应的合同性义务是付款给放款人。由于过去的交易或事件（假定是担保），产生了合同性权利和义务，即使放款人实施其权利的能力和担保人执行其义务的需要，对借款人将来无力偿还的情况来说都是偶然的。或有的权利和义务满足金融资产和金融负债的定义，虽然许多这样的资产和负债并不符合财务报表中的确认标准。

16. 企业发行或交付自己的权益工具（如股票选择权或认股证等）的义务，本身也是一种权益工具，并不是金融负债，因为企业没有义务交付现金或其他金融资产。类似地，企业购买向另一方赎回其自己的权益工具的权利所花费的费用，应作为其权益的减项，而不是作为一项金融资产。

17. 由于合并一家附属公司而使企业的资产负债表可能产生的少数股东权益，不是企业的金融负债或权益工具。在合并财务报表中，企业应根据国际会计准则第27号“合并财务报表和对附属公司投资的会计”来反映其他股东在其附属公司中的权益和收益。因此，在附属公司被归类为权益工具的金融工具，当被母公司所持有，或被母公司在其合并资产负债表中单独作为少数股东权益而与其本身的股东权益分别列示时，这种金融工具在合并中会被剔除。而在附属公司被归类为金融负债的金融工具，在母公司合并资产负债表中仍然被列示为负债，除非作为集团内部往来余额在合并中剔除。母公司在合并中的会计处理，并不影响附属公司在其财务报表中的呈报方法。

呈报

负债和权益

18. 金融工具的发行人应根据在初始确认时的合同性安排的实质以及金融负债和权益工具的定义，将金融工具或其组成部分划分为负债或权益。

19. 金融工具的实质，而不是其法律形式，决定着它在发行人资产负债表中的分类。实质和法律形式通常是一致的，但并不总是一致。例如，一些金融工具采取了权益的法律形式但实质上却是负债。金融工具第一次被确认时，根据对其实质所做的评估，对金融工具做出分类。这种分类需要持续到每一个随后的报告日，直至金融工具从企业资产负债表中剔除为止。

20. 将金融负债从权益工具中区分出来的关键是，发行金融工具的一方（发行人）存在着这样的合同性义务，发行人需要在对已潜在不利的条件下将现金或其他金融资产交付给另外一方（持有人），或者是与持有人交换其他金融资产。当存在着上述合同性义务时，所发行的金融工具就满足了金融负债的定义，不管这种合同性义务的结算方式如何。对发行人履行义务的能力的限制，例如，缺乏外币渠道或需要经过有关当局批准后才能付款等，并不否定在此工具下发行人的义务或持有人的权利。

21. 当金融工具不产生上述合同性义务，即发行金融工具的一方不需要交付现金或其他金融资产，或者不需要在对已潜在不利的条件下交换其他金融工具时，这种金融工具就是权益工具。虽然权益工具的持有人有权收取按比例分配的股利或权益的其他分配金额，但是发行人却并不具有做出这类分配的合同性义务。

22. 当优先股规定了要求发行人在固定或可确定的未来日期，按照固定或可确定的金额强制赎回的条件时，或者当优先股给予持有人要求发行人在某一个特定或以后的日期，按照固定或可确定的金额赎回其股份的权利时，这种优先股就满足了金融负债的定义，并且应该归类为金融负债。没有明确建立这种合同性义务的优先股，可能会通过其条款和条件间接地建立这种合同性义务。例如,没有强制要求赎回或者是由持有人有权选择赎回的优先股,可能具有合同规定的加速股利,这样,在可预见的将来这种股利率预计将会很高,因此,从经济上来说发行人将不得不赎回此工具。在这种情况下,将它归类为金融负债是恰当的,因为发行人几乎无权避免赎回这种工具。类似地,如果标明是一种股票的某种金融工具给予了持有人,在很可能发行的未来事项发生时可以要求赎回的选择权,那么,将这种股票在初始确认时归类为金融负债,可以反映这种工具的实质。

发行人对混合工具的分类

23. 既包含负债要素又包含权益要素的金融工具的发行人,应根据第 18 段的要求将工具的组成部分做出单独划分。

24. 本号准则要求在发行人的资产负债表中分别反映由某个金融工具产生的负债要素和权益要素。由单个金融工具而不是由两个或两个以上的工具所同时产生的负债和权益,这更是一件形式掩盖实质的事情。将单个工具中所包含的负债和权益的组成部分按照它们的性质分别呈报,可以更加如实地反映发行人的财务状况。

25. 为了资产负债表呈报的目的,发行人应分别确认这样一种金融工具的组成部分,它为发行人产生了初级金融负债,又给予这种工具的持有人将其转换为发行人的权益工具的选择权。可以由持有人转换为发行人的普通股之类的工具,就是这种工具的例子。对发行人来说,这种工具由两部分组成:金融负债(具有交付现金或其他金融资产的合同性安排)和权益工具(在特定时期内具有保证持有人将其转换为发行人普通股的权利)。发行这种工具,实际上与同时发行具有提前结算条款的债务工具和可以购买普通股的认股证,或者与发行附带认股证的债务工具,它们的经济效果是相同的。因此,在任何情况下,发行人都应该在其资产负债表中分别反映负债和权益要素。

26. 将可转换工具的负债和权益的组成部分做出划分,不会因为行使转换权利的可能性发生变动而需要修订,即使行使转换权利对某些持有人来说经济上是有利的。持有人并不总是按可能的预想方式行使权利,因为各持有人之间由于转换所产生的税务结果是不相同的,而且,转换的可能性是不时变化的。只有当这种工具通过转换,工具到期或者发生了其他交易时,发行人需在未来付款的义务才能得到解除。

27. 金融工具可能包括既不属于发行人金融负债又不属于发行人

权益工具的组成部分。例如，某种工具可能既给予持有人在结算时收取诸如商品之类的非金融工具的权利，又给予持有人将这种权利交换发行人股份的选择权。发行人应从混合工具的负债组成部分中划出权益工具（交换选择权）进行单独确认和呈报，不论这些负债是金融负债还是非金融负债。

28. 本号准则并不涉及金融资产、金融负债和权益工具的计量问题，因此，也就不规定分配包含在单个金融工具中的负债和权益要素的账面金额的具体方法。可采用的方法大致有：

（1）将较易于计量的组成部分所单独确定的有关金额从整个工具中扣除后，再将剩余的金额分配给比较不易于计量的组成部分（通常是权益工具）；

（2）分别计量负债和权益的组成部分，在必要的范围内以匡算比例的基础调整上述金额，使得各组成部分的总额相等于整个工具的金额。

在初始确认时，分配给负债和权益组成部分的账面金额，总是等于该工具的账面金额。在单独确认和反映该工具的各个组成部分时，不会产生利得或损失。

29. 根据第28段描述的第一种方法，可转换成普通股的债券的发行人，可以按照不含有有关权益组成部分的负债的现行市场利率，将一系列需要在将来支付的利息和本金金额加以贴现，以此首先确定金融负债的账面金额。而将该工具转换成普通股的选择权所代表的权益工具的账面金额，可通过从整个混合工具的金额中扣除金融负债的账面金额来确定。根据第二种方法，发行人需要直接确定选择权的价值，其办法或是参考类似选择权（如存在的话）的公允价值，或是使用期权定价模式。为各组成部分确定的价值需要在必要的范围内按匡算比例的基础做出调整，以保证分配到各组成部分的账面金额的合计数等于可以从可转换债券中收取的金额。

利息、股利、损失和利得

30. 与归类为金融负债的金融工具或金融工具的组成部分有关的利息、股利、损失和利得，应在损益表中作为费用或收益予以报告。分配给归类为权益工具的金融工具的持有人的金额，发行人应直接扣减权益。

31. 金融工具在资产负债表中的分类，决定了与该工具有关的利息、股利、损失和利得，是否划分为费用或收益，以及是否在损益表中予以报告。因此，对被划归为负债的股票支付股利，就如同为债券支付利息一样列为费用并在损益表中予以报告。类似地，与划归为负债的工具偿还资金或重筹资金有关的利得和损失应在损益表中报告，而与划归为发行人权益工具偿还资金或重筹资金有关的利得和损失应作为权益的变动予以报告。

32. 被划作为费用的股利，在损益表中既可以与其他负债的利息一起反映，也可以作为一个单独项目予以反映。应根据国际会计准则第5号“财务报表应揭示的信息”和国际会计准则第30号“银行与类似金融机构财务报表应揭示的信息”的要求，对利息和股利进行揭示。在某些情况下，由于利息和股利在诸如税务减免之类的事项方面存在着重大的差别，因此，需要将它们在损益表中分开揭示。应根据国际会计准则第12号“所得税会计”要求，揭示税务影响的金额。

金融资产和金融负债的抵消

33. 企业在下列情况下应将金融资产和金融负债相互抵消并在资产负债表中报告净额：

(1) 具有抵消已确认金额的法律强制权；

(2) 打算以净额为基础进行结算，或打算同时变现资产和结算负债。

34. 本号准则要求以净额为基础呈报金融资产和金融负债，其前提是净额能够反映两项或两项以上单独的金融工具结算后预计将来可为企业带来现金流量。当企业有权收取或支付一项单独的净额并打算这样做时，实际上它只有一项单独的金融资产或金融负债。在其他情况下，金融资产和金融负债应彼此分别反映，使之符合它们作为企业资源和义务的性质。

35. 将已确认的金融资产和金融负债相互抵消并反映抵消后净额，这并不等于停止确认金融资产或金融负债。抵消不会导致利得或损失的确认，而停止确认金融工具不仅会导致先前已确认的项目从资产负债表中剔除，而且还会导致利得或损失的确认。

36. 抵消权是债务人按照合同或其他文件将所欠债权人的全部或部分金额进行结算或者消除的法定权利。其方式是将债权人欠其的金额用来抵消其欠债权人的金额。在少数情况下，如果是由三方签订了一份清楚规定债务人抵消权的协议，债务人可能具有将第三方欠其的金额用来抵消其欠债权人的金额的法定权利。由于抵消权是一种法定权利，因此，支持该权利的条件可能会根据每一个法律司法权的不同而有所不同，必须详细了解哪些法律适用于各方之间的关系。

37. 由于存在着将金融资产与金融负债相互抵消的强制性权利，从而影响了与金融资产和金融负债有关的权利和义务，并且可能会严重地影响企业对信用风险和流动性风险的披露。但是，权利的存在本身并不足以构成抵消的基础。在没有打算同时行使权利和进行结算时，企业未来现金流量的金额和时间都不会受到影响。当企业打算同时行使权利和进行结算时，以净额为基础来呈报资产和负债，能够更恰当地反映企业预期未来现金流量的金额和时间以及这些现金流量被暴露的风险。在不具备法定权利的情况下，由一方或双方打算以净额为基础进行结算，这并不足以证明抵消是正当的，因为与个别金融资产和金融负债有关的权利和义务仍然没有改变。

38. 企业结算特定资产和负债的计划可能会受到其正常经营业务、金融市场的要求和其他情况的影响，从而限制了按净额结算或同时结算的能力。当企业具有抵消权但不打算按净额结算或者同时变现资产和结算负债时，应根据本号准则第66段的要求将这种权利对企业信用风险的影响予以揭示。

39. 同时结算两种金融工具的情况也许会发生，例如通过有组织的金融市场的结算行的操作或者通过面对面的交易来结算。在这些情况下，现金流量实际上等同于一个单一的净额，并且信用风险或流动性风险也没有暴露。在另外情况下，企业可能通过分别收取和支付款项来结算两种工具，从而使该资产金额的信用风险或该负债金额的流动性风险予以暴露。这类风险的暴露尽管比较短暂，但却可能是很重要的，因此，只有当交易是在同一时间发生时，才能考虑同时变现金融资产和结算金融负债。

40. 第33段所说的条件一般不能得到满足，在以下情况下抵消通常是不恰当的：

（1）当使用几种不同的金融工具用来超越一种单一的金融工具的特征时（例如，“合成工具”）；

（2）当由金融工具所产生的金融资产和金融负债具有相同的基本风险（例如，在远期合同或其他衍生工具组合中的资产和负债），并且涉及到不同的对应方时；

（3）当金融资产或其他资产被用来作为无追索权金融负债担保品时；

(4)当金融资产被债务人为了解除债务用于信托并且这些资产尚未被债权人接受用来结算债务时(例如,偿债基金的安排等);

(5)当产生损失的事项所发生的义务,可以根据保险单中的索赔从第三方得到补偿时。

41.一个与同一对应方进行一系列金融工具交易的企业,可能会与该对方签订一份"总抵消协议"。这种协议规定,当任何一份合同发生违约或中止时,就需要对协议所包括的所有金融工具用一个单一的净额进行结算。这种协议常常被金融机构加以使用,作为对破产事项以及导致对方不能履行义务的其他事项所造成的损失提供保护。总抵消协议通常会产生抵消权,只有在具体的违约事项发生以后,或者是在出现了正常经营过程中预计不会出现的其他情况下,该抵消权才具有强制性,并且会影响单个金融资产和金融负债的变现和结算。除非能够同时满足第33段中的两条标准,否则,总抵消协议不能提供抵消的基础。当满足总抵消协议条件的金融资产和金融负债被抵消时,应根据第66段的要求,揭示该协议对企业信用风险敞口的影响。

揭示

42.本号准则所要求揭示的目的是,提供能够增进理解资产负债表表内和表外金融工具对企业财务状况、经营业绩和现金流量的重要性,并且有助于评价与这些金融工具有关的未来现金流量的金额、时间和确定性的资料。除了提供关于特定金融工具的余额和交易方面的具体资料以外,还鼓励企业讨论使用金融工具的范围、相关的风险以及所服务的经营目的等。对管理当局为控制与金融工具有关的风险所采取的政策的讨论,包括诸如风险敞口的套期保值、避免不适当的风险聚集以及为降低信用风险所作的抵押品担保要求之类事项的政策,将提供一份独立于在某一特定时间发行在外的该特定工具的有价值的额外透支。有些企业是在其财务报表的附加评论部分提供这类资料,而不是将其作为财务报表的一部分。

43.金融工具的交易,将导致一家企业承担或转移给另一家企业承担以下所述的一种或多种金融风险。所要求的揭示是要提供有助于财务报表使用者,评价与已经确认和未经确认的金融工具有关的风险范围的资料。

(1)价格风险。有三种价格风险:货币风险、利率风险和市场风险。①货币风险是指金融工具的价值因外汇汇率的变化而波动的风险;

②利率风险是指金融工具的价值因市场利率的变化而波动的风险；

③市场风险是指金融工具的价值因市场价格的变动而波动的风险。不论这种变动是由针对个别证券或其发行人的因素引起的，还是由影响市场中交易的所有证券的因素引起的。“价格风险”一词不仅体现了潜在损失，还体现了潜在利得。

(2)信用风险。信用风险是指由于金融工具的一方不能履行义务而导致另一方发生财务损失的风险。

(3)流动性风险。亦称为融资风险，是指企业在融资中遇到困难，以至不能履行与金融工具有关的承诺的风险。流动性风险还可能因为不能立即按接近公允价值的价格出售金融资产而产生。

(4)现金流量风险。现金流量风险是指与货币性金融工具有关的未来现金流量在金额上发生波动的风险。例如，在浮动利率债务工具的情况下，这种波动会导致金融工具的实际利率的变化，但通常不会导致其公允价值发生相应变化。

44. 本号准则既不规定所要求揭示的信息的格式，也不规定其在财务报表中的位置。就已经确认的金融工具而言，只要所需要的信息已经在资产负债表的表上加以呈报，它就没有必要再在财务报表的附注中进行重复。然而对于未经确认的金融工具而言，在附注或附表中提供其信息则是揭示的主要方式。这种揭示可以根据工具的性质和其对企业的相对重要性，将文字表述与定量数字结合起来。

45. 决定特定金融工具揭示的详细程度，是一件需要考虑这些工具的相对重要性而做出判断的事情。有必要在对财务报表的使用者没有帮助的过分详细的超重财务报表与过于综合从而藏匿了重要信息这两者之间做出平衡。例如，当企业是拥有大量具有类似特征的金融工具的一方，并且其中没有一项单独的合同特别重要，按特定类别的工具提供概括的信息是恰当的。另一方面，当某项工具代表了企业资本结构中的一个重要因素，那么，提供关于此单项工具的具体信息可能就是重要的了。

46. 企业管理当局应按照所要揭示的信息的性质将金融工具进行分类。分类时需要考虑这些事项，如工具的特征、它们是否获得确认或未经确认，如已确认其采用的计量基础如何等等。一般来说，应根据区分以成本计价的项目和以公允价值计价的项目的基础进行分类。当附注或附表揭示的金额与已确认的资产和负债相关时，应提供足够的信息，以便与资产负债表中的有关项目相对照。如果企业是本号准则没有涉及的金融工具的一方，诸如退休金计划或保险合同下的义务，当这些工具构成了一类或几类金融资产或金融负债时，它们应与本号准则所涉及的那些金融资产和金融负债分开揭示。

条款、条件和会计政策

47. 对于每一类金融资产、金融负债和权益工具，无论已经确认或未经确认，企业均应揭示下列资料：

(1) 关于金融工具的使用范围和性质方面的资料，包括可能会影响未来现金流量的金额、时间和确定性的必要条款和条件；

(2) 所采用的会计政策和方法，包括所使用的确认标准和计量基础。

48. 金融工具的合同条款和条件是影响该工具所涉及各方的未来现金收付的金额、时间和确定性的重要因素。如果已经确认和未经确认的工具（无论是从单项考虑还是从分类考虑）对于企业当前的财务状况或其将来的经营成果是重要的，就需要揭示它们的条款和条件。如果从单项考虑没有一个单独的工具，对于特定企业的未来现金流量是重要的，就应根据对类似工具恰当的分类来描述这些工具的基本特征。

49. 当企业持有或发行了金融工具，无论是单项或是一类，就产生了第43段所述的潜在重大的风险敞口，可能需要揭示的条款和条件包括：

(1) 本金金额.设定金额、面额或其他类似的金额，对某些衍生工具（诸如利率掉期等）来说，上述金额可能是未来付款所依据的金额（称为名义金额）；

(2) 到期、截止或行使日期；

(3) 工具的任何一方具有的提前结算的选择权，包括该选择权可能被行使的期间或日期，以及行使价格或价格范围；

(4) 工具的任何一方具有的将该工具转换为，或者交换为其他金融工具或某些其他的资产或负债的选择权，包括该选择权可能被行使的期间或日期，以及转换或交换比例；

(5) 对工具的本金金额预计未来现金的收入或付出的金额和时间，包括分期偿还和任何偿债基金或类似的要求；

(6) 关于利息、股利或其他对本金的期间报酬所设定的比例或金额，以及支付的时间；

(7) 在金融资产的情况下所持有的抵押品，或在金融负债情况下所具有的担保品；

(8)在与某项工具有关的现金流量不是以企业的报告货币为计价货币的情况下，指出收入或支出所需要的货币；

(9)在一项工具准备用于交换的情况下，揭示在交换中将获得的工具的关于上述第(1)~(8)项的资料；

(10)如果被违反将会严重地改变任何其他工具的任何条件或附属条约(例如，在一份债券条约中规定的最大负债与权益比例如果被违反，债券的全部本金金额即作为到期并且需要立即支付)。

50. 如果在资产负债表中对某项金融工具的呈报不同于该工具的法律形式，企业需要在财务报表的附注中说明该工具的性质。

51. 如果能够阐明可能影响企业未来现金流量的金额、时间和确定性的各单项工具之间的任何关系，将会增强关于金融工具的使用范围和性质的信息的有用性。例如，当企业持有某种股票投资又为此买入了认估期权，就可能存在着套期保值的关系，揭示这种关系则是重要的。类似地，揭示"合成工具"中各组成部分之间的关系也是重要的，诸如按浮动利率借入但又签订了浮动对固定利率掉期合同的借款所产生的固定利率负债等。在每一种情况下，企业都应根据各项金融资产和金融负债的性质，将它们单独或归类反映在资产负债表中。由于资产和负债之间存在的关系，使得风险敞口的程度有所改变，财务报表的使用者可以从第49段所述的那类信息中了解这一情况，但在某些情况下还需要做出进一步的揭示。

52. 由于对金融工具存在着备选的会计处理方法(诸如国际会计准则第25号"投资会计"所允许的那些方法)，从而使企业揭示其会计政策变得格外重要。根据国际会计准则第1号"会计政策的揭示"的要求，企业应清晰和简明地揭示所有重要的会计政策，包括所采用的基本原则以及将这些原则应用于企业经营过程中产生的重大交易和情况的方法。在金融工具的情况下，这类揭示包括：

(1)决定何时在资产负债表中确认金融资产或金融负债，以及何时停止使用对它确认所采用的标准；

(2)在初始确认和后续确认时应用于金融资产和金融负债的计量标准；

(3)对金融资产和金融负债所产生的收益和费用加以确认和计量的基础。

53. 可能有必要揭示相关会计政策的各类交易包括：

(1)当对转移方的金融资产具有持续利益时，将该金融资产转移，例如，金融资产的证券化、重购协议和反向重购协议；

(2)当负债到期时为了偿还负债，在转移时不解除转移方债务的情况下将金融资产转移给信托基金，诸如实际解除(债务)信托基金等；

(3)作为用来合成购买或发行单项工具的效果而设计的一系列交易的一部分而分开购买或发行金融工具；

(4)作为对风险敞口的套期保值而购买或发行金融工具；

(5)购买或发行在发行日期设定利率与现行市场利率不同的货币性金融工具。

54. 为了提供适当的信息，以便使财务报表的使用者了解金融资产和金融负债计量的基础，会计政策的揭示不仅需要指出成本、公允价值或一些其他的计量基础是否已经应用于特定类别的资产或负债，而且还需要指出应用这些基础的方法。例如，对于以成本为基础计量的金融工具，企业可能需要揭示它对以下项目是如何进行核算的：

(1)购买或发行成本；(2)货币性金融资产的溢价和折价；(3)与诸如以商品价格作为指数的债券之类的货币性金融工具有关的，可以确定未来现金流量的预计金额的变动；(4)对应从货币性金融资产中及时收款产生重大不确定性影响的情况的变化；(5)金融资产的公允价值降低至它们的账面金额以下；(6)重组的金融负债。

对于以公允价值计量的金融资产和金融负债，企业应指出其账面金额是按照公布的市场价格、独立评估和现金流量贴现分析，还是按照其他的适当方法加以确定的，并且需要揭示运用这些方法所做的任何重要假定。

55. 企业应揭示在损益表中报告与金融资产和金融负债有关的，已实现和未实现的利得和损失、利息、其他收益和费用项目的基础。这类揭示应包括关于对用于套期保值的金融工具产生的收益和费用进行确认所采用的基础的资料。当企业以净额为基础来反映收益和费用项目时，即使在资产负债表中相应的金融资产和金融负债尚未抵消，如果其影响是重大的，应揭示这样反映的原因。

利率风险

56. 对于每一类金融资产和金融负债，无论已经确认或未经确认，企业均应揭示关于其利率风险敞口方面的信息，包括：

(1)合同规定的重新定价日期或到期日期,两者中较早的一个;(2)实际利率(如果适用的话)。

57.企业应揭示现行利率水平在将来发生变化而影响的风险方面的信息。市场利率的变化,对于由合同确定的与某些金融资产和金融负债有关的现金流量(现金流量风险),以及对于其他一些金融资产和金融负债的公允价值(价格风险)具有直接的影响。

58.到期日期或者发生较早的重新定价日期方面的信息,可以表明利率被固定的时间的长短,而关于实际利率的信息可以表明利率被固定的水平。上述信息的揭示,为财务报表的使用者提供了评价企业所暴露的利率价格风险,从而评价企业潜在的利得或损失的基础。对于在到期前按照市场利率重新定价的工具来说,揭示到下一次重新定价为止的期间,比揭示到期时为止的期间更为重要。

59.为了补充关于合同所规定的重新定价日期和到期日期方面的信息,当预计的重新定价日期和到期日期与合同规定的日期发生重大差别时,企业应选择揭示关于这些日期的信息。例如,当企业能够以合理的可靠性对将在到期前偿还的固定利率的抵押贷款金额做出预测,并且能够使用这一数据作为管理利率风险敞口的基础时,这类信息可能尤其具有相关性。附加的信息包括对管理当局预测未来事项所依据的事实的揭示,并且需说明关于重新定价日期和到期日期的假定,以及这些假定与合同规定的日期是如何的不同等。

60.企业应指出其金融资产和金融负债中的哪一项:

(1)暴露了利率价格风险,例如具有固定利率的货币性金融资产和金融负债等;(2)暴露了利率现金流量风险,例如随市场利率变化的浮动利率的货币性金融资产和金融负债等;(3)不会暴露利率风险,例如对权益性证券的某些投资。

61.货币性金融工具的实际利率(实际收益率),是指当用于现值计算时能产生该工具账面金额的那一利率。现值计算应将该利率应用于从报告日期开始一直到下一个重新定价(到期)日期为止的一系列未来现金收入或支出的金额,以及应用于在那一日期的账面金额(本金金额)。对于以摊余成本计价的固定利率的金融工具来说,此利率是历史比例;对于浮动利率的工具或以公允价值计价的工具来说,此利率是现行市场利率。实际利率有时也被称为至到期日期或到下一次重新定价日期的收益率水平,并且应是该工具在这一期间的内部收益率。

62. 第56(2)段的要求，适用于涉及到未来付款的债券、票据和类似的货币性金融工具，而这种未来付款会对持有人和发行人产生反映货币时间价值的报酬和成本。但是，此要求并不适用于诸如不产生可确定实际利率的非货币性和衍生工具之类的金融工具。例如，当诸如利率衍生之类的工具(包括掉期、远期利率协议和期权等)随着市场利率的变化而暴露出价格和现金流量风险时，对实际利率的揭示是无关紧要的。然而，在提供实际利率的信息时，企业应揭示对诸如利率掉期之类的套期保值或“转换”交易的利率风险敞口的影响。

63. 当金融资产由于诸如证券化之类的交易的原因从资产负债表中被剔除时，企业可能还保留着与它们有关的利率风险敞口。类似地，不在资产负债表中确认金融资产或金融负债的交易也可能导致利率风险敞口，例如，按固定利率借出资金的承诺等。在这种情况下，企业应揭示有助于财务报表使用者理解其风险敞口的性质和范围的信息。在证券化或类似转移金融资产的情况下，这种信息通常包括转移的资产的性质、它们的设定本金、利率和到期的期限，以及产生剩余的利率风险敞口的交易的条款。在承诺借出资金的情况下，所做的揭示通常包括需要借出资金的设定本金、利率和到期期限，以及导致风险敞口产生的交易的重要条款。

64. 企业经营业务的性质及其金融工具活动的范围，决定了利率风险方面的信息是以文字的形式呈报，还是用表格方式呈报，或者是将这两种方法结合使用。当一家企业具有许多存在着利率价格风险或现金流量风险的金融工具时，它应采用如下的一种或一种以上的方法呈报信息：

(1)可以将暴露利率价格风险的金融工具的账面金额以表格的形式呈报，在呈报时，应将由合同规定在以下期限内到期或重新定价的那些金融工具做出分类：

①在资产负债表日以后的1年内；②从资产负债表日开始的1年以上但未到5年的期限内；③从资产负债表日开始的5年以上的期限内。

(2)当企业的业绩受到利率价格风险敞口的水平或该风险敞口的变化的严重影响时，需要揭示更详细的信息。例如，诸如银行之类的企业可能需要分类单独揭示由合同规定在以下期限内到期或重新定价的金融工具的账面金额：

①在资产负债表日以后的1个月内；②在资产负债表日以后的1个月到3个月的期限内；③在资产负债表日以后的3个月到12个月的期限内。

(3)类似地,企业可以通过表格指出其利率现金流量的风险敞口,该表格应指出在未来不同的时期内到期的,各类浮动利率的金融资产和金融负债的账面总金额。

(4)可以为个别金融工具揭示利率方面的信息,或者为一类金融工具呈报加权平均利率或利率的范围。企业应将以不同货币计价的工具或实际上具有不同信用风险的工具分成单独的类别。

65.在某些情况下,企业可能可以通过指出市场利率现行水平的假定性变化对金融工具的公允价值、未来收益和现金流量的影响,来提供关于利率风险敞口方面的有用信息。这类利率敏感性的信息,以在资产负债表日假定市场利率发生1%的变动作为依据。利率变动的影响包括与浮动利率金融工具有关的利息收入和利息费用的变化,以及由于固定利率的工具的公允价值的变化所产生的利得或损失等。予以报告的利率敏感性可能仅限于利率的变动对在资产负债表日手头的生息金融工具的直接影响,因为利率的变动对金融市场或个别企业的间接影响通常不能进行可靠的预测。当揭示关于利率敏感性的信息时,企业应指出编制该信息的基础,包括任何重要的假定。

信用风险

66.对于每一类金融资产,无论已经确认或未经确认,企业均应揭示关于其信用风险敞口方面的信息,包括:

(1)最能代表在资产负债表日其最大信用风险敞口的金额(不考虑在其他方不能履行金融工具的义务的情况下任何抵押品的公允价值);(2)重要的信用风险的采集。

67.企业应提供关于信用风险方面的信息,以便使财务报表的使用者能够评价由于对应方不能履行其义务,而导致从资产负债表日手头的金融资产中所获得的未来现金流入的减少程度。这类不能履行义务的情况,导致了在企业收益表中确认财务损失。第66段没有要求企业揭示关于对将来产生亏损的可能性所做的评估。

68.在不考虑从抵押品的变现中可能收回一部分金额的情况下揭示信用风险敞口的金额("企业最大的信用风险敞口"),其目的是:

(1)向财务报表的使用者提供对已经确认和未经确认的金融资产的信用风险敞口金额加以一致计量的基础;(2)考虑最大的损失风险与已经确定的金融资产的账面金额,或以其他方式在财务报表中揭示的、未经确认的金融资产的公允价值不同的可能性。

69. 在已经确认的金融资产具有信用风险敞口的情况下,资产负债表中的资产账面金额在扣除了适当的损失准备金后,通常已反映了信用风险敞口的金额。例如,在以公允价值计价的利率掉期的情况下,在资产负债表日的最大损失风险通常就是账面金额,因为它反映了在违约的情况下按现行市场利率更换掉期的成本。在这些情况下,除了资产负债表所必须提供的信息之外,不需要提供额外的揭示。另一方面,如第70和第71段的例子所表明的那样,企业从某些已经确认的金融资产中产生的最大潜在损失可能与其账面金额,以及诸如其公允价值或本金金额之类的其他揭示金额存在很大差别。在这种情况下,提供额外的揭示是必要的,以便满足第66(1)段的要求。

70. 具备抵消金融负债的法律强制权的金融资产,在资产负债表中不应以扣除负债后的净额加以反映,除非打算以净额为基础进行结算或打算同时进行结算。然而,当企业根据第66段的要求在提供信息时,应揭示法定抵消权的存在。例如,如果企业对于某项金融负债具有法定的抵消权,当企业在以同等的金额或更大的金额结算该金融负债之前,由于有一笔应收变卖金融资产的收入,企业就有能力行使该抵消权,以避免在对应方违约的情况下发生损失。然而,当企业通过延长金融资产期限的方式对付或者极可能对付违约情况时,如果修订的条款使得收入回收的时间推迟到需要结算负债的日期以后,就可能存在信用风险的敞口。为了使财务报表的使用者了解在某一特定时点信用风险敞口已降低的程度,当金融资产根据其条款预计可收回款项时,企业应揭示抵消权的存在和影响。当存在抵消权的金融负债在金融资产之前结算时,如果在该负债结算之后对应方发生违约情况,企业就暴露了相当于该资产全部账面金额的信用风险。

71. 企业可能签订一份或一份以上的旨在降低信用损失的风险,但不能满足抵消标准的"总抵消协议"。当一份总抵消协议可以显著地降低与未能抵消同一对应方金融负债的金融资产有关的信用风险时,企业应提供关于该协议的影响方面的信息。这类揭示应指出:

(1)只有当金融资产变现后应付给同一对应方的金融负债将得到结算时,根据总抵消协议与该金融资产有关的信用风险才能消除;(2)由于信用风险受到根据协议进行的每一项交易的影响,因此需指出在资产负债表日以后的短期内,通过总抵消协议降低企业总体信用风险敞口的程度发生显著变化的情况。企业还需要揭示总抵消协议中决定降低其信用风险程度的条款。

72. 当不存在与未经确认的金融资产有关的信用风险,或者当最大的风险敞口等于根据第47段揭示的工具的本金金额、设定金额、面额或其他类似合同金额或根据第77段揭示的公允价值时,不需要按照第66(1)段的要求做出额外的揭示。然而,就某些未经确认的金融资产来说,由于其他方对基本工具的违约而确认的最大损失可能与根据第47和第77段揭示的金额有显著的不同。例如,企业可能有权通过将未经确认的金融资产与未经确认的金融负债相抵消的方式来降低用其他方式将会产生的损失。在这种情况下,除了提供根据第47和第77段所做的揭示外,还应根据第66(1)段的要求做出揭示。

73. 对另一方债务的担保,使得担保人暴露了信用风险,在做出第66段所要求的揭示时应考虑到这一点。例如,这种情况可能会由于证券化交易而产生,在证券化交易中,企业依然面临着与已在资产负债表中剔除的金融资产有关的信用风险。根据交易的可追索性条款,如果企业对资产的购买者负有赔偿信用损失的义务,应揭示从资产负债表中剔除的资产的性质、根据合同应向该资产收取的未来现金流量的金额和时间、追索性债务的条款以及在这一债务下可能产生的最大损失(还需参照国际会计准则第10号"或有事项和资产负债表日以后发生的事项")。

74. 如果信用风险的聚集在关于企业的性质和财务状况的其他揭示中显示不明显,并且在其他方违约的事项中会导致重大的损失风险,应对信用风险的聚集加以揭示。找出重要的聚集,是管理当局考虑了企业及其债务人的情况以后行使判断的事情。国际会计准则第14号"按分部报告财务信息",对找出信用风险聚集可能会产生的所处行业分部和地区分部,提供了有效的指导。

75. 信用风险的聚集可能会因为对个别债务人或一组债务人(他们具有类似的特征,以致他们履行债务的能力预计会受到经济或其他状况的变化的影响)的风险敞口而产生。可能产生风险聚集的特征包括债务人所从事的活动的性质,例如他们所经营的行业,所从事活动的地理区域以及各组借款人信誉的程度等。例如,石油和煤气行业的设备制造商,通常具有销售其产品应收取的商业应收账款,而这些应收账款得不到支付的风险会受到石油和煤气行业的经济变化的影响。通常接国际规模贷款的银行可能具有贷给不发达国家而尚未收回的大额贷款,银行收回这些贷款的能力可能会受到当地经济状况的影响。

76.对信用风险聚集的揭示,应包括对认定每一次聚集所分担的特征的描述,以及对与分担这一特征的所有已经确认和未经确认的金融资产有关的最大信用风险敞口金额的描述。

公允价值

77.对于每一类金融资产和金融负债,无论是已经确认还是未经确认,企业均应揭示有关公允价值的信息。当受到及时性或兼用的限制,而不能以足够的可靠性确定金融资产或金融负债的公允价值时,应连同与其公允价值有关的基本金融工具的主要特征方面的信息来揭示这一事实。

78.公允价值方面的信息在确定企业总体的财务状况和制定与各个金融工具有关的决策时,被广泛地应用于商业目的。它还与财务报表使用者所做的许多决策有关,因为在许多情况下它反映了金融市场对与金融工具有关的预计未来现金流量的现值的判断。公允价值方面的信息允许对实际上具有相同经济特征的金融工具做出比较,不管这些金融工具的目的如何以及它们是何时,并且是由何人发行或购买的。公允价值通过指出购买、出售或持有金融资产以及发生、保持或解脱金融负债的决策的影响,为评价管理当局的管理责任提供了一项客观的基础。当企业没有按公允价值将金融资产或金融负债记载在资产负债表中时,应通过补充的揭示来提供公允价值方面的信息。

79.金融资产或金融负债的公允价值可以通过几种公认方法中的其中一种加以确认。对公允价值信息的揭示,应包括揭示所采用的方法以及在其应用中所做的任何重要假定。

80.公允价值的定义所依据的是,假定企业是一个持续经营的实体,没有计划或没有需要进行清盘,显著减少其营业规模,或按不利条件从事交易。因此,公允价值不是企业在一项被迫交易、非自愿清盘或被扣压货物的销售中将收取或支付的金额。然而,企业在确定金融资产和金融负债的公允价值时,应考虑其当前的情况。例如,企业决定在最近出售套现的金融资产的公允价值应由预计可从销售中收取的金额来加以确定。从立即销售能够变现的现金金额,将受到诸如该资产在市场当前的流动性和深度等因素的影响。

81.当金融工具在活跃和流动的市场中进行交易时,其市场报价经过对在实际交易中所发行的交易费用做出调整后,为公允价值提供了最好的依据。对于持有的资产或将要发行的负债来说，其合适的市场报价通常是现行的买方出价；对于将要买入的资产或持有的负债来说，其合适的市场报价通常则是现行的卖方报价或索价。当没有现行的买方出价和卖方报价可供参考时，可以用最近一次交易的价格作为当前的公允价值的依据，但条件是在该交易日期与报告日期之间的经济情况没有发生重大的变化。当企业具有相配比的资产和负债状况时，使用市场中间价作为建立公允价值的基础是恰当的。

82. 当处在一个没有频繁活动的市场，市场没有良好地建立（例如，某些"场外交易"市场），或者相对于需要估价的金融工具的交易单位的数量而言只有少量单位进行了交易，市场报价可能就不能作为金融工具的公允价值的依据。在这些情况下，以及在不能获得市场报价的情况下，可以使用估价技术来确定公允价值，从而满足本号准则的要求。在应用现金流量贴现分析时，企业应使用实际上具有相同条款和特征（包括债务人的信誉程度、合同利率固定的剩余期限、归还本金的剩余期限以及还款的币种等）的金融工具的现行市场利率的相等比率，作为贴现率。

83. 企业金融资产或金融负债的公允价值，无论是由市场价值还是由其他方式确定的，都应考虑在交换或结算基本金融工具时所发生的费用。交易费用可能包括所得税和关税，支付给代理人、顾问、经纪人和交易商的费用和佣金，以及由管理机构或证券交易所征收的费用等。

84. 当金融工具不是在有组织的金融市场中交易时，企业不适合确定和揭示一个单一的金额来代表公允价值的估计值。相反，揭示一个可以可靠地相信金融工具所处的金额范围，或许更有帮助。

85. 当不能以足够的可靠性确定公允价值以致遗漏揭示公允价值的信息时，应提供金融资产和金融负债的账面金额与其公允价值之间可能产生的差额的信息，以便帮助财务报表的使用者做出判断。除了需要说明遗漏的原因和与其价值有关的金融工具的主要特征以外，还需提供这些工具的市场的信息。在某些情况下，根据第47段所揭示的工具的条款和条件，可以提供关于该工具的特征方面的足够的信息。当有足够的理由可以这样做时，企业管理当局应提出它对不能确定公允价值的金融资产和金融负债的公允价值与其账面金额之间的相互关系的意见。

86. 在正常商业信用条件下的应收账款和应付账款的账面金额接

近公允价值。类似地,没有具体规定到期情况的储蓄负债的公允价值是在报告日期即时应付的金额。

87. 对于在资产负债表中不是以公允价值记载的某类金融资产或金融负债来说,应提供关于它们的公允价值方面的信息,以便对账面金额和公允价值做出比较。因此,应将已经确认的金融资产和金融负债的公允价值进行分类,并且规定只有当其有关的账面金额可以抵消时它们才能抵消。未经确认的金融资产和金融负债的公允价值,应以一类或几类与已经确认的项目分别反映,并且只有当它们满足为已经确认的金融资产和金融负债制定的抵消标准时,它们才能抵消。

按超过公允价值的金额记载的金融资产

88. 当企业按超过公允价值的金额记载一项或一项以上的金融资产时,企业应揭示如下内容:

(1)按这些个别资产或其适当的分类,揭示它们的账面金额和公允价值;

(2)说明为什么没有降低账面金额的原因,包括为管理当局相信账面金额可以收回提供理由的证据的性质等。

89. 管理当局在确定可望从金融资产中收回的金额,以及在金融资产的账面金额超过其公允价值的情况下决定是否降低资产的账面金额时,需要行使判断。第88段所要求的信息向财务报表的使用者,提供了有助于理解管理当局行使判断和有助于评价资产的账面金额在将来降低的可能性的基础。在适当的情况下,应将第88(1)段所要求的信息分类,以便反映管理当局不降低账面金额的原因。

90. 根据第47段的要求,揭示关于企业确认金融资产减值的会计政策,有助于解释特定的金融资产可以按超过其公允价值的金额予以记载的原因。此外,企业应提供可以使管理当局有依法认为资产的账面金额在将来能够收回的原因和证据。例如,打算一直持有到到期日为止的固定利率贷款,可能会因为利率的提高而使其账面金额有所降低。在这种情况下,贷款人不可能降低账面金额,因为没有证据表明借款人可能违约。

对预期未来交易的套期保值

91. 当金融工具作为对预期未来交易有关的风险套期保值而对该金融工具进行核对时,企业应揭示如下信息:

(1)对预期交易的说明,包括到它们预计发生时为止的时期;(2)

对套期保值工具的说明;(3)任何递延或未经确认的利得或损失金额,以及确认为收益或费用的预计时间。

92. 企业的会计政策应指出金融工具作为套期保值的工具而加以核算的情况,以及适用于该工具的特别确认和计量方法的性质。第91段所要求的信息有助于企业财务报表的使用者了解对预期未来交易套期保值的性质和影响。当套期保值是为若干项预期未来交易而做出,或者由若干项金融工具做出套期保值时,上述信息可以用合并的方式提供。

93. 根据第91(3)段揭示的金额,包括为预期未来交易的套期保值而使用的金融工具的应计利得和损失,不需考虑这些利得和损失是否已在财务报表中得到确认。应计利得或损失可能尚未实现,但是可能因为将套期保值的工具按公允价值记载,从而已将它们记录在企业的资产负债表之中。如果套期保值的工具是按成本基础记载的,应计利得或损失可能未被确认;如果套期保值的工具已经出售或结算,应计利得或损失可能已经实现。然而,在任何一种情况下,在完成套期保值交易之前,套期保值的工具的应计利得或损失都不会在企业损益表中得到确认。

其他的揭示

94. 当额外的揭示可以增强财务报表的使用者对金融工具的理解时,应鼓励额外的揭示。可能需要揭示如下的信息:

(1)在本期已经确认为收益或费用的金融资产和金融负债的公允价值的变化总额;(2)不是为预期未来交易套期保值的套期保值工具的递延或未经确认的利得或损失的总额;(3)在已确认金融资产和金融负债的年度中账面金额的平均合计数,在未确认金融资产和金融负债的年度中本金金额、设定金额、名义金额或类似的金额的平均合计数,以及在所有金融资产和金融负债的年度中公允价值的平均合计数。

过渡性规定

95. 当本号准则首次采用而不能获得关于前期的可比信息时,就不需要呈报这类信息。

生效日期

96. 本号国际会计准则,对从1996年1月1日或以后开始的会计期间的财务报表生效。

参考文献

安东尼·G.科因等.利率风险的控制与管理.北京:经济科学出版社,1999

安东尼·桑得斯.信用风险度量.北京:机械工业出版社,2001

安东尼·桑得斯.现代金融机构管理.李秉祥主译.大连:东北财经大学出版社,2002

巴塞尔委员会文件汇编.北京:中国金融出版社,2002

巴曙松.巴塞尔新资本协议研究.北京:中国金融出版社,2003

布莱恩·科伊尔.信用风险管理.周道许,关伟等译.北京:中信出版社,2003

陈忠阳.金融风险分析与管理研究.北京:中国人民大学出版社,2001

陈林龙,王勇.现代西方商业银行核心业务管理.北京:中国金融出版社,2001

查尔斯·W.史密斯.管理金融风险.应惟伟,王闻,田萌译.北京:中国人民大学出版社,2001

戴相龙,吴念鲁.商业银行经营管理.北京:中国金融出版社,1998

菲利普·乔瑞.金融风险管理师手册.北京:中国人民大学出版社,2004

黄毅.中华人民共和国银行业监督管理法讲座.北京:中国法制出版社,2004

姜波.商业银行资本充足率管理.北京:中国金融出版社,2004

简·菲利普·鲍查德,马克·波特.金融风险理论.周为群译.北京:经济科学出版社,2002

刘明康主编.商业银行资本充足率管理办法释义.北京:经济科学出版社,2004

李朝民.市场利率及其风险控制.郑州:郑州大学出版社,2002

卢鸿.现代商业银行内部控制系统论.北京:中国金融出版社,2001

廖理,苏杨.公司治理与独立董事.北京:中国计划出版社,2002

宋清华，李志辉主编．金融风险管理．北京：中国金融出版社，2003

彭茂吾，康以同，刘军，黄邵明，林小驰．西方银行资本管理．北京：企业管理出版社，2003

施兵超，杨文泽．金融风险管理．上海：上海财经大学出版社，2002

吴敬琏，周小川．建设市场经济的总体构想与设计．北京：中国编译出版社，1996

王春峰．金融市场风险管理．天津：天津大学出版社，2001

王勇，李春信，周成杰，姚仲友，兰晋东，石章振．中国商业银行金融工具配置．湖北：武汉大学出版社，2002

文海兴．期货交易法律关系研究．北京：法律出版社，1995

汪叶斌，廖道亮．银行内部控制原理与评价．大连：东北财经大学出版社，2002

杨华柏等．中华人民共和国银行业监督管理法　中国人民银行法　商业银行法释义．北京：中国长安出版社，2004

赵先信．银行内部模型和监管模型．上海：上海人民出版社，2004

章彰编著．商业银行信用风险管理．北京：中国人民大学出版社，2002

宗良．跨国银行风险管理．北京：中国金融出版社，2002

郑杰．贷款风险分类的管理与应用．北京：中国金融出版社，2002

Chris Matten．银行资本管理．王洪，漆艰明等译．北京：机械工业出版社，2004

Jonathan Golin．银行信用分析手册．王欣，焦绪凤，王丽评译．北京：机械工业出版社，2004

Jeff Madura．金融市场与金融机构．何丽芬，郭红珍译．北京：中信出版社，2004

www. bis. org（国际清算银行网站）

www. iff. com（国际金融学院网站）

Jorim P. Value at Risk：The new benchmark for controlling market．New York：The McGraw－Hill Companies，Inc，1997

Dowd Beyond. Value at Risk. New York：John Wiley & Sons，1998

J. P. Morgan．RiskMetrics － Technical document．4th ed．New York：Morgan Guaranty Trust Company Global Research ,1996

BIS ,Public disclosures by banks :results of the 2000 disclosure surrey , May 2002

BIS ,The relationship between banking supervisors and banks external auditors, January 2002

Andersen ,T. J. Currency and Interest Rate Hedging(second edition) ,1993

Beidleman, C. R. (ed). Cross Currency Swaps, 1992

Basel Committee on Banking Supervision. Credit Risk Modelling: Current Practics, April 1999, Basel

Davison, A. and D. Hinkley, 1998 ,"Saddlepoint Approximations in Res - mpling Methods". Biometrika 75(3)

Wilson, T. ,1997, "Portfolio Credit Risk" ,Risk September.

Caouette, J. B. , E. J. Altman and P. Narayanan. Managing Credit Risk . New York: John Wiley & Sons ,1998